江西省“双一流”学科建设经费资助
2021年江西省高校人文社会科学研究项目(21Y02407)阶段性成果

多维视野下的中国手机媒介研究

王　婷　著

山东大学出版社
SHANDONG UNIVERSITY PRESS
·济南·

图书在版编目(CIP)数据

多维视野下的中国手机媒介研究/王婷著.—济南：
山东大学出版社,2021.12
ISBN 978-7-5607-7274-5

Ⅰ.①多… Ⅱ.①王… Ⅲ.①移动电话机—传播媒介—研究—中国 Ⅳ.①G206.2 ②TN929.53

中国版本图书馆 CIP 数据核字(2021)第 244367 号

责任编辑 肖淑辉
封面设计 王秋忆

出版发行 山东大学出版社
社　　址 山东省济南市山大南路 20 号
邮政编码 250100
发行热线 (0531)88363008
经　　销 新华书店
印　　刷 山东蓝海文化科技有限公司
规　　格 720 毫米×1000 毫米 1/16
　　　　 20 印张 360 千字
版　　次 2021 年 12 月第 1 版
印　　次 2021 年 12 月第 1 次印刷
定　　价 69.00 元

前　言

手机媒介的诞生，尤其是第三代移动通信技术的使用和智能手机的普及对人们生活的方方面面都产生了极大的影响。它扩大了人际传播的影响和范围，颠覆了新闻信息的传播路径，取代了闹钟、钱包、手电筒、日历等日常生活用品，丰富了人们闲暇时间的娱乐选择，成为人们日常生活、工作和学习的重要媒介。与此同时，其平等、兼容和开放的特性为文化多元、社会互动和产业发展带来了新的机遇，也为相关领域的管理与规制带来了前所未有的挑战。手机媒介既是现代社会多种媒介融合的典范，又是消弭私人空间与公共空间界限的推手；既使人跨越时空障碍与他人取得联系，又使人在中介化的交流中日渐疏远；既融多种实用的物质功能于一身，又能提供丰富的文化内容和精神产品；既为人类排忧解难，又产生许多复杂难题……为了厘清手机媒介拥有的多重角色，对手机媒介进行全面而系统的研究十分有必要。

本书采用定性研究与定量研究相结合的研究方法，以生命有机体为比喻，阐释了手机媒介的演化及其复杂的生存发展环境。首先，对媒介生态学的理论进行了深入分析与解读，在与媒介环境学的理论内涵和学术关怀的对比分析中，揭示出媒介生态学理论的学术路径与深刻内涵，并创新性地阐释了媒介生态学在手机媒介技术、人机关系、内容群落、媒介制度四个方面的主张。其次，根据媒介生态学的理论，同时也借鉴媒介环境学及其他媒介理论与相关研究成果，以技术史研究的人文转向为视角，从技术、人的主体性、文化、媒介制度方面对手机媒介演化过程中出现的诸多人文现象、社会问题进行分析，阐释了四个维度之间的整体关系。媒介生态学认为，媒介是生命有机体，其生存与发展的前提是从周围环境中获得资源以维持信息、能量和物质的流动，进而获得良性发展。人发明了手机媒介，手机媒介成为人体的延伸，并在人的作用下不断更新迭代，技术、文化内容构成的媒介群落与用户环境、制度环境形成的媒介环境相互作用、相互制约，形成了系统、整体、互动的手机媒介生态系统。

本研究从以下四个方面切入：第一，手机媒介何以成为人须臾不离的媒介？换言之，手机媒介在人的日常生活中扮演着什么样的角色？探寻手机媒介传播规律和功能融合是研究的第一个思路。第二，手机媒介的融合性将人“捆绑”在手机上，人的社会关系也依附于手机媒介。手机媒介重构的社交方式和人际关系是研究的第二个思路。第三，仅凭社交上的便利还不足以催生出沉迷于手机的“低头族”，丰富的内容和应用也是令他们乐此不疲地使用手机的重要原因。以手机游戏、手机音乐和手机视频为代表的内容产业的盈利模式及其在发展中所遇到的障碍是研究的第三个思路。第四，在新媒介形态产生之初，政策的鼓励和法律的宽松都是为了促进其更快发展，但在媒介逐渐发展成熟时应对其产生的问题给予足够的重视。手机媒介的融合性与传统媒体规制的分业性相冲突，加大了管理与规制的难度。如何理顺政府机关、手机媒介企业、行业协会以及用户个人之间的关系，建立手机媒介的管理与规制框架是研究的第四个思路。在这四个思路的指导下，本研究以媒介生态学理论为纲，分析手机媒介生态系统中的技术、人机、文化与媒介制度四个要素。

第一章分析手机媒介在技术演化中的功能生态位。将手机媒介置于媒介进化的历史进程中进行考察，以功能升级和系统更新为标准划定手机媒介的发展分期。手机媒介从没有太大实用价值的实验室概念产品发展到第一代模拟制式手机，将人从特定的空间解放出来，赋予人在行走中与不在场的人交流的自由。进入 2G 功能机时代，手机媒介从语音通话工具发展为拥有文字、图片、音频以及简短视频的多媒体终端，其塑造的信息生产与传播方式逐渐消弭了人际传播和大众传播之间的界限。3G 智能手机延伸为物联网的中心设备，媒介杂交固然可以释放巨大的能量，但是与其相伴的破坏性也不容忽视。手机媒介带来的多任务处理将媒介的人性化逆转为人的机械化，媒介对人的物化值得我们警醒和深思。

第二章分析手机媒介环境中人的主体性与生存状态。手机媒介的用户环境是指手机媒介构建的人机关系，进而形成的人际关系。在人类漫长的进化史中，无论从基因选择还是从习得体验而言，人际交往在个体进步和社会发展中都有非常重要的作用。一个时期的人际沟通工具总是与这个时期个体移动的频率和活动范围的远近相适应。手机媒介作为人际沟通工具成为现代社会变迁的产物，它将即时或延时、同步或异步等多种社交方式融为一体，其建构的移动性和半虚拟性情境一方面赋予主体与他人的连接自由，另一方面又弱化和消解了人的主体性与唯一性。在人与媒介形成的相互形塑与共同演化的关系中，呈现出媒介的人性化演化和人的机械化发展趋势，这在抬高媒介地位的同时也无疑降低了人的地位。手机媒介超越时空限制，可以使人处于永远在线的状态，刷新了亲密与孤独的界限。长期的中介化社交产生了一种新型的"舍近求远"的人际关系，最终致使人们忽视现实世界的人与事。只有将手机媒介还原到工具位置，通过"社交泛在化"以尊重自身的方式塑造技术，用线下活动转化线上虚拟关系，发挥手机媒介的组织与协调功能，将真正的社交归还现实生活，才能恢复人之为人的本性。

第三章阐述了手机媒介在泛娱乐和大文娱趋势下形成的内容群落。手机媒介在通信功能与社交功能之外，还因提供丰富多彩的内容产品和文化服务而具有休闲娱乐功能。现代社会是媒介社会，移动互联网络的升级和智能手机的普及使人们的日常生活实践被海量的信息包围，手机媒介内容产业成为信息时代文化产业新的经济增长点。游戏是人类的天性，人类需要优秀的游戏以获得深度的、持久的乐趣。手机游戏契合了移动互联网时代微操作、微体验与微社交的"微文化"，受到不同年龄阶段用户的欢迎。手机媒介的便携性特征和视听播放功能使音乐成为手机内容的重要组成部分，内容保护和用户价值是手机音乐产业发展的当务之急和必由之路。在当前"三网融合"政策的推动下，兼容多种视频资源的手机媒介成为传统媒体和新媒体关注的焦点。手机视频产业虽然有良好的发展前景，但是其在内容生产与运营、用户喜好与培养以及盈利模式上都存在不少问题。借助大数据思维，本书对相关数据进行收集、整合、挖掘以及分析，为这些问题的解决提供了新的思路。

第四章指出了手机媒介在社会制度协调与规制下的资源流动方式。手机媒介在使用与传播中产生了多种仅靠市场力量无法解决的问题，如垃圾短信泛滥和社交网络谣言四起，闯入公共空间和侵犯私人空间，色情内容屡禁不止等，需要政府进行宏观调控与管理规制。现阶段，从纵向上看，全国人大制定的法律、国务院通过的行政法规、相关主管部门制定的部门规章、最高人民法院和最高人民检察院出台的司法解释以及各级政府机关的规范性文件构成手机媒介规制的五大层面。从横向上看,每个层面中涉及的管理与规制内容又可以分为基础设施管理、服务提供者管理、个人信息保护和传播内容管理四大方面。当前,我国已初步建立起手机媒介规制的基本框架。尽管如此,作为融合性媒介和新媒介代表,手机媒介的管理与规制无论从政府的他律、行业的自律还是从用户的自我约束和监督而言,依然存在不少难题。"它山之石,可以攻玉。"借鉴国外新媒介规制的先进经验,从立法约束、政策规范、行业协会以及用户媒介素养方面提出我国手机媒介的规制办法,对于推动我国手机媒介的恰当使用和内容健康传播大有裨益。

手机媒介是信息时代的技术创新或当下媒介社会的潮流写真,人们对手机媒介的使用、接受以及在这个过程中形成的态度和立场具有深远的意义。手机媒介不仅对人作为真正社会人的生存提出了挑战,也对既有的文化生态、社会秩序和经济形态造成了一定的冲击,因而有必要对其进行全面而深入的探索。

作　者

2021年10月

目 录

绪 论

第一节 研究的缘起与意义

有人曾以“伸手要钱”的谐音来提醒人们出门时不要忘记携带四种必备物件:身份证、手机、钥匙、钱包。事实上,手机媒介技术的发展使这个谐音提醒已趋过时。目前的智能手机已具备支付和转账功能而取代了钱包;随着指纹识别和视网膜认证技术的成熟,手机也将成为独一无二的身份证;近场通信技术(NFC)也进一步拉近了手机与一把安全钥匙之间的距离。正如美国历史学家、微策略公司董事长兼首席执行官迈克尔·塞勒在《移动浪潮》中所言:“随着手机支付技术的实现,钱包里所有的东西将变成软件,从身份证到现金。”[①]凭借强大的兼容和整合能力,手机淘汰掉诸多具有单一功能的物品而成为人们须臾不可离的必需品。不唯如此,从 1973 年到现在,在近半个世纪的发展中,手机在信息传播、社交联络、内容消费以及健康管理、精准扶贫、在线教育、电子支付等领域更有令人意想不到的表现。根据第 47 次《中国互联网络发展状况统计报告》,截至 2020 年 12 月,我国网民规模已达 9.89 亿,其中使用手机上网的比例已达 99.7%。用户不仅可以用手机消费信息内容产品,而且可以进行创造与传播。手机从最初仅有双向通话功能的人际沟通工具进化到可以自由连接网络的大众传播工具,实现了人际传播与大众传播的完美结合;从语音通话、短信服务到社交网络,手机使人们可以自由选择当下最适合、最便捷的方式与他人沟通;搭载着形式多样的内容产品,手机也为人们在碎片化时间的活动提供了更

① [美]迈克尔·塞勒:《移动浪潮:移动智能如何改变世界》,邹韬译,北京:中信出版社,2013 年,中文版序。

多选择:与朋友联络、看短视频、玩游戏、听音乐、读书、点外卖、直播卖货……足不出户,人的衣食住用就可以通过一台小小的手机解决。移动通信技术的更迭、数字技术的进步及手机终端功能的不断升级,使人们的生活变得更加轻松自如、丰富多彩。

然而,人在创造、使用、改进媒介以及享受媒介给予的便利的同时,也会被媒介所塑造和改变。与此同时,媒介还会以或润物无声或激进猛烈的方式变革既有文化体制、社会秩序和经济形态,给人的生存和社会的发展带来挑战。手机媒介也不例外,它在技术更迭、人机关系、产业群落与管理规制方面给现代人带来诸多便利的同时,也不可避免地产生了新的问题,这就是本书提出从以上四个视角研究手机媒介的缘由。其一,从媒介融合和信息传播的角度看,手机还存在不少值得探讨的问题。手机媒介的不可或缺性对人们的心理和生理都造成了深刻的影响,它在为人提供便捷性和定制化服务的同时,也将“手机依赖症”“手机综合征”等新型病症“捆绑销售”给现代人。人们使用手机向不确定的“观众”发布个人状态或作品,转发、评论专业媒体的新闻信息或其他用户的原创内容,消解了传统的人际传播和大众传播的固有界限,仅限于在小圈子内流传和讨论的私密事件有可能升级为大范围传播的公共事件,近年来因私人短信、微信内容曝光而引发的新闻事件即是明证。其二,从社会联系和人际沟通的角度看,手机媒介提供的多种社交方式突破了时空限制。人们对远距离的中介化关系的投入弱化了对身边真实情感的关注,这使得人们逐渐对现实社交体验失去动力和热情。如今在朋友聚餐和家庭聚会的真实场景中,人人低头看手机的现象早已司空见惯,“手机人”成为新的族群,屏幕式社交正严重冲击着面对面社交和正常人际关系的建立和维护。其三,从文化产业的角度来看,手机内容产业是由传统媒体与手机终端融合而成的,新型业态在内容创造和服务提供、产业链上下游的拓展、盈利模式的建立等方面遇到新的问题,如内容盗版、渠道垄断、人才短缺、利益分配不均等,如不对这些问题产生的原因进行有针对性的深入分析并提出具有操作性和可行性的解决思路的话,这无疑将会阻碍我国手机内容产业的健康有序发展。其四,从政府管理与规制的角度来看,在融合的大趋势下,手机媒介从个人通信工具升级为数字处理终端,其在使用和传播中存在不少失范表现,出现了诸如垃圾短信泛滥、社交网络谣言四起、电信诈骗层出不穷、陌生交友引发犯罪等“市场失灵”现象。面对以手机媒介为代表的融合媒介所带来的新问题,亟须政府以及相关职能部门进行恰当的管理与规制。

综上可见，作为莱文森口中的“新新媒介”，手机媒介参与了社会各个层面的建构，带来了诸多问题，对于这些问题的学理性探究具有理论和现实的双重意义。然而，当前学界的研究尚不足以清晰呈现这一重要的社会文化现象，这也为本选题的创新研究留下了较大的空间。具体说来，选题的意义主要表现在以下两方面：

从理论意义上来看，研究立足于中国手机媒介在人际传播和大众传播、人际社交关系的建立、内容产业的创新和管理规制的架构四个方面的实际，通过对相关理论的创新解读，将国外手机媒介最新理论与国内相关实践相结合，这无疑对信息化时代新媒介研究的深入探讨和中国手机媒介产业研究的理论推进具有重要意义。在电子媒介时代，人在与媒介的关系中依然处于主导地位。然而，在数字媒介时代，作为伴随性媒介，手机永不关机的在线状态使人成为媒介的延伸，媒介的人性化逆转为人的机械化。正如麦克卢汉将媒介杂交释放的能量比作原子裂变释放的巨大核能，手机媒介的融合功能所产生的强颠覆力及其跨时空沟通使主体的身体在象征意义上获得延伸，从而构建起新型的社交互动与人际关系。这样的人际关系改变了人们认识自我的途径，改变了人们与他人所建立的关系，改变了人们摄取和处理信息的方式。手机媒介的社交本质是使用户从传统媒体分业造成的原子化疏离世界进入到新媒介营造的互动的乌托邦世界，平衡了内容生产者、传播者与消费者的权利。这种种变化需要人们用新的数字媒介与新媒介研究的视野去深入理解。本研究从媒介传播与功能融合、社交形态与人际关系、产业文化以及管理规制四个维度对中国手机媒介进行研究，揭示了人与文化、人与社会、人与经济及人与规制的互动与碰撞，对进一步丰富新媒介研究具有一定的理论意义。

从现实意义上来看，手机媒介的发明和普及不仅改变了信息传播路径和人际沟通方式，而且丰富了媒介内容表达和文化服务形式，它从最初仅具备音声通话功能，发展到现在已成为自由连接移动互联网络的个人信息处理终端。手机媒介以去中心、无边界的传播模式颠覆了传统大众传播自上而下、一对多的传播模式，这对传统媒体的发展和新媒体专业人员的培养带来新的挑战。手机媒介满足了人们建立与维护不同层次人际关系的需求，方便人们传情达意，但过度中介化社交给人际关系乃至社会和谐发展都带来了诸多问题。同时，以互联网、移动终端为代表的新媒介成为文化产业新的经济增长点，手机内容产业在三网融合的推动和大数据的指导下，促进了文化产业的结构化调整。虽然手机内容产业的经济产值逐年增大，但其在快速发展中依然存在产业链不完善、利益分配不均衡等诸多问题，亟待解决。另外，手机媒介的多媒体融合性和网络连接功能使监管变得日趋复杂。尽管当前手机媒介管理与规制框架已初步建立起来，但法律法规位阶低、执行机构权威性差、监管不严等问题也严重影响了规制的效度，需要借鉴国外成功经验加以弥补。

第二节　相关概念阐释

基于媒介融合的多功能性，手机媒介成为人们须臾不可或缺的部分，其与我们的日常生活、工作、休闲娱乐、看病就医等捆绑在一起，几乎可以与水、空气、食物等对人的重要性相提并论。尤其是在新冠肺炎疫情期间，乘坐公共交通或进出公共场合都要用手机刷“健康码”并出示行程记录，这些都需要在手机上完成。因此没有手机，可谓是寸步难行。对于手机媒介的相关概念，由于不同学者论述角度的差异而存在不同阐释，为了使本书研究对象更为准确，研究范围更为清晰，以下将对本书涉及的概念进行界定。

一、手机

1973 年 4 月 3 日，摩托罗拉公司的研发人员马丁·库珀在曼哈顿的克里顿大道上，拿着一个砖头大小的“白匣子”与竞争对手乔尔·恩格尔通话。“白匣子”重达 1.5 kg，虽显笨拙但可以让人在室外边走边与不在场的人打电话，引得路人驻足观望。这次通话开启了人类使用移动电话的先河，马丁·库珀也因此获得“手机之父”的美誉。移动电话形似靴子，起先实验室的研究员们称其为“靴子”。随后，世界各地相继用上移动电话，其间的取名也颇费心思，土耳其称其为“裤兜电话”，冰岛称其为“小绵羊”，而瑞典一度称其为“泰迪熊”，日本称其为“携带电话”……当前较普遍的称谓“手机”(Handy)，源于德国电信公司 1988 年举行的一场电脑风暴比赛。移动电话从我国香港进入内地，起初售价昂贵，使用者甚少，在 80 年代末到 90 年代中期以前，移动电话被称为“大哥大”。进入 21 世纪，移动电话体积缩小到更易携带，因可单手操纵且功能更加丰富，而被称为“掌中宝”。随着价格的降低，移动电话日益普及。2001 年，中国移动电话用户超过 1 亿，它不再仅仅是少数人才能拥有的奢侈品“大哥大”，而成为普通人日常使用的“手机”。随着信息技术革命带来的历史性飞跃与移动互联网络的普及，手机从最初作为移动通信工具发展为可连接网络、融合多种媒介的智能终端，不仅极大地改变了人们的生活方式，还形成了一系列全新的传播形态，重新确立了信息生产者、消费者与传播者的关系，极大拓展了媒体的内涵，使人类日益走向更新的媒介生存状态。

二、手机媒介

“手机媒介”与“手机媒体”是有区别的概念，但不少研究者并不加以区分，而是将二者等同或者混用。与手机媒介和手机媒体类似，意义交叉重叠的表达还有“多媒体/多媒介”“跨媒体/跨媒介”“媒体融合/媒介融合”等，这主要源于对核心概念“媒介”与“媒体”的混淆。从词源学上来说，先秦时期的“媒”指谋合二姓以成婚姻之人，即现在所称的“媒人”，其延伸意是“使双方发生关系的人或事物”[①]；“介”是指“处于两者之间”[②]。“媒介”二字作为一个词连用，最早见于《旧唐书·张行成传》：“观古今用人，必因媒介。”西方的“媒介”(medium)一词大约出现在19世纪末20世纪初，意指事物之间发生关系的介质和工具。“媒体”的概念出现相对较晚，其作为术语被首次使用是在1943年美国图书馆协会的《战后公共图书馆的准则》一书中。[③]

在前大众传播时代，人们尚未充分意识到传播过程中传播者、传播内容、传播机构等主体性、社会性、组织性和制度性因素对传播受众和效果产生的深刻影响，只重视传播中相对客观独立存在的传播物质形态，因而“媒介”概念用于描述两个主体之间发生关系的人或工具。20世纪中叶，电视、电影、广播、报刊等传播媒介带领人类走进大众传播时代，传播者、传播机构、传播制度等进入传播者的视野，曾强调客观独立的“媒介”概念并不能涵盖已大量融入人的主体性与社会性的传播活动，“媒体”概念因此而产生。在大众传播学视域下，“媒介”有两层指涉：一是传递信息的手段、方式，如语言、声音、图像、视频等；二是传递信息的载体，如电视、报纸、杂志、书籍、网络等。“媒体”则侧重于专门从事信息采集、加工、制作等的社会组织与专业机构，如电视台、报刊社、出版社、网站等。[④] 此外，“媒体”还指传播媒介所承载的内容。

手机媒介是指可以随身携带的移动通信终端和信息处理终端，是融合语

---

① 吕景和编著：《汉字解形释义字典》，北京：华语教学出版社，2020年，第466～467页。

② 吕景和编著：《汉字解形释义字典》，北京：华语教学出版社，2020年，第164页。

③ 参见童兵主编：《新闻传播学大辞典》，北京：中国大百科全书出版社，2014年，第55、150页。

④ 参见李玮、谢娟：《“媒介”“媒体”及其延伸概念的辨析与规范》，《武汉理工大学学报》(社会科学版)2011年第5期。

音、图像、视频等多种信息传递手段的载体，是新媒介的一种表现形态。手机媒介一方面是指手机信息内容生产者，包括专业媒体和自媒体；另一方面是指手机媒介展现的信息资讯内容，具体形式包括手机报、手机广播、手机电视、手机游戏、手机应用等。本书在媒介生态学视域下，以手机媒介为中心，从手机媒介技术的更新迭代出发，研究移动信息传递手段、手机内容生产、手机与人的关系以及手机媒介规制等一系列新问题，不仅涉及手机的技术发展和硬件更新，而且涵盖与手机相关的各种组织、生产者的一切实践和活动、使用者和社会采用之后经历的心理调适及社会调整等。为考察手机作为新技术和新工具给文化、社会和经济带来的变革，本书决定采用“手机媒介”这一概念。

三、手机传播

手机传播是个体、社会组织或者专业机构借助移动网络服务，运用文字、图片、声音、视频、二维码等符号进行信息传递、情感交流的传播活动。手机传播改变了传统的人际传播、大众传播以及群体传播，融合了众多媒体的传播功能，促成一种新传播生态的形成。收音机、电影、广播以同步或异步的方式对视觉与听觉的表征进行复制和传播，与之不同的是，手机媒介的独特之处在于，“它们通过本地化和个体化的方式将多元模式的传播整合入日常生活中”[①]。手机传播最突出的特征是“移动性”，表现在空间、时间和语境三个方面。首先，空间的移动性是指客体、人类和符号在空间中的位置变化。手机被称为“无线电话”“无绳电话”，“完全斩断了把人束缚在室内的绳索”[②]，满足了人们在移动中与不在场的人交流的需要，身体的移动性与世界的连接性给人类的能力赋予了更深远的革命性意义。其次，时间的移动性是指在不同的历史时期，人们与环境中不同要素之间灵活的交流方式。不同要素也包含了其他社会个体。手机融合多种媒介，为人们提供了多任务同步处理的便利。例如，在手机社交软件上，一个人可以同时与多个人进行私密性的一对一聊天，这种社交方式改变了传统的面对面、一对一的人际交往方式，手机传播使时间呈现出多样性特征。最后，语境的移动性是指社会关系整体结构的变化程度。手机传播跨越时空传递着意义交流的语境，模糊了存在与缺席之间的界限，通过视频会议，参会者可以看到交谈对象，听到他们的声音，通过面部表情、语速等感受到他们讲话的语境。此

① [丹]克劳斯·布鲁恩·延森：《媒介融合：网络传播、大众传播和人际传播的三重维度》，刘君译，上海：复旦大学出版社，2012 年，第 112 页。

② [美]保罗·莱文森：《手机：挡不住的呼唤》，何道宽译，北京：中国人民大学出版社，2004 年，第 9 页。

外，在对日常语境的研究中，戈夫曼提出“自我为中心的场域”①，这一场域代表非常私人的空间，既包括卧室，也包括信件、日记等极具个人化的表达方式。手机就是“自我为中心的场域”的最新代表，其典型特征就是当前手机族群热衷于发表一些用美图工具修饰过的照片。因此，手机传播是以自我为中心，以他者为导向的，且营造出一种不在场的“在场感”，信息传播呈现出“人际传播大众化”和“大众传播人际化”的趋势。

四、手机社交

社交是指人与人之间利用媒介建立联系和相互交往的基本手段，具有传递信息、调和协作、增进情感、完善人格等功能。作为一种社交工具，手机媒介集成了维护现实亲密关系的语音通话、手机短信和拓展社会资本的社交网络应用，以及建立随机关系的地理位置应用，同时提供了强关系社交、弱关系社交和随机关系社交服务，满足了人们建立和维护不同层次社交关系的需求，是社交的重要工具之一。

五、手机内容产业

手机内容产业是由专业的内容生产商、传统的大众媒体或草根大众开发，依托信息基础设施建设、手机文化产品和增值服务行销渠道，向用户提供数字化图像、语音、字符、视频等产品与服务的产业类型。手机内容产业可细分为手机游戏产业、手机音乐产业（包括彩铃）、手机视频产业（影视、视频）、手机阅读产业（手机报、图书、漫画、期刊）、手机应用产业等。

六、手机规制

“规制”是指政府及相关行政机构通过出台具有约束力的法律、规章及政策文件对特定的社会群体所进行的调控和管理。规制理论建立在“市场失灵”理论基础上，不完全竞争、产品的负外部性以及信息不对等，造成企业不能有效满足消费者的需求，也未实现既定的社会目标，需要政府介入使消费者免受因市场权力滥用而造成的损害。手机媒介不仅重塑了传统电信业、信息业以及传媒业的运营及市场结构，也使用户从被动的信息消费者到开始掌握越来越多的信息生产与传播的主动权。这些复杂的变化使手机传播和内容生产出现失范现

① [美]欧文·戈夫曼：《日常生活中的自我呈现》，冯钢译，北京：北京大学出版社，2008年。

象，因而要求政府电信、互联网及传媒等主管部门对手机媒介进行管理与规制。

第三节　已有研究述评

一、国内主要相关研究成果

虽然我国手机媒介的商用时间与美、日等发达国家相差不多，但是由于经济发展水平的限制，我国手机用户从 2005 年左右才开始大量增加。虽然晚于发达国家，但在其后十年的时间里，我国手机媒介功能和移动通信技术都得到了飞速发展，在信息传播、社会结构、产业运营乃至国家治理等方面均产生了深刻的影响。这反映到学术研究中，拥有不同学科背景的研究者从各自领域对手机媒介进行研究，成果颇丰，其中也不乏跨学科、多视角的交叉研究。

从研究成果来看，目前国内关于手机媒介研究的学术著作分为译著与专著两类。手机在国外普及相对较快，相关的专著也比国内多，这些专著多从社会科学的角度对手机媒介进行跨学科研究。相对于纯技术翻译而言，这类专著的译介对译者要求较高，而我国目前缺乏具备相关专业背景的翻译人才，因此译著数量并不多。早期译著有《手机：挡不住的呼唤》（保罗·莱文森著，何道宽译，2004 年）、《M 时代：手机与你》（奇·林著，林振辉、郑慧敏译，2008 年）。近年来有关新媒介的译著对手机媒介也多有涉及，如《理解新媒介——延伸麦克卢汉》（罗伯特·洛根著，何道宽译，2012 年）、《新新媒介》（保罗·莱文森著，何道宽译，2012 年）、《移动通信与社会变迁：全球视角下的传播变革》（曼纽尔·卡斯特尔等著，傅玉辉等译，2014 年）、《群体性孤独》（雪莉·特克尔著，周逵、刘菁荆译，2014 年）、《移动浪潮：移动智能如何改变世界》（迈克尔·塞勒著，邹韬译，2013 年）等。近年来，国内研究专著包括《全媒体时代的手机媒介研究》（秦艳华、路英勇著，2013 年）、《中国当代社会手机文化研究》（王萍著，2008 年）、《手机媒体商业模式研究》（黄河著，2011 年）、《手机：个性化的大众媒体》（刘滢著，2012 年）、《颠覆传媒——手机：新时代的电脑和器官》（匡文波著，2013 年）、《手机短信法律问题研究》（黄良友著，2010 年）、《手机短信传播心理探析》（倪桓著，2009 年）、《现代人际传播视野中的手机传播研究》（黄瑞玲、肖尧著，2010 年）等。这些专著的作者来自不同学科，有传播学家、社会学家、经济学家、法学家、心理学家等，所涉及的问题也各有不同。例如，有关于手机媒介人际传播与大众传播、手机社交关系研究，手机媒体产业与商业模式研究，手机传播法律问题研究等。学界对手机媒介传播问题的研究较多，成果颇具前瞻性与实用性，这些成果对于我们深入研究手机媒介文化具有重要的推动作用。山东大学历史文化学院文化产业管理专业王育济教授反复强调，“文化产业要有三屏意识”[①]，即电视屏幕、网络屏幕和手机屏幕，并在其担任主编的《中国文化产业学术年鉴》（以下简称《年鉴》）中将手机传媒产业定位为文化产业“新业态”，《年鉴》（2008 年卷）用大量篇幅详细介绍了手机传媒产业相关的核心理论、技术进展、权威数据与业内典范，这是研究手机媒介的重要参考资料。[②]

直接以手机媒介为研究对象的博士论文有两篇，武汉大学科学技术哲学专业乔亚兰博士的《移动电话与社会互动研究》（2011 年）从科学社会学角度研究手机，从科学的社会功能、科学与社会的互动以及科学的社会控制等维度，对移动电话技术发展中的社会问题开展分析。该论文在写作之时，由于手机内容产业的发展尚不充分，所以缺乏文化产业的研究视角。中国社会科学院研究生院新闻学博士魏丽宏的《关于我国手机传媒产业发展的研究》（2012 年），从传媒经济学和产业经济学的角度出发，分析我国手机传媒产业产生的新问题，并提出解决问题的策略和建议。此外，与手机媒介相关度较高的博士论文有山东大学历史文化学院郑燕的《人是媒介的尺度》（2014 年），该论文从技术文化史的角度研究保罗·莱文森的媒介理论，对本书研究颇具启发意义。相关硕士论文包括西北大学新闻学专业李桢的《手机媒介文化与社会区隔的双重塑造》（2010 年）、山东大学文化产业管理专业孙志逾的《媒介·文化·产业：三维视野中的手机短信研究》（2011 年）以及中南民族大学传播学专业陈晨的《传播社会学视角下手机媒体的媒介文化研究——以鄂西民族地区的实地调研为个案》（2012 年）等。

以“手机媒介”为关键词在“中国知网”中进行文献搜索显示，目前我国学术界对手机媒介研究的文章的关注点主要集中在概念的界定与特征的归纳、媒介产业化、青年亚文化、短信文化、手机社交等，研究思路主要从手机媒介对意识形态、产业升级、社会建构以及文化形塑等产生的影响入手，结合相关理论，回答某一方面的问题或者解决某一现实难题。

1.人际传播与社交

关注手机媒介，首先是对手机作为人际传播工具的研究。手机媒介的广泛

① 王育济：《文化产业学科建设要有四大意识》，第七届中国文化产业新年论坛，北京，2010 年 1 月。

② 参见王育济、齐勇峰、侯样祥、韩英主编：《中国文化产业学术年鉴·2008 年卷》下册，北京：文化艺术出版社，2009 年，第 1565～1596 页。

普及给传统的人际传播带来冲击，产生了新的社交方式，造就了新的人际传播模式。闫隽从手机的技术特征与人际传播的契合入手，总结出手机人际传播的五大特点，即多种传播介质并存、信息冗余度低、构建多元化人际交往、交往有选择性以及超越时空限制，并得出“手机传播将在很大程度上作为传统的人际传播的补充和延伸，成为新世纪新兴的也是应用最为普遍的一种人际传播方式”①的结论。手机短信融合了纸媒体的文字书写、互联网的双向互动以及无线社交的自由移动和即时连接，拥有其他传统交流沟通方式所不具备的特质。但媒介也是一把双刃剑，手机短信在现代人际交往中有其矛盾性的一面。南京大学社会学系郜键从社会互动角度，对手机短信的使用目的和使用效果出现的不一致和矛盾性进行了阐述。通过论证手机短信在时间上的延迟与浪费、沟通中的模糊与表意不清、追求个性但事实雷同、玩具本质超越工具本质四个方面，质疑手机短信作为人际沟通工具存在的合理性，最后从社会学的角度解释了这种矛盾性存在的原因。在激烈竞争的社会和压力剧增的生活中，手机短信作为一种随意、轻松的沟通方式得到现代人的肯定，是人们从现实世界通往理想的自由王国的钥匙，“手机短信的种种矛盾性就成了这样一个理想王国和现实世界的联系不得不面对的问题”②。2003 年，当大部分人还沉浸在手机短信带来的社交便捷的欢呼声中时，这篇文章已从社会学的角度开始剖析手机短信的矛盾性和弊端，具有一定的开创性。其不足之处是对矛盾性的分析多从生活实践出发，理论阐发尚显薄弱。这些缺憾在倪桓《手机短信传播心理探析》一书中得到较好的弥补。该书从传播心理学的角度进行了更为清晰的研究，作者提出，短信减少了个体对现实人际交往的需求，提供了个体逃避现实压力的理想空间，便于个体进行不同身份的转换以加强防卫，这些优势容易使用户产生“短信上瘾”，从而引发拒绝社交和社交恐惧两种社交心理障碍，更加严重的后果是削弱人们的情感关联，引发信任和情感危机。③ 手机媒介对人际传播产生的正面和负面影响表明，仅用技术决定论或者社会决定论作为理论框架研究手机媒介是不合理的，无法全面理解这种新的传播阶段。正如胡春阳所说：“一个时代的生活方式与计数方式紧密关联，除了从技术上来理解手机传播，还要更多从社会

① 闫隽：《试论手机人际传播的特征》，《河南社会科学》2003 年第 2 期。

② 郜键：《青年人际交往的新景观——谈手机短信在人际沟通中的矛盾性》，《当代青年研究》2003 年第 1 期。

③ 参见倪桓：《手机短信传播心理探析》，北京：中国传媒大学出版社，2009 年，第 152～180 页。

结构、传播观念以及传播能力本身去理解。”[①]在其专著《寂静的喧嚣 永恒的联系：手机传播与人际互动》中，胡春阳重申了这一观点：手机是都市陌生人适应充满变动、危机的都市生活的产物，手机的移动性表征着社会的移动性。[②] 手机媒介的跨时空性传播重建了各种社会关系，拓展了社交广度，但是中介化的、短暂的、快餐式的交流也消解了社会交往的深度，“开放的社会增加了人的流动性，也弱化了人际关系的稳定性”[③]。

2.大众传播

手机媒介信息送达的瞬时化、传播的去中心化以及内容生成的草根化等特点改变了既存的传统大众传播模式，但也并未完全取代大众媒体，“两者倒是构成一种媒介的共生状态”[④]。手机媒介为传统媒体提供新的传播渠道，也从传统媒体那里获取丰富的内容资源，二者之间形成一种既竞争又合作的平衡共生状态。

自从手机媒介可以提供短信群发服务之后，因具备了更广泛的大众传播功能而被冠以“第五媒体”之称。清华大学教授范红认为，手机短信引发了作为“第六次传播革命”的电信传播，其在新闻传播、政策宣传、教育拓展和都市娱乐方面具有的大众传播功能不断提升，在满足了大众传播的种种受传需求的同时，将大众传播的领域推进到更加个体化的都市社会内层，实现了“大众传播化的人际传播”和“人际传播化的大众传播”的结合[⑤]，从整体上推动传播自由化和民主化的进程。随着移动通信技术的进步和无线网络的普及，手机媒介作为信息传播终端受到传统媒体的青睐，产生了诸如手机报、手机电视、手机广播、手机网站、手机广告等新的大众传播媒介，手机媒介的大众传播特性愈发凸显。2004 年 7 月，《中国妇女报》(彩信版)的开通宣告了手机报的诞生，这也进一步彰显了手机媒介的大众传播特性。现有研究多从手机报的定义、特点及前景入手，认为手机报是手机媒体与传统报纸相结合而形成的新的新闻信息传播形式，具有信息传递即时、信息呈现直观等优点，并随着彩信普及、独立的新闻采

① 胡春阳：《如何理解手机传播的多重二元冲突》，《同济大学学报》(社会科学版)2011 年第 5 期。

② 参见胡春阳：《寂静的喧嚣 永恒的联系：手机传播与人际互动》，上海：上海三联书店，2012 年，第 202～203 页。

③ 王萍：《中国当代社会手机文化研究》，北京：华夏出版社，2008 年，第 76 页。

④ 秦艳华、路英勇：《全媒体时代的手机媒介研究》，北京：北京大学出版社，2013 年，第 128 页。

⑤ 参见范红、曲元：《手机短信的大众传播功能和效果》，《清华大学学报》(哲学社会科学版)2004 年第 6 期。

编人员的出现、特色广告的产生以及用户习惯的养成而具有良好的发展前景。[①]然而,有关手机报在传播中的缺陷的研究明显不够,手机报缺乏与读者的互动,读者无法将自己感兴趣的部分新闻或者资讯转发给他人,只能将整条手机报以彩信的形式转发,成本高且效率低。而在移动客户端、微信公众号等更新的媒介形式下,用户可以即时发表评论,甚至可以与编辑互动。近年来,除非移动运营商强制要求绑定,用户订阅手机报的意愿不断减弱,取而代之的是通过下载新闻客户端或者关注媒体的微信公众号来获取定制化的最新资讯,这将是未来手机媒介大众传播的发展方向之一。

3.手机媒介产业

手机媒介多媒体化和娱乐化功能的增强使其承载的媒体业务也越来越多,成为媒介产业的新的盈利市场,吸引了不少投资目光。但因缺乏成熟和合理的盈利模式,手机媒介产业也存在着亏损,这种状况引发了研究者对手机媒介产业链、盈利模式及经营策略的探讨。匡文波提出手机媒体的四种盈利模式:信息服务收费模式、手机广告模式、提供增值服务、挖掘手机媒体新应用。[②] 随着手机媒体业务规模的扩大,产业链上不断有新增节点,如第三方应用提供商,并且更多的传统媒体与新媒体相关领域的企业进入手机媒介领域,形成了新的产业形态,如手机视频产业、手机游戏产业和手机音乐产业等。研究也相应地转向从产业经济学的视角探讨手机媒体的盈利模式,或研究基于某一增值服务的手机内容产业。雷源的《移动互联网改变商业未来》从实践角度提出移动互联网时代新的商业盈利模式,即通过信息技术构建战略终端,实现消费者与品牌的互动,提升品牌影响力,帮助商家建立忠诚的客户群体。[③] 黄河在《手机媒体商业模式研究》中提到,媒介融合与内容产业的兴起迫使移动运营商改变自身定位,为了避免被管道化,逐步由通信为主、信息为辅向通信与信息并重的方向发展。[④] 增值服务主要以手机游戏、手机音乐、手机阅读、手机搜索等为主,研究者根据各参与主体在产业链上占据的不同地位构想了不同的盈利模式。随着手机行业的发展壮大和用户规模的扩大,手机游戏的广告价值凸显,因而出现了在游戏过程中植入广告的新盈利模式。此外,开发游戏周边产品也能为运营

① 参见吴闻莺:《手机报:优长、瓶颈及其前景展望》,《西南民族大学学报》(人文社科版)2006年第7期。

② 参见匡文波:《论手机媒体的盈利模式》,《国际新闻界》2007年第6期。

③ 参见雷源:《移动互联网改变商业未来》,北京:人民邮电出版社,2010年,第23～45页。

④ 参见黄河:《手机媒体商业模式研究》,北京:中国传媒大学出版社,2011年,第59～100页。

商带来额外的市场价值。但是对如何植入广告才能避免玩家因反感而放弃游戏,如何才能开发出别具一格的周边产品等这些新的问题,目前学界的研究稍显薄弱。

4.规制与管理

手机媒介在信息传播、社交联络及产业运营方面发挥着越来越重要的作用,但基于手机的传播失范、人际关系重构及经营管理方面的问题也日益凸显。学者们对手机媒介的管理与规制进行了积极的探讨,产生了众多研究成果。例如,刘先根《系统论视域下的移动新媒体监管模式》、冯宜《3G时代手机媒体监管困境与对策》等文章,匡文波《颠覆传媒——手机:新时代的电脑与器官》、申琦《手机信息传播法律与管理问题研究》等专著。目前由手机媒介引发或者原本存在而经过手机媒介传播出现的问题主要有:淫秽、色情、暴力、低俗等不健康内容的泛滥;传播谣言、恶意诽谤,侵犯他人的名誉权;偷拍、偷录,侵犯他人的隐私权;盗版、非法下载,侵犯他人的著作权等。此外,手机病毒的散播也会泄露手机用户的个人信息。手机媒介去中心的信息传播方式给现有的规制带来了更大的困难,如申琦指出,手机信息源匿名、传播范围广等特点在被不法分子利用时会给社会造成不可估量的危害。

凡此种种问题,现有研究多从以下四个方面给出解决方案。第一,通过技术的更迭进行"补偿性"修正。匡文波提出通过开发技术控污产品,采用反垃圾过滤器解决垃圾短信的问题;通过研制手机病毒防范措施,解决手机病毒问题;对于违法和色情信息,则可以通过过滤软件实现。[①]"以手机软件程序监控和屏蔽黄色信息。相对于其他监管手段而言,技术控制是最基础的,也是最易实现的。"[②]在进入可以自由联网的智能时代,手机更易受到不良信息和病毒的侵扰,因此,手机杀毒软件成为用户必备的应用。第二,建立和完善电信领域法律法规。研究者反复提到的问题是:我国电信行业目前尚缺乏一部位阶高的专门法律,执法部门缺乏权威及处罚力度差导致监管不力。第三,监管主体要权责明确,避免重复监管和监管空白。刘先根提出在手机信息传播的过程中对内容提供商、网络运营商、设备生产商及用户,乃至第三方支付平台、广告联盟等利益主体作出权责划分,明确各自的责任和义务,对各个环节进行规范和堵塞漏洞。[③] 第四,加强行业自律及用户自律。匡文波认为,加强行业自律规范、强化

① 参见匡文波:《手机媒体所带来的安全问题探析》,《信息网络安全》2007年第10期。

② 徐洋:《3G手机涉黄信息的传播特点及应对策略》,《东南传播》2010年第10期。

③ 参见刘先根:《系统论视域下的移动新媒体监管模式》,《新闻战线》2012年第12期。

自我约束是手机媒介行业自我管理的重要一环。[①] 手机媒介的多媒体和兼容性使不同媒体产业在内容生产、渠道分销、平台推广以及终端制造方面都产生了深度融合，客观上也要求传统的分业规制走向融合规制，但传统规制中政策规定与法律制定的滞后为产业和媒介融合制造了重重壁垒。现阶段的研究多从“规制融合”的宏观角度上对融合媒介提出各种建议，例如，肖叶飞、刘祥平提出在坚持“公益性事业与经营性产业分类规制”“放松经济性规制，强化社会性规制”“从纵向统合型规制向横向竞争型规制转变”三原则基础上，建立独立的融合规制部门，在保持公平与效率平衡的规制理念上采取多元化规制措施，最终达到融合媒介的再造和多赢。[②] 这种“规制融合”的思路，无论是对理论的探讨还是实践的应用无疑都具有重要的启发意义。

综观当前学界对手机媒介的研究可以看出，不少论述兼具理论意义与实践意义。但是，由于学科背景的限制，学者们的研究大多侧重于某一角度，未能对手机媒介文化进行系统而全面的探究。此外，手机媒介仍处于动态发展中，其在不同时期对社会生活的作用与影响也不尽相同，因而产生的问题与引发的思考也有差别。本书试图从传播、社交、产业和规制四个层面，对手机媒介融合文化、手机媒介构建的社交文化、手机媒介形成的产业文化以及手机媒介的规制与管理等手机媒介文化现象进行全面解读。

二、国外相关研究成果

20 世纪七八十年代，手机处于研发和市场推广阶段，对手机的研究主要集中在移动通信技术领域。这一时期的研究者以电子工程技术专家为主，相关研究成果发表在《贝尔系统技术杂志》(*Bell System Technical Journal*)、美国电气和电子工程师学会期刊(*IEEE*)等学术刊物上，研究主题包括美国 AT & T 开发的最早的蜂窝电话系统标准——高级移动电话服务(Advanced Mobile Phone Service, AMPS)支持系统的开发、控制单元的设计、移动交换局的作用以及混合信道分配方案等。随着手机开始投入商用，研究亦转向作为商品的手机本身的技术开发，如手机界面的设计、手机使用的安全性，并有学者开始涉足无线电话与电脑的融合等问题。

20 世纪 90 年代开始，手机媒介吸引了更多领域学者的关注，研究范围也延

① 参见匡文波：《颠覆传媒——手机：新时代的电脑与器官》，北京：华夏出版社，2013 年，第 347 页。

② 参见肖叶飞、刘祥平：《媒介融合与规制融合》，《现代传播》2015 年第 3 期。

伸到多个学科。1993 年,美国罗格斯大学(Rutgers University)主办的第四届无线信息网络专题讨论会将与会学者的论文以《无线与移动交流》(*Wireless and Mobile Communication*)之名结集出版,该论文集分为六部分:个人通信服务的费用结构、移动数据和计算、CDMA 容量增加、多址联接、电流控制和信道分配、未来第三代移动通信技术问题。① 这些研究指引了无线网络在未来技术和产业发展方面应该采取的措施,为学界、商界和政府读者提供了帮助。20 世纪 90 年代中后期,手机开始普及,由此带来的社会问题也初步显现。学者们从使用手机对人与社会的影响角度研究手机媒介。虽然随着价格的降低,越来越多的人开始拥有手机,然而,对于在人口中占有更大比例的低收入群体而言,手机依然是奢侈品,这种状况引起学者对手机媒介造成的数字鸿沟的讨论。中国香港地区的学者在创新扩散理论的基础上,探讨没有手机的人群及哪些因素导致他们没有手机。研究结果表明,收入水平和教育水平低的老年女性不使用手机,她们选择用呼机代替手机;在是否有使用手机的意愿上,年龄和社会群体的影响远远高于技术的接受难度。② 90 年代末期,手机已成为音声通话的主流媒介,并逐渐具备在移动中向用户传送高速数据、视频和多媒体资源的功能,与网络连接的第三代蜂窝电话技术开发已成为迫切需要。

进入 21 世纪,随着移动通信水平的提高和人们对手机需求日盛,加之用户规模不断扩大,这使得搭载在手机媒介上的内容和服务的盈利机会增大。有研究者指出,无线网络运营商决定了用户可接触的内容,这种"看门人"角色给移动通信业带来新的商业模式。在移动价值链中,网络运营商通过议价权获取最大利润分配,内容和服务提供商要想获得利润,就要找准在产业链中的位置。旧有的电信体制阻碍了移动通信事业的发展,为了适应市场需求,不少国家纷纷对电信业进行改革。移动市场面临越来越激烈的竞争,兼并重组不仅发生在网络运营商之间,终端制造商与内容提供商也纷纷加入以夺取市场份额。为了更好地理解处于变化之中的复杂市场,马茨·林格伦、约尔根·杰布兰特和艾瑞卡·斯文森合作推出《超越移动:移动世界中的人、传播和营销》(2002 年),书中预言在不远的将来,围绕手机媒介的竞争将由网络转移到服务和内容,内容对媒体产业而言是稀有资源,但是对内容提供商而言是战略性资源。因此"从

---

① Jack M. Holtzman, David J. Goodman (eds.), *Wireless and Mobile Communication*, Kluwer Academic Publishers, 1994.

② Louis Leung, Ran Wei, "Who Are the Mobile Phone Have-Nots? Influences and Consequences", *New Media and Society*, 1999(2), pp.209-226.

根本上说，内容是任何媒介制胜的关键”[1]，作者对“内容提供商找准在产业链中的位置”开出的良方是“去媒介化”，即内容通过多渠道多终端传播，减轻对某一特定媒介的依赖。在媒介融合的今天，关于“内容为王”的预言已成为现实。在作者所处的时代，尽管手机内容产业的发展并不充分，但是不得不承认作者的先见之明对当今手机内容提供商仍有积极的借鉴意义。由于篇幅的限制，作者未能对手机内容的生产、分配和消费所形成的产业链进行深入分析。此外，书中提到的移动广告对隐私暴露的潜在危害在今天依然没有得到有效解决。

随着移动互联网技术的发展和手机功能的不断升级，手机媒介在个人生活、社会组织和经济生产等诸多过程中发挥着日益重要的作用。移动通信技术进步的过程，也是人的思维方式、行为模式以及社会结构被重新塑造的过程。学界对手机媒介的研究，也从对手机技术改进的关注逐步转移到手机对人与社会的影响。具有开创意义的研究如赛迪·普朗特在2001年发表的《论手机》(*On the Mobile*)，预言手机必将对社会组织与私人生活产生深刻影响，移动通信将塑造一个崭新的文化领域[2]；巴瑞·布朗、尼古拉·格林和理查德·哈珀在同年推出论文集《无线世界：移动时代的社会和社交》(2002)，从移动的角度探究新的社交理论、监督与问责、都市空间、工作与休闲时间的模糊等。[3] 这些研究开始对手机媒介进行全面而系统的研究，确立了后来学者在手机媒介研究上的基本议题。

2000～2007年间，手机处于功能机时代，除了音声通话之外，短信和邮件服务功能也逐渐完善，手机在信息传播和社交联络方面以直接或间接的方式影响了人的工作和生活。学者将研究的触角延伸到手机对人际关系的建构上。罗格斯大学的教授杰姆斯·E.卡茨(James E.Katz)和马克·A.奥胡斯(Mark A. Aakhus)与该领域多位重要学者合作出版《持续不断的联系：移动交流，私人谈话，公开呈现》(2002年)一书，首次从社会科学的视角深入探究手机对现代社会的影响。他们指出，手机交流改变了社交行为与组织的形态和本质，这种改变的发生并不仅限于发达的工业国家，而是全球性的。手机提供的持续不断和永

---

① Mats Lindgren, Jörgen Jedbratt and Erika Svensson, *Beyond Mobile: People, Communications and Marketing in a Mobilized World*, Palgrave, 2002, p.159.

② Sadie Plant, (2001). *On the Mobile: The Effects of MobileTelephones on Social and Individual Life*, Retrieved August 23, 2022, from http://www.motorola.com/mot/doc/0/234_ MotDoc.pdf.

③ Barry Brown, Nicola Green and Richard Harper (eds.), *Wireless World: Social and Interactional Aspects of the Mobile Age*, Springer, 2002.

久联系是通信技术的社会逻辑，改变了传统公共空间的属性和人际关系的驱动力，使青年形成了新的亲密和疏远形式，在成年人的社交关系中导致了不同形式的协调、合作与冲突，甚至在社会阶层的划分和社会地位的评判上，人们竞争和攀比的物品也变成了精巧和美观的手机。

年龄是影响新媒介使用的重要因素之一。年轻人对技术的开放态度使他们对新媒介的采用具备一种天然的能力，手机在青年人群中的传播和使用吸引了众多学者的关注。有关移动青年文化的研究，曼纽尔·卡斯特尔在《移动通信与社会变迁：全球视角下的传播变革》(2007 年)中提出移动网络社交建构了青年人的"同龄群体"，即"基于选择和喜好的社交网络的发展，打破了关系的组织性和空间性的界限……以个人为中心的网络……形成了同龄群体"[①]。青年人通过手机短信和手机邮件使用特殊的网络语言和符号交流，以构建和维持青年人的共有身份。曼纽尔·卡斯特尔的分析主要关注的是欧美移动通信发达的国家，而对非洲、南美洲及亚洲大部分国家和地区移动青年文化研究并不充分。

在"手机媒介对人际关系的建构"这一论题上，日本学者的贡献不容忽视。由于手机在日本的发展程度及普及率较高，与之相伴随的社会问题也暴露得相对较早，因而日本学者对手机的研究在手机媒介研究领域占有重要地位。手机的普及带来各种各样的现实问题，如手机的使用与传统公共礼仪的冲突，手机构建的社交网络对传统人际关系造成了冲击，手机的消费形成了新的流行观念等。为了对这些问题进行全面深入的思考，日本大阪大学媒介与文化社会学研究专家冈田朋之与东京大学讲师松田美佐等七位学者共同编著《手机学入门》(2002 年)，将"手机"作为一门综合性学科来研究。他们认为，手机媒介可匿名交流的特性与现代都市空间的匿名性不谋而合，将人类从固守于电脑前的WWW(World Wide Web)社会解放到可以任意移动的 MMM(Mobile Media Mode)社会，人在流动中形成选择性人际关系。[②] 松田美佐在《移动交流与选择性社交》(2005 年)中进一步深入分析"选择性人际关系"的形成及其后果，手机鼓励人们将扩散、开放的社交网络紧缩为亲密朋友形成的小圈子，"手机交流塑造的选择性社交的结果是人际关系的同质化倾向"[③]。由于这一时期手机仍处

---

① [美]曼纽尔·卡斯特尔等:《移动通信与社会变迁:全球视角下的传播变革》,傅玉辉等译,北京:清华大学出版社,2014 年,第 123 页。

② 岡田朋之、松山美佐:《ケータイ学入門》,有斐閣選書,2002 年,第 57-66 頁。

③ Mizuko Ito, Daisuke Okabe and Misa Matsuda, *Personal*, *Portable*, *Pedestrian*: *Mobile Phones in Japanese Life*, The MIT Press, 2005, p.139.

于普及阶段，人们对手机媒介在公民参与、社交联络方面发挥的作用多持乐观和肯定态度，尽管也有学者注意到负面问题的存在，但并未作进一步的揭示。

自2007年美国苹果公司推出第一代iPhone后，手机的发展由功能时代进入智能时代。智能手机有独立的操作系统、独立的运行空间，允许用户自由安装个性化的第三方应用，可以通过移动通信网络实现无线网络接入，为用户提供即时搜索、实时定位、收发邮件等社会网络功能，消解了手机用户与内容生产者之间的界限。手机媒介搭载的内容产品和提供的增值服务也越来越丰富，手机从通讯走向社会联系、商业应用、新闻生产与传播等更广阔的领域，与之对应的学术研究也开始从人文、哲学的高度和媒介融合的角度揭示手机媒介的本质属性。

一些学者基于马歇尔·麦克卢汉在《理解媒介：论人的延伸》(1964年)中提出的媒介思想和方法论反思互联网、手机代表的新媒介。加拿大学者罗伯特·洛根(Robert K. Logan)、美国学者保罗·莱文森等是其中的代表人物。罗伯特·洛根的《理解媒介：延伸麦克卢汉》(2012年)提出新媒介的14条讯息：双向传播；信息的获取和传播变得容易；利于继续学习；整合的信息流；创建社群；便携性；融合性；互操作性；内容的聚合；长尾现象；消费者与生产者合一；陌生人在网络空间的合作；再混合文化；从产品到服务的转变。手机媒介对社会互动的改变、信息传播的影响以及多功能性对这14条讯息均有体现，洛根指出，当手机不被作为电话使用时，“它正在成为一个‘义肢’设备，给行动中的使用者带来许多功能或服务”①。手机媒介使人逐渐成为天生的“电子人”“半机械人”，但是他未对人在这种逆转后如何自处提出可行性的解决方案。

莱文森从技术理性和媒介环境的角度对手机媒介进行了历史学、哲学和社会学高度的思考。他秉承其自1979年博士论文就已提出的媒介演化“人性化趋势”和“补救性媒介”理论研究，其所著的《软利器》(1997年)、《手机：挡不住的呼唤》(2004年)、《新新媒介》(2011年)描绘了手机在现代社会、社交、娱乐、政治中的多彩画卷，堪称手机媒介研究的三部曲。作为媒介技术学派的代表，莱文森对媒介技术的发展保持乐观的态度，他将手机称为“温馨的流动家园”。手机将人从固定场所解放出来，使人自由地走向户外，对自己的生活享有日益增加的自主性和控制力，使无用之地、无聊之时变得有用和有事可做。然而，莱文

① [加]罗伯特·洛根：《理解新媒介：延伸麦克卢汉》，何道宽译，上海：复旦大学出版社，2012年，第196页。

森对技术并非盲目乐观,“媒介是柄双刃剑”是其一以贯之的看法,他认为手机媒介带来的并非全是益处。例如,手机对个人生活的打扰、对公共秩序的破坏以及对家庭关系的改变等是手机时代我们面临的挑战。尽管如此,他还是给予手机高度的礼赞:“有了手机之后,我们就不再二者必选其一:信息或现实、交谈或自然。那真是两者都可以得到。”[①]至于手机对人的打扰,他的解决之道是:选择关机,“新新媒介的实质就是选择”[②]。然而,当手机越来越渗透到人们生活的方方面面时,当人成为“电子人”“手机人”时,又如何会自主选择关机,从而与他人、与世界断开联系?

人们可以发明出更多技术以弥补手机在使用中的缺陷,从而使其趋于完美,手机媒介技术的强烈黏性,使人无法与之分离。正如凯文·凯利在论述技术的自主性时所谈到的,“我们创造的技术越多,我们就需要创造更多东西保证它完全运转”[③],手机技术越趋于完美,我们就越没有必要的、真正的独处时间。短信、语音通话、即时信息等丰富的手机社交方式使人处于随时待命的状态,被誉为信息领域的“弗洛伊德”的雪莉·特克尔(Sherry Turkle)在《群体性孤独》(2014年)中称:“我们用不断变化的关系填满我们的生活,拒绝独自思考和梦想,忙到精疲力竭,我们做了一场新的浮士德式的交易。即在彼此独处的情况下打交道,这是数字时代人们新的相处之道。”[④]人们生理上在物理空间独处,但是精神上却在网络空间相聚,从而在亲密关系中形成新型孤独。雪莉·特克尔表达了对伴随着手机、智能设备成长起来的“电子土著”对于网络化、模拟化生存所要付出的代价的忧虑,她认为,人们更依赖技术而非彼此。对于这种趋势的发展,特克尔寄希望于被科技奴役的人的自我觉醒和逃离:“我们不会放弃互联网,也不可能一下子‘戒掉’手机。我们自己才是决定怎样利用科技的那个人,记住这一点,我们就一定能够拥有美好的未来。”[⑤]用自己的意志逃离手机“电子茧”,这与莱文森的思路一致。然而,对人的自觉性怀有的这种美好期望对解决手机带来的诸如人对自我的反思、对他人与社会的认知并未有太多的帮助,毕竟能体察到技术对人的奴役的只是少数人,世界上绝大多数人依然乐此不疲地使用手机进行搜索、拍照、社交、发状态、读小说、听音乐、看视频、玩游戏等活动。因而,仅靠个人的自觉无法有效减轻手

① [美]保罗·莱文森:《手机:挡不住的呼唤》,何道宽译,北京:中国人民大学出版社,2004年,第151页。

② [美]保罗·莱文森:《新新媒介》,何道宽译,上海:复旦大学出版社,2012年,第192页。

③ [美]凯文·凯利:《技术元素》,张行舟、余倩等译,北京:电子工业出版社,2012年,第36页。

④ [美]雪莉·特克尔:《群体性孤独》,周逵、刘菁荆译,杭州:浙江人民出版社,2014年,第215页。

⑤ [美]雪莉·特克尔:《群体性孤独》,周逵、刘菁荆译,杭州:浙江人民出版社,2014年,第297页。

机媒介带来的社交与人际层面的负面效应。

从20世纪80年代开始，发达国家逐渐放松对电信业的管理与规制，电信、广播和互联网新媒介公司之间的壁垒被打破。此外，他们还放宽了对媒介传播内容的限制。尼古拉·尼葛洛庞帝在《数字化生存》中将“被动的旧媒介”与“互动的新媒介”做了对比，指出政府没有必要出台规制和政策来打破这种媒介融合，“技术和人性的结合比国会出台的任何法律都具有优势”[①]。美国、西欧的一些国家和地区对既有法律法规进行了更新，促进了电信业、广电业和信息业的融合，使信息得以在各种传播终端间自由流动，手机媒介也得以提供更多的内容和服务。

国外学者针对手机媒介使用的管理以及内容传播的规制的专门研究较少，由于手机媒介与互联网紧密连接，是新媒介的典型代表，因此对互联网规制的研究可部分地看作是对手机媒介的规制研究。目前学界对互联网是否需要规制以及如何规制众说纷纭，莫衷一是。20世纪90年代，反政府规制的理念在互联网倡导者中占据主导地位，并逐渐演化成共识：在一切可能的情况下，互联网的最好治理者是用户自己和专家，而不是来自政府或政界人士。互联网治理学家米尔顿·米勒指出，“治理指在没有上层政治权威的控制和约束下的行为者内部的协调与规制”[②]，反映了互联网去中心化的结构特性和鼓励用户参与的本质。在新媒介塑造的传媒环境中，消费者掌握了比以往更多的内容生产、消费和传播的主动权，因而也担负了更多自我管理的责任。罗杰·瑟维斯通建议用户自己与媒介保持恰当的距离以培养一种道德感（moral sense），通过公民的“道德议程”（moral agenda）减少失范现象的发生，以限制和降低政府的外力规制。在现代媒介社会，“这需要我们每个人在使用媒介时都应负起责任”[③]。正如托马斯·弗里德曼所言：“正是因为互联网是中性的、免费的、开放的、未被规制的商业、教育、传播的载体，因此，在使用互联网技术时，个人的判断和责任尤为重要。”[④]手机媒介作为移动互联网的呈现终端，对信息有即时保存、生产和扩散的功能，普及范围更广，传播影响更大，因此对用户媒介素养的要求更要高于PC互联网。

---

① Nicholas Negroponte, *Being Digital*, Vintage, 1996, p.58.

② Muller Miltion, *Networks and States: The Global Politics of Internet Governance*, Cambridge: MIT Press, 2010, p.8.

③ Roger Silverstone, "Regulation, Media Literacy and Media Civics", in Amy Mahan, Robin Mansell and Rohan Samarajiva (eds.), *Networking Knowledge for Information Societies: Institutions & Interventions*, Delft University Press, 2002.

④ Thomas L. Friedman, *The Lexus and the Olive Tree*, London: Harper Collins, 2000, p.471.

网络用户鱼龙混杂,仰赖自我规制并不能给互联网系统提供稳定的支持。以互联网为代表的新媒介在信息传播过程中频频表现出的“失灵现象”,表明仅靠用户自治在现阶段无法阻挡一些失范内容的传播和用户不恰当互联网使用行为。互联网乃至手机媒介并未摆脱病毒、垃圾、盗版及非法内容,政府的立法规制依然发挥着重要作用。例如,1998 年美国颁布的《数字千年版权法案》,试图在数字环境中实行严格的知识产权保护;2010 年英国的《数字经济法案》对长期盗版下载的用户实行断网制裁。虽然民间团体和自我规制在互联网中不断兴起,但在网络空间犯罪造成的严重威胁面前,各国政府开始争取互联网规制的主导权,“为了创造全球新秩序,世界上几个大国政府间有必要开展合作……创建一个有规制和约束机制的网络”[①],互联网日益商业化的发展使之无法脱离于政府的影响。因此,政府往往打着“保护公民利益和保障公民权益”的旗号,对互联网进行管理和规制。但是,由于公民利益在媒介传播中没有明确定义,这使得官方的规制机构很难代表公民利益对企业进行有效监管。而手机媒介作为个人媒介,更加深了公民对政府公权力有可能被滥用的警惕,从而加剧了政府对媒介的规制难度。

在公民提高媒介素养以承担自治责任以及政府自上而下的规制之外,诉诸技术手段也是解决新媒介失范的常用规制手段之一。以对垃圾短信的治理为例,起初西方国家几乎不存在垃圾短信的问题,最主要的原因是发送垃圾短信的费用要远远高于发送垃圾邮件的费用;但随着通过电脑模拟真正的用户发送短信技术的出现,发送垃圾短信的费用降低,对垃圾短信的管理与规制因而变得迫切起来。一些学者建议采取立法手段、经济调节或者技术过滤的方式进行管理。例如,西班牙学者何塞·马里亚·戈麦斯·伊达尔戈(José María Gómez Hidalgo)等就描述了一种名为“Bayesian”的能有效阻止和减少垃圾短信的过滤技术。[②] 使用过滤技术固然能使人免除被垃圾短信打扰的烦恼,但对用户的个人隐私也存在潜在的侵害。虽然目前对手机媒介规制的研究还不充分,但是从对互联网规制的研究中我们可以看出,在对用户掌握更多主动权的新媒介规制中,单一方式难免存在不足:用户自治易受到企业的影响;政府规制有可能造成“一刀切”,并打击用户自治的信心;技术存在固有缺陷。因此,建立一套为公共利益服务的规制,需要对规制的形式进行重新理解。即使自治是新媒介环境下的最好形式,但正如齐特林所

---

① Manu Castells, *The Internet Galaxy: Reflections on the Internet, Business and Society*, Oxford University Press, 2001, p.178.

② José María Gómez Hidalgo, Guillermo Cajigas Bringas, Enrique Puertas Sánz, *Content Based SMS Spam*, Proceedings of the 2006 ACM Symposium on Document Engineering, 2006, pp.107-114.

言,“当人们之间的善意和慷慨还不足以解决冲突时,传统的政府组织、泛国家组织这些规制者就要介入并发挥作用”[1],如此才能更好地维护互联网平等、创新和活跃的发展。

相较于对同为新媒介的互联网的研究而言,国外学者对手机媒介的研究并不充分,专著少,且多遵循媒介批评的传统,从文化学、传播学、符号学的角度对手机媒介进行批判性解读,忽视手机媒介在经济发展和社会转型中的积极作用。此外,国外学者热衷于探究手机媒介引发的问题的深层原因,但对问题的解决之道缺乏研究的热情。

第四节 研究的理论基础与方法概述

一、理论基础

本书以媒介生态学的理论视角,对基于手机媒介的信息传播、功能融合、社交形态、内容服务以及失范与规制进行研究。

1.“Media Ecology”是媒介生态学还是媒介环境学?

对于“Media Ecology”,单纯从字面上将其翻译为“媒介生态学”几乎是毫无疑义的,但是在国内关于这一术语的译法并不统一,混淆之处有二:其一,究竟是“媒介生态学”还是“媒介环境学”?其二,中西方在媒介生态学或媒介环境学上的研究取向有何不同?因此,厘清“媒介生态学”的理论起源、概念内涵以及研究取向,廓清学科差异,才有可能避免理论混淆。

20世纪60年代以来,伴随着传播媒介的更新迭代,媒介对人日常生活的渗透越来越彻底和全面,电子媒介环境上升为一种新型的互联文化,人类进入一种新型的开放式生态时代。麦克卢汉曾提出的诸多预言被证实,1964年出版的《理解媒介》一书更是在全球范围内掀起了“麦克卢汉热”。“Media Ecology”这一概念就是他首次在私人信件中提出的,他认为,为了实现媒介环境的平衡发展,每一种文化都有必要对某些媒介进行限制使用。[2] 媒介时代人类生活环境的巨大变化,使麦克卢汉对信息传播、文化发展以及媒介功能投入了特别的关

---

① Jonathan L. Zittrain, *The Future of the Internet*, London: Penguin, 2009, p.246.

② 参见[美]林文刚:《媒介环境学:思想沿革与多维视野》,何道宽译,北京:北京大学出版社,2007年,第47页。

切。1968年,尼尔·波兹曼在"美国英语教师全国委员会"的年会演讲中,正式使用并推广"Media Ecology",将其定义为"将媒介作为环境的研究"。媒介是复杂的信息系统,Media Ecology试图揭示其隐含的、固有的结构,揭示它们对人的感知、理解和感情的影响。① 随后在1970年,波兹曼同尼斯特罗姆和莫兰在纽约大学创建了世界上第一个Media Ecology的博士和学士点课程。② 1979年,波兹曼在其著作《作为保存活动的教学》中对"Media Ecology"做了非常简明的界定:"Media Ecology研究信息环境。它致力于理解传播技术如何控制信息的形式、数量、速度、分布和流动方向,致力于弄清这样的信息形貌或偏向又如何影响人们的感知、价值观和态度。"③1998年8月4日,Media Ecology Association在纽约成立,兰斯·斯特雷担任会长,林文刚担任副会长,莱文森被推举为顾问。林文刚认为,Media Ecology"旨在研究文化、科技与人类传播之间的互动共生关系",研究媒介系统,"重点是传播媒介的结构冲击和形式影响",它"还关心媒介形式的相互关系、媒介形式与社会力量的关系以及这些关系在社会、经济、政治方面的表现"④。在顺承麦克卢汉的媒介思想基础上,围绕学科建设、学会宗旨所产出的成果显示,Media Ecology的焦点是以人类为中心对媒介环境展开研究,传播活动是人类社会互动的过程,而文化则是这一互动的产物。人对传播技术的使用、适应与控制能力在很大程度上决定了未来社会及精神生活是否安定。换言之,Media Ecology的学术关怀是使传媒向有利于人的方向发展,因此必须"了解媒介环境变化的过程、基本特性、结构形式和演化规律等,以为人类提供一个健康的媒介生态环境,控制信息污染和信息生态危机"⑤。

麦克卢汉在《给鱼儿的信》中将人与媒介的关系比作"鱼和水",他说:"让鱼儿浑然不觉的正是水,因为它们没有反环境,不能凭借反环境感知到它们生活

---

① 参见[美]林文刚:《媒介环境学:思想沿革与多维视野》,何道宽译,北京:北京大学出版社,2007年,第27页。

② 参见李明伟:《知媒者生存:媒介环境学纵论》,北京:北京大学出版社,2010年,第50页。

③ N. Postman, *Teaching as A Conserving Activity*, New York: Delta, 1979, p.186.转引自张冠文:《人与互联网的同构:媒介环境学视阈下互联网交往形态的演化》,北京:中国广播电视出版社,2015年,第30页。

④ 参见[美]林文刚:《媒介环境学:思想沿革与多维视野》,何道宽译,北京:北京大学出版社,2007年,"序言"。

⑤ 阳海洪:《媒介生态学还是媒介环境学?关于Media Ecology的汉译问题》,《云梦学刊》2013年第5期。

其间的水……鱼儿所能看见的东西近乎为零,就像人们对新技术环境浑然不觉一样。”[①]换言之,鱼儿只有离开了水才会对水有所感知,然而,鱼儿离开了水则无法生存。这个比喻表明,人类这条“鱼”生活在由各种媒介构成的环境里,但是人类对媒介以及媒介环境麻木不知,只有离开媒介才会明白其对人的重要。综上分析,北美的 Media Ecology 是以“媒介作为环境”为研究取向,因此译为“媒介环境学”更为适宜,国内将其简单地译为“媒介生态学”就背离了这一流派的研究宗旨。媒介环境学派正式确立为一种研究范式始自 1968 年,但是其学术思想可以追溯到 20 世纪 30 年代,到目前为止已有三代学人相继扛起大旗。第一代的代表人物有埃里克·哈弗洛克、哈罗德·伊尼斯和马歇尔·麦克卢汉,他们奠定了媒介研究的基础;20 世纪 70 年代以后,以尼尔·波兹曼、沃尔特·翁等为代表的第二代学者日趋活跃;20 世纪 90 年代以后,在信息技术迅速发展的背景下,以保罗·莱文森、约书亚·梅罗维茨、兰斯·斯特雷特、林文刚、德里克·德克霍夫为代表的第三代学者,把媒介环境学的研究推向新的高度,成果日丰。[②] 探索媒介技术、媒介形态、媒介环境的变化如何影响人类感知、理解和思考这个世界,是媒介环境学派的研究重点。

2.本土媒介生态学理论的建构

国内“媒介生态学”研究成果有两个指向:其一,等同于北美的媒介环境学,其二,源于本土学者的理论自觉。本书采用的“媒介生态学”,主要来自邵培仁教授的理论建构。

“媒介生态学”这一概念在中国首次出现是 1996 年尹鸿谈电视媒介时所提及,他认为:“媒介生态学关注的则是与人的生存相关的动态的变化的媒介环境,媒介对于人的作用、作用过程、方式,特别是人类如何限制、控制、修正对媒介的使用,以维护、保持一种健康的平衡的媒介环境,使人与媒介、媒介与人之间保持一种和谐互动的良性关系。”[③]其对媒介生态学的理解,是以人类为中心,将媒介视为生存环境的构成部分,因此可以归为北美的媒介环境学领域。

真正中国本土的“媒介生态学”发端于 21 世纪。2001 年,浙江大学邵培仁教授先后发表了《传播生态规律与媒介生存策略》和《论媒介生态的五大观念》

---

① [加]马歇尔·麦克卢汉著,[美]昆廷·菲奥里等编:《媒介与文明》,何道宽译,北京:机械工业出版社,2016 年,第 157 页。

② 参见张冠文:《人与互联网的同构:媒介环境学视阈下互联网交往形态的演化》,北京:中国广播电视出版社,2015 年,第 30～31 页。

③ 尹鸿:《电视媒介:被忽略的生态环境——谈文化媒介生态意识》,《电视研究》1996 年第 5 期。

两篇论文，文章大量引入生态学概念，如“生态位”“食物链”“生物钟”“媒介群落”“生态平衡”等，旨在为中国传媒面临的危机提供解决策略。截至 2021 年 3 月 6 日，根据中国知网可视化统计的结果显示，引用这两篇论文的文献数分别为 467 篇与 413 篇，可见其在学术界引起的反响之大。两篇论文中均提到“媒介生态”，是指运用传播学与生态学的基本原理，对信息传播过程中个人、群体、媒介和其他社会系统之间的矛盾、冲突、协同的诸种生态关系进行探讨与分析，通过确立正确的媒介生态观念，实现媒介系统的良性循环。这一概念的提出旨在解决媒介传播造成的信息爆炸、信息污染、思想危机等媒介内容失范以及媒介经营管理失衡等问题。随后，张国良教授也开展了媒介生态方面的课题研究，童兵教授在论及中国传媒市场格局的文章中也使用了“媒介生态”的概念。① 媒介生态逐渐成为传播领域的热门话题，学者们纷纷在媒介生态视角下对传播领域的新问题展开研究（袁薇佳，2003 年；吴廷俊，2003 年；王冰，2005 年；周庆山，2006 年；刘远军，2007 年；等等）。2008 年，在前期理论研究与实践观察的基础之上，邵培仁教授明确提出“媒介生态学”（Media Ecology）概念，是“用生态学的观点和方法来探索和揭示人与媒介、社会、自然四者之间的相互关系及其发展变化的本质和规律的科学”②。至此，本土媒介生态学作为一门学科开始建立起来。

与北美媒介环境学以人为中心研究人与媒介的关系不同，本土媒介生态学强调以媒介为中心，侧重研究中国媒介生存发展的环境。也许受麦克卢汉的将人设定为“鱼”的启发，清华大学教授崔保国等曾形象地将媒介设定为“鱼”，由政治、经济、社会、文化等子系统构成的媒介生存环境是“水”。③ “鱼”“水”关系描述的不同，有助于我们将媒介生态学派与媒介环境学派区分开来。媒介生态学视媒介为生命有机体，关注媒介生存同周围环境的关联，“只有将媒介放置在由政治、经济和文化等因素所构成的社会系统中，以媒介与媒介生存环境所构成的媒介生态系统为研究对象，揭示出社会系统中影响媒介生存的要素，及这些要素以何种方式影响媒介自身的生存、运作与发展，才有可能真实地把握到传媒的存在状态，由此开出的对策与措施才能遵循媒介本身的生长规律，促成媒介的良性成长”④。因此，媒介生态学研究的核心是媒介主体与媒介环境的关

① 参见童兵：《入世一年的中国传媒市场新格局》，《新闻记者》2003 年第 1 期。

② 邵培仁：《媒介生态学研究的基本原则》，《新闻与写作》2008 年第 1 期。

③ 参见崔保国、侯琰霖：《在融合中转型 在转型中创新——2012 中国传媒产业分析与展望》，《中国报业》2012 年第 7 期。

④ 阳海洪：《媒介生态学还是媒介环境学？——关于 Media Ecology 的汉译问题》，《云梦学刊》2013 年第 5 期。

系:一是媒介如何与社会互动维持生态平衡而形成媒介群落;二是社会环境如何为媒介提供良性的生存条件。媒介与社会的互动包括媒介自身的生存发展及其与其他媒介的竞争,媒介之间的相互竞争形成媒介群落。媒介群落与媒介生存环境构成了媒介生态系统。

手机媒介作为当前最受关注的媒介形式,正在并将继续改变媒介环境的构成,并成为信息交流、人际交往、文化繁荣、社会治理的主导性媒介。媒介生态学理论以媒介为主体,研究媒介与人、媒介与媒介、媒介与社会的关系,对于理解手机媒介给人类与社会带来的影响无疑具有重要的启发意义。手机媒介与社会互动层面涉及手机媒介从 1G 到 5G 的技术更迭、手机媒介从单一功能到复杂功能的媒体融合、围绕手机媒介的各种文化产业所形成的内容群落。手机媒介环境层面涉及用户环境与制度环境,这两种环境对媒介生存有重要影响。用户结构、用户使用方式、用户与手机建立了何种关系决定了手机媒介的用户黏性,“得用户者得天下”,这是手机媒介得以生存发展的基础。制度环境是国家针对手机媒介发展中暴露的短板、问题所制定的政策、法律、法规等,通过引导与纠偏为手机媒介提供良性、宽松的生长条件。媒介生态学的思想与学术路径为探索手机媒介提供了新的认识论与方法论,本书将从媒介生态学整体观、系统观和平衡观的角度阐释手机生态位、手机人族群、内容群落及其发展中的失衡与规制。借用传播学、媒介融合、社会学、文化产业以及政府规制的相关概念和理论来研究手机媒介,本书理论框架如下图所示:

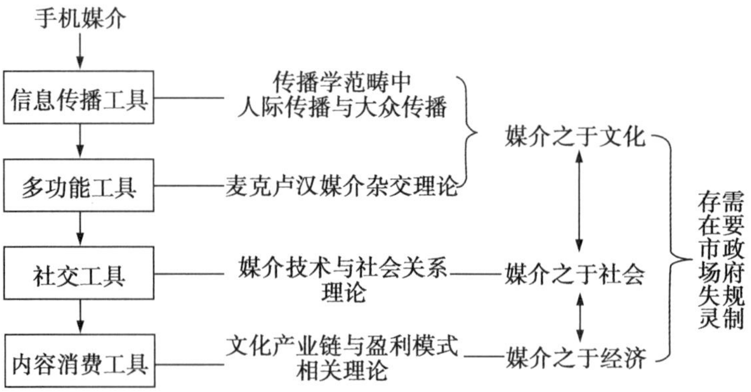

图 1　基于媒介生态学的手机媒介研究理论框架

在这个理论框架指导下,本书从媒介生态学的视角,描述了纷繁复杂的手机媒介现象,就手机媒介的信息传播及其与其他媒介融合对文化所造成的冲击、手机媒介技术对社会关系的改变、手机内容生产与消费的规范以及政府对手机媒介规制的必要性和途径等问题进行了系统论述，力图将理论分析与现实描述紧密结合，通过逻辑推理论证手机媒介变革文化、社会、经济和规制的理论价值和实践价值。

二、研究方法概述

1.历史研究法

本书对每部分研究对象发展过程的梳理使用历史研究法。手机媒介处于动态的、不断发展的状态，其所涉及的技术、服务和功能都有一个从单一到多元、从简单到复杂的过程，梳理清楚这个由简入繁的过程，有利于从更深层面厘清手机媒介融合、手机社交以及手机内容等问题。

2.宏观与微观分析相结合

针对选题所涉及的手机内容产业部分，笔者首先从宏观上分析手机媒介与内容产业融合的背景和必要性，然后逐次以手机游戏产业、手机音乐产业和手机视频产业为例，从微观角度对必要性展开进一步论证。选用宏观与微观相结合的研究方法，是为了更好地说明手机内容产业作为文化产业新兴业态的发展状况与进展情况。

3.比较分析法

对手机内容规制研究部分主要采用比较分析法。针对我国手机媒介管理与规制存在的不足，本书指出了国外在国家立法、行业自律和用户自治等层面的先进之处，并联系我国的实际国情加以借鉴。“它山之石，可以攻玉。”参考其他国家的做法能够使我国手机媒介规制少走弯路。

第五节 研究框架、创新与不足

一、研究框架

手机媒介诞生之初功能单一，主要被用作是人际传播的工具，因而传播是其本质属性。随着技术的发展，手机媒介逐渐具备了短信息、手机邮件等文字表达方式以及图像、表情等副语言表达方式，因而具备了社交属性。社交属性是使媒介具有黏性的有力武器，当用户把越来越多的时间花费在手机上时，各种各样的内容产品就拥有了广阔的市场，手机媒介因而也具有了产业属性。手机媒介从诞生到现在的四十余年中，在不同发展阶段产生和面临着不同的问题，而这些问题需要市场调节和政府规制双管齐下才能得到有效解决。本书秉持历史学的研究方法，按照手机媒介在不同发展阶段与文化、社会和经济的不同程度的互动关系探索手机媒介，并针对发展过程中产生的问题提出规制层面的建议。

二、研究的创新与不足

1.研究的创新之处

学术界以往对手机媒介互动的研究大致分两类：一类是从宏观角度论述手机媒介对人际关系和社会互动的影响，一类是从微观角度分析某种手机媒介社交方式的利弊。本书综合以上两种研究，不仅深入探究了手机语言从单一到多元的发展历程及蕴含的深层文化意义，并总结出不同手机媒介社交方式对应的人际关系样态，首次提出手机媒介塑造的新的“舍近求远”型人际关系，并对手机社交潜在的问题提出“社交泛在化”的解决思路，为探索新媒介社会互动提供了新的思路。

任何新事物在发展过程中都不可避免地出现新的问题，手机媒介也不例外。本书未回避手机媒介在传播和使用中产生的问题，也未避重就轻、一笔带过，而是认真梳理目前政府部门有关手机媒介管理与规制的法律与政策规定，概括出“五大层面＋四大方面”的手机媒介规制架构，提出从立法约束、政策规范、协会监督和用户自律方面规制手机媒介，并强调自律意识在互联网与手机媒介治理中的重要作用。这对于在新形势下解决新媒介融合带来的复杂问题有较大的现实意义。

2.研究的不足之处

手机媒介无论从终端还是从内容来说都处于活跃的发展状态中，因而国内外学者对手机媒介进行的新研究也在不断涌现，这就无疑会给资料搜集带来一定困难，因而对国外已有成果的借鉴显得不足。此外，由于学科背景的限制，笔者对传播学、社会学和法学等领域涉猎不够，这在一定程度上影响了本书论述的深度与广度，造成对一些观点的阐述不太深刻，这些不足之处笔者将在今后的研究中努力地加以弥补。

第一章　手机媒介的功能融合

移动通信技术、数字多媒体技术及增值服务技术的进步带来了手机信息传输方式的变革，增强和丰富着手机的终端功能，使手机成为人们信息传递中不可或缺的重要工具。随着用户数量的不断增加，手机媒介信息去中心化生产和传播的特征表现得更为明显。草根大众既是信息的消费者，也是信息的生产者，这对既有的人际传播与大众传播产生了深刻的影响。在传播功能之外，手机媒介的便携性吸附和整合了日常生活工具的功能，手机功能杂交释放的巨大能量极大地方便了人们的生活，但不容否认的是，手机媒介的多功能也使得人们养成了多任务处理的习惯，由此产生了不少问题。对手机媒介在传播领域和功能融合领域的问题进行分析和探讨，是手机媒介研究的起点。本章就是针对手机媒介传播与功能融合所做的研究。

第一节　手机媒介发展史

交流与沟通是人类社会形成的基础，而跨越时空的交流是人类一直以来的追求。人类社会早期，口耳相传的信息传播模式要求传、受双方必须同时同地才能进行。随着人在自然界中影响范围的扩大，人的活动范围也在不断向外扩张，异地的不同步沟通媒介应运而生，如飞鸽传书、烽火传信等。但是，这些媒介受到了时效性和距离的限制。文字的发明弥补了口语转瞬即逝的缺陷，并能将信息传递到远方，但是书信投递的缓慢又造成了信息的迟滞。电报的出现使信息瞬间可达，几乎可以达到实时沟通，但是对字数的严格限制降低了人们通话的兴趣。手机媒介是一种异地双向互动交流媒介，是对以上信息传播媒介存在的种种缺陷的全面补救。手机起源于 19 世纪的无线电通信装置，经过将近 200 年的发展才形成现在的形态，其发展主要经历了以下四个阶段。

一、手机的前身

现代手机是19世纪兴起的无线电通信的一个重要分支。1831年，英国物理学家迈克尔·法拉第(Michael Faraday)首次发现了电磁感应现象。1873年，英国物理学家詹姆斯·克拉克·麦克斯韦(James Clerk Maxwell)在法拉第等人对电磁感应现象研究的基础之上，将电磁感应理论向空间延伸。德国物理学家海因里希·鲁道夫·赫兹(Heinrich Rudolf Hertz)经过长期努力，终于在1888年证实了电磁波的存在，使无线电通信成为可能，从而开拓了人类的无线电通信事业。19世纪90年代，意大利电气工程师伽利尔摩·马可尼(Guglielmo Marconi)经过不懈的试验，从数米到数千米，不断拉长着无线电信号传输的距离。1899年，马可尼建立起了横跨英吉利海峡的英法两国之间的无线电通信，并在同年通过"两个装有无线电发射器的轮船的帮助下播报美洲杯的进程"①。此后，移动无线电通信技术被广泛应用于长途海洋运输中，大型的货船、渔船和客船一般都会配备无线电通信装置。无线电通信能够提供快速、紧急联络服务，这使其成为移动通信的起源。

20世纪20年代初，将无线电信号传输与传统的交互式电话网络相结合的新媒介技术被广泛应用到除海洋通信之外的其他领域，如警察、急救人员以及出租车司机等需要随时听从调度的领域人员。调度中心不但需要把特定信息传输给特定对象，还需要对整个群体的活动进行实时监控。在无线电话发展的初期阶段，没有供个人通话的专用线路，信息是通过以一对多的方式传播的。20世纪40年代中后期，无线电技术迎来了与传统交换电话网络广泛融合的时代，美国电话电报公司将电话交换机技术延伸到移动通信领域。1946年，贝尔实验室制造出第一部概念意义上的移动电话，但体积庞大且无法自由移动，因其没有太大实用价值而被研究人员搁置在研究室的架子上。20世纪60年代，虽然移动电话得到了改良，但是依然笨重，因而只能放在汽车上，被称为"车载移动电话"。1973年，摩托罗拉公司电话工程师马丁·库伯(Martin Cooper)发明出世界上第一部真正的便携电话原型机，重约900克。1979年，日本NTT公司在东京建成世界上第一个商用移动电话网，随后美国等国家相继建立和推广这种类型的移动电话网络。

---

① [挪]奇·林：《M时代：手机与你》，林振辉、郑慧敏译，北京：人民邮电出版社，2008年，第7页。

二、1G：固定电话的补偿

20 世纪 80 年代，研究者将目光转移到移动通信系统的发展上。第一代模拟蜂窝移动电话系统 AMPS（Advanced Mobile Phone Service）、TACS（Total Access Communication System）、NMT（Nordic Mobile Telephone）分别在美国、英国等国家正式投入使用。这些系统主要采用模拟和频分多址（Frequency Division Multiple Access，FDMA）方式，其原理是"通过电波所传输的信号模拟人讲话声音的高低起伏"[①]，模拟电话的通话质量与固定电话不相上下，通话双方可以清晰地交谈。20 世纪 80 年代中期左右，出现了面向消费者的移动商用电话。1984 年，摩托罗拉第一款移动商用电话问世，这在手机发展史上具有划时代的意义。但是彼时的移动电话存在一系列不足之处，如通话时间短，内存容量小；体积庞大，机型笨重，且价格昂贵；保密性差，容易被并线或遭第三方窃听；受传输带宽限制，不能进行长途漫游；传输速率低且系统容量小，业务形式单一，只能实现语音通话；无法呈现丰富的增值服务；等等。尽管如此，移动电话给人类通信带来的变革依然具有深远的意义。首先，移动电话"完全斩断了把人束缚在室内的绳索"[②]，将人从家庭、办公室等特定的封闭性空间中解放出来，送进风起鸟鸣的大自然中，从而打破了固定电话对人从时间到空间上的控制。其次，移动电话满足了人们自主地与不在场的人进行交流的欲望。人与人的情感有远近亲疏之别，这里的"远近"并非根据物理距离来确定，近在咫尺的人未必就是值得信赖的对象，远在天涯的人也许才是可以交心的挚友。移动电话给予人们自主决定与身处远方的人开展通话联络的时间和地点，相对于使用办公室或者家庭环境下的固定电话而言，移动电话还能使人们之间的交谈更加具有私密性，有效保护了个人隐私。最后，移动电话随时随地的可连接性加快了信息的流动，极大提高了信息传播效率，对惜时如金的商人而言，商业信息的及时获取和决策的迅速传达无疑是在商场中制胜的有力武器。总之，第一代模拟制式手机是对固定电话不能自由移动、对隐私的保护较差等不足的补偿，赋予人们在移动中与远方的人交流的便利，不仅解放了人们的双脚，也解放了他们的心灵。

---

① 王萍：《中国当代社会手机文化研究》，北京：华夏出版社，2008 年，第 36 页。

② [美]保罗·莱文森：《手机：挡不住的呼唤》，何道宽译，北京：中国人民大学出版社，2004 年，第 9 页。

三、2G:小型多媒体

20世纪90年代到2005年左右,美国、英国等相继推出了第二代数字蜂窝移动通信系统,主要有全球移动通信系统(Global System for Mobile Communication, GSM)、码分多址系统(Code Division Multiple Access, CDMA)和日本的PDC(Personal Data Cellular)系统。第二代移动通信系统在容量和功能方面都有了很大改进,信息传递数字化保密性增强,频谱利用率更高,能够提供语音、数据、传真传输以及一系列增值服务,标准化程度高,这使得移动通信得到了空前的发展。随着技术的进步,移动电话的体积和价格也在不断缩小和降低。1998年,日本松下电器制造出仅有68克的移动电话[①],成为当时世界最轻的手机。人们可以轻松自如地单手使用,成为名副其实的"手机"。手机向着小型化、轻量化以及电池续航时间延长化方向发展。

在移动通信网络升级的保障下,手机传播技术由单一的语音形式向丰富的文、图、像等多媒体传播方向发展。同时,系统容量的增加和传输速率的提升也有助于手机搭载多种多样的增值服务,如拍照、录音、播放、定位等功能,手机逐渐成为融收音机、音乐播放器、照相机为一体的小型多媒体终端。"1992年,世界上第一条手机短信通过英国沃达丰公司的GSM网络从一台电脑传递到一部手机"[②],从而宣告了手机短信的诞生。在不到30年的时间内,短信服务已从最初以收发文字为主的文本短信服务(Short Message Service, SMS)发展到除文字外,可以收发简单图像、声音以及动画等信息的增强短信服务(Enhanced Message Service, EMS),再到以WAP无线应用协议为载体发送文字、声音、图片和视频片段,支持语音、互联网浏览、电子邮件以及电视会议等多种高速业务的彩信(Multimedia Message Service, MMS)。虽然一条短信仅能容纳160个字符(70个汉字),但是它为人们提供了即时互动与暂时延宕的选择自由,使人们更好地组织思路和表达情感,深刻改变了人们的沟通方式。2000年,夏普公司在日本本土市场推出世界上第一款拍照手机,内置11万像素感光元件[③],配合其数据传输功能,手机的即拍即发有利于人们实时发布所见所闻,人人皆可以成为"草根记者",在社会新闻和突发事件中扮演着重要角色。不过,如果此

---

① 宿南達志郎:《進化するメディアー携帯電話》,メディアコミュニケーション,2005年第55期,第79-80頁。

② 倪桓:《手机短信传播心理探析》,北京:中国传媒大学出版社,2009年,第2页。

③ 藤田明久監修:《ケータイ大国のモバイルビジネス入門》,宣伝会議,2006年,第20頁。

种功能得到不恰当的使用，则可能会带来侵犯他人隐私之类的消极影响。随着内存有限、电池续航能力差等技术问题被一一攻克，手机在拍摄静态图像的基础上具备了拍摄动态视频的功能。硬件的不断发展也使手机的音频播放功能及效果越来越专业化。至此，手机实现了具备声音、文字、图像和视频等多种信息类型结合的传播技术，丰富了人们信息传递和情感表达的方式和途径。移动通信技术的发展和无线网络技术的结合，有利于手机融合传统媒体开发出移动高附加值内容，如手机音乐、手机游戏、手机电视、手机商务等。

四、3G&4G：智能的世界

第三代移动通信系统（3G）基本上是2G的线性扩展，支持更高速数据传输，常见的3G标准包括：WCDMA、CDMA2000以及TD-SCDMA等，事实上，WCDMA已经成为3G接纳程度、应用范围最广的标准。3G手机是指将无线通信与国际互联网相结合的新一代移动多媒体通信系统，其通信容量不断增大，传输速率大大提升，用户可以在全球范围内无线漫游，可以综合处理图像、音频、视频等多媒体信号，真正实现了移动办公与休闲娱乐相结合，这标志着手机由通讯终端逐渐转变为个人信息终端。国际电信联盟在2012年无线电通信全体会议上正式审议通过将LTE-Advanced和Wireless MAN-Advanced技术规范确立为IMT-Advanced（俗称"4G"）国际标准，中国主导制定的TD-LTE-Advanced和FDD-LTE-Advanced同时并列成为4G国际标准。[①] IMT-Advanced在支持灵活广泛的服务和应用的基础上，达到世界范围内的高度通用性，高质量的移动通信服务、世界范围内的无线漫游能力、增强的峰值速率以及丰富的业务和应用已经将手机打造成为"能打电话的个人电脑"。

智能手机使用户对应用和服务拥有极大的自主决定权，用户可以根据需要自行安装个性化应用，也可以卸载冗余应用以提升手机运营速度，这就使智能手机拥有了丰富多彩的增值服务。例如，人们在购物、消费、出行、搜索、社交、导航等各种生活场景中，使用基于手机二维码技术、手机支付技术、位置服务（Location Based Service，LBS）、手机搜索、即时通信的应用，享受更为方便快捷的生活。随着手机容量的增大和系统处理能力的增强，手机媒介正在超越传播领域，成为适用于所有生活场景的最普及的综合信息终端。

① 《中国4G产业发展前景分析》，2013年8月27日，http://www.askci.com/news/20130827/1429186461481.shtml。

二维码是“包含大量信息和链接的符号，是一种可印刷和识读的计算机语言”[①]，安装有手机摄像头与二维码识别软件的手机可以识别二维码，实现快速联网。手机二维码可以印刷在杂志、报纸、车票、打折券、入场券、个人名片等多种载体上，一方面大大减少了文字、图片和视频等信息占据的物理空间，增加了信息的延伸；另一方面通过手机拍摄和扫描连接网络取代了传统的URL地址输入，方便快捷又很时尚，深受年轻人的喜爱。例如，手机即时信息应用——微信——的“发现”里，有一个“扫一扫”功能，用于选择添加好友和公众号。随着无线网络覆盖率的提升和智能手机的普及，手机二维码成为线上和线下沟通的重要通道之一。手机支付(Mobile Payment)是手机用户通过移动通信网络对所消费的商品或者服务进行转账支付的商业交易行为，支付方式包括短信支付、扫码支付、指纹支付等。手机支付采取的技术为NFC(Near Field Communication)，是通过频谱中无线频率部分的电磁感应耦合方式传递信息，可以快速、安全、方便地进行小额支付，也可以运行其他程序或启动其他链路。以前人们在出门时，身份证、手机、钥匙和钱包必不可少，未来随着NFC技术的广泛使用，出行只用带手机即可，身份证、钥匙、钱包的功能均可一体化整合到手机上，这使得生活更为轻松惬意。

手机位置服务(Location Based Service，LBS)，是指通过移动终端和移动网络的配合，确定移动用户的实际地理位置，提供位置数据给移动用户本人或他人以及通信系统，实现各种与位置相关的业务[②]，如地图导航、紧急定位、精准营销、陌生交友等。全球移动互联网第三方数据研究与营销服务机构艾媒咨询(iMedia Research)发布报告称，截至2012年第二季度，中国手机LBS累积用户达到2.17亿人，其中，33%的用户使用原因是为了地图和位置查看，29.2%的用户为了社交需求，9.1%的用户是为了跟风时尚。[③] 其中，手机位置服务中的地图和导航功能有效节省时间，极大方便了人们的出行。例如，百度地图可以为用户提供步行、公交换乘、驾车导航等多种出行选择，为用户提供最适合的路线规划，用户可以方便快捷地找到所需所求。基于位置的陌生交友，将人们在线上网络社会的虚拟关系发展为线下现实社会的真实关系，如果能借机加深了解和增强互动，则有望将网络随机关系转变为有效的社会资本。此外，在主打

① 雷源：《移动互联网改变商业未来》，北京：人民邮电出版社，2010年，第157页。

② 包空军等：《大学计算机》，北京：中国铁道出版社，2019年，第100页。

③ 参见艾媒咨询：《2012Q2中国手机LBS市场季度监测报告》，2012年8月19日，http://www.iimedia.cn/32655.html。

O2O(online to offline,即从线上到线下)概念的优惠信息中,用户可以通过位置签到和位置分享获取优惠服务,“LBS+O2O”作为新的电商模式在逐渐兴起。

回顾移动通信的发展历程,每一代移动通信系统都可以通过标志性能力指标以及核心关键性技术来区分。1G 采用频分多址(FDMA),1G 手机仅支持语音通话业务;2G 主要采用时分多址(TDMA),可提供数字语音和低速数据业务,2G 手机在语音通话之外,增加了短信息服务、上网以及其他增值功能;3G 以码分多址(CDMA)为技术特征,用户峰值速率达到 2 Mbps 至 10 Mbps,可以支持多媒体数据业务,为手机多媒体技术的发展创造了可能;4G 以正交频分多址(OFDMA)技术为核心,用户峰值速率可达 100 Mbps 至1 Gbps,能够支持各种移动宽带数据业务。移动通信系统为手机音、文、图、像等多媒体技术以及增值服务技术的发展和进化创造了条件,实现了手机向数据化、互联网化、多媒体化和智能化的转变。在移动通信技术、多媒体传播技术以及增值服务技术不断发展进化和融合下,起初作为单纯的人际沟通工具的手机媒介,逐渐具备多种功能:(1)具备了大众传播的若干特点,加速了信息发布、传播和分享;(2)拥有了多种信息表现方式以供用户在同步的即时互动和异步的暂时延宕中做出自由选择,增强了用户交流的自主性;(3)融合了多种基于解决实际场景问题的技术,将生活难题化繁为简。在这个过程中,移动通信技术为手机多媒体技术的使用提供了基础的传输保障,同时,也为增值技术的不断延伸提供了可能,三者的融合促使手机媒介成为人际传播与大众传播的完美结合体,兼具同步媒介与异步媒介的特质,从通讯终端升级为信息终端。

五、5G:万物互联的时代

5G 是第五代移动通信系统,是在 4G 基础上对现有无线通信技术的提升和演进,用户体验速率将达到 Gbps 量级。5G 通信系统的关键能力比前几代移动通信更加丰富,用户体验速率、连接数密度、端到端时延、峰值速率和移动性等都成为评价 5G 的关键性能指标。随着移动互联网的飞速发展以及越来越多智能设备的出现,5G 在超高清视频、虚拟现实、增强现实、智能穿戴、智能家居、远程医疗、在线教育、智慧城市等各个领域都会产生极大的通信需求。与 4G 相比,5G 最重要的变化在于服务对象从过去的人与人、人与部分物的连接与通信,进化为人与更多物、物与物的通信,5G 的应用场景可以概括为大带宽、广连接与低时延。

从网络带宽方面来看，越来越多终端接入网络的最直接影响是网络容量超载，5G 技术手段有望解决 4G 移动网络当前存在的带宽不足问题。4G 手机下载速度一般在 1.5～10 MB/s，而 5G 单用户理论峰值速度有 1.25 GB/s，数秒之内即可下载一部 1080P 高清电影。当然，在实际使用中，因套餐签约速率、内容源输出速率（储存影片的服务器所能提供的最大下载速率）、具体环境因素（信息干扰、基站距离）等影响，用户体验速率达不到理论数值。但相对于 4G 而言，5G 的速率获得了大大提升。这使搭载在移动终端的 AR、VR、互动游戏等急速应用的普及成为可能。广连接则是指在固定的区域内，能允许更多的设备接入网络。2017 年 10 月 1 日，“黄金周”第一天，“挤到西湖发不了朋友圈”“4G 信号被挤断”就上了微博热搜。移动通信网络由分布的基站组成，其根据地理位置、人口分布规划基站位置，每个基站的容量，或者说可容纳的用户数是有极限的。一旦遇上长假，密集人群短时间涌入景区，对附近基站和网络设备造成极大压力，因而会造成信号中断、网速慢的问题。5G 网络允许每平方公里接入 100 万台设备，这就很大程度上解决了 4G 网络断开、卡顿等问题。

低时延高可靠场景主要面向物联网业务，为用户提供毫秒级的端到端时延和接近 100%的业务可靠性保证。当前自动驾驶技术即将进入高速产业化时期，对于自动驾驶中的车辆而言，极小的时延和高度可靠的网络可以为车辆的安全行驶提供保障。湖北移动公司计划部 5G 项目专家桂鹍鹏介绍，未来可以实现车与车、车与路之间的实时信息交互，传输彼此的位置、速度、行驶路径，避免交通拥堵。通过“5G＋AR”无缝导航，室外可以将实际路况和导航信息实时高速地无缝融合在一起并呈现在汽车前挡风玻璃上，驾驶员可以获得更好的导航服务体验。[①] 此外，低时延高可靠场景还可满足工业控制、远程医疗、远程控制等垂直行业的特殊应用需求，这类应用对时延和可靠性具有极高的指标要求。然而，毫秒级别的延迟需要对现有网络的架构做重大变更，实现成本相对较高，因此短期内实现相对困难。超低时延是 5G 非常重要的属性，它的实现需要一系列技术有机结合。

对于个人而言，5G 意味着消费者能享受智能方便的数字生活，由过去的人找物发展为物找人。冰箱里的食品临近保质期，家里的花草该浇水，不知随手丢到何处的钥匙、身份证等，在 5G 时代，物品自己会将信息“告诉”主人。因此，

---

① 参见吕绍刚等：《智慧 5G 万物互联》，2019 年 6 月 5 日，https://baijiahao.baidu.com/s?id=1635454440997020812&wfr=spider&for=pc。

4G 时代上网的主体是人，而 5G 时代上网的主体则将成为物。我们日常生活中的所有物品，包括牛奶、花草、门窗、钥匙和胸针、腰带等均有可能接入网络。万物互联实现后，在云端对这些物品进行智能管理，将会给我们的生活带来翻天覆地的变化。不仅如此，5G 还将颠覆传统在教室上课的教育方式，人们可以随时随地进行视频学习，使学习不再以固定空间为基础，优质教育资源的垄断将被打破。未来城市通过打造统一的 5G 智慧平台，推动本地多个传统领域的提档升级，更好地为人们提供方便、个性化的服务。各行业在 5G 的赋能下实现数字化、在线化转型，打造全连接的数字生活和经济发展，将惠及我们生活的方方面面。

第二节　从单一到多元：手机语言的演变及其蕴含的文化意义

手机语言是用手机传播信息和表达情感的表现形式，包括语音、文字、图片、符号、视频的单一或者组合形式。手机语言随着移动互联网络技术和终端技术的进步经历了三个主要阶段：1G 模拟机时代以语音为主，2G 功能机时代增加了短信息服务，3G 智能机时代则混合使用语音通话、短信、即时信息、社交网络的多种传播方式。大致来说，每一阶段都会增加一种主导性的手机语言，后一阶段的语言并未完全取代前一阶段的语言，人们按照实际传播需要、传受双方的关系和具体传播情境使用手机语言的单一或者组合形式，以便达到信息传递的最佳效果。

一、语音通话：有声语言

戏剧语言研究专家安托南·阿尔托认为语言由两种表达媒介构成，“有声语言和无声语言是构成整体语言的基本要素”[①]。有声语言是能发出声音的、人类社会最早形成的自然语言，是人类在交际过程中使用最频繁的信息传递媒介；无声语言主要指体态语，即通过面部表情、手势动作、目光神态等所传递的信息，它可以使有声语言所传递的信息更为完整，是有声语言的补充。语音通

① 郭斯嘉：《语言、空间与表演：安托南·阿尔托的残酷戏剧》，上海：复旦大学出版社，2014 年，第 81 页。

话属于手机媒介的有声语言,也是手机媒介最初产生的语言形式。虽然语音通话与面对面口头交流同属有声语言范畴,但因其过滤了无声语言而具备了独特之处。

人际沟通工具的发展史就是一部"后继媒介补救既存媒介"的历史——面对面即时交流是最初的交流沟通方式,人的嘴、耳朵、眼睛是交流的物质基础;在以文字为媒介的交流方式中,信件邮寄会产生时间的延宕,电报虽然加快了信息传递速度,但是对字数有严格限制,而且需要经过专业人士的输入和操作,无法自由地表达情感;在电子媒介交流时代,固定电话既实现了信息的瞬间可达,也摆脱了电报对信息容量的限制,但其仅能在家庭空间或者办公场所使用,并不能很好地保护个人隐私;进入数字媒介交流时代,手机媒介的移动性将人们从固定的空间如家庭、办公室或者电话亭解放了出来,人们可以在行进中与不在场的人取得即时的联系,有利于及时处理紧急情况和安排临时会面。同时,住所、工作场合以及公共领域的电话为多个人提供通信服务,不同于此,手机建立的是个人与个人的直接关系,这种连接的直接性使手机成为完全个性化的交流媒介,其移动性赋予了人们自主决定连接地点的权利,人们可以在自己的私人空间如卧室或者寻找无人、僻静场所接打电话,这有效保证了对话交流的私密性。

从最初的、基本的面对面交流到现在的手机媒介交流,信息传播再一次回归到"听-说"的形式上来,语音在双向沟通中一直扮演着重要角色。电话将受话器和送话器结合起来,综合延伸了耳朵和嗓音的功能。固定电话的送话器和受话器位置有清晰的区分,受话器处于听筒的上端,靠近耳朵的位置;送话器处于听筒的下端,靠近嘴巴的位置。这种明显的位置区分使人们在使用时会不自觉地进入一种正襟危坐的状态。手机则将二者整合进手掌大的体积之内,耳朵与嗓音获得更为紧密的结合,从而形成一种超感官的感知,人的身体获得一种足够长的延伸。手机语音传播与其他传播方式相比,最大的特点在于传播过程中信息的冗余程度小,信息承载量大,这有利于提高信息传播的准确性,有利于构建沟通双方的完整传播情境。例如,在接听上级电话时,接听者会不自觉地正襟危坐,表情严肃,交谈气氛趋于紧张;在接听师长电话时,接听者似乎在再现师长平时的耳提面命、谆谆教导;接听伴侣电话时,通话虽简短,但是却充满平和与默契;接听朋友的电话时,聊到开怀处,不禁会神采飞扬,手舞足蹈,仿佛面对面交流一般,谈到私密的情况,就会压低声音,犹如朋友俯在耳边窃窃私语。

麦克卢汉基于媒介对人感官延伸的多寡以及要求人参与程度的高低将其划分为“冷”媒介和“热”媒介。[①] 由是观之，手机是一种典型的“冷”媒介。“冷”的表现之一是手机作为一种人际交往媒介，其存在就是为了满足互动的要求，表征着人对交流的渴望。因此，手机的意义犹如传真机，没有作为接收传真的另一台传真机的存在，这种媒介就有没价值。从个人使用手机的经验来看，在打电话时，拨打一方希望电话号码拨出后就被接听，而接通中等待的时间越长人就越容易产生焦虑感；反过来，如果在一段时间内，自己的手机铃声没有响起，就会情绪烦躁、心情低落，人在使用手机时常希望同伴无时无刻都处于回应自己的状态。“冷”的表现之二是手机媒介提供微弱的视觉形象，人们无法将其像电视节目一样作为背景对待，而是需要调动全部感官去弥补和强化这一形象，将全部注意力集中于听筒之上，在认真听对方讲话的同时还需要根据讲话内容作出适当回应，以体现“在那里”的状态，维持场景的存在。但是，手机在满足人们随时随地可以进行交流沟通的同时，也产生了一个不容忽视的问题，即容易使人进入多任务处理的状态。媒介的屏障作用使人们喜欢边打电话边做别的事，这就相应地导致人反应迟缓而漏听对方的谈话，从而破坏了“在那里”的交流情境。在戈夫曼看来，交流中一方注意力的缺失引起的精神缺场将威胁到对交流的本质——“发生了什么”——的分享，会导致交流情境“崩溃、瓦解，灰飞烟灭”[②]。这种情境的崩溃不限于面对面交流，人们使用手机进行多焦点交流时常常会将正在交流中的人放在“暂停键”作暂时缺场处理（指社会场合），这种单方面的改变使集中注意力与之交流的对方处在一种不对称的互动中，这无疑会降低交流和互动的质量。从现在手机语言的发展来看，与其说手机媒介是“冷”媒介，不如说语音通话是“冷”媒介。相对于文字语言和图像语言而言，语音通话需要投入更多注意力，一方面，交流双方可以根据副语音信息，如语调、语速、语气、回应的及时与延迟、说话节奏的缓和与急促等，即时掌握对方当下的心理状态、态度以及情绪等信息，并对谈话内容和技巧进行调整，提高交流的有效性。另一方面，不同于电脑媒介交流（Computer Mediated Communication，CMC）情境的完全虚拟化，手机使用初期仅作为人际通信工具使用，还不具备大众媒介广告宣传的作用，手机号码如同身份证号码一样属于个人隐私，只有通过机主及其家属和朋友才能获得，语音交流因此客观上具备了实名性特征，去除了

① 参见[加]马歇尔·麦克卢汉：《理解媒介》，何道宽译，南京：译林出版社，2011年，第36页。

② Erving Goffman, *Frame Analysis: An Essay on the Organization of Experience*, Northeastern University Press, 1986, p.302.

因交流主体的不在场而造成的虚拟感。

手机语音通话在手机不同的发展阶段塑造了不同的文化。第一代模拟制式手机是为了满足人们在移动中与不在场的对象进行交流的目的,弥补固定电话移动性差且不能及时接听的缺陷而被研发出来,但它仅能进行短时间语音通话。20世纪80年代末手机刚进入中国之时,其移动性、有效性、去虚拟性等优势表现得并不突出。一部手机价值2.1万元,入网费6000元,预存话费1000元,共计花费2.8万元。[①] 除了价格昂贵,在计划经济向市场经济转轨时代,个人购买手机还需要特殊指标,必须有单位证明,消费者往往在交完费用之后长达半年之久才能拿到手机。1992年,我国建立起社会主义市场经济体制,由政府主导的计划经济形态转向以经济与消费为中心的市场经济发展形态,经济转型带动了城镇化的扩张,为了获得更多的就业机会和高于农业生产的报酬,昔日固守农村的农民脱离了建立在血缘、地缘基础上的熟人社会而向城市流动;户籍政策的放宽也加速了城市与城市之间人口的流动,在人口增加和人员流动中,城市逐渐变成了陌生化社会。在市场经济的发展下,"时间就是金钱,效率就是生命"的观念深入人心,金钱成为衡量价值的重要标准。一部分人抓住改革开放的机会先富了起来,成为中国手机早期的主要使用人群,手机成为财富、地位、身份和权势的象征。在日本也是如此,商务人士借助手机给人一种"成功"和"自视甚高的傲慢感"来展示其财富和地位,为了让陌生人能在最短的时间对自己的金钱和财富有深刻印象,这些人往往在公共场合对着手机大声通话,尤其是在公交车、地铁等公共交通工具上。日本一家女性杂志刊文讽刺这种现象:"他们(有手机的男人)一有空闲时间,就会用手机打电话给家里或办公室的固定电话询问'有我的电话吗?'"[②]而当时中国暴富的商人则喜欢在公共场合对着手机喊"喂!喂!听不清,再说一遍",手机已然成为富贵和权力的象征。凡勃伦将这一现象总结为"炫耀性消费"(conspicuous consumption),"一个人要使他生活中遇到的那些漠不关心的观察者,对他的金钱能力留下印象,唯一可行的办法就是不断显示他的支付能力"[③]。费瑟斯通对这种现象也有类似评价:"在消费文化中,一直存在着种种声望经济(prestige economics),它意味着拥有

---

① 参见郭晓峰:《回眸中国移动通信60年》,2009年9月24日,http://tech.qq.com/a/20090924/000312_4.htm。

② Mizuko Ito, Daisuke Okabe, Misa Matsuda, *Personal Portable and Pedestrian, Mobile Phones in Japanese Life*, The MIT Press, 2005, p.23.

③ [美]凡勃伦:《有闲阶级论:关于制度的经济研究》,蔡受百译,北京:商务印书馆,2009年,第68页。

短缺商品，花相当多的时间进行投资，恰当地获取，有效地运用金钱和知识。通过解读这样的商品，可以将持有者的身份予以等级分类。”[①]炫耀性消费是富裕的上层阶级向他人炫耀自己的金钱财富，以求取荣耀、声望和名誉的消费方式，也就是所谓的“炫财性社交”。

进入 2G 时代，随着经济水平的提高和人们对移动通信的需求不断增长，使用手机的人口普及率提高，同时在手机媒介具备文字收发功能之后，人们对在公共场合大声打电话的不文明现象容忍度降低。在日本公共交通如地铁、火车、公交站等地，在显眼位置往往会张贴“请将手机调至礼貌模式”(震动或者静音模式)的标语。如果有人在封闭的狭小公共空间打电话，哪怕很小声，也会被旁边的人用眼神抗议。在日本公共管理与民众力量的相互作用下，早期商人使用手机在公共场合语音通话的不良现象逐渐消除。相对而言，中国对在公共场合使用手机却没有明确规定，公共交通上只有“禁止大声喧哗”等模糊的标识语，公众对一些旁若无人用手机高谈阔论的行为也多持默许态度。2012 年，CNN 在全球代表不同文化特征的国家进行了一项关于“文化差异如何影响手机使用”的调查。调查显示，日本在集体主义文化的影响下，对手机使用有最为严格的要求，进入电影院需要将手机关机，即使是静音模式也不被允许，因为屏幕的光亮也会对其他人造成干扰。在西班牙和意大利，人们可以随时随地使用手机，如在餐馆就餐、商务会议、音乐会现场，甚至在公共场合谈论个人生活和私人问题，西班牙人喜欢在大街上谈论私人生活，而手机只是这种交往文化的一种媒介延伸。另外，西班牙人认为人们对亲密朋友、同事和客户负有责任，因此必须与他们时刻保持连接状态。在这一点上，印度人与西班牙人相似，他们认为如果不及时接听电话，就无法判断电话内容是否重要。因此，他们很少甚至几乎不用语音邮件。

随着 3G 智能机的普及，手机终端与强大的移动互联网结合开发出的即时通信应用能够提供即时与延时两种形式的手机语音聊天功能，受到用户的普遍欢迎。在此种技术的冲击下，中国手机语音业务量增长低迷，自 2010 年开始，平均每个用户每月通话时间(Minutes of Usage, MOU)呈下降趋势(见图 1-1)。

---

① [英]迈克·费瑟斯通：《消费文化与后现代主义》，刘精明译，南京：译林出版社，2000 年，第 39 页。

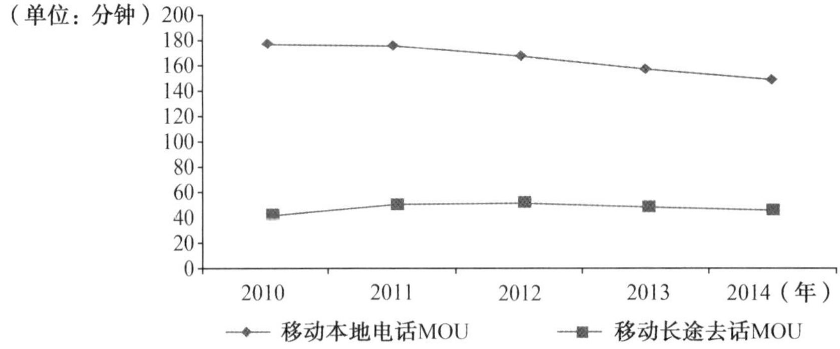

图 1-1　2010～2014 年移动通话 MOU 值比较

（数据来源：中华人民共和国工业和信息化部）

二、短信服务：文字语言

文字语言是在口语的基础上发展而来的，是一种采用书写符号形态表现的书面语。它改善了口头语言不利于保存和传播的缺点，消除了信息传播过程中的失真，是一种适合传递抽象信息的媒介。具体到手机媒介，语音通话对应着口头语言，手机短信则对应着文字语言，手机短信不但解决了语音通话的信息保存问题，而且加强了信息传递的逻辑性和完整性，此外又因价格低廉而受到用户欢迎。

在手机不断普及的推动下，中国短信发送量从 2001 年到 2012 年一直呈现上升趋势，2013 年则略有下降。据相关调查："2004 年全球手机短信发送总量是 5100 亿条，中国就独占三分之一，而美国 1.5 亿手机用户一年的短信发送量还不到中国人一个星期的发送量。"①相对于语音电话而言，短信每条 0.1 元且没有长短途之分的收费标准使其显得相当实惠。与中国人倾向于使用手机短信这种文字语言形式不同的是，日本电信运营商之间设置的壁垒使用户无法跨运营商使用短信服务，他们只能使用基于互联网服务的手机邮件。根据日本 Mobile Content Forum 主编的《2011 手机白皮书》发布的数据可知，在 2009 年，20.8％的日本人每天发送 4～5 条手机邮件；从空间上来看，61.0％的人在家中使用手机邮件功能，37.9％的人则选择在乘坐公共交通工具时使用该功能；从时

① 胡春阳：《寂静的喧嚣　永恒的联系：手机传播与人际互动》，上海：上海三联书店，2012 年，第 131 页。

间上来说，49.7%的人会在休息时间或者手头没有其他事务时查看手机邮件。[①]手机文字语言交流在中国和日本的流行符合东亚人的民族性格，中国人心理气质趋向于隐忍，不习惯直截了当地表露内心情感和真实需求，使用语言时往往会多加斟酌，注意分寸；而在日本，克制情感被认为是一种美德，他们从小就受到不许公开流露情感的教育，日本人的含蓄并不是虚伪，而是一种行为准则。[②]同时，日本文化强调“和”，非常顾忌他人对自己的看法，在公共场合大声喧哗被认为是缺乏教养的行为，因而很少有人在公开场所肆无忌惮地打电话，因而他们往往会选择在震动或静音状态下用手机邮件交流。

传统的以文字语言为载体的人际传播媒介是书信。书信的邮寄方式按照时间长短分为平邮、加急和快递三种，投递时间少则一两天，多则二十天。信件从寄出到接收存在不同程度的时滞，在邮寄的过程中不慎被丢失、误投甚至损毁的现象时有发生，其时效性和安全性比较差。但是从情感的传递上来说，手写书信能够传达出寄信人的真诚和用心，较长时间的等待反而让情感变得愈发强烈，这样书信传达的信息价值也会被放大。人际交往中，适当的留白和缓冲能够给交往双方带来想象的空间，有利于情感的深入。电子邮件虽然弥补了传统书信传递的时滞现象，实现了信息的即时发送，但是并不能保证对方能够即时查阅，它仍存在不同程度的滞后。手机媒介的便携性、移动性以及来电和信息的提醒功能，能够最大限度地保证信息的即时送达与即时阅读，人们可以随时随地不受限制地进行互动聊天，这就创造出一种不同于传统书信和 PC 邮件的新型写作文体。

用户个人发送的手机短信以事务交流和问候祝福为主。从麦克卢汉“媒介是人体的延伸”论断出发，手机语音通话延伸了人的听觉，而短信则几乎延伸了人的所有感官。作为文字语言的创作，视觉的参与是必不可少的，信息收发的铃声则延伸了人的听觉，震动模式延伸了人的触觉，而信息发送在功能机时代主要是拇指操作，智能机时代由食指取而代之。发送信息时，人们投入充分的注意力，在频繁的互动中形成一种“全时连接”，注意力的在场削弱了物理性缺场造成的虚拟感。根据“12321”网络不良与垃圾信息举报受理中心发布的短信调查数据显示(见图 1-2)，88.4%的用户通过短信息与亲密关系进行交流沟通；

---

① Mobile Content Forum, *White Book of Mobile Phone in 2011*, Impress Group Company, 2010, pp.46-47.

② 参见[苏]弗·普罗宁可夫、伊·拉达诺夫:《日本人》，赵永穆、朱文佩译，北京：中国广播电视出版社，1991 年，第 206 页。

33.3%的用户使用短信服务接收即时信息;31.8%的用户依靠短信接收定制信息和生活服务信息,如定制新闻、手机报、天气预报等。[①] 在人际传播方面,人们多用手机短信维护人际关系中的强关系,在这种交流情境下,短信文字呈现出口语化和段子化特点:由于字数的限制和即时互动的要求,移动文本语句较为简短;而作为日常交流的媒介工具,又不可避免地带有口语化特点,尤其是在亲密的朋友之间。考虑到副语言信息对互动的社会意义具有整体性,短信中会加入标点、运算符号和字母的组合来模拟现实人们的表情与体态语,以增强不在场交流的现场感,字符表情正是伴随短信出现的一种特有文化形态。东西方的字符表情因文化差异而不同,西方人注重嘴巴的表现力,而东方人则用眼睛来表达情感。如西方人用“:-)”表示微笑,而东方人习惯用“^_^”代表微笑;西方人用“:-P”表示难过,东方人用“T_T”表示流泪。

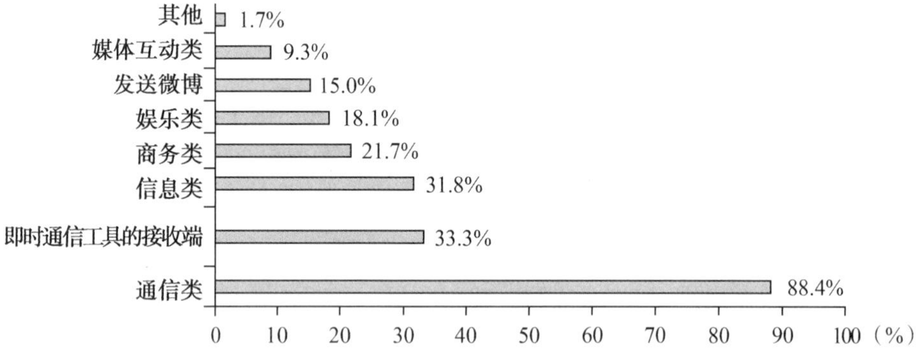

图 1-2 2013 年上半年手机短信使用用途

节日祝福中的短信除了用户自己编写之外,还可以转发他人的创作。据统计,2014 年从除夕到初六的七天春节假期内,全国移动短信发送量累计达到 182.1 亿条,约占全年短信发送量的 24%[②]。节日短信市场的火爆催生了“短信写手”这一新兴职业,他们创作的短信形式新颖独特,内容与时俱进,既有一定的文采,又通俗易懂,因此转发量巨大。但是,随着后来智能手机使用人口的增长,通过微信、QQ 等即时信息发送祝福的趋势越来越明显。

手机短信对人进行了一场“从耳朵到眼睛”的技术革命,创造了超时空的交

① 参见“12321”网络不良与垃圾信息举报受理中心:《2013 年手机短信息调查报告》(上半年),第 11 页。

② 参见中华人民共和国工业和信息化部:《2014 年通信运营业统计公报》,2015 年 1 月 20 日。

往情境。文字文本的收发使交流双方处于暂时性身体缺场的交流程式中,从而起到“视觉隐匿”的作用,这在一定程度上降低了传受双方由于地位、阶级、身份差异所带来的紧张感和压力感,使人们可以更为真实全面地表达自我,并将经过思考而创造的短信呈现给对方。此外,短信的延时回复性使人们对信息是否回复、如何回复以及何时回复都有了更大的自主权,赋予了人们在人际交往中更大的主动权。

社会学家欧文·戈夫曼(Erving Goffman)用“前台”和“后台”等戏剧表演术语分析人在日常生活中的表现。[①] “前台”是指生活中与亲密关系以外的人共处的较为正式的场合,如工作地、高级宴会厅等场所,人们有意呈现并希望被作为观众的他人和社会所接收的言行举止,具有装扮和修饰的成分;“后台”是指人们放松心情、调整休息的区域,人们会较为真实地呈现在“前台”不能被他人和社会接受的形象,以消除在“前台”区域因“表演”而带来的紧张感。生活场景的多元化决定了我们扮演的角色具有多样性。戈夫曼认为,人的行为是直接与物理地点相联系的。但是,约书亚·梅罗维茨(Joshua Meyrowitz)在电子媒介环境的背景下分析了戈夫曼的场景理论,提出“信息系统”的概念,指出“对人们交往的性质起决定作用的并不是物质场地本身,而是信息流动的模式”[②],现实的社会场景与人的表演受到新的传播媒介的影响。如果人们不想让在场的某些人知道自己当下与他人进行的谈话,在“前台”区域依然可以利用某种传播媒介建立起“后台”区域。交流不局限于面对面的物理场景,通过媒介建立的社会场景是可以与之相容共存的,地点创造的是一种在现场互动交往的信息系统,而其他传播媒介则创造出新型的社会场景。电子媒介取消了面对面交往和有中介交往的简单二元划分,表演的“后台”和“前台”的区分是信息性的,而不仅仅是物质性的。手机短信的去现场性在人们当下身体所在的特定物理场景之外又创造了新的社交场景,场景地点不再是特定场所行为的最大约束因素,文字语言交流的隐蔽性方便了人们以群体中的一员身份参与集体活动时的使用。例如,在课堂中,学生在课本掩饰下偷偷用互发短信的方式评价教师的讲课水平,或闲聊与课堂无关的琐事;在餐厅里,一边查看手机一边吃饭的学生比比皆是。他们在课堂和餐厅的物理场景之外又构建了使用文字的无声交流场景。

新媒介构建的新社会场景构成了人们日常行为的新习惯和人际交往的新

---

① 参见[美]欧文·戈夫曼:《日常生活中的自我呈现》,冯钢译,北京:北京大学出版社,2008 年。

② [美]约书亚·梅罗维茨:《消失的地域:电子媒介对社会行为的影响》,肖志军译,北京:清华大学出版社,2002 年,第 33 页。

规则。语言中出现的新词语和流行语是人们对某种热门现象或者普遍关注的问题的概括，是社会的一根敏感神经，是对人们生活状态、思想观念的反映。“低头族”一词就是指不论是与人相会还是独处，想通过紧盯手机屏幕的方式把零碎时间填满的人。这个词虽起源于手机短信盛行之时，但随着手机娱乐功能和社交功能的强大，“低头族”的手机依赖症变得更加严重。热衷于文字交流的年轻人，用短信和手机邮件与朋友建立起时刻处于连接和在线状态的“全时亲密关系”，“世界上最远的距离，不是生与死，而是我们坐在一起，你却在玩手机”，这个时下流行的段子就是对现实人际关系的反讽。

文字语言交流建立了社会交往的新形式，60.39％的白领表示使用手机减少了与身边人的当面沟通。① 皮尤调查显示，美国83％的成年人拥有手机，其中73％的用户使用手机收发短信。② 社交联系被短信和即时信息取代。音声通话使人可以了解说话人的语气，推测其流露的情感及对事件所秉持的态度，有声语言继承了面对面交谈的“热”成分，但这些“热”的成分在短信交流的文字语言中消失殆尽。文字语言的基本特征是遵循线性结构，其结构方式是“音位—词—短语—句子—句群—段落”，需要这个过程的循环进行和不断补充，最后才能表达出完整思想。所不同的是，手机短信曾因字数限制（70个字符以内），在句群和段落方面表现得较为简单，如阐明一个稍微复杂的观点或交代一个新情况，一般需要几条短信的往复才能确保信息被完整地表达出来。手机短信的“冷”媒介性要求大拇指在手机上“说”的话比嘴在手机上说的话要多，用这种方式交流总给人一种意犹未尽之感。因此，使用手机短信比用手机打电话容易使人上瘾，人们出行不带手机就会因缺乏安全感而感到焦虑，可见文字语言传播的特性所造成的人对手机的心理依赖已影响到人的生理反应。

从人际传播的角度看，当双方不直接面对面交流时，可以有效减轻交流带来的压力感、紧张感和羞涩心理，更容易敞开心扉，袒露最真实的自我。调查显示，人们在使用短信交流时比面对面交流在措辞上更大胆，借助这种中介化信息表达，用户可以达到既互动沟通又媒介隔离、既自由表达又有所掩饰的双重效果，从而获得在信息传播过程中对表达和沟通的更大自主权。一般来说，PC邮件和手机音声电话在拥有较高社交能力的人当中比较流行，而手机短信或者手机邮件则更多地为社交能力较低和收入水平较低的人所使用，如在日本的一

① 《是什么催生越来越多的“低头族”？》，《人民视点》2013年第79期。

② 《皮尤调查：约三分之一的受访者喜欢使用短信服务》，2011年9月20日，http://www.cnetnews.com.cn/2011/0920/2058257.shtml。

些年轻人之中，为了避免与人直接交流而引起内心焦虑，他们拒绝用手机打电话而代之以手机邮件交流，以支持和维护日常亲密关系。[①]

近年来，即时通信应用和手机社交网络的出现威胁着短信的社交地位。其一，即时应用和社交网络的联系人可以长时间保存，不像手机号码那样一旦换号就有可能失去联系。其二，手机短信和电话在信息的到达性方面要高于即时应用和社交网络，同样在无形中也给人带来及时回复的压力感，而即时应用和社交网络则营造了一种相对轻松的交往氛围，给人们主动回复与假装没有看见的自由和借口，从而受到人们的青睐。但是，短信具有的群发功能能够高效、快捷地在突发事件、政策宣传方面发挥良好作用。相对于社交网络和即时应用的账号经常发生盗号现象，短信的实名制和可保存性，使人们在发信息时的言语表达更为慎重，因而可信度更强。因此，手机短信虽然受到移动互联网快速发展下的即时通信工具的威胁和冲击，但是在一定时期内仍然是现代社交生活的重要组成部分。

三、表情、照片与视频：视听语言

1.表情符号社交

手机表情是指用手机进行文字输入时，为了丰富情感表达方式和减少文字表达的枯燥而插入的一种能够展示表情、表达情绪以及增加娱乐和游戏效果的符号或者图片。手机表情基本上移植了电脑网络表情符号，主要经历了四个阶段的发展：键盘字符组成的表情符号阶段、模拟五官的圆脸头像表情图阶段、配合四肢动作的动态情绪图阶段以及原创娱乐图阶段。从电脑端到手机端，表情语言从抽象到具象，从静态到动态，从粗线条到细分化，逐步具备了多媒体的特征。但是从人际传播的效果来看，手机表情的演变并非都起到了正面作用。

1982 年，美国卡内基·梅隆大学的教授斯科特·法尔曼(Scott E. Fahlman)发明了笑脸情感符"：-)"。[②] 之后，西方人创造了更多的由键盘字符组成的表情符号，如"：-"(表示悲伤或者生气，"：-D"表示大笑，"：-O"表示吃惊，"：-P"表示调皮。西方人用字符展示的喜怒哀乐主要通过嘴部变化来实现，而当网络表情符号传入日本后，日本人以东方人的思维习惯将表情变化表

① Kenichi Ishii, "Implications of Mobility: The Uses of Personal Communication Media in Everyday Life", *Journal of Communication*, 2006(2), pp.346-365.

② 参见[加]罗伯特·洛根：《理解新媒介：延伸麦克卢汉》，何道宽译，上海：复旦大学出版社，2012 年，第 89 页。

现在双眼上，如“\ _ /”表示生气，“\(ˆ _ˆ)(ˆ _ˆ)/”表示开心，“～＞_＜～”表示讨厌，“T_T”表示伤心地哭。网络表情符号弥补了部分在非面对面交流中缺失的副语言符号，创造了一种轻松愉悦的互动氛围，因而在网络聊天中迅速流行。表情符号的加入减少了文字语言交流的多义性，使信息传递和情感表达更为准确。例如，一条单纯的文字消息“我很忙”，配合不同语气可以有不同的解读：一是生气的语气，信息发送者要传达的意思是“我很忙，不要打扰我”；二是抱歉的语气，可以解读为“我很忙，真不好意思”；三是抱怨、郁闷的语气，解读为“我很忙，为什么别人都那么闲”。可见，仅仅发送三个汉字，就容易引起对方不恰当地揣测和误读，带来不必要的误会和麻烦，而如果配上不同的字符表情，信息的传达将会变得更为准确，解读起来也更为容易。还是前面的例子，如果表达生气，可以配上“\ _ /”；表达无奈，用“@X@”；表示难过，用“T_T”。所以，早期的字符表情对于弥补短信交流中所过滤掉的“现场信息”——大量副语言信息——有重要作用，副语言信息在成功的人际交流中占有相当大的比重，它所提供的信息可以用来判断对方的情绪、态度和立场，以便于实时调整自己的谈话侧重点。

随着人们网络交流的频繁和深入，键盘字符这种由标点符号和字母组成的简单情感符号已无法满足表达丰富情感的需求，一些即时通信软件公司将字符表情所表达的情感转译成表情图片，例如，QQ 表情系统中的大笑、哭、调皮、吐舌头等。这些图片将眼睛和嘴巴结合在一张具有卡通效果的圆脸上，并辅之以舌头、眉毛的变化以展示丰富的表情，在文字信息中的视觉效果更为突出和直观，一目了然。虽然这些表情图片与表情符号相比已经有了很大的进步，但是也有其局限性。静态表情图将人的情感以简单化、粗线条的方式归类，并不能形象生动地展现和传达人的真实情感，尤其不能很好地表现负面的情感，使人际交往走向简单化、模式化和表面化。例如，纽约一对情侣曾试验在一个月内仅用表情符号传情达意。[①] 在这个过程中，最大的障碍是很难用表情符号表达悲伤之情，但表达快乐和爱慕之情则比文字更容易。因此，更加细分化的动态表情图，如配合眨眼、摇头、双手的动作以及一些表达情感和态度手势的图片被设计出来。然而，肢体动作的加入减少了面部表情的展示，相应地，面部表情的传递转向了情绪的诉说和宣泄。“用户不再将表情符作为一种面部表情的‘象

① 《谁说聊天要打字，美国情侣用微信表情畅聊 30 天》，2014 年 8 月 22 日，http://www.chinanews.com/gj/2014/08-22/6522744.shtml。

形'符号，而作为一种可观看的'情绪'符号，它不是使用者自我形象的摹写，而是自我情绪的观照。"①表情符号在传播意义上已经发生了变化：越来越突出的象征意义淡化了象形意义。

随着社交网络的普及和注册人数的增多，以表情图片为中心的虚拟表情产业发展起来。第四阶段的表情图片包括原创的卡通形象、影视剧中的经典造型、以社会热点为原型创作的图片、时令节气的祝福语等应景之作。这一阶段的表情图片有了简单的情节，一个表情就可以表述一个简单的事实。例如，菜头阿森牵着一只小狗在遛狗；对着电脑的阿森抓狂了，猛抓自己的头发。在手机文字对话中，如果一个人正在遛狗或者正在为了写论文而抓狂，使用这两个图片而不是文字就完全可以说明情况。这种更加形象化的表情图片增加了人们聊天的趣味性，但过度使用则有可能肢解文字语言。如果说早期的表情符号有模仿人们面对面交流的痕迹，能够促进交流的顺利、流畅开展，那么现阶段娱乐化的表情图片已经对人们的正常交流产生了一定的消极影响。尤其是以网络流行语和社会热点为原型创作的图片，因其有具体的发生背景，在一段时期内会被人们在相似的场景中大量使用，成为一种自娱娱人的工具，有可能造成语言的贫乏和思维的空洞。随大流和从众地使用表情图片非但没有能够模拟现实和减弱虚拟感，反而游离于人的真实表情、情绪和态度，构成一种以图片语言为主、文字语言为辅的自欺欺人的虚假语境。这种虚假语境在波兹曼的《娱乐至死》中被称为"伪语境"，其作用是为了让一些与现实生活毫无实际关联的信息获得表面的用处，"这种（信息）唯一的用处就是它的娱乐功能。伪语境是丧失活力之后的文化的最后的避难所"②。表情图片在手机人际传播中由原来的补充性、辅助性角色逐渐喧宾夺主，成为主导性角色，直观、形象、浅表的图片语言所象征的文化侵蚀着理性、抽象、深层的文字语言所代表的意义，这就降低了信息交流的有效性，率先引领人们进入重视觉享受而轻理性思考的"轻阅读时代""读图时代"。

手机内容生产者为了吸引用户的注意力，全面占领其在工作和休息场景转换的碎片时间，配合当下文化消费中娱乐化和视像化的倾向，于是就在内容文本中增加大量图片和视频，阅读因此成为一种休闲方式而不是认识自我、构建自我的方式，"个人生活转变为闲暇，闲暇转变成为连最细微的细节也受到管理

① 赵爽英、尧望：《表情·情绪·情节：网络表情符号的发展与演变》，《新闻界》2013年第20期。

② [美]尼尔·波兹曼：《娱乐至死》，章艳译，桂林：广西师范大学出版社，2009年，第69页。

的常规程序、转变为棒球和电影、畅销书和收音机所带来的快感，这一切导致了内心生活的消失”[①]。与进行体育运动、阅读纸质畅销书或观看电影相比，手机带来的阅读快感转瞬即逝，这种长期在碎片化时间以刷屏的方式扫读不成体系、片面、断续的零碎信息的“浅阅读”，使用户无法走进严肃的文本而进行深入的思考，从而陷入信息泥淖中无法自拔，找不到通往真实自我的途径和桥梁。

2.照片社交

自从照相技术发明以来，照片就一直扮演着社交工艺品的角色，将照片分享给亲人或者朋友是一种在照片持有者与观看者之间创造连接感的群体行为，这种传统的、面对面的照片分享被称为“科达文化”[②](Kodak Culture)。作为一种令人愉悦的社交互动，照片分享一般包括两种行为：与同在照片中的成员谈论相关往事以唤醒记忆；与不在照片中的人的分享则侧重于持有者对照片背景和故事的讲解，以激发他人的兴趣和情感。从历史上看，传统的用胶卷照相机拍摄照片和分享行为之间有冲洗的时间间隔，即使发展到数码相机时代，从拍摄完到上传至 PC 端，也有一定的时间差，而移动互联网技术改变了这种传统的分享延迟。随着手机的普及和照相技术的进步，手机制造商开始将数码照相技术融合进手机终端，方便用户随时随地拍摄照片，而移动多媒体信息服务和社交网络应用则为照片的描述、分享以及存储提供了软件准备。

随着互联网技术和移动应用技术的进步，信息受众通过多种平台发布原创图片、视频、音频和文字的单一或者混合形式，从消极被动的“消费型用户”转变为积极主动的“生产型用户”。用户在积极创造内容的同时，自己也成为媒介内容的一部分，“普通人或其日常生活的各个方面，被转换成媒介内容”[③]，这有效地提升了用户的存在感。随着智能手机拍照功能的强大和移动互联网的普及，拍照、上传、分享到即时应用和社交网络等一系列行为成为时下流行的生活方式，通过照片表现自我和了解亲友近况也成为普遍流行的行为。人们将随手拍摄的照片以实时或延时的方式分享给社交网络上的亲人或朋友，其主要目的是将自己的经验或者经历与他人交流，亲友的观看和评论则有助于营造出一种虚拟的共在感。

---

① [德]霍克海默：《霍克海默集》，曹卫东编选，渠东、付德根等译，上海：上海远东出版社，1997 年，第 216 页。

② Leonard M. Ah Kun, Gary Marsden, *Co-Present Photo Sharing on Mobile Devices*, Mobile HCT07, 2007.

③ [澳]格雷姆·特纳：《普通人与媒介：民众化转向》，许静译，北京：北京大学出版社，2011 年，第 142 页。

作为图片语言，照片比文字语言有更强的带入感，能够创造较强的社会临场感。为了更好地将自己及所处环境呈现给他人，对照片进行必要修饰和美化的软件也随之而生。2014 年，照片美化软件的使用率达到 81.6%，其中 24.8% 的人经常使用滤镜模式、美图秀秀或其他照片编辑应用对照片进行后期分析、修复、美化和合成处理。[①] 于是我们可以发现，社交平台充斥着人们自拍后用修图工具处理的、造型趋于统一的照片。此类经过精心修饰的照片起初获得较多“点赞”，照片发布者也赢得了关注和认同。他人的关注刺激了拍照者对照片进行更细致、全面的美化和更频繁的上传，这就难免让人产生审美疲劳，逐渐带来低质量的反馈甚至无人反馈，最终削弱了发照者的存在感和价值感。照片的拍摄和分享行为都依赖一定的社会场景，在照片处理软件尚未大量普及的年代，传统的照片分享行为建立在真实反映一定的经历和经验的基础上，容易激发起他人的情感共鸣，进而在提问和讲解中达到互动社交的目的。现今使用软件处理过的照片对场景的美化和重造达到了虚构的地步，架空了场景的真实性，使观看者很难产生共鸣并建立共在感。

“关于经验和经历的交流”(communication of experience)是传统媒体时代照片分享的最初动机，但现代人即拍即传照片到手机社交网络上并不完全出于将自己的所见所闻分享给他人的目的，而更多的是一种“印象管理”的目的。戈夫曼认为，人们在社会交往活动中的行为是一种戏剧表演活动，为了达到最佳表演效果，个体总是尽最大努力去接近他想呈现给观众的形象，“那么他就必须摒弃或隐瞒与这些标准不一致的行为”[②]，以集中展现理想化的形象。人人都有向他人展示自己更好一面的冲动，使用照片处理软件对照片进行适当的美化和修饰无可厚非，但是“过犹不及”，过度频繁地将不真实的自我或环境呈现给他人会适得其反，甚至引起他人的反感而被屏蔽、拉入“黑名单”甚至删除。原本是建立和改善人际关系的照片分享却因人们的不恰当使用而影响人际关系，这就需要我们在学会分享的同时更要注重对传播规律的尊重。

3.视频社交

视频社交是基于视频而展开的实时或非实时社交形式。当前异步语音、图文社交需求已经高度满足，智能手机与 4G 网络的普及为同步实时视频社交提供了发展良机。从人与人之间情感连接的强弱来看，视频社交可以分为熟人视

---

① 参见中关村在线调研中心：《2013 年中国 IT 网民手机自拍行为调查报告》，2013 年 9 月 22 日，http://zdc.zol.com.cn/399/3998936_all.html#p3998936。

② [美]欧文·戈夫曼：《日常生活中的自我呈现》，冯钢译，北京：北京大学出版社，2008 年，第 34 页。

频社交与陌生人视频社交。从视频的样态和功能来看,也可以分为两类:其一,视频作为媒介技术连接工具,帮助身处异地的人实现了类面对面交流的愿望,这是移动互联网时代一种“看得见,摸不着”的交流方式,如微信中的视频功能、基于地理位置的随机视频社交与直播。其二,视频作为媒介内容创作与展示工具,是一种文化产品,人们通过短视频记录生活、表现自我、分享观点,在点赞、评论与转发中“同好相聚”,也是人与人之间建立情感连接的一种方式。简而言之,视频社交产品目前主要分为熟人工具、陌生社交与内容社区三种。

视频社交的本质应是一种实时社交。异步文字、图片与语音消息功能已是当前绝大多数社交类产品的基本配置,人们对这种无须立即回复的低压力社交模式已经司空见惯。优质的实时同步社交产品当前较为稀缺。阅后即焚应用Snapchat在美国青年群体中极为盛行,但在中国因水土不服而处于不温不火的状态,这与中美文化环境和用户思维之间存在的差异有关。美国用户有极强的表现欲与分享欲,乐于在朋友面前搞怪、出糗,而阅后即焚的功能会使朋友之间的氛围更加热烈与高涨。中国用户则含蓄、内敛,在朋友及熟人面前倾向于保持完美形象,言行力求符合身份。遵守规矩、讲求中庸是中国传统伦理中的重要元素,以有损自己形象的方式搞怪来博得他人开怀大笑,这会让中国用户感觉到不安。因此,在中国这种文化熏陶下,阅后即焚这种在熟人之间互发“颠覆性”甚至有些私密性信息则不太可能受到普遍欢迎。然而,“拿来主义”之下的视频社交产品未能俘获用户,并不能说明这种需求不存在。

好奇心、窥私欲以及偶尔的冒险是人类的天性和本能,熟人之间无法放开,陌生人视频社交则应运而生。尤其是中国当下,单身人口越来越多。民政部数据显示,2018年中国单身人口高达2.4亿,超过英、法、德三国人口总数,其中超过7700万人处于独居状态,而这一数字在以后几年呈持续上涨的势头。“一人住,一人吃,一人游”已成为他们的生活常态,单身人群已经聚合成一股庞大的消费新势力,催生出新的社交形式。2019年,国金证券在《单身经济专题分析报告》中指出,1985～1995年出生的未婚人群有四大消费动向:花钱买方便、买寄托、买未来以及让自己更快乐。单身独居的孤独、寂寞与焦虑使“陪伴”成为新消费业态的财富密码,消解孤独、缓解焦虑以及消磨时间的视频交友应用可以为单身青年匹配合适的伴侣。[①] 相对于微信、微博等压力较低的“异步社交”而

① 参见国金证券消费升级与娱乐研究中心:《单身经济专题分析报告:单身经济崛起,消费新势力抬头》,2019年2月12日,https://www.shangyexinzhi.com/article/75778.html。

言，视频社交有明显的优势：高度同步，互动性强，表情信号能得到即时回应；沉浸感强，与面对面真实聊天高度相似，体验更加亲切自然；更容易有共同话题，聊天兴趣更高。2016 年 2 月，《南方周末》曾对 18～40 岁群体做过一次孤独认知和行为的调查。调查显示，常感到孤独的人安装 5 个甚至更多社交软件的概率更高，相比于当面聊天，他们更喜欢使用社交软件。因此，视频社交的功能更多的是一种实时的情感陪伴，其中心在于实时而不在视频。

四、AR 与 VR：感知语言

随着 5G 手机的落地，AR/VR 等能体现 5G 优势的特色业务将迎来应用市场的“蓝海”。VR 手机目前主要有两种：一种称为“能打电话的 VR 相机”，是手机在普通摄像头之外再搭载 VR 镜头模组，可以提供高品质的全景视频与全景图像拍摄功能，并能实现 360°全维度球形全景拍摄和还原现实空间场景，视角随动显示，突破了平面界限，后台能为用户提供强大的存储和分享功能。另一种称为“VR 手机眼镜”，也称“手机盒子”，是以手机为输入端的一种眼镜类虚拟现实穿戴设备，利用头戴式显示设备将人对外界的视觉、听觉封闭，引导用户产生一种身在虚拟环境中的感觉。其显示原理是左右眼屏幕分别显示左右眼的图像，人眼获取这种带有差异的信息后在脑海中产生立体感。前者使手机成为 VR 内容生产工具，但目前市场接受度并不高，相关产品部分已经停产；后者则在娱乐场景运用上有更沉浸式的体验，与 PC 端 VR 眼镜及 VR 一体机相比，具有便携性、移动性以及价格亲民等优点，市场接受度更高。据粗略统计，我国电商平台销售的 VR 手机眼镜上千款，价格参差不齐，用户规模迅速增长。高盛开展的 VR 用户调查报告显示，消费者最感兴趣的 VR 内容前三名是旅游（74％支持率）、电影（67％支持率）和现场直播（67％支持率）。纪录片一直是 VR 技术运用的重要分支，在众多题材上都有作品出现，如自然、公益、商业、历史、政治、军事等。2015～2020 年中国 VR 虚拟现实市场发展迅速，具体如图 1-3 所示。

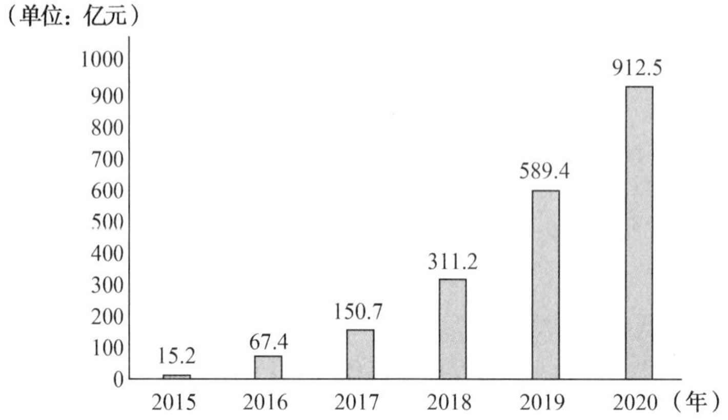

图 1-3　2015～2020 年中国 VR 虚拟现实市场规模

斯图亚特·霍尔（Stuart Hall）认为，媒介不仅是复制了现实，而且通过技术有选择性地向人们呈现世界的图景以定义“真实”。[①] 在 VR/AR 技术媒介的驱动下，影视创作图景和传播范式迎来了时代契机。VR 模拟了视觉、听觉和触觉，让影像产生了新的全感官语言，使用户身临其境、沉浸其中，可以称其为“感知语言”。美国战略分析调研公司的分析师菲尔·肯达尔说：“在韩国，许多 4G 用户对他们的服务体验感到满意，并且觉得不需要升级至 5G 以获得更好的网络体验。因此，运营商必须开发 5G 相关的基于服务的营销业务，才能扩展 5G 用户。AR/VR 内容非常适合韩国的文化和体育爱好，并且将在那些与名人或社交媒体明星有密切联系的用户群中发挥出色表现。”[②]以演唱会为例，传统观看环境下，观众必须亲临现场，或一票难求，或遥遥相望，即便进入现场也可能因视角逼仄而无法真正享受视听盛宴。“手机盒子”则可以让观众省去诸多烦恼，一部手机、一个 VR 眼镜即可进入现场，穿梭于台上台下，与偶像并肩，身临其境，共享欢呼。在音乐领域，用户在 VR 演唱会中可以将声音与现场调配的音效在虚拟现实中发挥更大的作用，观众可清晰地感知到如在耳畔的逼真声源。随后，乐坛歌星纷纷采用 VR 技术来与粉丝们直播互动开演唱会。

但是，目前 VR 内容资源缺乏是不争的事实。尽管市场上拥有大量廉价的

① Stuart Hall, “The Rediscovery of Ideology: Return of the Repressed in Media Studies”, in Tony Bennett, James Curran, Michael Gurevitch, Janet Wollacott (eds.), *Culture*, *Society and the Media*, Routledge, 1990, p.60.

② 梅雅鑫等：《韩国 5G 用户数已达 300 万　AR/VR 或成 5G 手机特色业务》，《通信世界》2019 年 Z1 期。

VR设备和VR硬件,但是VR行业缺少可用的VR内容。某些视频直播平台中含惊悚元素的VR影片,仅是把粗制滥造的惊悚影像与VR的简单结合,无论从观感还是从价值传递上来说都不高,这类“伪VR”会在一定程度上影响用户的热情。此外,还有观者的生理限制,眩晕感是体验VR作品时最容易产生的不适感,这也是目前阻碍VR普及的影响因素之一。[①]

第三节　从人际传播到大众传播:手机成为媒介融合的典范

媒介融合是人类传播过程中的伴生现象,呈现出立体化、递进式的发展趋势,手机媒介发展的各个阶段就是媒介技术的进步与传输语言融会贯通的过程。媒介融合的过程不是传播功能的简单累加,而是在变革每一种汇聚实体的基础上创造出新的传播实体,其结果是使手机既具备私密的、即时的人际传播功能,也拥有去中心的、无中介的大众传播潜质。手机媒介首次实现人际传播与大众传播的完美融合,草根大众的身份由被动的信息消费者转变为主动的信息生产者、传播者与消费者,这种角色的转换对人际传播与大众传播产生了深远的影响。

一、媒介的融合逻辑

媒介的概念十分宽泛,从广义上讲,媒介是指“使事物之间产生关系的介质或工具”[②]。从传播学上来说,媒介是“信息传递的载体,是将传播过程中各要素相互联系起来的纽带”[③],包括书籍、报纸、杂志、广播、电视、电报、电话以及互联网等。麦克卢汉认为,媒介不局限于大众传播,更是人体的任何延伸(轮子是腿脚的延伸,电脑是中枢神经系统的延伸),是技术派生的效应,也可能是社会组织和互动的形式(语言、道路、货币),包含使用者与社会采用新形式以后经历的心理调整和社会调整。“融合”也称“融和”,指不同事物交融为一体,强调特点或界限的消失。媒介融合是媒介的“杂交和化合”[④],其包括四种形式的融合:媒

---

① 参见王雅妮:《从视听语言到感知语言》,《今传媒》2019年第4期。

② 程洁:《网络传播学》,苏州:苏州大学出版社,2013年,第4页。

③ 刘静、陈红艳:《数字媒介传播概论》,北京:清华大学出版社,2014年,第70页。

④ 参见[加]马歇尔·麦克卢汉:《理解媒介》,何道宽译,南京:译林出版社,2011年,第67页。

介形态的融合，即在不同技术支持下的信息表达方式的融合；媒介所有权的融合，即打破不同所属之间的利益壁垒；媒介内容的融合，指相同内容可以通过不同的终端来接收；媒介主体的融合，指参与媒介内容的生产、消费和传播的多元化主体。媒介融合的初级阶段是各种各样的技术和媒介形式的汇聚，尼古拉斯·尼葛洛庞帝在为麻省理工学院媒介实验室筹集资金时开始提出“媒介汇聚”这一概念。他画了相互之间略有交叉的三个圆环，以代表当时的“广播和动画业”“电脑业”和“印刷和出版业”之间的相互存在关系，他预想到 2000 年，这三个圆环将会发生从略有交叉到几近重合的变化。[①]（见图 1-4）将尼葛洛庞帝的预言放诸当下媒介环境来考察的话，我们会发现其中缺少重要一环——以手机媒介为重要终端的电信业。在移动互联网时代，影视娱乐业、新闻出版业、计算机业与电信业在终端上相互融合，内容上自由流通，产业之间存在很大程度的交叉和重叠。

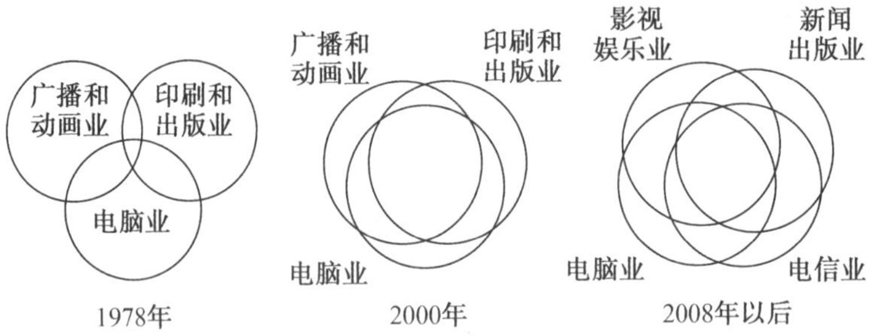

图 1-4　媒介融合演变：从三圆重叠到四圆重叠

美国传播学研究者 A.哈特将从古至今的传播媒介分为三类：(1)示现的媒介系统，即人与人面对面用口语传递信息，主要以人的身体为媒介，包括面部表情、肢体动作等副语言符号，是通过人体器官或感官来执行传递功能的媒介系统。(2)再现的媒介系统，即将人头脑中的信息通过文字、绘画、照片等方式的加工再呈现出来，信息生产者需要使用配套的物质工具，而信息接收者则不需要使用特殊工具，但是要具备一定的解读能力。(3)机器媒介系统。随着现代传播技术、电信业和互联网等技术的发展，通过电影、广播、电视、电话、电脑等传递信息，传受双方均需要使用机器。[②] 在示现媒介系统时期，以人际传播为主

① 参见［美］罗杰·菲德勒：《媒介形态变化——认识新媒介》，明安香译，北京：华夏出版社，2000 年，第 21～22 页。

② 参见李益：《数字化媒介语境下的传媒审美文化》，北京：北京联合出版公司，2014 年，第 28～29 页。

导，远距离的传播还无法有效地实现。随着文字和印刷术的出现，人类进入再现媒介系统时期，大众传播开始出现，大众传播与人际传播独立共存。在机器媒介系统时期，互联网络和手机的普及促进了大众传播和人际传播的融合共生。

"媒介融合"(media convergence)这一概念最早由美国马萨诸塞州理工大学的伊契尔·索勒·普尔(Ithiel DeSola Pool)教授在1983年出版的《自由的科技》(*The Technologies of Freedom*)中提出。他认为数码电子科技使多种媒介呈现多功能一体化的趋势，即传播形态融合(the convergence of modes)，"过去由任何一种媒介——不管这种媒介是广播电视、报纸或是电话——提供的服务。过去存在于一种媒介及其用途之间的一对一的关系正在消逝"①。普尔提出的融合观念局限于传统的传播介质，与尼葛洛庞帝的视角相类似。随着数字技术、互联网络和移动终端的发展，在尼葛洛庞帝提出的"媒介汇聚"时代还被人认为是"过于浪漫的幻想"的媒介融合，现在已成为学术界不容忽视的课题。美国新闻学会媒介研究中心学者安德鲁·纳文森(Andrew Nachison)认为，媒介融合是"印刷的、音频的、视频的、互动性数字媒体组织之间的战略的、操作的、文化的联盟"②。也就是说，出版业、广播业、电视电影业以及互联网业之间形成了宏观战略、微观操作以及文化意蕴等方面的全方位的整合，媒介融合"像交叉路口或婚姻，其结果是引起每一个汇聚实体的变革，并创造新的实体"③。在数字技术的驱动下，"所有的媒介都向电子化和数字化这一种形式靠拢"④。美国西北大学教授瑞奇·戈登(Rich Gordon)则将"媒介融合"的类型分为五种：大型传媒集团内部不同类型媒介之间所有权的融合；所有权不同的媒介之间的内容合作与平台共享；不同类型平台间进行内容采集与分配的结构性调整；新闻工作者采用多媒体融合技术采编新闻；公众可以参与多媒体互动的新闻表达。⑤ 戈登的媒介融合研究基于美国媒介发展现状，在一定程度上反映了美国媒介融合的发展水平。综上可见，国外学界对"媒介融合"的研究已经逐渐成熟和周全。

---

① [美]亨利·詹金斯：《融合文化——新媒体和旧媒体的冲突地带》，杜永明译，北京：商务印书馆，2012年，第40页。

② 蔡雯：《新闻传播的变化融合了什么》，《中国记者》2005年第9期。

③ [美]罗杰·菲德勒：《媒介形态变化：认识新媒介》，明安香译，北京：华夏出版社，2000年，第23页。

④ [美]约翰·帕夫利克：《新媒体技术：文化和商业前景》，周勇、张平锋、景刚译，北京：清华大学出版社，2005年，第126页。

⑤ 参见丁柏铨：《媒介融合：概念、动因及利弊》，《南京社会科学》2011年第11期。

近年来,国内学者对“媒介融合”也颇为关注。对“媒介融合”进行较系统的梳理和研究的是中国人民大学新闻学院的蔡雯教授,2005 年其就发表文章将西方学者提出的“融合媒介”(convergence media)和“融合新闻”(convergence journalism)概念介绍到中国来。此后,蔡雯教授又发表了多篇论文对国内外“媒介融合”进行了持续而深入的关注。2009 年,她从研究角度、视野和轨迹方面对“媒介融合”进行了一次全景式的梳理,指出“媒介融合”包含三个层面的必不可少的核心内容:媒介内容的融合、传播渠道的融合以及媒介终端的融合。在此基础上,她提出了“媒介融合”的含义,即“以数字技术、网络技术和电子通信技术为核心的科学技术的推动下,组成大媒体业的各产业组织的经济利益和社会需求的驱动下通过合作、并购和整合等手段,实现不同媒介形态的内容整合、传播渠道融合和媒介终端融合的过程”①。在该定义中,大媒体业的合作、并购和整合实际上就是媒介所有权的融合。

二、媒介融合的意义

媒介融合是信息技术与传播技术不断创新与实践的结果,融合没有终点,只有不断地推进与演化。当新的媒介形式出现时,它会对其他众多媒介形式产生长期而持久的影响,新媒介与旧媒介之间是共同演进的关系,而不是相互取代。罗杰·菲德勒通过剖析媒介形态的变化来认识新媒介,他认为人类传播系统经历了三次媒介形态变化,分别是口头语言、书面语言和数字语言。② 口头语言的兴起加速了人际传播的发展,使人类结合成更大群体成为可能,这可以有组织地处理更为复杂的问题;书面语言的形成使信息交换不必要求发送者和接收者同在,从而将传播行为从特定的时间和空间限制中解放出来;数字语言是用数字编码并处理信息的语言,人们通过特定的转译程序将其变成人类沟通的语言。每次媒介形态变化所新增的语言都对原有的语言产生了变革,例如,书面语言的出现使口头语言传递的信息能够获得更加稳定的保存和更大范围的传递;数字语言则使口头语言和书面语言有了更多的传播载体。

新媒介与传统媒介的融合革新了媒介发展史,重建了传播系统结构。但是也应该注意到,媒介融合在给社会带来积极影响的同时,也不可避免地存在一些消极的因素。有学者针对当前“媒介融合”的热潮,结合国外具体的媒介融合

---

① 蔡雯、王学文:《角度·视野·轨迹:试析有关“媒介融合”的研究》,《国际新闻界》2009 年第 11 期。

② 参见[美]罗杰·菲德勒:《媒介形态变化:认识新媒介》,明安香译,北京:华夏出版社,2000 年,第 45～60 页。

实践进行了冷静思考。张立伟教授从近年来电视、报纸与网络融合的案例中总结出，媒介融合就像是带橡皮的铅笔，这种设计确实节省了人们修正错误的时间，但是现实中铅笔与橡皮还是分开使用的，带橡皮的铅笔的使用率并没有超过不带橡皮的铅笔。[①] 同样地，电视与网络融合而成的互动电视的用户采用率并不高；而传统报纸与网络融合往往会导致报纸走向追求速度而牺牲新闻的真实性，利用娱乐、色情和噱头博人眼球，即使免费将报纸中的所有内容放到网络上也不能带来利益的增长。因此，媒介融合不是主流，而媒介的分化和趋异才是主流，新媒介满足小众的需求，旧媒介才会服务大众。张立伟教授对传统媒介与新媒介在融合过程中出现的问题进行了独到的分析，但是他主张"媒介分化"是媒介发展的主流这一观点，无论从外部环境还是媒介发展本身来看，都是值得商榷的。首先，国家政策支持媒介融合。2014 年 8 月 18 日，中央全面深化改革领导小组第四次会议审议通过了《关于推动传统媒体和新兴媒体融合发展的指导意见》，将媒体融合提升到国家战略高度，坚持传统媒体与新媒体优势互补、一体发展，坚持先进技术为支撑、内容为根本，推动不同媒体在内容、渠道、平台、经营及管理层面的深度融合。其次，网络的连接消弭了媒介的界限。以智能电视而言，工信部电子信息司指导、中国电子信息产业发展研究院和中国电子报社发布的《2014 年中国家电企业互联网转型报告》指出，中国智能电视普及率接近 60%[②]，智能电视的革命性创新是接入互联网从而实现了网络点播，这极大扩展了电视内容的丰富程度。最后，媒介融合促进了文化传播、社会治理、经济转型和政治改革，特别是在社会互动和媒介内容的创造与呈现上产生了直接而深刻的影响。

三、手机媒介融合在传播领域的表现

1.人际传播大众化

从人际传播工具的历史来看，手机是对电报不能畅所欲言的补充，是对传统书信无法即时送达的补偿，是对固定电话不能随便移动的补偿，因此，手机是一种无中介的、即时的、随身携带的人际传播工具。但是，手机的可移动性与信息的可保存性又使其有成为大众传播工具的潜质。在媒介传播史中，手机首次实现了人际传播工具与大众传播工具由独立组合到相互融合的过程，这主要经

① 参见张立伟：《媒介融合：犹如带橡皮的铅笔》，《新闻记者》2010 年第 8 期。

② 《报告显示：2014 年中国智能电视普及率接近 60%》，2015 年 1 月 8 日，http://www.chinairn.com/news/20150108/211529617.shtml。

历了三个发展阶段:第一,潜在期。在私人空间使用手机通话,是一种单纯的一对一人际传播;在公共空间使用手机通话,作为同一空间的陌生共在者可能会对单向的谈话内容进行传播,从而有可能演变为大众传播行为。第二,组合期。短信传播中的群发功能是一种一对多的人际传播,在一个相对固定的圈子中进行信息扩散,是人际传播的延伸和拓展。手机报是手机短信的一种表现形式,是作为内容提供方的报纸媒体与电信运营商合作推出的信息增值服务,这也使手机具备了大众传播的功能。第三,融合期。随着智能手机的普及和移动互联网络覆盖率的提高,人们获取信息的方式逐渐从电视屏、电脑屏转移到了手机屏。传统媒体为了在新媒体时代仍能保有一席之地,纷纷开发手机客户端,或者在社交网络开通官方账号以适应现代人的媒介消费习惯。借助于手机,人们可以在人际传播与大众传播之间自由转换。

手机的可移动性使其成为公共空间的介入者和社会生活的插足者。不和谐的铃声总是会在一切不恰当的场合响起,成为一种"挡不住的呼唤"。在 20 世纪 90 年代中期以前,手机因价格昂贵而普及率低,使用者以商人为主。为了向陌生人展示和炫耀自己的财富,他们在公共场合接打电话,将私人谈话、个人情绪带到公共领域,从而破坏了传统的公共礼仪。随着手机的普及和这种不恰当使用现象的蔓延,不同国家对这些不良行为采取了程度和强度不同的控制和约束。例如,日本公共交通工具的显眼位置张贴有"请将手机调至礼仪模式",即静音或者震动模式;美国铁路公司也发布了禁止打电话的"乘车礼仪"。中国的公共交通工具上没有类似限制手机使用的规定,因此,我们经常能在公交车、火车上听到不少人接打电话,因乘客较多人员拥挤兼之车厢封闭,手机使用者就会不自觉地提高音量,本来作为人际传播的私人谈话却部分地公开在公共场合,成为潜在的一对多的拟大众传播。

手机短信在人际传播和大众传播的组合期,担任明确的角色。短信主导下的人际传播与大众传播相互独立,人际传播占主导,传受双方可以进行互动,角色互换;大众传播形式则较为单一。短信人际传播是以用户手机通讯录为基础,向单个的联系人发送日常性的情感沟通信息和事务性协商信息,或者同时向多个用户发送节日祝福或突发事件的紧急通知。手机通讯录上的联系人是现实存在的强关系,相对于网络上的虚拟关系,具有一定的封闭性。因此,手机短信是与亲友维持强关系的工具,适合日常的情感交流,而不是用户个人进行大范围信息传播的首选。但是,随着手机的普及和用户黏度的增强,人们使用和接触手机的时间越来越多,手机因此被称为"影子媒体""带着体温的媒体"。

传统报纸媒体与电信增值业务相结合，推出“手机报”业务——“依托于手机移动终端为载体，通过无线移动技术平台，定期连续向手机用户输送新闻、提供资讯的一种新型的无纸之报”①。这促使手机由个人化的通信工具转为大众传播媒介，同时具备了人际传播与大众传播的双重功能。这一时期，用户在短信的大众传播中的角色是相对被动的，人们在人际传播和大众传播中尚不能自如转换。

在拥有多媒体功能、能够自由下载应用和实现快速上网功能的智能手机阶段，人际传播与大众传播逐渐融为一体，在信息的制作、传播到送达的各个环节都呈现出与其他传播媒介不同的特色。手机小巧而便于携带，且拍照、录音和摄像等多媒体功能越来越齐全，呈现效果也越来越清晰，尤其在智能手机时代，人们还可以下载各种多媒体应用。例如，在一款安卓手机应用商店“安智市场”中就有多种无声拍照应用可供下载。这些功能和应用极大方便了人们随时随地随手进行文字、音频、视频等类型信息的制作与生成，但是使用过程往往具有隐蔽性。人们在日常生活中充当着不同的角色，为了成功扮演某种角色，又需要遵循特定的表演规则，这正如戈夫曼所说：“为了享乐或者经济利益以及其他原因，个体表演者在外表与真实之间存在差异。为了不想让前台观众知道的活动，有意隐瞒或者隐藏，使其表演达到理想中的标准。”②但是，手机的隐蔽性使用易于将人们在“后台”的表现曝光，使人们在“前台”长期扮演符合观众期望角色的努力毁于一旦。例如，将私人聚会或者私人谈话中一些不合时宜的内容偷拍、偷录下来并予以公布，如果主角是公众人物，则有可能由人与人的私下交往演变成公共事件，从而使人际传播转化为大众传播。例如，某公众人物在私人聚餐上所发表的不当言论被人拍下上传到网络，从而引发了舆论的轩然大波。聚餐视频先是在网络上被大量转发，之后报纸媒体也纷纷进行深度评论，该事件短时间内占据搜索榜首。单从传播学的角度来说，这就是一起涉及公众人物的典型小范围人际传播，在短时间内引起大众媒体关注而转变为大众传播的事例。新的媒体技术改变了戈夫曼戏剧理论中作为固定场景的“前台”与“后台”，手机的拍摄技术可以同步将公众人物在“后台”的行为放大、曝光在“前台”的显示屏上，他们在“后台”较为接近真实自我的言谈举止与在“前台”经过努力表演和修饰的形象存在差距，这样的展示颠覆了观众的期待而迎合了他们的猎奇心理，有可

① 武文颖：《手机报的新媒介文化特征解读》，《文化学刊》2009 年第 2 期。

② [美]欧文·戈夫曼：《日常生活中的自我呈现》，冯钢译，北京：北京大学出版社，2008 年，第 35 页。

能使普通的人际交往转化为受人关注的公众事件。

手机信息内容的生成具有随机性和隐蔽性,其传播则借用社交网络而快速扩大信息传播范围,提升信息传播的速度。社交网络是沟通人际传播和大众传播的重要桥梁,PC端社交网络在信息传递上仍有一定的延迟,而手机具备可随身携带与可即时上传的特性,这使得对信息的传播尤其是对突发事件的扩散接近实时传播。例如,2015年8月12日午夜,天津塘沽发生大爆炸,当地网民用智能手机记录下天空出现蘑菇云、窗户被震碎、汽车被烧毁、受伤市民跑到街上等相关图片、视频,并上传到微博、微信等平台。传统媒体随后跟进报道,素材也多来自微博和微信。在新浪微博中检索“天津爆炸”,其相关结果达200.94万条(截至8月17日),而微信相关文章达4.11万篇,总阅读量超过1.17亿。[①] 社交网络的传播形态呈现多中心、无边缘的“病毒式”传播,因此每个用户都是潜在的信息源。一键分享到各大社交网站的操作简单易行,在获取信息的同时,人们会按照自己对信息的评价决定是否分享和转发。2015年,某大学教授在微信朋友圈宣布与其学生断绝师生关系,原因是学生在微信朋友圈屡次对前辈学者使用带有人身攻击字眼进行议论与评判。教授的声明随后被传播到网络上,并引起大量关注和网民的热议。值得注意的是,此师生二人皆将微信朋友圈看作是私人的社交圈子,认为在朋友圈发布的言论会止于朋友圈,其本意并非是要向社会公开,但没有料到在多人转发后最终成为公共事件。人们在手机社交网络中公开发表的言论属于一对多的传播,传统的线性人际传播变成网状的人际传播,这极大地扩展了传播的范围,使得信息在短时间可以获得数量庞大的接收者,而第一落点的接收者又有可能成为信息的二次传播者,从而使得信息的传播范围再度扩大。

手机媒介使人际传播呈现大众化趋势,这里的“大众化”有两层意思:其一是人际传播的内容被大量的、不确定的人多次传播;其二是人际传播的内容受到大众传媒的关注,从而成为大众传播的素材。如果说网络世界模糊了公共领域与私人领域的界限,那么手机媒介的传播特性则使这条界限愈发模糊,手机媒介塑造的社交圈子从来就不是封闭的,向外延伸的人际关系极易将个人的言论传播出去。在移动互联网时代和媒介技术融合时代,社会权力的工具和手段已经发生了变化。手机媒介融合相机的拍摄功能、GPS定位功能、信息即时收

---

① 参见《天津大爆炸:双微传播与以往有何不同》,2015年8月20日,http://news.sina.com.cn/m/wl/2015-08-20/doc-ifxhcvry0719881.shtml。

发功能等,这些功能的融合产生了巨大的能量,个体在自觉或者被动的情况下卷入别人的生活领域,陌生人能在瞬间产生连接,这种"卷入与连接"破坏了传统"前台"与"后台"场景的有序性,使人际传播呈现出大众化的趋势。

2.大众传播人际化

关于大众传播的定义,杰诺维茨在1968年的论述历来被传播学者奉为圭臬。他认为:"大众传播由一些机构和技术所构成,专业化群体凭借这些机构和技术,通过技术手段(如报刊、广播、电视等)向为数众多、各不相同又分布广泛的受众传播符号的内容。"①从杰诺维茨的定义中可以分析出大众传播包含三个要素:一是专业的内容制作机构和团体,如报社、电视台、广播台;二是一定的传播媒介,包括内容发送媒介和接收媒介,如报纸、电视、收音机;三是数量和性质不确定的大众。这三个要素反映出杰诺维茨所处的时代,大众传播呈现出一种自上而下的信息单向流动特征,信息消费者与生产者的互动性较差,采用"大撒网式"的传递方式,无法保证信息的有效到达。为了提高传播效果,作为生产者的传播机构增强与消费者的互动和沟通便成为大众传播的必然发展趋势。例如,报刊的读者来信选登、广播的谈话节目以及电视节目的制作等都在专业和权威占主导的情况下,尝试为消费者提供一些渠道以供他们表达个人对专业内容制作的意见和建议。然而,消费者的地位依然是被动的和次要的。随着互联网络技术的进步和上网终端的普及,基于网络信息双向交流的网络传播出现,作为大众的消费者的被动地位得到了改变。在网络传播中,信息的生产者(producer)、传递者(transmitter)与接收者(receiver)合为一体,人人都拥有信息传播和接收的自由,改变了过去传播形态的单一性,实现了个人对大众的传播、大众对大众的传播、大众对个人的传播以及个人对个人的传播,是一种去中心的网状传播,传受双方关系趋于平等。从网络传播的特征反观杰诺维茨对大众传播的定义,可以发现其有诸多局限,已经不适合当下的传播环境。因此,对一个不断发展着的社会现象而言,其定义也要随着时代的变化而改变。在手机网络时代,信息生产、传递、接收和反馈等方式颠覆了传统的大众传播。由专业记者到"公民记者""人人记者",传播领域似乎遵循着这样一个规律:作为终端的媒介和媒介内容的生产都经历了从精英到大众的过程。复旦大学张国良教授认为,任何一种媒介尤其是所谓的大众媒介,都经历了从上流精英社会

---

① [英]丹尼斯·麦奎尔、[瑞典]斯文·温德尔:《大众传播模式论》,祝建华、武伟译,上海:上海译文出版社,1987年,第7页。

(Elite)走向大众(Popular),再由为数众多、成分复杂的大众走向趣味、习惯、文化等较为一致的小群体(Specialized)这样一个“EPS”过程。[①] 印刷术在16世纪就已发明,但是直到19世纪30年代才真正面向大众;在大众传播时代,新的传播技术在发明之初也仅限于社会上的少数人使用。互联网在20世纪50年代只供科研人员使用,到20世纪90年代才真正以商业化的方式走近大众。与此相似,手机从20世纪40年代最初的实验室成果到60年代的车载电话、肩背电话,仅限于研究人员和少量商业人士使用。到了20世纪80年代,在中国俗称“大哥大”的手提电话才正式投入商用,但因价格昂贵鲜有人问津,直到21世纪初手机才在中国开始普及,手机媒介生产商真正开始将用户对终端的审美、对媒介的使用习惯以及对服务的需求等个性化、专门化的要求纳入生产和营销的范畴,赋予了普通用户对媒介终端更多的主导权。媒介的使用经历了自上而下、从精英到大众的扩散过程。

与媒介终端一样,大众也逐步加入媒介内容的生产中,媒介内容增加了反映大众生活的比例。我们可以以报业为例进行说明。1448年,德国人古登堡发明了铅活字印刷术,拉开了近代传播媒介的帷幕。但是人们对信息的需求并未大量出现,因此大众媒介并未因此产生,所出现的只是为各大城市的贵族、商业领袖以及其他社会上层人士提供信息服务的新闻报纸和政党报纸,其内容多为政论文章,仅有少量的新闻。18世纪后半叶,欧美国家先后开始了工业革命,随着城市化的发展和教育的普及,城市居民对新闻和娱乐的需求增加,各国相继进入廉价报纸时期。1883年,本杰明·戴在美国纽约创办《太阳报》,标志着世界上第一份面向大众的廉价报纸诞生。它的内容排除政治性议论,以平民大众为读者对象,内容上侧重于地方和社会新闻以及富有趣味性的小新闻,文字较为通俗,版面也比较活泼,因而极具可读性。二战后,世界报业出现跨媒介和跨行业的垄断趋势,通过竞争兼并形成超大型媒体集团。例如,新闻寡头默多克拥有世界各地109家日报和15家周报,控制着英国40%的报纸,报业进入企业化时代。[②] 20世纪时,“媒体集团把新闻视为演说:我们媒体告诉你新闻是什么。阅听大众要么掏钱购买,要不然拉倒。你也许写信给我们,我们也许会刊载”[③]。消费者只能被动地接收信息,无法参与到新闻报道中。因此,20世纪三四十年代,传播学领域盛行以“魔弹”理论研究传播效果,其核心观点是传播媒

① 参见张国良:《新闻媒介与社会》,上海:上海人民出版社,2001年,第23页。

② 参见邵培仁、海阔:《大众传媒通论》,杭州:浙江大学出版社,2005年,第63页。

③ [美]丹·吉摩尔:《草根媒体》,陈建勋译,南京:南京大学出版社,2010年,“序言”第4页。

介拥有不可抵抗的强大力量，它们所传递的信息就像击中受传者的子弹、注入皮肤的药剂一样可以引起人迅速直接的反应；它们不仅能够左右人的态度和意见，甚至还可以直接支配他们的行动。美国社会学家保罗·F.拉扎斯菲尔德对“魔弹论”持有异议，他进行了传播史上有名的“伊里调查”，结果显示，在影响选民的投票决定方面，无论是从频率还是从有效性上来说，人际接触的效果都要好于大众媒介。在《人民的选择》一书中，他提出“两级传播流”理论（见图 1-5）：“信息从传播和印刷媒介流向意见领袖，再从意见领袖传递给那些不太活跃的人群。”[①]可见，在报纸和广播占统治地位的媒介时代，信息以单向的、自上而下的方式进行传播。

图 1-5　单向“两级传播流”示意图

随着电视的崛起和报纸制作成本的增加，报纸读者大幅下降，尤其是 20 世纪 90 年代以来，互联网络技术由“只读”的 web1.0 发展到“读写双向”的 web2.0，人与媒介的沟通方式发生了完全的转变。作为印刷媒体的报纸是典型的一对多的媒介，电话是一对一的媒介，而互联网和电脑则使一对一、一对多、多对多、多对一成为可能，每个能够自由联网的人都拥有数字出版能力，可以积极参与到信息内容的收集和生产中去，并将自己的看法和意见传播到全世界。以往只是新闻消费者的传统阅听大众正在参与到新闻生产过程中协助和补充专业记者，有些草根记者（grassroots journalist）甚至会在不断的实践和学习中变成专业记者。网络大众传播是指以互联网和移动互联网为传播平台，以电脑、手机及其他移动设备为终端，由专业机构和草根大众创作，以多媒体形式呈现的双向和多向的信息交流形式。与传统媒体如报刊、广播和电视相比，网络大众传播具有去中心化、数字化、个性化和交互性等特点。在网络传播中，社交网络因其高用户黏性成为信息发布和信息获取的重要平台。互联网尤其是目前作为互联网的中心——社交媒体（social media）正在改变传统的新闻和报纸采编模式。社交媒体是人们分享意见、经验和观点的平台，成为现阶段新闻信息的重要集散地之一。从上文的分析可知，手机是一种人际交往工具，同时手机媒介具有大众传播的功能，因而也是一种大众传播媒介，手机的双重媒介属性赋予了 PC

① ［美］保罗·F.拉扎斯菲尔德、伯纳德·贝雷尔森、黑兹尔·高德特：《人民的选择》，唐茜译，北京：中国人民大学出版社，2012 年，第 128 页。

网络大众传播在移动互联网时代新的意义，而手机社交网络将是人际传播与大众传播的结合。根据第48次《中国互联网络发展状况统计报告》显示，截至2021年6月，我国手机网民规模达10.07亿，而作为社交媒体的手机即时通信用户高达9.83亿，稳居各类手机应用使用人数榜首，成为网民获取信息的重要应用。[①] 但是，传统媒体仍然是人们获取新闻的重要渠道。美国佛罗里达大学新闻传播学院与 *Elite Daily* 合作主持了一项关于18～24岁的年轻人新闻获取情况的调查，结果显示：虽然大多数人通过数字媒体获取信息，但是依然有高达67%的人认为从报纸上能够充分的获取信息；而38%的人认为他们在社交媒体上能够获得充分信息。[②] 创造性内容和前沿技术的合作是争取新时代内容消费者的合理途径，谢尔·以色列将这种新老媒体的融合称为"辫子新闻"[③]——由传统媒体、公民新闻和社会性媒体组成：传统媒体雇用专业新闻从业者收集报道及时、有趣的消息；公民新闻是指每个人都有可能偶然碰到一件有新闻价值的事件，随手记录下来再传播出去实现与他人的分享；社会性媒体是专业人士和业余爱好者在互联网上沟通合作的场所，是新闻的有效分配渠道。"辫子新闻"由这三部分组成，每部分又含有大量的信息生产与传播"纤维"，这些部分汇集、交织在一起，正在不断改变人们生产和获取信息的方式。

随着信息获取渠道的增多，大众媒介的信息能够几乎同时传播至所有人。人们在形成自己的意见之后，往往会寻找与自己意见相近的名人，包括娱乐业明星、公共知识分子，或者攻击与自己意见相左的名人，在"赞""转发"和"评论"（正面评论和负面评论）中加速信息的流动。在全网社会"眼球经济"的指导下，信息的重要与否取决于能否引起人们的关注和评论，有争议才能引起关注。因此，不同于传统的"两级传播"理论的观点流向，在新媒体时代，草根大众借助意见领袖为自己的观点寻找坚实的后盾和快速传播的通道，从而与意见领袖形成双向互动的传播（见图1-6）。网络使信息传播的速度加快，而手机终端随时随地可以使用的特性则使信息传递速度更为加快，传播频次迅速提升，这使得草根大众的力量在不断增强。

---

① 参见第48次《中国互联网络发展状况统计报告》，2021年，第17页。

② 参见《18～24岁新闻获取情况调查报告》，2015年4月2日，http://www.jzwcom.com/jzw/9a/9454.html。

③ 参见[美]谢尔·以色列：《微博力》，任文科译，北京：中国人民大学出版社，2010年，第109页。

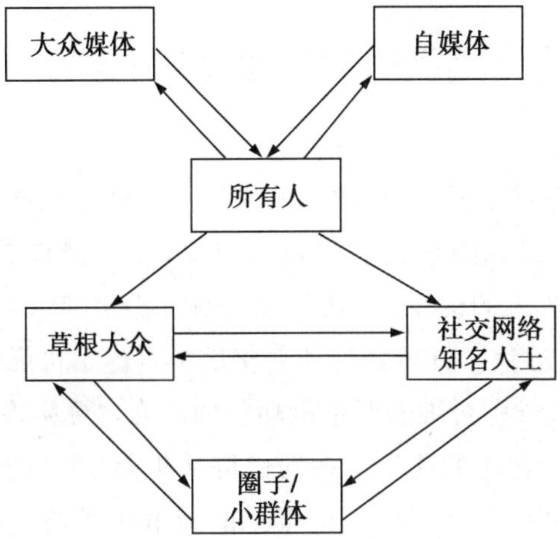

图 1-6　多向的循环传播示意图

意见领袖除了具有人际传播的能力、在人际关系网中具有一定的威望之外，还有更高的通过非人际传播获取信息与吸收信息的能力，而普通人在网络时代短时期成为意见领袖的可能性正在大大提升。人际传播受到群体的影响，贾尼斯认为，群体思维表现主要有四种：寻求一致（而非坚持自己观点）；对群体评估过高，可能认为自己所处群体是完全正确的、道德完全崇高的，或出现不可战胜的幻觉；思考方式趋于封闭，群体外界的影响被选择性忽视；寻求一致的压力，认为大家都同意集体的观点，而以此为基础来审视、否定自己原来的观点。[①]每个人都生活在几个或者更多的群体中，这使我们的人际传播极易受到所置身于其中的多个群体的影响。网络时代海量信息的迅速传播以及网络“去中心化”给予每个人相对平等的发言机会，人们对公共话题有了更高的参与度，能够更好地行使公民权。但是，不够理性的网络环境往往会导致“群体极化”的发生。“群体极化”指的是在群体中最终形成的意见往往趋于一致和极端，因而当最终的结论不合理时，就会产生很大的破坏力。与此不同的是，手机媒介传播中的信息来源的多样化和去中心化使每个人都是传播的节点，成为信息源和传播源，这使得信息的获得与话题的讨论有了更为广泛的来源，从而使信息生产和大众传播更加具有个人化的趋向，在一定程度上减轻了“群体极化”造成的破坏力。

① 参见［美］理查德·韦斯特、林恩·H.特纳：《传播理论导引：分析与应用》（第 2 版），刘海龙译，北京：中国人民大学出版社，2007 年，第 267～269 页。

第四节　由通信终端到数据处理终端：信息社会的必然产物

具备了通信功能的手机，其便携性就像磁铁一样将某些日常工具的功能吸附融合进来，取代了诸如闹钟、计算器、手电筒、便携播放器、GPS、MP3、游戏机、照相机等设备，在人们的生活、休闲和工作中发挥着如“瑞士军刀”般的作用，可以说手机正从通信工具转变为日常使用工具。手机媒介形态的演变实现了 NTT DoCoMo 社长中村维夫对手机功能的期许，“希望将手机打造成可用于通信之外所有生活场合的工具”①。在现代信息社会，网络的重要性以及人们对网络的依恋程度超乎想象，因而，手机媒介的网络功能是其可以应用在各种生活场合的基础。

根据第 36 次《中国互联网络发展状况统计报告》显示，截至 2015 年 6 月，中国网民通过手机接入互联网比率已高达 88.9%，远远高于台式电脑(68.4%)和笔记本电脑(42.5%)。联网后最常用的应用分别是即时通信、搜索、网络新闻、网络音乐、网络视频和网络游戏。即时通信满足了人们的社交需要，其搜索功能实现了人们对当下所需信息的即时满足，网络新闻迎合了人们对外部世界所发生的变化时刻保持关注的心理，网络音乐、视频和游戏则为人们充分使用碎片化时间进行休闲娱乐提供了条件。社交元素的网络效应成为扩大用户规模和增加用户黏性的“杀手锏”，因而往往被嵌入手机的其他应用中。本节主要分析除了作为通信终端之外，手机媒介也是集搜索、娱乐与支付功能于一体的数据处理终端，手机媒介形态的演变对人们的行为方式、消费习惯、社会文化和经济结构也产生了极其深远的影响。

一、手机的搜索功能

从原子到比特，从工业社会进入信息社会，衡量人们成功的标准不再是对固态物理资源的占有，而是对信息的了解和获取。数字技术的发展使信息的生产、复制和传播规模产生了爆炸式的飞跃。中国工程院院士邬贺铨表示：互联网上一天产生的信息量达 800EB，如果装在 DVD 光盘中要用 1.68 亿张，装在硬盘中要 80 万个；2015 年互联网上一秒内所传的视频需要一个人花 5 年的时

① 王萍：《中国当代社会手机文化研究》，北京：华夏出版社，2008 年，第 38 页。

间才能看完；Twitter 上一天新增的 2 亿条微博，约有 50 亿个单词，比《纽约时报》60 年的词语总量还要多一倍，信息量达 7TB。[①] 以上信息中的相当一部分是用户通过手机创造出来的。在这样一个信息快速更新的社会，人们的选择机会增多，"如何获得最新最多的信息"成为人们相互竞争的目标之一，社交网络应用的存在就是人们认为信息的交换能够带来益处的例证。人们通过报纸、广播、电视等传统媒体获取针对所有人的、统一的新闻，通过电脑和手机等新媒体搜索、订阅针对自身的信息，将"媒体推送"和"主动拉取"相结合，尽自己所能地获取最多的信息。人们在自身有限的信息获取与互联网庞大的信息生产的竞争的压力之下，患上了"信息饥渴症"。当电脑作为连接网络的主要终端时，这种病症的表现是：一有时间就坐在电脑旁，打开门户网站、新闻网站和社交网站，在做其他事情的同时不断刷新屏幕，将与自己相关的或者无关的信息当作猎物"一网打尽"。人们成了美国心理学家乔治·米勒(George Miller)口中典型的"食信息动物"[②]，对信息充满了饥渴。即使被电脑中的信息海洋所淹没，人们依然将每一条信息都当作救命的浮木牢牢抓住。在手机成为网络连接的主要设备时，人类的"信息饥渴症"变得更加严重，其便携性决定了人们可以摆脱电脑对信息获取的物理空间的限制，使人们可以随时随地获取信息。"低头族"——不分场合和时间的低头查看手机的一类人——看似是人们对手机的沉溺与迷恋，实则是对信息的极度饥渴。不加选择的摄取信息，使人们继"信息饥渴症"之后又患上了"信息消化不良"。多任务处理带来的注意力分散和过量信息的获取所引起的选择障碍，使人们迫切需要在获取信息所付出的注意力和精力与所得到的实际效用之间的大小关系作出权衡。如何辨别什么样的信息对自己有用？如何提高信息检索的有用性？移动搜索是一个高速增长的市场，百度移动搜索流量即将超越 PC 端。社交与搜索成为手机上网的刚性需求，如果将二者结合，就可以有效解决信息的繁杂和缺乏针对性带来的重复和无效搜索与接收。2010 年 3 月 30 日，腾讯搜搜发布"大社区搜索"概念，以"搜索＋分享"的形式整合腾讯现有社交产品(空间、问答、微博和论坛)，意在加强搜搜与用户之间的互动性和交叉流量的带动性。2011 年 3 月 31 日，谷歌向第三方网站推出"＋1"社交按钮，可嵌入网页的代码片段，鼓励用户参与到网络社交活动中，组建以用户关系网络为中心的网页推荐系统，进而产生使用价值和社会数据，

---

① 参见中国电子商务研究中心：《邬贺铨：互联网一天信息量等于 1.68 亿张 DVD》，2012 年 11 月 11 日，http://b2b.toocle.com/detail--6067281.html。

② [德]弗兰克·施尔玛赫：《网络至死》，邱袁炜译，北京：龙门书局，2011 年，第 98 页。

这是谷歌搜索功能向社交化迈进的重要标志。其具体做法是用户在搜索商品、资讯或者美食时会看到好友的推荐,这些推荐会优先于默认的搜索排序,从而对谷歌的搜索结果产生渐进式的影响,将传统的单纯人机交互的互联网搜索改变为人人交互,进而提高信息的可信度。以手机的即时通信应用微信为例,它的搜索功能丰富,可以搜索公众号、朋友圈状态以及收藏内容。例如,在搜索栏输入“拉面”,搜索结果依次为:朋友圈内好友曾经发过的带有“拉面”关键字的文章;“大众点评”提供的本地生活中的“拉面”餐厅信息;与“拉面”有关的公众号文章。虽然只是站内搜索,但是由于目前微信公众号数量庞大,内容丰富,其搜索结果能够在一定程度上满足人们的日常需求。

二、手机的娱乐功能

相对于电视屏和电脑屏而言,借助手机的上网和社交功能,人们时刻想获取外部信息和保持与亲友联系的内在需求使得手机屏成为距离人最近的屏幕,是一种“带着体温的媒介”。手机的娱乐功能是手机媒介的必然发展趋势。其一,随着城市规模的扩大,人们花费在公共交通上的时间不断增加,而无事可做的状态会让人从心理上延长空间移动的时间长度。受到场地或道具的限制,人们“做点什么打发时间”的选择很少,除了读书看报之外,就是睡觉或者发呆。这种情况下,在易于操作、随身携带的手机上附加上娱乐内容就能收到意想不到的商业利益。其二,移动互联网的发展使得手机实现了无线网络连接,手机媒介可以提供持续不断的娱乐需求,用户不仅可以超越空间和时间的局限使用手机娱乐,还可以与朋友进行即时的分享和互动,体现了传播的娱乐功能。1948 年,哈罗德·拉斯韦尔在《社会传播的结构与功能》一书中将人类信息传播功能归纳为“守望环境、协调社会各部分以回应环境、使社会遗产代代相传”①。1960 年,查尔斯·R.莱特在此基础上增加了娱乐功能②——娱乐可以调节身心,解决人们日常生活中的困难,还有助于受众打发闲暇时光,使人放松舒适。美国著名传播学者施拉姆将传播的功能归纳为监视、管理、指导和娱乐四个方面,认为自人类诞生以来,传播的四大功能“就根本没有发生变化,尽管利用不

① [美]哈罗德·拉斯韦尔:《社会传播的结构与功能》,何道宽译,北京:中国传媒大学出版社,2013 年,都 37 页。

② Charles R. Wright,“Functional Analysis and Mass Communication”, *Public Opinion Quarterly*, 1960 (4), pp.605-620.

同的组织机构来执行任务”[①]，而娱乐功能所占比重很大。因此，作为社交工具所拥有的娱乐功能是手机媒介在实现通信功能之后的必然选择。

目前，中国手机媒介的娱乐功能主要包括手机音乐、手机视频和手机游戏。在内容提供商和网络运营商的合作下，手机娱乐产业蓬勃发展起来。截至 2020 年 12 月，手机网络音乐用户达 6.57 亿，用户规模持续增长（见图 1-7）。[②]

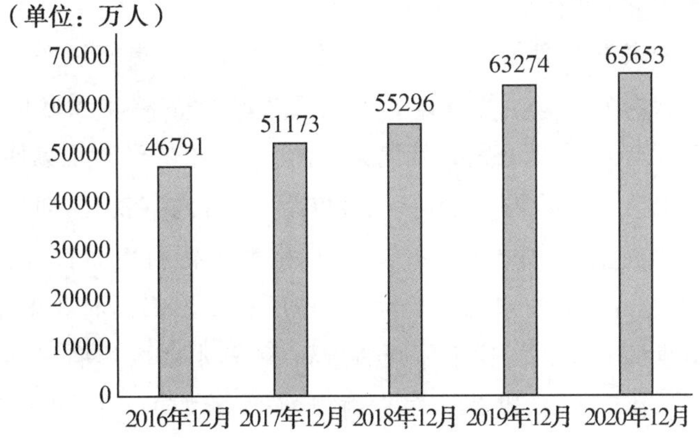

图 1-7 2016 年 12 月至 2020 年 12 月中国手机网络音乐用户规模

手机正在以其灵活方便的特性改变着人们的娱乐方式，用户使用手机可以随时随地地欣赏音乐、观看视频和畅玩游戏，但是在全民娱乐免费的现实下，如何实现有效的盈利模式是移动内容市场亟待解决的问题。克里斯·安德森在《免费》一书中转述了洛杉矶娱乐业律师乔纳森·汉德尔认为娱乐业向免费转变的六大理由：(1)供过于求，媒体公司创作的节目增多，而人们的需求并未出现质变。(2)媒体节目通过网络传输导致实体形式的缺失。(3)搜索成本大幅下降，使得人们对节目的获取更为便捷。(4)互联网上形成的免费阅读习惯影响到对其他媒体节目的使用。(5)靠销售终端获利的计算机行业希望内容免费。(6)伴随着互联网成长起来的一代年轻人认为数字经济学的免费理念是自然而然的。[③] 数字时代，媒体内容由收费模式加速向免费增值的经营模式转变，利用免费服务扩大用户基础，再通过向核心用户提供增值服务而获得利润。随

① 郭庆光：《传播学教程》，北京：中国人民大学出版社，1999 年，第 116 页。

② 中商产业研究院：《2020 年网络音乐市场用户分析：手机音乐用户规模达 6.57 亿》，2021 年 2 月 4 日，https://www.askci.com/news/change/20210204/15132113521.shtml。

③ 参见[美]克里斯·安德森：《免费》，蒋旭峰、冯斌、璩静译，北京：中信出版社，2012 年，第 158～159 页。

着政策法规的完善、诚信制度的建立和行业自律的提升，加之电信资费的不断降低，手机娱乐产业将会得到持续繁荣而健康的发展。

在手机娱乐产业的发展方面，日本走在世界的前列。日本手机在功能机时代就具有丰富的娱乐内容。与其他国家不同的是，日本的手机从设计、生产到服务和内容的设定都是运营商占主导。在科技发展日新月异的时代，世界越来越被尖端技术主导，日本手机运营商坚信内容和信息所承载的意义越来越重要。在当前和未来商业竞争中，最大的赢家将是那些能更好理解人类在技术接收端的真正需求的人。日本移动运营公司 DoCoMo 的移动互联网项目总编松永真理在被 DoCoMo 雇用之前是知名杂志主编，多年的经验积累使其深谙年轻人的需求与心理。她坚持内容主导一切媒介①，这种内容就是，即使对技术一窍不通的普通用户也能享受内容带来的乐趣；相对于新颖性而言，内容的有用性更有价值；内容是在互动的基础上产生，并非所有用户都同时获得相同内容，这是按需拉取信息的开始。在这个原则的指导下，日本的内容商提供了丰富的个性化娱乐服务和生活信息服务。在与内容商的合作问题上，松永坚持两个原则：一是选择能提供吸引普通人的素材的内容提供商；二是不向内容商付费，DoCoMo 与内容商之间不是买卖与租赁关系，最终的决定权在终端用户手中，这使得内容商时刻保持对用户需求的敏感度，从而不断提高内容的质量。漫画、音乐、算命等深受日本人尤其是日本年轻人欢迎的娱乐服务能为内容网站带来更多的流量，最终实现消费者、运营商、内容商以及终端商多赢的效果。

三、手机的支付功能

人类的支付方式从古至今经历了货币支付、信用货币支付、电子商务支付和手机移动支付的转变。手机移动支付是指在移动互联网环境下，通过手机支付货币和转移资金的一种支付方式。手机移动支付突破了原来只有在电脑上才能实现的网上在线支付的限制，具有轻巧便捷的付费优势，在给人们的生活增加了便利和乐趣的同时，也给设备提供商、移动运营商、支付服务商、网上银行以及线上线下商家等众多经营主体带来了良好的发展机遇。

手机移动支付包括远程支付与近场支付两种。远程支付是指通过移动网络“发送支付指令或借助支付工具”②进行的支付方式，本质上仍然是一种线上

---

① 夏野剛:《iモードス・トラテジー》，日経 BPコンサルティング，2000 年，第 71-90 頁。

② 坚鹏:《新金融模式:移动互联网时代下的金融革命》，北京:经济管理出版社，2014 年，第 77 页。

交易。手机的远程支付满足了用户随时随地进行线上购买的需求，但是相对于电脑而言，手机端囿于屏幕尺寸和操作界面，因而在远程支付的用户体验方面并非完全优于电脑，手机在远程在线支付方面并不具有无可替代的地位。然而，手机在近场支付（Near Field Communication，NFC）上却有着无可比拟的优势。近场支付是指消费者在线下购买商品或获得服务时，以手机刷卡的方式现场即时向商家付款的支付行为。近场支付适用于提供价格较低、购买行为频繁的快消品和服务的场所，例如公交车、便利店、咖啡馆、超市及餐馆等。在手机支付方面，相较于远程支付，近场支付在交易方式、终端硬件等方面拥有较高的安全性，应用场景所受限制较少，其资金账户的适用范围与远程支付基本一致，因而更具有便捷性。近年来，手机移动支付在全球范围内保持持续增长趋势。中国产业信息网发布的数据指出，2014 年全球移动支付交易值将达到 3250 亿美元，比上年增长 38%，未来几年，全球移动支付市场仍将以 40%左右的复合增速持续增长[①]（见图 1-8）。

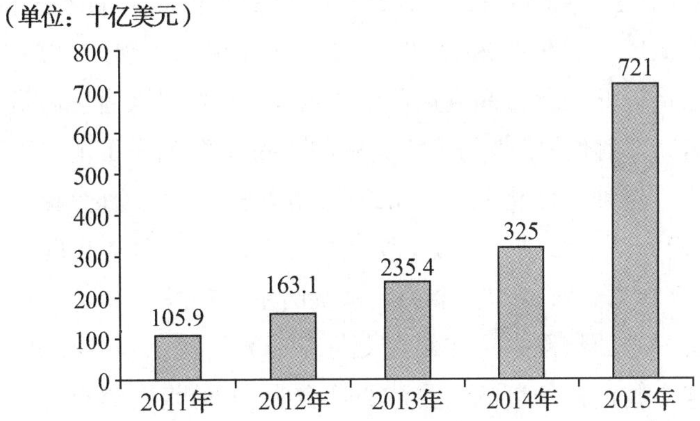

图 1-8 2010～2016 年全球移动支付交易量

在我国法规制度建设取得新进展和金融市场基础设施稳健发展的背景下，非现金支付工具尤其是手机移动支付呈现出平稳发展的态势。2013 年，首批共有 5 款 NFC 手机和 8 家银行开通近场支付功能，北京即将推出刷手机乘公交服务，之后将会推广到地铁、机场和学校等地。[②] 在北京，星巴克、哈根达斯、万宁以及中信书店等实体运营单位早已开通手机支付业务。根据中国人民银行

① 《2014 年中国移动支付产业运营现状及行业发展趋势分析》，2014 年 5 月 19 日，http://www.chyxx.com/industry/201405/245636.html。

② 参见苏曼丽：《北京将可刷手机乘公交》，《新京报》2013 年 6 月 13 日。

支付结算司发布的报告显示，移动支付业务保持倍数增长。2013年，全国共产生电子支付业务257.83亿笔，金额达1075.16万亿元，同比增长27.40%和29.46%。其中，移动支付业务16.74亿笔，金额9.64万亿元，同比分别增长212.86%和317.56%，可见移动支付发展势头良好。[①]

移动支付的蓬勃发展推动相关行业不断进行变革，线下商家纷纷抓住行业变革的机遇，争先涉足移动互联网领域，“从某种程度上说，互联网经济是‘入口’经济，谁垄断了入口，谁就拥有了用户和现金流”[②]。目前，无论是传统制造业还是互联网企业均纷纷涉足手机制造，其目的不在于通过销售手机本身赚取利润，而是抢占移动互联网入口，然后通过应用和流量从广告中实现价值变现。移动支付支持线上和线下多种应用场景，成为重要的移动互联网应用入口。“得用户者得入口，得入口者得天下。”只有能带给消费者便利、拥有良好用户体验的入口才能在移动支付中获得更加持久的成长机会。在大数据时代，商家可以利用海量和多样化的用户支付数据，分析用户的消费历史、购买偏好以及支付水平，在此基础上，结合手机的GPS功能和基于位置的服务进行精准营销，从而可以获得低广告宣传投入、高性价比的营销收入。例如，购买过某种化妆品的消费者在接近此类化妆品商店的地方时，就会收到该商店的最新商品信息和打折促销信息，而随身携带的手机具有的支付功能免去了消费者可能现金不足的后顾之忧。这种个性化和精准化的营销方式刺激了消费者的即时购买欲望，煽动了人们的消费激情。于是，消费作为连接经济和文化的日常行为和社会活动，成为生活方式改变和社会关系构筑的重要工具。

依托手机终端的精准推广和便捷支付在为人们提供消费便利的同时，也不可避免地带来一些消极的影响。在消费社会中，人的真实需要与消费行为本身没有必然的联系，“在技术世界中，人们除了生存需要之外的‘需要’，几乎都是被策划、诱导出来的，并非主体自身所自由决定的”[③]。针对手机的精准营销激发着人们的欲求，原本非必需的商品或服务成为当下、即时消费的“必需品”，人们为了消费而消费，在商家推送的众多“消费需要”面前迷失了自我。背离需要的消费造成了大量对于人的生活并无意义的消费甚至是有害消费，滋长了攀比、奢侈、浪费的消费主义文化，使人逐渐成为“消费的机器”和“购买的动物”，

① 中国人民银行支付结算司:《中国支付体系发展报告2013》,北京:中国金融出版社,2014年,第14页。

② 亦不凡:《得用户者得“入口”》,《经济日报》2013年12月25日。

③ 周笑冰:《消费文化及其当代重构》,北京:人民出版社,2010年,第89页。

最终导致人性的异化。

四、手机功能“杂交”释放新能量

在移动互联网基础上，移动应用的发展赋予了手机更加丰富的功能。除了打电话、发信息和收发邮件等通信功能之外，人们还可以用手机进行即时信息搜索、维护人际关系、享受娱乐服务以及线上线下支付，甚至可以远程控制家中电器设备。手机从最初的通讯终端发展到信息终端，并逐渐延伸成为物联网的中心设备。智能手机的功能融合充分体现了麦克卢汉对媒介杂交的认识，“媒介杂交释放出新的力量和能量，正如原子裂变和聚变要释放巨大的核能一样”[①]。智能手机已经深深渗透到人们生活中衣、食、住、用、行的方方面面，手机丰富的功能让人有了“一机在手，走遍天下不用愁”的深切感悟。美国经济学人网站发文称，2009 年到 2013 年，全球在移动基础设施建设方面的总投资高达 1.8 万亿美元。[②] 这为移动计算提供了稳定的保障，在大大提升移动网络运行速度的同时也降低了流量资费。像文字、书籍、电话及电脑等媒介工具曾经改变人类进程一样，手机正在改变着人类认识自我的途径、人与人之间的关系以及人与周围环境相处的方式。凭借强大的计算能力和存储容量，电脑实现了人类社会的飞跃，但受到体积和重量的限制，携带较为不便。而轻便小巧的手机以便利的移动性弥补了电脑的缺陷，兼之具备强大的移动网络连接功能，因而能够轻松实现信息的传递、共享与汇聚。在改变世界的接力赛中，手机媒介逐渐扮演起更重要的角色。

第五节　“移动互联网星系”下乡村传播系统的转型

人类文明与信息传播息息相关，一定区域的社群组织形式、经济生活方式以及文化建设观念都会因传播系统的更迭而发生改变，这种改变会随着时间的推移而日益加剧，导致区域的固有文化从整体上发生变迁。当前人们使用较多的媒体包括电视、电脑及智能手机，每种媒体都有相应的传播系统与文化模式。与城市相比，中国农村的网络普及率相对较低，农村人口是非网民的主要组成

① [加]马歇尔·麦克卢汉：《理解媒介》，何道宽译，南京：译林出版社，2011 年，第 67 页。

② 参见《经济学人：智能手机将成为“真正的个人电脑”》，唐克译，2015 年 3 月 2 日，http://tech.163.com/15/0302/08/AJMK3IKU000915BD.html。

部分。2019 年,农业农村市场与信息化工作以习近平新时代中国特色社会主义思想为指引,全面部署实施信息进村入户工程,鼓励涉农手机软件开发,持续开展农民手机培训,手机日渐成为农民的"新农具"。农民使用手机连接情感、休闲娱乐、在线消费、自我表达以及创新治理等,深深地影响和改变着乡村社会结构、生活方式及经济发展,移动互联网在乡村文化形态的更新中发挥着持久而巨大的影响力。为此,在移动互联网环境下,综括乡村传播系统转型发展的历史沿革,剖析乡村社群结构发展的新趋势,探求乡村经济生活方式的新变化,提出乡村文化建设的新观念和新方法,具有重要意义。

一、移动互联网引发乡村传播系统转型

曼纽尔·卡斯特尔在分析媒介系统和媒介文化的变迁时,借用麦克卢汉"古登堡星系"的提法,创造性地提出两个衍生性的媒介概念——"麦克卢汉星系"(以电视为主导性媒介的传播系统)与"互联网星系"(以互联网为核心的新传播系统)。[①] 互联网融合多种媒介形态,形成个人化、互动式、多渠道的新型数字化传播系统,对人类文明从人际交往、经济合作、政治监督、社会治理、文化交流等各方面进行颠覆性变革。然而,信息传播技术的进步并未消除"数字鸿沟",根据我国第 48 次《中国互联网络发展统计报告》,截至 2021 年 6 月,我国城镇网民规模为 7.14 亿,农村网民规模为 2.97 亿。互联网在农村地区的渗透率明显低于城镇地区,报告显示农村地区网民的主要上网设备是智能手机。移动互联网在农村产生的影响及发挥的实际效应高于互联网,农村地区的主导性媒介从电视媒体向手机媒体转移。因此,在麦克卢汉的原创和卡斯特尔的再创造基础上,本书提出"移动互联网星系"——基于移动互联网技术和智能手机而形成的新型传播系统及媒介文化。媒介技术的赋权使处于传播活动底层的农民获得了呈现自我技能、展示农村生活的"新利器"。

"移动互联网星系"塑造的新型传播系统由信息生产模式的多元化、传播结构的多重化以及传播功能的集成化构成,最大的特点在于包容性和互动性。新型传播系统的信息内容生产涵括了 UGC(用户生产内容)、PGC(专业生产内容)与 OGC(职业生产内容)三种内容生产模式,它既允许媒体人员或有媒体从业经验的人员生产内容,也满足了普通用户的表达欲望,为所有不同属性的生

---

① 参见[美]曼纽尔·卡斯特:《网络社会的崛起》,夏铸九、王志弘等译,北京:社会科学文献出版社,2006 年,第 310～334 页。

产者提供了创造的机会，同时也为不同需求的用户提供了不同的信息类型。在移动互联网时代，农民处理信息的素养得到提升，改变了电视媒体时代仅作为信息内容接收者的受众属性。2018年，据一项对山西省吕梁山贫困地区农村居民的媒介接触情况的调查报告显示，该地区农村居民媒介接触顺序是手机占83.8%、电视占81.5%、网络占11.1%、报纸占3.7%、广播占1.4%。[①] 从数据可见，手机作为新媒体在吕梁山贫困地区媒介环境中占据着重要地位。随着国家农村信息化工程的大力推进，新媒介形态也正逐渐向农村发展，移动互联网规模急剧扩大，手机网民人数持续增长，智能手机和移动网络逐步辐射到农村经济不发达地区。智能手机同时拥有语音和数据的功能，是接入互联网的最好选择。有学者建议WiFi在为经济欠发达地区人群提供基于个人计算机互联网接入方面具有巨大潜力，“WLAN技术的兴起为发展中国家超越现阶段的互联网接入技术创造了机会，这一点和移动电话超越了传统的固定电话网络非常相似”[②]。

新型传播系统融合了人内传播、人际传播、群体传播以及大众传播多重传播结构。首先，从人内传播来看，移动互联网传播的载体以智能手机为主，手机从其诞生之时起就与座机有着本质的不同，具有高度的私密性。手机携带太多的私人数据，因而具有强烈的个人属性，人们往往通过锁屏密码以及设置内容仅为自己可见来保护个人隐私。从这个意义来讲，手机首先是一种人内传播工具。其次，从人际传播来看，手机具有高度的社交属性，这源于手机连接他人的本质。从1G时代的语音通话到2G时代的短信传情，再到3G/4G时代的即时通信，移动通信技术的更新迭代为人们提供了越来越便捷的情感连接，以及越来越多样化的自我表达工具。网民移动互联网应用的使用率排名为：即时通信、网络新闻、搜索、网络音乐、网络视频、网上支付、网上购物等。在农村，留守老人和儿童通过手机视频与外出务工的亲人保持联系，人际传播是移动互联网传播系统中典型的传播活动。再次，从群体传播来看，作为社会性动物的个体往往不是孤立的，而是按照血缘、地缘、趣缘等属性分属于不同的群体系统。农村地区以生产和生活的活动区域为单位形成一个个小群体，即时通信以及短视频成为这些群体沟通与传播的新工具。最后，从大众传播来看，在媒介融合的大趋势下，以电视、广播为主的传统主流媒体创新产品、优化布局，在基于移动

---

① 参见郭小良：《贫困地区农村居民媒介接触调查》，《中国社会科学报》2018年6月7日。

② H Galperin, “Wireless Networks and Rural Development: Opportunities for Latin America”, *Information Technologies & International Development*, 2005(3), pp.47-56.

互联网的“两微一端”上发力，以谋求转型升级。

新型传播工具集成了社交、搜索、娱乐、消费、支付等多种功能，传播系统运行与社会的政治、经济、文化、意识形态的大环境在多维度上保持着相互作用的关系。智能手机的功能融合充分体现了麦克卢汉对媒介杂交的认识，“媒介杂交释放出新的力量和能量，正如原子裂变和聚变要释放巨大的核能一样”①。当前，智能手机已经广泛渗透到农村居民生活中的衣、食、住、用、行等方方面面。例如，移动支付在农村得到普及推广，拍摄小视频成为农民表达自我、寻求娱乐甚至销售农产品的方式，网络购物也在加速传统市集的萎缩与消失，而村民微信群则逐渐使“大喇叭”退出历史舞台。手机可以轻松实现信息生产、传递、共享与汇聚，在改变农村社会的媒介接力赛中，基于移动互联网的智能手机正发挥着越来越重要的作用。

二、移动传播系统转型重塑乡村社群结构

社会属性决定了人会通过结社行为实现群体归属，因而社群是人类共同劳作与集体生活的基本形式，是社会学研究的核心概念。费迪南·图尼斯(Ferdinand Tonnies)最早提出社区关系的形成基于血缘与地缘关系②，而马克斯·韦伯认为共同体关系可能建立在“各种类型的情绪、情感或传统”③的基础上，源于社群中人与人之间基于情感因素的隶属关系。媒介的变革改变了地缘关系、重构了人的情感连接，最终导致社群结构的变迁。

在漫长的进化史上，人类绝大部分时间的繁衍、进化和发展，都是基于地缘、血缘关系聚居生活在乡村和小城镇这样的社会环境中。由于生产力水平的低下和交通条件的落后，人们往往以出生地为中心从事生产劳动，向外移动的圆周半径短小，人们相互之间主要通过面对面交流来表达情感和传递信息。在这种狭小的生存共同体中，人的主要交往对象是亲友与近邻，人与人在协同劳作和互帮互助中维持关系并加深情感，在婚丧嫁娶等人生的重要仪式中重构新的联系，几乎每个人的一生都在数个不同的场合与熟悉的人建立并维持紧密的联系。传统农村社会的基本社群结构是由亲缘关系构成的“小家族”，若干个“小家族”基于地缘关系形成村庄群落。在这样的社群结构中，稳定的家庭或家

---

① [加]马歇尔·麦克卢汉：《理解媒介》，何道宽译，南京：译林出版社，2011年，第67页。

② Ferdinand Tonnies, "The Present Problems of Social Structure", *American Journal of Sociology*, 1905(3), pp.569-588.

③ [德]马克斯·韦伯：《经济与社会》第1卷，阎克文译，上海：上海人民出版社，2010年，第113页。

族结构成为连接个人与外界的桥梁,这种社群结构适应于自上而下单向传播的媒介系统。20 世纪 80 年代以来,改革开放将大量久居乡村的中国人从小规模村镇社会吸引到大规模都市空间。由于城市的劳动报酬高于乡村,兼之受教育水平的提高和思想观念的开放,为了探求新鲜事物,追求更好的物质生活,人们开始从狭小的生活共同体中挣脱出来,成为相对独立的个体并向城市迈进。城镇化的快速发展扩大了人口流动的规模,越来越多的人离开家乡到城市寻找工作机会。对家乡的依恋和对留守家人的深深牵挂,使人们对异地即时互动的交流工具有极大的需求,手机成为在外务工的农民的情感连接工具。在 2G 时代,手机的语音和短信功能为人们提供的仍然是熟人或亲人之间的社交联系,这并未对传统的基于家庭或家族的社群结构产生极大的冲击。进入 3G 时代,移动互联网为人们创造了与陌生人建立联系的可能,“移动通信表现为个人在任何地点、任何时间接入本地或全球通信网的支配能力”[①]。如果说互联网创造了互动式社会,那么移动互联网创造了连接式社会。

3G 时代的智能手机可以快速接入移动网络,移动互联网赋予没有 PC 互联网知识及电脑设备的人在地缘、血缘、职缘关系之外与陌生人建立连接的能力,为他们加入基于兴趣圈子的网络社群提供了条件。在智能手机的诸多社交功能中,短视频因其制作门槛低、易上手的优势而在农村快速扩散,粗糙的拍摄画面、朴实的拍摄对象以及生活化、接地气的拍摄内容均呈现出一种“土味文化”,“有意思的普通人”拥有了曝光和展示自我的平台。短视频建构了一种真实虚拟的沟通系统,在这个系统里,“现实本身完全陷于且浸淫于虚拟意象的情境之中,那是个‘假装’的世界,在其中表象不仅出现于屏幕中以便沟通经验,表现本身便成为经验”[②]。短视频不仅为仍在农村生活的人提供了除电视之后的又一媒介消费选择,而且成为在外务工人员寻求认同感、排解思乡之苦的媒介工具。企鹅智库调查显示,“快手”的重度使用者中有相当一部分是外出打工的农民,他们通过刷“同城视频”关注家乡的人和事。“快手”短视频在四线以下城市及农村的渗透率达 40%以上。[③] 农民在社交平台上观看的短视频,以农民下地劳动、日常生活、家长里短、婚丧嫁娶等场景或活动为主,这一调查结果表明,农民

① [美]曼纽尔·卡斯特尔等:《移动通信与社会变迁:全球视角下的传播变革》,傅玉辉等译,北京:清华大学出版社,2014 年,第 112 页。

② [美]曼纽尔·卡斯特:《网络社会的崛起》,夏铸九、王志弘等译,北京:社会科学文献出版社,2006 年,第 463 页。

③ 企鹅智库:《抖音 & 快手用户研究数据发布》,2018 年 11 月 27 日,http://www.sohu.com/a/278178286_769667。

虽然接触了新媒介,但是囿于知识水平和生活经验,他们关注和感兴趣的依然是与自己具有相同背景的群体。人的时间和注意力有限,一种媒介使用时长的增长必然导致另一种媒介使用时长的缩短。市场研究公司 eMarketer 的最新报告显示:2018 年,中国用户使用智能手机的总时长将超过看电视,而这主要是由于数字视频平台的发展。[①] 视频媒介的图景是现实生活的再现,观看者通过“双击点赞”与“+关注”的方式与视频创作者结成新型移动网络社群。

互联网为人们和陌生人以平等的互动形式形成弱纽带连接提供了可能。在由亲人、邻居以及亲人的亲人、邻居的邻居等熟人建立起强连接关系的农村,一个人用手机拍摄、制作以及上传身边人、身边事的视频必然会引起熟人的关注。不同于互联网的弱纽带连接形成的虚拟社群,移动互联网在农村建立的社群关系是以建立在强纽带连接基础上的现实社群为主。由长期生活在农村的农民拍摄制作的视频,绝大部分传播范围小,只有小部分制作质量高、持续更新、内容有新意的视频能获得持续关注和较广泛的传播。视频社交媒介赋予了农民前所未有的自我表达的能力,但是这种表达并未真正帮助农民从阶层上获得向上流动的可能[②],农民拓展对外连接的能力依旧有限。移动互联网强化强纽带的倾向有益于具有相同特征的人们相互联系而形成圈子,尤其是对于农村用户而言,这并不利于将个人的社会交往性拓展到超越社会界定的自我识别“疆界”。尽管如此,视频社交平台为人们了解同类人的喜好以及接触新人的愿望架构了桥梁,按照用户喜好进行精准推荐的算法机制构成了“同类相喜”的小世界群体。移动短视频将身处不同空间和地域的农民连接起来,通过持久互动的动力机制形成互惠和支持,在观看和点赞中强化了群体认同,这对增强农村社会的黏合有所裨益。“移动互联网星系”下的传播系统从单向传播到双向互动,通信系统从亲密关系的维系转向更大范围的、向外延伸的连接,社群结构从传统的以家庭或家族为中心转为以个人或群组为中心,通过直接或间接的多度关系组成无边界的社群。

三、移动传播系统创造新的乡村经济生活方式

在农村经济生活中,传播媒介通过加快信息流通速度和建立互动反馈机制来影响生产者与消费者的决策,在引导消费与促进积累两方面发挥作用。以广

① 参见《国人使用手机时间即将超过电视》,2018 年 4 月 20 日,http://www.sohu.com/a/228928694_161062。

② 参见刘涛:《短视频、乡村空间生产与艰难的阶层流动》,《教育传媒研究》2018 年第 6 期。

播、电视为代表的传统单向传播系统，涉农节目制作周期长且市场针对性差，无法对农产品的销售产生较大的影响。在消费方面，由于农业生产受到气象变化、市场波动、经济政策等诸多不可控因素的影响，农民普遍存在收入水平偏低、预期收入不确定的财务状况，因而他们的消费具有集中性购物、面对面交易、可浮动的价格（讨价还价）以及“一手交钱，一手交货”的支付等特征，这是一种“看得见、摸得着”的交易行为。在经济结构单一、信息渠道狭窄、交通不便的农村，在单向传播媒介占主导地位的时期，农民长期按照就近原则在实体场所消费。

1.手机移动购物：移动互联网时代的新“赶集”方式

进入21世纪以来，随着网络基础设施建设的完善，“互联网星系”逐渐成为主导性的传播系统，基于PC端的电子商务获得飞速发展，网络购物逐步成为城市居民消费的主要选择。在中国广大的农村地区，由于互联网基础设施薄弱、交通不便、快递系统不成熟，以及农民对网络支付方式的不信任、品质消费观念落后等主客观因素，在电商巨大增量和超高增速的背后，中国广大的乡镇市场并未迎来真正意义上的消费升级。自2015年李克强总理在国务院常务会议上提出完善农村及偏远地区带宽电信普遍服务补偿机制、缩小城乡数字鸿沟以及部署加快发展农村电商以来，中央已将推进“快递向西、向下”工程作为精准扶贫的重要抓手。通过补齐中西部和农村地区电商基础设施短板，构建“消费品下乡、农产品进城”的高效快递物流通道，带动中西部与农村地区的消费，最终实现农民增收。国家邮政局统计数据显示，2019年我国乡镇快递网点覆盖率已达95%，26个省份实现快递网点乡镇全覆盖。① 在政策鼓励和物流及电商企业的积极参与下，近年来，农村消费市场发生了深刻的变化，消费增量和消费增速取得双突破。中国电子商务中心发布的数据显示，中国农村移动支付用户数从2013年的3910万增长至2017年的9840万，2018年农村电商市场规模也将达到8633亿元，未来五年年均复合增长率约38.87%。② 从需求端来看，中西部地区和农村电商需求进一步打开后，将对农村居民传统的商品消费与农产品销售产生颠覆性的影响。我们可以从麦克卢汉的媒介四定律（LOM）来理解这种变化：电子商务提升了农民的商品消费能力和农产品销售能力；使面对面的实体店交易和就近销售过时；使丰裕之乡再现；逆转为即时消费与全球化。

移动互联网丰富了农民的消费选择，随时随地购物满足了日常生活需要。

① 参见《快递网点乡镇覆盖率达95%》，《人民日报》2019年10月25日。

② 参见《农村网民规模的增大，移动电商市场仍存在较大的发展空间》，2018年6月6日，http://dy.163.com/v2/article/detail/DJKFEP7H0518JRRU.html。

首先,移动购物使农民的集中采购转为日常消费。购物突破了传统消费方式中时间和空间的限制,农民不必要等到特定的时间去特定区域的市集去选购生活和生产用品,即使在农忙时间也能通过手机随时进行消费。其次,移动购物丰富了农民的可选择性。由于空间的限制,实体店或者市集摊位能提供的物品十分有限,农民经常陷于无法购买到需要物品的困扰。网络的"长尾效应"使这一问题迎刃而解,互联网充盈着具有相同功能的商品,可以在多次比较中确定最佳选择。最后,移动网络购物的社交属性允许农民拼购、团购。大批量的批发购买价格低于单个人的零售购买价格,在传统消费时代,个人购买很难享受到较低的批发价。以拼多多、云集为代表的社交电商在农村的迅速发展表明,相对于商品质量而言,农民对商品价格依然敏感,社交电商拼购与团购的运营机制使消费者可以以较低的价格满足消费需求。

2.农产品上行:社交电商提供个性化电子商务服务

相对于改善农村消费来讲,移动互联网给农村的经济生活带来更大的影响体现在积累方面:社交媒体赋能农村,实现农产品上行。农产品上行是指以农村电商为媒介,打开本地特色农产品的销售渠道,让特色农产品从田间直达全国百姓餐桌的一种运营模式。水果、蔬菜、肉类、禽类等生鲜类产品仍然是农村地区主要输出品类,传统农产品销售有两种方式:特定时期在就近集市出售和进城销售。前者虽然过程简单,但销量不大,适合于少量农产品销售;后者虽然销量大,但是进城流程复杂且效率低,缺乏物流渠道的农产品销售严重受限。基于PC互联网的生鲜电商,在传统生鲜商品流通模式中加入电商元素,线上服务为消费者提供了购买便利,但对农产品滞销问题的解决十分有限。近年来,互联网的普及使网络用户规模迅速增长已几近饱和,人口红利趋于消失,传统电商获客成本提高,PC生鲜电商无法适应市场。借助微博、微信等社交工具传播的社交电商逐渐兴起,已经越来越多地在农产品上行中发挥优势。

微博是典型的一对多公众社交账号,庞大的活跃用户量是微博电商发展的巨大推动力,有影响力的用户通过多种形式引流,构建"社交+电商"的闭环式生态系统,逐渐引导用户发展以兴趣聚合的社交关系搭建消费场景,完善微博的商业生态环境,微博社交电商体系搭建基本完成,正在崛起成为电商领域的一股重要力量。此外,移动社交电商平台以其独特的社交模式、平台赋能服务、低廉的获客成本,为农产品上行打开了新通路,为今后农村电商发展提供了新的解决方案。例如,社交电商云集立足移动端,打造农产品快速上行+品牌化、标准化升级的电商扶贫新模式,在农村挖掘优秀农产品资源,为入驻商家赋能提供从选品、物流、客服、营销、IT 支持、培训等全套后端服务。另一社交电商拼多多则以“C2B＋预售制”模式为农民实现“以销定采”，通过预售制提前聚起海量订单，再把大单快速分解成大量小单，直接与众多农户对接。优先包销贫困户家中的农货，实现在田间地头“边采摘、边销售”。

社交网络借助用户关系优势，为消费者提供个性化电子商务服务，刺激网络消费增长。同时，新兴的视频、流媒体、直播等多样化营销方式吸引粉丝互动，从而实现从“交往”到“交易”的转变，在农产品上行方面日益发挥着重要的作用。视听媒体是文化沟通中的基本材料，基于移动互联网的智能手机可以随时随地拍摄视频，影像效应强大而无所不在，能够召唤潜意识的声音，对社会行为产生剧烈的冲击。由作为农业生产者的农民通过手机进行视频直播，借助主播身份与粉丝建立连接并以此销售农产品的模式，使一直以来长期存在的农产品分销商“脱媒”①（剔除销售链条中的中间人），生产者直接与消费者建立连接。2016 年，阿里巴巴农村淘宝“村红”直播全国首选秀山，“村红”带领观众深入秀山等地的村居民屋、田间地头、古镇老宅，抓土鸡、捡土鸡蛋、寻农家腊肉、现场割蜂蜜、手工炒茶叶、人工刺苗绣、品武陵特色小吃等，帮助农民网销农产品或手工艺品。分销商“脱媒”使城市消费者以实惠的价格买到真正的农家土货，农产品则在移动互联网的赋能之下直接从田间走上全国消费者的餐桌，打造出移动互联网时代的新销售方式。

四、移动传播系统更新乡村文化建设观念

在“麦克卢汉星系”中，广播和电视是主导性媒介，一对多的大众传播使信息得以在广阔空间无差别地传递和发布。身处不同空间的人因接受相同的资讯，容易形成社会共同体。詹姆斯·凯瑞将这种信息传播方式理解为“传递观”：传播技术本身成为思想的中心，其最终目的是控制空间和人。随着传播技术的革新和传播媒介的更迭，除专业大众传播机构之外，普通媒介消费者也拥有了信息的生产与传播能力，他们还可以通过社交媒体组建社群以共享信息。在这种媒介环境下，凯瑞进一步提出信息传播的“仪式观”：强调传播是信息与情感的共享，是“现实得以生产、维系、修正和转变的符号过程”②。“仪式观”强

---

① 参见[加]马修·弗雷泽、[印]苏米特拉·杜塔：《社交网络改变世界》，谈冠华等译，北京：中国人民大学出版社，2013 年，第 260 页。

② [美]詹姆斯·凯瑞：《作为文化的传播："媒介与社会"论文集》，丁未译，北京：华夏出版社，2005 年，第 12 页。

调传播是一种文化共享仪式，从词源学角度分析，“传播”(communication)与“共性”(commonness)“共有”(communion)“社群”(community)有共同的词根，传播的最高境界是为了建构并维系一个有秩序、有意义、能够用来支配和容纳人类行为的文化世界。①

詹姆斯·凯瑞提出的两种文化研究的传播观念，对分析中国不同时期农村文化建设有较强的借鉴意义。新中国成立后，农村文化被纳入国家发展规划。农村文化传播先是被置于基层政权传播结构之中，到改革开放后，又居于经济建设的从属地位，农村文化建设的差异性和现实性问题被遮蔽。② 进入21世纪，农村文化建设被简单化为购置文化产品、开辟文化活动空间以及开展文化娱乐活动，政府为推动文化建设所付出的努力集中在诸如为农村开通电话网、有线电视网和互联网的“村村通”工程，“一村一月放映一场电影”，开办“农村书屋”等。这些政策措施无论从资金投入还是实施力度上都是前所未有的，文化建设在空间的传递和覆盖范围上也近乎最大化，但是在推动农村文化发展、促进农民之间共享与沟通以及维系农村社会的稳定方面的作用却有折扣。农村尤其是偏远山区处于信息传播链条的末端，传播技术的落后、传播设备的单一以及群众传播素养的低下造成信息传播一直以来处于单向传输阶段，这无疑会限制农村文化建设的向前发展。自上而下、由外而内的文化传播“传递观”并未从根本上激发农民的主体性和发展农村文化的自觉性。

“仪式观”强调传播实践中的消费者不再是置身事外的旁观者，而是作为参与者主动参与其中，在与他人的交流互动中生产信息和建构意义。在这一过程中，人们对某些经验的共同记忆被激活、唤醒，并结合当下情境被进一步理解，同时得到重新认识和存储。从“仪式观”的视角来看，传播是既有意义的互动和共享，也是新意义的建构与赋予过程。农村文化传播只有将农民纳入参与主体，才能使农村优秀文化在新时代得到更新和再现。“移动互联网星系”下传播的“仪式观”有助于人们看到：农村文化传播不仅是大众媒体的单向传播与农民对大众媒体的使用与满足，同时也是主体性增强的农民主动参与到文化传播、文化建设及农村治理的自觉过程。

自2015年起，以农业、农村、农民为主题的移动短视频在社交平台走红，视频内容主要包括反映农民日常劳动的田园生活，邻里关爱、敬老爱幼的淳朴乡

---

① 参见陈楚洁、袁梦倩：《文化传播与农村文化治理：问题与路径》，《中国农村观察》2011年第3期。

② 参见吴淼：《论农村文化建设的模式选择》，《华中科技大学学报》(社会科学版)2007年第6期。

风，特色家常菜、土味美食的制作以及人与自然和谐相处的绿色生命观等，这些短视频被称为“三农”视频。同时，因视频拍摄制作者大多是具备科学文化素质、掌握现代农业生产技能、具备一定的经营管理能力，以农业生产、经营或服务为主要职业，以农业收入为主要生活来源，居住在农村的农民或返乡创业人员，此类视频又被称为“新农人”视频。虽然视频时长略短、制作粗糙，但这正是农村日常不加修饰地再现，获得了有相同经验的观看者的“仪式性”的点赞、关注和分享，“三农”短视频一方面慰藉了在外务工人员的思乡之苦，另一方面也维系了农村中留守人员的情感连接。视频成为农民发出自己声音、展现农村生态文明、传播农村传统文化的崭新平台，是移动互联网时代农民主体性传播的中介，成为除乡镇干部之外农村文化传播的重要“代理人”，“网络建构了我们社会的新社会形态，而网络化逻辑的扩散实质地改变了生产、经验、权力和文化过程中的操作和结果”[①]。传播的“传递观”向“仪式观”的范式转移，表明乡村文化传播从关注文化产品的配给转化为关注农村社群中意义的共享和社群内部文化认同的培养。移动互联网支持下的视频社交媒体将农村行将断裂的关系网络重新连接起来，以农民的参与和认同为路径，通过“传播自觉”从农村内部建立起意义共享的文化行动基础。

智能手机拥有视频的拍摄、剪辑以及在线购物和支付等集成功能，除了用于娱乐、网购与自觉传播农村文化之外，一部分有创新思维的农民通过视频直播的方式销售农村的土特产品，前文已经涉及不少成功案例。“移动互联网星系”支持下的农民，使用媒介的素养得到有效提升。“古登堡星系”时代，媒介素养的含义指能够认识字母、学会阅读。传播学者阿尔特·西尔弗布拉特认为，媒介素养是可以而且必须提高的技能，他拓展了媒介素养的含义，即人们获取、分析、衡量和传播媒介讯息中的能力，媒介素养有七大要素：批判性思维技能、了解大众传播过程、懂得媒介对个人乃至社会的影响、形成分析及讨论媒介讯息的策略、透视媒介文本、研究和欣赏媒介传播内容、动手制作媒介产品。[②] 西尔弗布拉特生活在“麦克卢汉星系”时代，大众媒介以广播、电视、电影为主，大众传播过程中依然是自上而下的单向传播，受众与媒介内容的即时互动程度低，受众媒介素养的提高依然体现在对媒介内容的理解和欣赏上。“移动互联

---

① ［美］曼纽尔·卡斯特：《网络社会的崛起》，夏铸九、王志弘等译，北京：社会科学文献出版社，2006年，第569页。

② Art Sliverblatt, *Media Literacy Keys to Interpreting Media Messages*, Preager Publisher, 2001.转引自张开：《媒介素养概论》，北京：中国传媒大学出版社，2006年，第38页。

网星系”中的农民被赋予了极大的自主性和能动性，融媒介内容消费者、传播者与生产者于一身。他们深刻意识到移动网络和智能手机给自己的生活带来的巨大改变，主动熟悉社交媒介的传播过程，将自己的日常生活制作成媒介内容，能够运用策略提高视频的点击量、转发量及关注度，在表达自己、制造娱乐以及传播文化的同时提高经济收入，带动本地经济发展。媒介素养在新媒体时代的定义应该包括媒介使用能力，即人们获取、分析、整合和传播媒介中的讯息以及使用传播媒介的能力。在这个意义上来看，农民的媒介素养有望得到提升。智能手机的多媒体性能具有一种包括文字、图像、音频和视频等信息的多模式通信形式，短视频或者视频直播使影像语言成为农民表达自我、呈现农村生活的重要形式。“移动互联网星系”下传播体系的生成与交流意义的文化形式紧密联系在一起，中国农村处于一种和移动通信发展密切关联的文化变迁过程之中。

“移动互联网星系”主导的传播媒介系统改变了农村人际交往范围和社群结构，集成了购物与支付功能的手机颠覆了农村传统经济生活中的消费与积累方式，参与式传播又赋予农民在农村文化建设中更多的主动权，“麦克卢汉星系”主导下的电视媒介所塑造的乡村文化正在发生转变。在电视媒介主导的大众传播语境中，农业的发展、农村的现状及农民的形象通常是被大众传播媒介所再现的，传媒机构掌握了媒介生产的技术和资源，为配合涉农政策的传达或完成特定时期的宣传任务，将符合既定条件的乡村文化符号提取出来，拼接出农村文化的象征性现实。在同样的意识形态指导下，不同媒体单位的反复制作与播放，使媒介所塑造的农村形象被观众确认为一种客观存在的事实。对于广大农民群体本身而言，他们不具备与主流媒介和主流文化抗衡的力量，同时由于主流媒介的影响力，媒介建构的农村文化为农民带来一些实实在在的经济利益，这使部分农民乐于接受被媒介再现的身份。大众媒介中的农村呈现出一种保守、被动的文化特质和他塑的文化形象。以移动互联网为代表的新兴数字媒介，具有更加精准化、个性化和扁平化的信息传递模式，融合用户生产内容（UGC）、专业生产内容（PGC）和职业生产内容（OGC）的内容生产模式，以及去中心的多向互动传播机制。其在鼓励受众参与并通过集体智慧形成社会文化群体，扩大农村影像传播范围和影响力，为处于传播末端和表达边缘的农民群体赋权等方面表现出积极的促进作用。随着农民媒介素养的不断提高和移动互联网功能的进一步挖掘和利用，移动互联网不仅是乡村文化向开放、主动的自塑之路转移的机遇，也是经历了大众文化传播媒介解构之后重新获得建构的重要力量。

本章小结

在现代社会，精神产品和文化服务极大丰裕，“大批量的生产指向消费闲暇和服务，同时符号商品、影像、信息等的生产也得到急速增长”[①]。媒介的资讯能力在不断地将现实更新为历史，能够随时随地接收和传播信息的手机媒介加速和刷新着当下的生活。手机媒介的融合功能以搜索、社交、娱乐和支付为核心：即时搜索给予人想要的信息，实时互动满足人们情感的慰藉，随时娱乐使人获得心情的愉悦，当下消费使人享受购物的快感。这四种功能共同满足了心理学家爱德华·德西(Edward Deci)与理查德·瑞恩(Richard Ryan)提出的“自主决定理论”所指涉的人类发展的三类需求：能力需求、关系需求和自主需求。[②] 能力需求又称掌控力，意味着人拥有积极处理与外部环境的关系的能力，这对应着手机媒介的搜索功能；关系需求涉及人的社会联系、家庭成员、朋友以及他人互动的普通愿望，这对应着手机媒介的社交功能；自主需求，指人们可以作出与个人价值相统一的决定，这对应着手机媒介的娱乐和支付功能。手机媒介能够快速回应和满足人类的精神需求和物质需求，使人们拥有自主决定的能力，因而成为人类的“麻醉剂”和“止痛药”。

手机鼓励人们活在当下，这是詹明信(Fredric Jameson)提出的后现代主义的两个特点——“现实转化为影像，时间割裂为一连串永恒的当下”[③]的最佳注解。在这个时代，人需要像机器一样快速、机械地运转。我们以手机通信为例说明，尽管人们有用手机选择即时或者延时回复的能力，但实际上人们处在用能否快速回复作为衡量一个人成功的标准的媒介社会里。手机创造了多形式、大容量以及高速率的文化，这种文化削减了我们不受干扰独立思考的时间，即时回应和即时满足的生活方式也使我们失去了考虑复杂问题的能力，人们在选择和使用技术的过程中，也受到技术的不断塑造和修改。功能强大的手机使人类患上了继“电脑依赖症”之后的“媒介依赖症”，催生了沉迷手机的“手机人”“低头族”，甚至有人称手机为“世界上最小的老虎机”。因此，手机的多功能一方面为人类生活带来方便快

---

① [英]迈克·费瑟斯通：《消费文化与后现代主义》，刘精明译，南京：译林出版社，2000 年，第 31 页。

② 参见[美] 凯文·韦巴赫、丹·亨特：《游戏化思维：改变未来商业的新力量》，周逵、王晓丹译，杭州：浙江人民出版社，2014 年，第 57 页。

③ [美] 詹明信：《晚期资本主义的文化逻辑》，陈清侨等译，北京：生活·读书·新知三联书店，1997 年，第 419 页。

捷，另一方面也不可避免地因多任务处理带来一些消极影响。

多任务处理本是电脑处理器运行的方式，但是如今已经变成受网络支配的人类的生活方式，它在很大程度上影响着人们的大脑及其所处的现实世界。智能手机让我们的智力和思想向外游移，经济学家史蒂芬·贝克（Steve Beck）认为未来人类在数字化时代将会拥有两个脑袋，“我们赖以生存的网络极大改变了我们两耳之间的这个脑袋，将来我们会使用两个脑，一个在我们的身体上，而另一个则是无形的。如何能在这两者之间获得并保持我们的各种能力，需要我们自己找出答案”①。贝克对未来人类形象的描绘——“两脑说”与英国广播公司出品的科幻电视剧《神秘博士》（*Doctor Who*）中拥有两个脑袋的奇特外星种族——渥德人（Ood）如出一辙。渥德人的大脑长在头上，小脑握在自己的手中。渥德人手中的“小脑”是史蒂芬·贝克所谓的“外部头脑”的形象呈现，与现代人手中的智能手机并无二致。人们可以自由进出多个手机应用，形成多任务处理，“尽管多任务处理在任何一项心理学研究中都表现不佳，但是其仍能让人自我感觉良好，因为身体会回馈一种引起多任务处理‘高潮’的神经化学物质，这种物质误导当事人认为他们自己是极具成效和富有创造力的”②。为了追求这种身体上的愉悦感，人们试图同时处理更多的事务。因此，当人们在吃饭、走路、上厕所甚至睡觉都使用手机时，他们认为自己在同一时间做了更多的事从而获得了更多的时间，有效填补了通勤和等待中的“静寂时间”（dead time）。人们已经不习惯将时间花费在单一应用上，形式上获得了更多时间，实现了身体的愉悦感和技术的“共谋”。

我们时刻与手机连接并逐步发现一个可怕的事实：人成为手机的一部分。在电子媒介时代，麦克卢汉提出“媒介是人体的延伸”，从论断的表述上我们可以推断，人体在与媒介的关系中占主导地位。莱文森的媒介演化“人性化趋势”突出人在媒介发展中的自主选择性与主观能动性。在数字媒介时代，手机作为一种伴随性媒介，一直“在线”的状态颠覆了人与媒介的关系——人体成为媒介的延伸，媒介的人性化逆转为人的机械化。如果说媒介的人性化提升了媒介的地位，那么人的物化则降低了人的地位。帕斯卡尔说：“人如芦苇，不过是大自然里最柔弱的东西。但他是一棵会思想的芦苇。”③然而，在手机媒介时代，人们忙于连接，却不投入注意力；疲于回复，却没有思考的时间和空间，手机媒介使人沦落为一株孤零零、随风摇摆的芦苇。

---

① [德]弗兰克·施尔玛赫：《网络至死》，邱袁炜译，北京：龙门书局，2011年，第92～93页。

② [美]雪莉·特克尔：《群体性孤独》，周逵、刘菁荆译，杭州：浙江人民出版社，2014年，第174页。

③ [法]帕斯卡尔：《思想录》，李斯译，北京：北京出版社，2004年，第124页。

第二章　手机媒介构建的社交形态

手机媒介成为当前人们社交联络和交流沟通的重要工具，人们在使用手机的同时也深受其特性的影响。手机首次实现了人机分立向人机合一的转变，这种改变所产生的影响必然会映射到人与他人的交往中。手机媒介给人们的互动和交流提供了诸多便利，但不可否认的是，这种社交媒介也给人际交往和社会秩序带来了一些消极的影响，主要表现为：手机媒介的“印象管理”助长了用户不恰当地自我披露与自我呈现；手机即时和“一对多”的互动吸引用户沉溺于媒介交流而排斥面对面交流；手机的媒介屏障刺激用户与陌生人建立不正当关系。诸如此类问题的长期存在和不断累积，将会给人际关系的健康发展和社会秩序的安定和谐带来极大的危害。手机媒介可以满足不同层次的社交关系，同时也催生出新型的“舍近求远”的人际关系。鉴于此，本章的主要目的是探求手机社交问题产生的原因，并致力于寻找减轻甚至消除此类问题的方法，探寻一条既借助于手机媒介又能使人在健康的、合理的社交中创造更美好生活的可行之路。

第一节　人际沟通工具的历史演变

人是社会性动物，任何人都不可能长期、完全脱离社会而过着“人”的生活，与社会保持联系不仅是人类生存和进化的要求，也是人类精神需求和追求情感慰藉中不可缺少的部分。在人类社会不断向前发展和社会形态持续变迁中，为了建立和维持与他人和社会的联系，人际沟通工具也在相应地发生更新和演变。

一、社会联系的重要性

在漫长的进化过程中，人类与其他物种之间产生了巨大差距，这其中的原因有很多，人类生理上的改进是很重要的原因之一。例如，直立行走解放了双手以便于携带物品，向内灵活弯曲的手指便于使用工具。生活方式的改变带来的进步也不容忽视。例如，更合理的配偶关系，更成熟的繁殖方式等。与人类生理上的改进以及生活方式的改善相伴随的是人类认知能力的不断强大，这些因素都使人类比其他物种拥有更高的协作认同。在恶劣的自然环境和有限的资源条件下，相互协作对于抵御外部侵略、获取食物以及扩大生存空间都起着非比寻常的作用。只有在群居中相互协作，彼此在一定程度上满足他人的需要，早期的人类才能存活下来。协作是人类进化的王道，“进化就通过基因选择，巩固了这种对社会纽带的需求。当与他人紧密联系时，我们会感到轻松愉悦，而孤身一人时，则觉得烦躁不安”①。在现代社会，随着社会分工的精细化，人与人之间的相互依赖程度越来越高，信息社会更是将团队协作与资源共享推进到新的高度，并赋予人类更有效、更方便地改造自身、改进与他人的关系以及改变世界的能力。

除了基因选择外，人类倾向于建立社会联系的另一原因源自“习得体验”(learning experience)。为了探求人类不懈地寻求相互交往的原因，澳大利亚社会心理学家约瑟夫·P.福加斯(Joseph P. Forgas)引述了某些学者提出的“习得体验”说，即人类倾向于把他人看作是自己良好内心体验产生的根源，它催生了一切潜在的社会接触。② 别人的陪伴起着强化主体正面能量的作用，这有利于人产生积极的情绪，“人类大部分的愉悦都根源于社会生活。无论我们是在考虑爱情、职业上的赞誉还是社交上的友谊、家庭生活的舒适还是竞争性运动的挑战，个体所体验到的满足都取决于其他人的行动”③。从社会交换的角度考虑，相对于独自一人生活而言，人与他人的合作可以更有效地达到目的从而获得更大满足。“虽然个人是这里(社会)的基本组成部分，但个人可以组合成一种新型的精神结合体……只有当个人进入集合体的时候，这种性质才得以发展

① [美]约翰·卡乔波、威廉·帕特里克：《孤独是可耻的：你我都需要社会联系》，焦梦津译，北京：中国人民大学出版社，2009年，第13页。

② 参见[澳]约瑟夫·P.福加斯：《孤独的人是可耻的：人际交往的艺术》，张保生等译，北京：中国人民大学出版社，2014年，第146页。

③ [美]彼得·M.布劳：《社会生活中的交换与权力》，李国武译，北京：商务印书馆，2012年，第52页。

成为现实，集合体本身也是产生独特影响的重要因素，它是一种新东西，当个人意识相互结合之后，世界就会发生某种变化。”[①]可见，与他人的交往是产生自我意识的必要条件。人在与他人的某种关联中获得自身的最初体验，而无人陪伴会导致这种体验的丧失，无论从先天基因的决定还是从后天需求的满足来看，大部分时间孤身一人的人被认为是离群的，在生存和发展方面是处于劣势的，是失败者的表现。因而，人们往往通过归属于一定的群体来被社会接受，从而证明自己在社交和人生上的成功，被人关注、受人邀请就成了人们强烈的需要。在社交网络上，人们热衷于分享——通俗而言是“晒”——世俗意义上被看作是人生成功的标志物，例如豪车、钻戒、昂贵的服饰等以博得关注和认可，期望通过这种分享建立与他人和社会的联系。

作为社会性动物，人的社会性体现在哪里？西美尔认为，社会化不是生活中作为本能欲望的利益、目的、喜好、动机，不是推动社会进步的技术、劳动，也不是爱的意义、宗教信仰和哲学思想，而是社会中共存的孤立的个人相互参与和相互支持的特定形式，“社会化就是以无数不同的方式实现的形式，个人由于那些——感官的或理想的、瞬间的或者长久的、自觉的或者不自觉的、受因果关系推动的或者目的所吸引的——利益，采用这种形式结成为一个统一体，并且在统一体之内实现这些利益”[②]。西美尔的这一见解在马克思那里被总结为一个经典论断：“人的本质不是单个人所固有的抽象物，在其现实性上，它是一切社会关系的总和。”[③]人与人之间的关系根据亲密程度、互动频率、情感强度、互惠程度的不同可以分为强关系、弱关系、随机关系（陌生关系），为了维持和建立与不同人之间的关系，人际传播媒介一直在发展进化着，从即时、同步、同地的面对面交流到延时、异步、异地的书信文字交流，再到即时、同步、异地的电话交流，人类致力于与原有社会关系保持联系，并随着生活环境的改变而开拓出多种新的社会关系的媒介。因此，无论从人类进化、生存的需要，还是从情感慰藉、目的的达到来看，社会联系对于人而言意义重大。

二、社会的变迁：从熟悉的乡镇社会到陌生化的都市空间

人类在绝大部分时间的繁衍、进化和发展进程中，基于地缘、血缘关系以聚

① [法]爱米尔·杜尔凯姆：《自杀论》，钟旭辉、马磊、林庆新译，杭州：浙江人民出版社，1988年，第268页。

② [德]盖奥尔格·西美尔：《社会学：关于社会化形式的研究》，林荣远译，北京：华夏出版社，2002年，第4～5页。

③ 《马克思恩格斯文集》第1卷，北京：人民出版社，2009年，第505页。

居的方式生活在乡村和小城镇这样的社会环境中。限于生产力水平的低下和交通条件的落后,人们往往以出生地为中心主要从事农业生产劳动,向外移动的圆周半径短小,人与人之间主要使用口语表达情感和传递信息。在这种狭小的生存共同体中,个人的日常生活在与家庭成员、亲戚、朋友等熟人面对面的社会交往中度过,人与人在协同劳作和互帮互助中维持关系并加深情感,在婚丧嫁娶等人生的重要仪式中重构新的联系,几乎每个人的一生都在无数个不同的场合与熟悉的人建立了紧密的联系。

20 世纪 80 年代到 90 年代中期,大量久居乡村的中国人从小规模村镇社会被推进到大规模都市空间。由于城市的劳动报酬高于乡村,加之人们受教育水平的提高和思想观念的开放,为了探求新鲜事物,追求更好的物质生活,人们开始从狭小的生活共同体中挣脱出来,成为相对独立的个体并向城市迈进。随着交通条件的改善和人口流动速度的加快,人们从四面八方涌向城市,人际关系变得疏离,社会纽带松弛,进而形成了一个陌生化社会。这些人在城市中属于外来人口,本地人的优越感和排外性使他们难以融入当地生活中,使他们缺少归属感。当置身于社会巨变造成的外在困惑中时,面对不确定的时代和不安全的未来,人们往往会感到强烈的空虚和孤独,需要向自己信赖的人寻求心理安慰和精神支持。那一时期较为主流的远距离人际沟通方式是书信和电报,但书信投递过程缓慢和电报对字数的严格限制,都不能及时满足人的情感慰藉。能弥补书信和电报不足之处的手机业已出现,但因价格昂贵只被少数富人和有地位的人拥有。

20 世纪 90 年代中后期到 2006 年左右,城镇化发展加快和扩大了人口流动的速度和规模,对家乡的依恋和对亲人的牵挂使人们对异地即时互动的交流工具有极大的需求,手机成为当时最受欢迎的人际沟通工具。在市场的需求和利益的驱使下,国产手机生产商骤然增多,带动手机价格逐年下降。截至 2006 年 12 月,中国的移动电话用户数达 4.6 亿,普及率达 34%。[①] 手机已从初期作为财富和地位的标志转而成为普通百姓的常用品,成为人们表情达意和紧急联系的最佳工具。

随着科技的进步,人们进入智能化的信息时代,同时从原子社会步入比特社会,人与人之间面对面协作交往的机会不断减少,人们逐渐习惯于通过电脑、

① 《2006 年 12 月通信行业统计月报》,2007 年 1 月 22 日,http://www.miit.gov.cn/n1146312/n1146904/n1648372/c3483965/content.html。

手机及其他移动设备来协调、安排工作和生活。在数字化和电子化环境中，鲜活的个体被表征为手机号码、社交网络账号以及电子邮箱地址等字符代码，人与人之间的关系易于建立，但同时也易于断裂。向外界寻求帮助而获得心理慰藉的桥梁被人对媒介的滥用切断了，人们只能转而向内在寻求自我安慰。马尔库塞认为，现代文明极大程度上使客观世界转变为人的精神和肉体，在工业文明发达的国家和地区，媒介和技术对社会的紧密控制使拒绝从众的思想变得软弱无力。“今天，这一私人空间被技术现实所侵占和削弱。大量生产和大量分配占据个人的全部身心，工业心理学已不再局限于工厂的范围。在几乎机械式的反应中，潜化的各种不同过程都好像被僵化了。结果，不是调整而是模仿：即个人同他的社会、进而同整个社会所达到的直接的一致化。”[①]在媒介化社会，人们看似通过生活方式和思维习惯上的从众摆脱了孤独，但这是以放弃人作为一个独立主体的存在为代价的，实则在短暂的“合群”之后即会被更深的孤独感笼罩。

向外的求索和向内的探寻都失败了，现代社会的人无法摆脱归属感缺失和孤独感增强带来的精神问题。从宏观环境来看，经济转型和社会结构的“碎化”带来了“人际关系疏松、社会纽带松弛，个人与公共世界疏离”[②]，从而不可避免地导致人的“原子化”生存，形成大规模的陌生化社会。从微观个体来看，媒介化社交使人们用文字、图片等多种方式将自己按照对方期待的形象进行修饰和改造，通过塑造“理想自我”而获得关注和邀请，这是对真实自我的一种陌生化处理。外在的、被迫的陌生化和内在的、主动的陌生化最终形成了社会的全面陌生化，这无疑会增强人的空虚感和孤独感。

三、时空距离的缩短和“永远在线”的连接

加拿大社会理论家哈罗德·伊尼斯(Harold Innis)对媒介技术形式、时空与社会之间的重要关系做了深刻思考。他认为，与媒介承载的内容相比，媒介对时间和空间的不同偏重更为突出，“传播媒介的性质往往在文明中产生一种偏向，这种偏向或有利于时间观念，或有利于空间观念”[③]。例如，石块和竹简上

---

① [美]赫伯特·马尔库塞：《单向度的人：发达工业社会意识形态研究》，刘继译，上海：上海译文出版社，2008年，第10页。

② 田毅鹏：《转型期中国社会原子化动向及其对社会工作的挑战》，《社会科学》2009年第7期。

③ [加]哈罗德·伊尼斯：《传播的偏向》，何道宽译，北京：中国传媒大学出版社，2013年，第71～72页。

的文字虽可以历时长久而不改变，适合在时间上的纵向传播，但过于庞大和笨重则不适合远距离空间上的传递和运输；而书籍和纸张轻便，易于运输、存储，能够远距离、大范围地传播信息，适合信息在横向空间传播。

随着媒介技术的进步，从石刻、竹简到报纸、书籍，再到广播、电视，媒介技术的一次又一次革新和媒介产品的更新升级，使信息逐渐脱离了时间和其产生的具体语境而被不同时空和背景下的不确定的人接收，信息传播的时空差异越来越小。但是，这些传统媒介从信息生产者到信息消费者之间仍存在时间上的延宕，例如，我们看到的报纸新闻是前一天发生的事情，电视新闻乃至于现场直播也存在时滞。传统媒体一方面在内容制作上需要“把关人”的严格筛查，另一方面在传播上也囿于空间的诸多限制，因而无法让世界不同地方的人同时获得即时信息。手机媒介作为新的传播形式，其对传统媒介最大的颠覆就是使空间上处于不同位置的两点实现几近重合，通过对时间的无限压缩使人达到延伸自己从而占领更多空间的目的。手机媒介实现了信息的瞬间可达，使身处不同空间的人真正实现“远在天边”却“近在咫尺”的互动和交流。我们可以这样说，手机媒介几乎断绝了物理地点和社交地点的联系。

手机媒介对空间距离的消除，使时间的线性概念也不复存在。手机对人们时空观和距离意识的改变，重新构建了人们交往和谈话等日常交际方式。手机音声通话以口头传播为主，信息保存受时间限制；短消息和即时信息以文字传播为主，弥补了音声通话的缺陷，有利于信息的长时间保存。此外，手机的即时连接性使人们在任何时间和任何地点都有可能被不期然的铃声打扰，而信息功能允许我们在方便的时间对信息进行处理。随着智能手机的普及和无线网络覆盖面的扩大，即时信息成为目前最受欢迎的信息传输方式。它以文字为主，语音、视频以及表情图片为辅，能够多样化地表现个体丰富的情感，给互动双方造成一种面对面交流的假象。唐纳德·霍顿(Donald Horton)和理查德·沃尔(Richard Whol)认为，新媒介引发新型的“副社会交往”关系，虽然这种关系有中介，但在心理上塑造了一种类似于面对面交往的意识。① 尽管如此，手机媒介的中介化交流便于主体对自身进行某种程度的修饰与美化，因而始终是一种“带着面纱的面对面”交流，这种交流方式使本来就是“冷媒介”的手机变得更“冷”，激发了主体对交流的持续热情。从这个意义上说，新的“手机人”族群看

① 参见[美]约书亚·梅罗维茨：《消失的地域：电子媒介对社会行为的影响》，肖志军译，北京：清华大学出版社，2002年，第113页。

似是对交流对象的迷恋,实则是迷恋手机媒介对自身的赋权。这种迷恋导致的结果就是在马路、地铁、饭桌、教室、电梯甚至厕所等不同场景里低头看手机的人比比皆是。

手机媒介使社会互动和具体场景分开,人们忙于用手机对远距离的人产生连接而对面前的人视若无睹。这是英尼斯和吉登斯在分析象征形式的文化传输时提到的“时空离距”(space-time distanciation)现象,“一个象征形式的传输必定在某种程度上有关这种形式与它原先产生的背景的分离:它在空间上和时间上与这种背景相脱离并插入位于不同时间与地点的新背景”①。象征形式因此具有了时空方面的“延伸效应”,它们可以被时空上远离产生背景的潜在受众接收。信息的延伸和对他人生活的介入作为一种“象征形式”,使远方的各种事件成为日常生活不可分割的一部分;而“永远在线”的连接使我们的生活也被移植到不同的意义和文化背景之中。人与人的关系经过拼贴和即兴改编而获得新的意义。

第二节　手机媒介塑造的交流情境与主体特性

人与媒介是相互形塑和共同演化的关系。人类的发明和创造推动着人际传播媒介的更迭,媒介又通过建构新的交流情境进而重构人的主体身份。手机媒介所建构的移动性和半虚拟性情境,一方面赋予主体随时随地与他人连接的自由,另一方面又弱化和消解着人的主体性和唯一性,这是人们享受自由连接所付出的代价。

一、人与媒介的关系演变:从人机分立到人机共同体

在对媒介演变的研究中,保罗·莱文森于1977年发表的《玩具、镜子和艺术:技术文化的变迁》有相当重要的分量。文章追溯了技术发展的三个阶段:童年、青年和壮年。在技术的“童年”时期,新媒介是供人娱乐的“玩具”,技术是隐性的;当技术由于不断成熟而进入“青年”时期,由隐性变为显性,媒介成为现实的镜像;技术在“壮年”阶段通过对现实的拼贴和重组,实现了对现实的重构。②

---

① [英]约翰·B.汤普森:《意识形态与现代文化》,高铦等译,南京:译林出版社,2012年,第14页。

② 参见[美]保罗·莱文森:《莱文森精粹》,何道宽译,北京:中国人民大学出版社,2007年,第3～15页。

既然技术与媒介有不同的发展阶段，那么人在每个阶段中所受的影响程度必然有所不同。因而，如果不能用发展的眼光看待媒介与人的关系，仅从一个发展阶段出发断定媒介与人的关系，就会犯以偏概全的错误，评论必定会有失公允。

媒介决定论的代表麦克卢汉认为，任何媒介或技术对人的影响不仅发生在意见和观念的层面上，而且通过改变事物的尺度、速度和模式最终改变人的感官比率和感知模式，然而人对这种改变浑然不觉、麻木不知，人变成媒介的伺服机制（servomechanism）。[①] 媒介从一开始就对人类产生既增益又截除的作用，人在使用媒介时会失去选择的理性和自主。媒介悲观主义的代表人物尼尔·波兹曼从消极意义上继承了“媒介决定论”，他对电视、电影、广告等大众传播媒介进行批判，尤其是旗帜鲜明地抨击了电视对文化素养、公民素养以及宗教素养的损害，使人变得不会思考，心甘情愿地沦落为娱乐至死的物种。[②] 保罗·莱文森在其博士论文《人类历程回放：媒介进化理论》中提出媒介演化的“人性化趋势”，他用另一媒介理论——“补偿性媒介”理论来说明人在媒介演进中的理性选择，突出人在媒介使用中的主观能动性，认为人可以对技术进行理性选择，并能主动改进媒介。[③] 他扬弃了麦克卢汉的媒介理论，认为媒介给我们提供的是越来越人性化的、自然的和“前技术”的交流方式。三十余年间，他用 6 本专著、100 多篇论文不断完善着他的媒介乐观主义。麦克卢汉的媒介理论认为人在使用媒介时失去理性；波兹曼的媒介观“一叶障目不见泰山”，夸大媒介的负面作用，遮挡了人试图看清不同媒介演进以及媒介在不同发展阶段的表现的视线。综合媒介理论界三位代表性人物的观点来看，人只有与媒介保持距离，跳脱出来并从整体上观察媒介，才能对媒介与人的关系得出客观的结论。强调技术温馨的约翰·卡尔金喜欢用“家园”（hearth）一词来说明任何媒介都是利大于弊的。他将“家园（hearth）”拆分成四个词：hear（倾听），heart（心灵），ear（耳朵），earth（地球），并演绎出这样一个浪漫而温暖的主题：“我们要用耳朵和心灵聆听地球母亲的呼唤，唯其如此，我们才能够享受这个温馨的家园。”[④]尽管对技术有温情的想象，但是卡尔金依然提出，“我们变成我们的观察对象。我们形塑

---

① 参见[加]马歇尔·麦克卢汉：《理解媒介》，何道宽译，南京：译林出版社，2011 年，第 18～58 页。

② 参见[美]尼尔·波兹曼：《娱乐至死》，章艳译，桂林：广西师范大学出版社，2009 年。

③ 参见[美]保罗·莱文森：《软利器：信息革命的自然历史与未来》，何道宽译，上海：复旦大学出版社，2011 年，第 4～5 页。

④ [美]保罗·莱文森：《手机：挡不住的呼唤》，何道宽译，北京：中国人民大学出版社，2004 年，“译者序”。

工具,工具又反过来形塑我们”[①]。综合媒介理论界三位代表性人物的观点,我们可以归纳出媒介发展的三个阶段:在第一阶段,媒介在提升了人的某种能力的同时,也抑制了人体某一部分的功能;在第二阶段,媒介通过对现实的再现,使人掌握了认识现实的能力,媒介实现人性化的提升;在第三阶段,媒介对现实重构,超越了人的认识能力,人成为技术的延伸,即人呈现出机器化的趋向。

我们可以借用媒介“四元律”来说明媒介与人的相互作用。1988年,艾瑞克·麦克卢汉整理发表了其父亲马歇尔·麦克卢汉临终前最后的论文,并以系统解决媒体问题、技术和文化的方法,将自己对语言、媒体和传播的观点融入其中,形成媒介“四元律”。麦克卢汉父子为媒介研究学者提供了一个新的理论视角,用以探索媒介所能产生的社会效应。[②] “四元律”是以问题的形式呈现:第一,媒介使什么方面得到了提升?第二,媒介的某些方面被强化或者扩大,同时哪些方面因过时而被取代?第三,新的媒介使以前的什么过时的东西得到再现?第四,当媒介潜在的极限被挤压,媒介将会发生什么逆转,使其呈现原来的特性?

通过对以上四个问题的回答,我们可以得出媒介与人关系的“四元律”:技术提升了人的某种功能;使人肢体的某一部分功能退化;再现某种神力,赋予人掌握自然的力量;媒介发展到一定程度时,就会出现人机逆转。人与媒介的关系从人机分立逐渐向人机共同体方向演化,马克·波斯特提出“共生合成体(symbiotic merger)”[③]的概念。他指出,人类与机器间的共同演化趋势正在形成,人类创造了电话,接着电话又创造了新型的人,但是这种共生合成体正在威胁人类在世界上的稳定性。施尔玛赫的担忧显然更进一步,他认为电脑和网络技术使人和机器呈现“共同演变”[④]的趋势。人创造了工具,工具改变着创造工具的头脑,进而改变着我们的生存环境。

二、情境的移动性与主体的去中心性

在特定交流情境中,主体的行为受到社会信息的获取方式和可获得社会信息的媒介的限制。马克·波斯特以电脑为划分界限,将电脑之前的媒介划分为

① [加]罗伯特·洛根:《理解新媒介——延伸麦克卢汉》,何道宽译,上海:复旦大学出版社,2012年,第316页。

② Gregory Sandstorm,“Laws of Media—The Four Effects: A McLuhan Contribution to Social Epistemology”, *Social Epistemology Review and Reply Collective*, 2012(1), pp.1-6.

③ [美]马克·波斯特:《信息方式:后结构主义与社会语境》,范静哗译,北京:商务印书馆,2014年,第7页。

④ 参见[德]弗兰克·施尔玛赫:《网络至死》,邱袁炜译,北京:龙门书局,2011年,第113、120、123页。

“第一媒介”，如电影、广播和电视，这些媒介内容由少数精英制作而成，再被传送给大批消费者；将信息“高速公路”的介入以及卫星技术与电视、电脑和电话的结合而形成的集消费者、生产者与传播者为一体的媒介称为“第二媒介”。第二媒介的更新迭代促进信息交换速率的提升，不仅为经济和工业增加了新的投资渠道，还提高了休闲娱乐和消费领域的生产效率，更重要的是在主体身份的重构以及社交文化的塑造方面起了重要作用。

从交流情境的发展来看，人们在面对面交流时可以通过对方的外在呈现推断其经济基础和社会地位等情况，这种交流情境具有一定程度的约定俗成的程式化，因而其建构的个体身份具有等级性和稳定性。印刷媒介时代的书面交流是只有一方在场的交流。书面语言的物质性和可感性为反思提供了条件，因而这种交流情境包含着理性、平等与自由的价值观，构建了连贯稳定和独立自主的认知能力，强化了个体身份的理性和自律。20世纪，随着传播技术的发展而出现的电子媒介，即“第二媒介”，促成了主体身份新的转型。电子媒介系统的关键是传播技术的融合，信息“高速公路”使信息传输能力和传输速率提升，多媒介终端对文字、语音、图像和视频进行重新构型，“后现代性或信息方式所标明的交往实践构建了不稳定的、多重的和分散的主体”①。作为媒介融合的典范，手机构建的移动交流情境塑造了新型个体身份和主体立场。

1973年4月3日，马丁·库伯在纽约街头掏出手机打电话，人们好奇地驻足观望。他说：“人们渴望与他人交流。如果有机会，人们想要获得无论何时何地都可以交流的自由，而便宜的铜线就赋予了人类这种自由。”②手机第一次满足了人在移动中与不在场的、远距离的人沟通的需求。“有了说话的能力，再加上和远方人说话的自然而然的欲望——无论他们和我们是在何方都有想说话的欲望——我们就必然走到手机这一步：边走边说的能力，无论我们在哪里行走，也无论和我们谈话的那个人是在哪里行走。”③手机赋予了我们身体移动的自由及与世界连接的可能。手机的交流情境由移动中一系列的物理情境连缀而成，占据特定时空的交流片段的拼贴破坏了时间和空间的特殊性。私人空间被杂糅进公共空间，这类似电影拍摄中的有意涵的人为拼贴和剪辑的蒙太奇手法，“由现代过程中产生的前景似乎是东拼西凑的大杂烩，它们无方位，无权威，

① [美]马克·波斯特：《第二媒介时代》，范静哗译，南京：南京大学出版社，2005年，第26页。

② Andrea C. Nakaya, *How Do Cell Phones Affect Society*? Reference Point Press, 2015, p.6.

③ [美]保罗·莱文森：《手机：挡不住的呼唤》，何道宽译，北京：中国人民大学出版社，2004年，第17页。

纷繁杂物”[①]，通过手机媒介，无论何人在何时何地发生何事，都可以“发生”在我们所处的任何地方。反过来说，手机的移动性和连接性使我们“无处不在”，但同时也使我们并不占据任何一个空间。移动带来的情境的不稳定性，自然而然地影响到处于其中的主体。在不断变换的场景中，主体通过与周围环境的互动和与交流对象的互动而建构起一种去中心的、不稳定的“关系性的自我”。移动性带来了手机媒介交流对主体建构的难题，它使人成为完整的、自由的人，但同时又消解了人的主体性。

三、情境的半虚拟性与主体的多重性

自我认知是在与他人的互动中，通过对自我的需要、兴趣、能力、个性、行为及心理状态的认识而逐步建构起来的意识，“自我是一种自由我与其他文本，外界的关系所决定的规定与认同的融合体”[②]。一个人对自我的认知程度对其人际交往有重要的影响。米德在《心灵、自我和社会》中指出“主我”与“客我”的区别：“主我”是有机体对其他人的态度作出的反应，是人与其他人发生关系的“自我”；而“客我”(the social me)是一个人采取的一组有组织地对其他人的态度，是人所觉察到的“自我”；“主我”常常受到“客我”的影响而有所改变。[③] 在现实社会的人际交往中，“主我”与“客我”在相互作用下形成新的自我。在虚拟的网络世界中，现实的“主我”身份不再唯一，匿名的去中心化交流所创造出的虚拟自我呈现出新的身份。手机媒介构建了基于真实人际关系之上的交往情境，因而是介于现实社会面对面交流与虚拟社会网络交流之间的一种“半虚拟”的交流形态。实名的媒介交流构成了新的话语结构，在手机的媒介屏障下，用户仍然可以对自我进行一定程度上的包装和设计。

媒介技术的进步在为主体提供超越时空限制的交流时，也赋予主体自我构建的能力。非言语符号的缺失有利于交流主体构建一种低清晰度的互动形象，为了满足陌生交流对象的期待，手机为主体提供了包装和塑造自我的自由。手机媒介使主体意识到自己有能力从历史和现实中抽离出来，从而在交流的过程中主宰自我。文本信息对手机媒介进行了一场“从耳朵到眼睛”的技术革命，文

---

① [英]安东尼·吉登斯：《现代性的后果》，田禾译，南京：译林出版社，2000年，第102～103页。

② [俄]彼得·科斯洛夫斯基：《后现代文化：技术发展的社会文化后果》，毛怡红译，北京：中央编译出版社，2011年，第55页。

③ 参见[美]乔治·赫伯特·米德：《心灵、自我和社会》，霍桂桓译，北京：北京联合出版公司，2014年，第192～193页。

字文本的收发使交流双方处于暂时性身体缺场的交流程式中，这起到“视觉隐匿”的作用，即手机媒介隐匿了现实生活中的部分可视性特征如性别、年龄、气质等。交流者可以按照自己的意愿塑造自我，并将经过思考而编辑的短信作为“前台的我”呈现给对方。同时，手机的移动性带来了空间和场所的分离，造成交流情境的不可知。

手机媒介能够提供应用于各种关系强度的社交应用，有利于主体在现实“主我”之外，呈现多重“客我”，“世界上从来也不曾存在过有今天这么多的、有区别的和表达出来了的主体性”[①]，从而增加了人对现实的虚拟感。“虚拟现实”本是一种电脑用语，指由电脑生成的、虚拟的、多重的或可以呈现多种形式的现实。手机媒介催生了一种“半虚拟现实”——即通过融合文字、语音和图像，在变换的场景中进行交流和互动而形成的具有一定程度的想象性的现实。这种拟仿文化通过交流媒介介入现实，引入了对身份进行“游戏”的种种可能，改变了主体身份赖以形成的原有条件。

在媒介发展的不同历史时期，符号交换具有不同的结构体系，这种差异引起了自我构建的不同。手机为主体创造了一个有别于面对面的口头交流和面对文本的书面交流的半虚拟情境。随时随地自由连通的特性决定了手机信息交换主体不再占有绝对的时间和空间，这也使交流双方的关系发生了变化。手机媒介通过去语境化的影像和符号以及变动不居的“能指”而把主体变成普泛化的他者，从而不存在稳定不变的中心实体，自我在各个方面被重新建构。手机媒介化社交使互动呈现去语境化的特点，在音声交流、即时通信、娱乐休闲、信息获取等各种不同功能产生的不同场景中，主体频繁切换表现模式，这就弱化了自我意识的构建和主体价值的确认。

在社会转型期，社会结构的分化和新社会力量的生长使信息与人的流动成为常态，人们悬置于种种不同时空，“由于缺乏坚实的锚定点以及权威感，除了求救于自我，个人不得不转向大众或市场寻求对自己的想法、感觉和行为的确认。这就形成了当今人们追求自我认同时的两大歧路：一是自恋，一是从众”[②]。包括手机在内的电子媒介创造的虚拟环境加剧了自我的多重性与断裂性，这使得向内在自我寻求价值认同走向失败，主体转而向外在世界寻求存在感和自我

---

① [德]阿诺德·盖伦：《技术时代的人类心灵：工业社会的社会心理问题》，何兆武、何冰译，上海：上海科技教育出版社，2008年，第145页。

② 胡泳：《众声喧哗——网络时代的个人表达与公共讨论》，桂林：广西师范大学出版社，2008年，第147页。

认同感。手机社交应用为主体提供了自我展示的平台，普通人已然成为他自己和“观看者”的表演行家，在赢得关注、获得愉悦的同时，也人为地拉大了“真实自我”与“理想自我”之间的距离，从而产生新的焦虑和不安。例如，澳大利亚弗林德斯大学的艾米·斯拉特(Amy Slater)博士以及马里卡·提格曼(Marika Tiggemann)教授在调查社交媒体对青春期少女自我形象定位中的作用时意外发现，过度使用社交媒体会导致女孩对自己的身材和体重失望，从而更容易患抑郁症。① 广大陌生看客也将对他人生活方式窥探当作消遣和娱乐，而非投入时间和精力去关注。可见，主体以“理想自我”所获得的认同感并不是构建主体意识、主体能力和主体价值的有效方式。

第三节　手机媒介刷新亲密与孤独的界限

社交是指人与人之间利用媒介建立联系和相互交往的基本手段，具有传递信息、调和协作、增进情感和完善人格等功能。作为一种社交工具，手机音声通话建立的即时连接加速了信息的流通和扩散，加强了处于不同时空的人们之间的相互协作；短信息、多媒体信息和社交网络提供了多种情感表达方式，使人们在自我展现和互动交往中进一步认识自我，完善人格，在主动、有选择的交往中获得更多提升自我的机会。手机交流具有私密性、全时性和异步性，音声通话和短信功能与传统的面对面口头交流和书信体的文字交流大有不同。在智能手机的普及和移动互联网的发展下，手机社交功能更加丰富，具备了语音、文字、图片和视频多种表现形式，承载了人们多层次、多元化的社交需求。手机已经成为社交的主要起点，人们在各种场合交换手机号码和手机社交账号成为普遍现象；同时，手机又是社交通道，其具备的各种社交元素为人们提供了与不同关系的人建立连接的可能。可以说，手机社交已经一步步融入人们的日常生活，成为人们感知自我、认识他人和了解社会的重要工具。

学术界对手机社交进行了广泛的讨论。鲁思·雷蒂(Ruth Rettie)指出，手机既是同步媒介也是异步媒介，通过借用戈夫曼面对面互动相关理论分析同步媒介，认为同步与异步媒介互动不仅由技术因素决定，而且更多的由互动规则

① 参见《抑郁症比感冒来得容易》，《深圳商报》2012年7月11日。

所形成。[①] Andrea C.Nakaya 认为手机让人们连接更加便利，却也使人逐步丧失了面对面交流的能力，这有可能会削弱社会凝聚力，并产生暴力、色情内容等手机信息垃圾。[②] 由于日本手机技术领先世界，且手机的普及率较高，因此日本学界对手机社交文化的关注颇早。冈田朋之和松田美佐早在 2002 年——中国尚处于手机生产和普及的初级阶段——就提出"手机学"，从手机作为媒介、手机与人际关系以及手机与媒介社会等角度，将手机看作是一个专门的学科进行研究。更有学者深入研究了日本人生活中的手机使用情况。[③] 中国学者对手机文化的研究多侧重于手机产业的商业模式，从媒介和文化的角度深入研究的论著目前还比较少。胡春阳结合手机研究和人际传播研究，讨论手机对日常生活和公共生活的塑造问题[④]；王萍则从双重视域出发，探讨手机媒介与社会交往的互构，指出手机媒介拓展了社会交往的广度，但是消解了社会交往的深度。[⑤] 可见，国内外学者从不同层面对手机文化做了不少讨论与探索。

本节通过讨论手机媒介社交的三种主要形态，总结出手机媒介建构的自我认知和三种社交关系，并在此基础上分析中国社交活动的媒介化和泛在化趋势。日本手机产业在世界居于领先水平，在中国乃至世界其他发达国家尚处于 2G 手机的早期阶段时，日本手机已经进入 3G 时代。可以说，日本手机社交文化的过去正是中国手机社交文化的现在。就像软银(Soft Bank)孙正义提出的"时间机器"理论所指出的那样，在某行业比较发达的国家先开展的业务，等待时间成熟时进入行业发展落后的国家，人们对待这个行业的态度就像坐着时间机器回到若干年前的发达国家一样。日本是中国一衣带水的邻邦，中日两国有着相似的文化传统，因此，在分析中国手机社交文化时，如能与日本的情况进行比照，则会使研究在纵向分析的深度和横向比较的广度上有所突破。

一、分享自我

世界排名领先的社交网络服务网站 Facebook 首席执行官马克·扎克伯格(Mark Zurherberg)对社交关系有独到见解，他曾言："下一个时代，将被今天的

---

① Ruth Rettie, "Mobile Phone Communication: Extending Goffman to Mediated Interaction", *Sociology*, 2009 (3), pp.421-438.

② Andrea C.Nakaya, *How Do Cell Phones Affect Society*? Reference Point Press, 2015.

③ Daisuke Okabe, Mizuko Ito, Misa Matsuda, *Personal Portable and Pedestrian, Mobile Phones in Japanese Life*, The MIT Press, 2005.

④ 参见胡春阳:《手机传播与人际关系》,上海:上海三联书店,2012 年。

⑤ 参见王萍:《传播与生活:中国当代社会手机文化研究》,北京:华夏出版社,2008 年。

社交网络和赋予用户在联系上的深度所定义,我们的工作就是找到最好的方法让用户分享自己。”[①]扎克伯格所言击中了社交关系的靶心,只有恰当地分享自我才能更好地处理与他人的关系。随着社交网络的兴起,人们通过在社交网络分享自己的生活、工作、知识、心情和兴趣,逐渐建立起互赠时间和观点的义务和默契,移动互联网时代的社交形态就在这样的共同社会心理上建立起来。

自我披露和自我呈现是分享自我的两种形式。自我披露是将自己的状态、能力等真实情况自愿、有意地传递给他人的行为。罗洛夫主张:“进行适度或者充分的自我披露往往可以博取他人的好感,并促使对方进行自我披露。”[②]如图 2-1 所示,新浪微博核心用户最常用的功能是更新状态、发照片和发微博。人们在不断发布当下所见、所闻、所思、所感的同时,也希望获得朋友类似的状态更新。自我呈现则是借助自己的言语、表情和姿态,以自我满意的方式表现理想自我的过程。

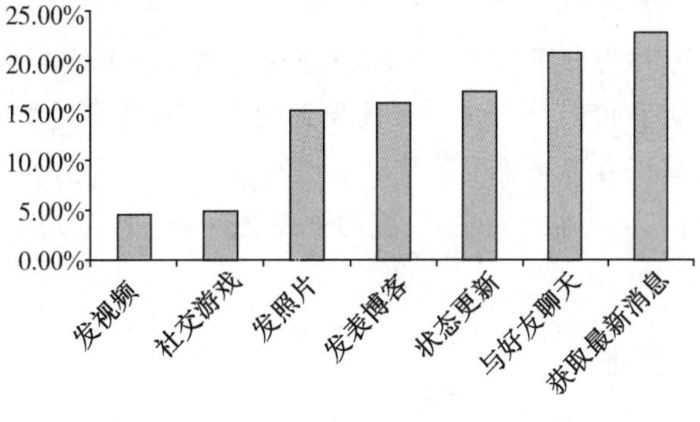

图 2-1　新浪微博核心用户最喜欢的功能

(数据来源:搜狐科技,http://it.sohu.com/20110519/n280623821.shtml)

起初,手机媒介形成的社交关系源于具有亲密关系的熟人圈子,在彼此都熟悉的前提下,人们多采用自我披露的方式以更好地维护已有的关系。随着移动互联网的发展,网络交往融入真实交往,人们在互动过程中所接触的人不再局限于真实社交圈内,而是有了向外围扩展的趋势。无论从隐私安全还是从形象塑造方面考虑,人们倾向于采用较多自我呈现与较少自我披露相结合的交往方式。日本的社交网站 Mixi 上的大部分用户通过假名登录,因为日本人不愿

① 沈拓:《移动社交的本质和商业模式》,2014 年 5 月 26 日,http://www.199it.com/archives/231118.html。

② [美]迈克尔·E.罗洛夫:《人际传播:社会交换论》,王江龙译,上海:上海译文出版社,1991 年,第 69 页。

意在网上透露自己的真实信息，他们用假名字写日记、发图片，这种自我隐藏的现象是整个日本社会的缩影。但是现在情况有了变化，日本使用手机社交服务的年轻用户，尤其是十几岁到二十几岁的青年，开始以实名和匿名相结合的形式使用社交网络。中国的用户则倾向于愿意在社交网络上公开自己的姓名以及所在城市，以方便找到以前的朋友或者容易被人找到。同时，他们还喜欢在社交网络上分享各种经过设计和修改的自拍照片，将自己的生活状态事无巨细地“晒”给朋友，“晒状态”成为人际沟通的重要内容。一方面，网络交流的异步性使得交流双方拥有充裕时间去精心设计、反复修改所要传递的内容，经过审慎思考、选择、编辑和协调后再向对方传送。这种情形使交流双方更容易在互动过程中控制自己留给对方的印象，从而最佳化表现自我，为自己塑造一个完美的形象。通过手机社交的自我披露与自我呈现，人对自我的认知也由现实生活中真实社交圈的标签化自我转变为虚拟社会中去中心的多元化自我。但需要注意的是，分享作为披露和呈现的本质是社交网络不可缺少的一部分，但是需要把握好分享的“度”：分享过少可能导致朋友之间因产生距离感而互相疏远，分享过于频繁则有可能被质疑是出于炫耀或自恋，这往往会有被朋友拉入黑名单甚至被屏蔽的可能。可见，过度的自我披露会给社交关系带来一定的消极影响。

二、三种社交形态

社交形态包括社交方式与人际关系两部分。格兰诺特(Mark Granovetter)认为区分人际关系的强弱有四个向度：一是互动频率，互动次数越多为强关系，互动次数越少为弱关系；二是情感强度，感情越强、越深则为强关系，感情越弱、越浅为弱关系；三是亲密程度，关系越亲密越是强关系，反之是弱关系；四是互惠交换，即互惠交换多而广就是强，互惠交换少而窄就是弱。[1] 这四个人际关系的向度在格兰诺特看来没有先后之分，但是对人际关系强弱的影响上却有大小之别。例如，亲人、伴侣和朋友的情感强度和亲密程度较高，但是互动频率和互惠程度不一定是最高的；而同学、同事在一段时期内可能因为学业或者工作会有较高的互动频率和较多的资源交换，但在情感和亲密度上不一定强于亲人和朋友。因此，按照对人际强弱影响大小的顺序排列，四个向度应该依次是：情感

---

① Mark S. Granovetter, “The Strength of Weak Ties”, *American Journal of Sociology*, 1973(6), pp.1360-1380.

强度、亲密程度、互动频率和互惠广度。对这四个向度从强弱和顺序上进行综合考量，有利于人们根据不同情形选择适合的媒介进行社交。

在传统农业社会，人的社会交往范围由于受地域环境、交通条件和通信技术等限制，主要在血缘和地缘关系的聚集下形成，人与人的相识以现实社会中面对面交往形成的真实关系为主。进入工业社会后，都市规模的扩大客观上促进了人在空间中的移动，电报、电话等现代通信技术为人们与远方的人联系提供了便利，陌生人之间发生联系的可能性也在增加。互联网将这种可能性的概率大大提升，人们为了缓解现实生活中的社交压力而在网络上与陌生人建立一种即连即断的连接，在熟人社交产生的真实社交圈外，产生了足以与其抗衡的基于陌生人关系的虚拟社交圈。

进入移动互联网时代，这种熟人社交圈与陌生人社交圈的二元分立的社交网络被打破了，手机作为个人化的通信媒介与虚拟化的网络相结合的产物，集成了维护现实亲密关系的语音通话、手机短信和拓展资源关系的社交网络应用以及建立随机关系的手机地理位置应用，同时提供了强关系社交、弱关系社交和随机关系社交服务，满足了人们不同的社交需求，一跃成为社交的核心。手机媒介提供了建立与维护各种社交关系的社交工具，有利于发展从陌生到熟悉的不同层次的人际关系。

手机媒介建立的社交关系的范围和稳定性各有不同。自然界中也有类似的现象，例如，海水在海洋各部分的量以及稳定性也有差异，如图 2-2 所示，大陆架处于海水较浅的滨海地带，在潮汐、波浪和洋流的作用下，海水流速较快且表面极不稳定，这相当于手机社交中的随机连接部分，陌生人之间的连接是一种临时的、短期的和当下的临时速配关系，它最容易发生变化；大陆坡介于大陆架和大洋底之间，是海陆联系的桥梁，受潮汐、波浪和洋流作用随着水深的增加而衰减，因而此处的水流相对平稳，这相当于手机社交中的弱连接部分，其在某种纽带作用下形成了一定时期的契约关系，起着帮助人们与外部世界进行联系和沟通的作用；大洋底处于海洋深处，基本受不到来自潮汐和洋流的影响，在没有大的海底地质运动时，水流在长时间内趋于平稳，这类似于手机社交关系中的强关系。海洋各部分的形态各异，因而在探索时需要不同的装备和工具探索。同样，不同社交形态下的社交关系需要不同的社交方式去建立和维护。

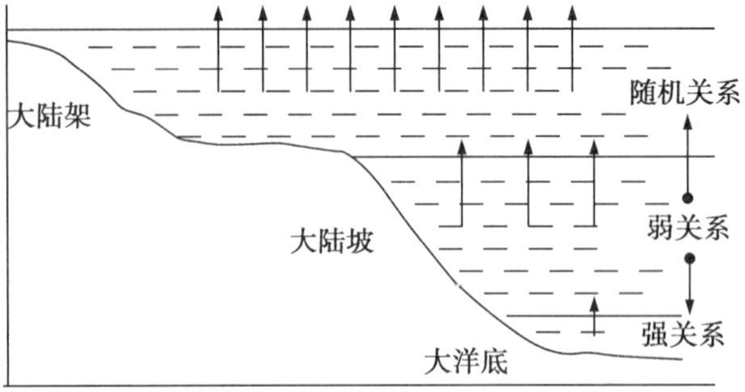

图 2-2　手机社交形态示意

首先,音声电话/短信适用于强关系。以血缘、亲缘关系为纽带的亲情和以业缘、趣缘为纽带的友情是人类基本的情感寄托,它们具有长时间的稳定性,不需要刻意频繁地互动以保持联系,人们对这些情感的重视不是因为它们的工具性和有用性。因此,最接近面对面交流的语音通话(89.58%)是与亲友联系的首要选择,其次是短信(83.71%)。[①] 其次,社交网络适用于弱关系。如果说强关系是少量的、稳定的、结构紧密的"块",那么弱关系就是大量的、动态的、结构松散的"带"。弱关系是强关系的补充,是人与外部世界保持联系的桥梁。手机社交网络赋予了人们选择可能带来有用资源的对象而建立联系的能力,帮助人们有效拓展了社交范围,增加了社交的异质性。最后,手机社交应用中基于位置的陌生交友应用适用于随机连接的陌生关系。手机社交应用可以通过位置服务进行陌生交友,如开启微信中的"摇一摇"功能,手机会自动匹配同时段触发该功能的其他微信用户,直接点击就可以开始聊天,而关闭该功能即可退出连接。快速连接与快速断开刷新了"朋友"的概念,淡化了"朋友"的情感强度和亲密程度,"朋友"沦落为连接关系的代名词。以上所述的社交关系与社交方式的对应可以通过图 2-3 来展示。

① 参见刘德寰、刘向清:《正在发生的未来:手机人的族群与趋势》,北京:机械工业出版社,2012年,第 52 页。

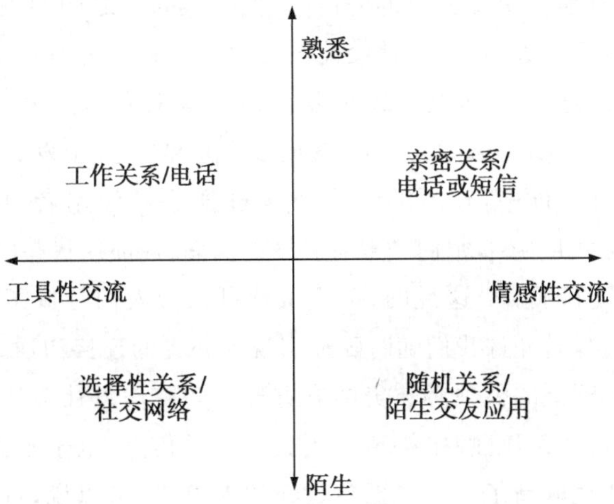

图 2-3 社交关系与社交方式对应图

社交关系在很大程度上决定着人们对社交方式的选择，而采用何种社交方式也影响着社交关系和人与人之间的距离。随着社交关系的改变，人们交往所采用的社交方式也会相应地发生改变。

加拿大媒介理论学家伊尼斯提出不同媒介在时空传播上存在偏向，麦克卢汉继承了这一观点，并从媒介改变人类感知和社会结构这一角度出发继续探讨媒介社会发展史。他认为每一种新媒介都有重组时空的能力，并宣称电力技术极端取消了时间和空间，“时间差异和空间差异已不复存在……我们这个地球只不过是一个小小的村落”[①]，全世界的人通过电子传播技术的突破将广泛共享的人类情感和经验联系并统一在一起。如果说电子时代的广播、电视使信息在短时间内覆盖到大量受众，从而使世界成为统一体，那么数字时代手机媒介的即时连接则使这个统一体的个体之间的关系更加紧密。但是，这种“媒介使我们成为世界”的美好想象受到很多媒介批评家的尖锐抨击。瑞典人类学家乌尔夫·汉内兹针对麦克卢汉的“部落化和地球村”概念，提出世界的重新部落化并没有创造部落，而地球村也不是村庄。[②] 在数字化时代，手机媒介已成为不同人群生活中的必需品，其功能已远远超过了信息传递的范围，这种人际传播工具极大改变了人际关系和人与自身的关系。即时迅捷的连通扩大了人的交往半

① [加]马歇尔·麦克卢汉：《理解媒介》，何道宽译，南京：译林出版社，2011 年，第 4～6 页。

② 参见[美]詹姆斯·罗尔：《媒介、传播、文化：一个全球性的途径》，董洪川译，北京：商务印书馆，2012 年，第 47 页。

径,满足了人在移动中交流和倾诉的需求,但是人与人之间的关系并未因此而更加亲密。不少研究表明,人的社交能力与对手机的迷恋程度成反比,这也印证了汉内兹对"地球村"的批判。2006年,西班牙萨拉芒卡大学的心理学教授克瑞斯蒂娜·洁娜罗(Cristina Jenaro)在《成瘾研究和理论》上发文称,在其对337名大学生所做的调查中,10%的学生属于过度手机使用者(high cell-phone user),其中又以女生为主,她们一般有高度的焦虑、抑郁症状并伴有严重失眠现象,正常社交能力降低。[①] 这说明,手机虽然可以为人们打造了一个可以掌控的、舒适的心理空间,允许我们随时随地实现与外界的连接沟通,却在不知不觉中增加着用户心理上的孤独感。美国麻省理工学院信息社会学教授雪莉·特克尔在其新书《群体性孤独》中提道:"当我们发送信息、电子邮件、文本和使用Twitter时,技术也刷新了亲密与孤独之间的界限。"[②]可以说,科技重新定义了人们对亲密与孤独的意识和体验。手机媒介提供的社交关系是一种"伪技术关系",人们对中介化关系的投入减弱了对持久的真实情感的关注与依恋,虚拟的社交关系削弱了人们对现实社交的体验。《日本新华侨报》也刊文说:"智能时代的人们比过去任何一个时代的人都感到孤独,智能手机在快速降低人们社交的能力,建起一堵高高的'心墙'。"[③]手机媒介技术使人们误以为人与人之间关系越发亲密,但是在社交网络信息流的背后,在与社交网络牵强而脆弱的弱关系里,充斥的则是主体莫名的、无尽的无助感和孤独感。

媒介技术使主体的身体不断突破时空的限制,因此,身体的在场或缺席是媒介交往模式的分析依据之一。然而,手机媒介的跨时空沟通使主体的身体获得了延伸,因此,手机媒介中的身体"不仅是生理性存在,而且是精神性的、文化性的和社会性的存在,是人存在于世界的实体表征,身体总是社会身体"[④]。主体放弃甚至排斥面对面的对话交流而选择手机社交,这会导致虽身体在场而注意力缺席,由此产生的简单回应或者回应滞后则又造成对话延迟,从而降低交往和信息传播的意义。在很多时候,人们虽同处一室却宁愿用手机短信或即时信息回应,也不愿花时间面对面交谈,这就意味着将交流对象作为要处理的"任务"之一,而不是具有独立个性的个体。手机媒介交流造成物理在场却精神缺

---

① Cristina Jenaro, Noelia Flores, "Problematic Internet and Cell-phone Use: Psychological, Behavioral, and Health Correlates", *Addiction Research & Theory*, 2007(3), pp.309-320.

② [美]雪莉·特克尔:《群体性孤独》,周逵、刘菁荆译,杭州:浙江人民出版社,2014年,第12页。

③ 胡楚青:《手机让人更感孤独》,《资治文摘》2011年第8期。

④ 金萍华、芮必峰:《"身体在场":网络交往研究的新视角》,《新闻与传播研究》2011年第5期。

席,多任务处理使人的社会性身体在物理时空中缺席却延伸到各个媒介的社交时空。以生理性身体为主体的社会交往被以手机媒介塑造的社会性身体所取代,人们忙于连接而牺牲对话,这种中介化、屏幕式社交模式严重冲击了传统面对面社交模式。如今在朋友聚餐、家庭聚会的真实场景中,人人低头看手机的现象早已司空见惯,"手机人"已成为新的族群,他们乐于与不在场的人沟通而忽视面对面的交流。手机和其他社交媒介工具像一个装满糖果的袋子吸引人们主动爬进去,当人们所有的注意力都集中到糖果一样甜美的社交应用上而不愿再挪动双腿爬出来时,袋子却在慢慢地收紧,从而隔绝了自我和外界的关联。手机社交个性化定制功能和选择性关注容易使人际关系趋于同质化,人们的生活圈子将会越变越窄,真实社交的缺乏使人的孤独感增强,社交能力也在逐步下降。

三、手机媒介社交构建的新型人际关系

传播技术进步和传播媒介演变的历史就是时空距离被无限缩短的过程。对于人际关系而言,时空一体化为人与人的即时沟通提供了便利,而手机媒介将这种便利发挥到极致,人们生理性身体虽共处同一物理时空,但精神性身体却活跃在不同社交时空当中。时空距离的缩短与中介化社交并未让人与人之间的关系变得更加亲密,反而增强了人的孤独感,降低了人的社交能力,疏远了人与人之间的亲密关系,形成了一种新型的人际关系。

1."舍近求远"人际关系的内涵

麦克卢汉说"媒介是人体的延伸",意指媒介是一种工具性的存在,它通过拓展和延伸人对事物的感觉和感知而增强人的某种能力。手机是有史以来离人体最近的传播媒介,被形象地称为"带着体温的媒介",手机的语音通话、文字短信、视频会话的交流互动延伸了人的听觉、触觉、视觉等多种感官。在手机普及之前,人们通过书信、固定电话或电脑与不在场的人联系,这三种媒介的使用在一定程度上都要求有相对固定的物理空间,且在使用同时一般无法兼顾现实的、面对面的交流。相对而言,手机的近身性和随身携带性赋予人们随时随地与别人取得联系的能力,但是同时也使人时刻准备着被别人联系。正在进行中的会谈经常被突如其来的手机铃声打断,这样的情境在如今已是司空见惯。随着手机文字短信功能的增加,"多任务处理"和"一心多用"成为人们的常态,文字短信的掩饰性强,有利于人们开设交往情境的"双前台",在物理场景之外开辟新的社交场景。智能手机凭借丰富而强大的应用将手机由通信终端变为娱

乐终端以及生活服务终端，大大提高了用户黏性，手机像是强力黏附在人体上的智能装备。在人们普遍陷入对手机深深的迷恋中时，美国摄影师埃里克·皮尔斯吉尔(Eric Pickersgill)在反思没有手机的现代人该会如何生活。带着这样的疑问，他拍摄了一组名为《远离(Removed)》的系列摄影作品。[①] 他捕捉人们专注使用手机的瞬间，并在获得对方同意后，拍摄人们在同样场景下拿掉手机的照片。没有手机的照片中，无论是倚靠在一起的伴侣，还是围坐在餐桌旁的一家人，抑或是聚会的闺蜜，双眼都出神地盯着双手持握的方向，彼此之间没有眼神或语言的交流，而是孤单地活在自己的世界中。从这组作品中，埃里克·皮尔斯吉尔得出一个结论：人与手机的关系日益密切，但人与人的关系却逐渐疏离。需要补充的是，在社交关系这一层面上，人们习惯与远方的人联系而忽视了与身边的人沟通，人与手机媒介的亲密关系在一定程度上反映了人与媒介另一端的对象的亲密关系，无论这个对象是现实生活中相识的人还是陌生人。手机不再是过去作为独立于人体的工具而存在的媒介，而是内嵌于人体并成为人体的一部分，它改变了人与人之间关系的建立、维持和断裂的方式，其嵌入性和网络连接性的媒介特性打破了传统的社交礼仪而构建了一种新型的社交关系——“舍近求远”的人际关系。

“舍近求远”的人际关系是指，相对于与身边的亲人、朋友或者同事、同学交流而言，现代人更倾向于通过手机与物理距离远的、以前所建立的人际关系进行情感的深层交流。手机突破了时空限制，这个特性曾经给人们最强烈的感受是——只要有手机，“天涯若比邻”。但是现在，人们宁可将日常状态用手机随手分享到社交网络上，等待朋友们的评论、点赞，也不肯与身边的人倾诉和沟通。相对而坐却低头不语，各自与手机上的联系人聊得不亦乐乎，手机的存在使近在咫尺的人却好似远在天边，可以说是“比邻若天涯”。手机媒介交流拉远了物理距离近的人与人之间的心理距离，“舍近求远”的社交关系实质上是一种舍眼前而求远方、舍现实而求虚拟的人际关系。从长远看来，这种人际对于人的身体健康、精神状态以及未来发展都是弊大于利的。

2.新型人际关系出现的主客观因素

诸多因素的综合作用导致手机媒介建立了这种“舍近求远”的社交关系。需要说明的一点是，手机建立的这种新型人际关系在经济发达的都市最为典

① 参见熊婉君编译：《尴尬的人类：没有智能手机之后的现代生活》，2015 年 10 月 16 日，http://www.cankaoxiaoxi.com/photo/20151016/967345_2.shtml? _t=t。

型，在偏远的乡村，尽管手机用户数也在持续增长，但是需要互助协作的农业生产模式依然在很大程度上影响着人们的社交形态，因而传统的“远亲不如近邻”的交往形式在乡村依然适用。

随着移动互联网覆盖率的提升和智能手机的进一步普及，手机取代电脑成为第一大上网终端，媒介交往从万维网（World Wide Web，WWW）时代进入MMM（Mobile Media Mode）时代，这是人们实现“舍近求远”远程交往的必要技术条件。手机媒介拥有的各种社交应用满足了人们不同的社交需求，手机社交的重度用户即使与身边的人互动，也要通过社交应用的状态更新和评论点赞来完成，这塑造了一种“两点之间，线段最远”的迂回曲折、多此一举的社交方式。通过媒介使用与不在场的人互动的方式去与在场的人互动，这也是“舍近求远”的一种表现。

就业机会多、生活条件好、医疗水平高以及发展空间大等优点吸引着人口不断从乡村流向城市，从小城市流向大城市，但是城市规模的扩大速度不及人口规模的增长速度，因此，城市人口密度也在持续增大。行走在充满陌生人的城市中，人们难免会有一种被“匿名”的感觉。西美尔认为在大都市中，人与人之间的态度冷淡，但这不是单纯的关系冷漠，而是当不认识的人与自己近身接触时，往往容易产生憎恶与斗争。[①] 这也是人们容易对身边的人不友好的一个重要原因。此外，与他人争夺有限的生存空间和发展资源容易导致人与人之间的不信任，例如同事之间争夺晋升的机会、同学之间竞争奖学金等。但是，作为社会性动物，人与人之间又是必须保持联系的，因而人们就倾向于选择远方的与自己利益相关度较低的人作为倾诉对象。然而，城市“冷漠”的对立面是“自由”，人们可以根据自己对职业的规划和生存环境的偏好而自由选择城市生活。牧民“逐水草而居”，现代人则是按照自己的意愿而自由移动，生活半径的增长难以形成稳定而持久的人际关系，这也导致人们倾向于与以前所建立的人际关系保持密切联系。

在上述客观因素之外，多种主观因素也影响着人们选择与现实生活中距离较远的人或虚拟世界中的陌生人进行深度情感交流。首先，从个人隐私安全的角度来看，人们在一个陌生的环境和不确定的人际关系中倾向于将自己封闭起来，以免受到外界的伤害，这是人自我保护的本能。“说者无心，听者有意”，如果与不熟悉的人进行过多的交流，容易在不经意间将自己暴露在危险之中。其

① 岡田朋之、松山美佐：《ケータイ学入門》，有斐閣選書，2002 年，第 52 頁。

次，从人际交往心理学上来说，既不过于亲密又不太疏远的距离最能产生心理吸引，这被称为人际交往的“刺猬法则”[①]，过远或过近的空间距离则会使人产生疏离或者排斥的心理效应，造成人际交往障碍，这是由心理的隐秘性所决定的。为了维持良好的人际关系，与身边的人保持一定的空间距离也是必要的。而身处异地的朋友之间，因为不能经常见面反而会在想念中将对方的优点放大而塑造成“理想的朋友”，缩小甚至忽略其缺点，因而更有利于人际关系的维护。最后，相对于现实中复杂的人际关系，有时虚拟世界中与志同道合的人所建立的关系更为单纯和理想化。在网络上，“与血缘关系、地域关系、同窗关系、工作关系和因礼仪往来而组成的社区不同，个人可以根据自己好恶来决定自己是否加入某一社区，个人享有决定权和选择权”[②]，因而形成了为数众多的社区和从未谋面的朋友关系，网络把孤立的和分散的个人连接起来。出于多方面考虑，不去向身边熟悉的人倾诉工作的苦恼和生活的不易是人之常情，因而网络陌生交友成为人们宣泄内心苦闷的一个渠道。此外，在现实中建立和维护一段感情需要付出较多的时间和精力，而且关系一旦破裂就会带来意想不到的负面影响，人们用匿名或者假名的方式建立的虚拟人际关系则相对比较安全，这种情形也带动了智能手机陌生交友应用的开发和使用。

3.新型人际关系的弊端：忽视现实世界

客观地说，“舍近求远”的人际关系有利也有弊，但从长远看来依然是弊大于利。试想一下，如果一个人总是用手机与以前的社会关系保持联系而忽视眼前的社会关系，这一方面必然会破坏当下的人际关系，另一方面也无法通过建立新的社交关系而有效增加自己的社会资本。随着时间的推移，这种社交方式将会从生理、身体、家庭、事业等各方面全方位影响这个人。如果人人都选择这种社交方式，那么每个人都像生活在用手机画出的魔圈中，只会低头与他人联系，缺乏对身边人的关心和同情心。电影《断线》(Disconnect)就是对当下“虚拟的社交网络连了线，而真实的人际关系断了线”之社交现实的批判。电影中有一个场景：当律师的女儿向闺蜜倾诉弟弟自杀如此一件令人悲痛的大事时，闺蜜却无心听她的倾诉，更没有给予温暖的安慰，而只顾得在手机上刷新Facebook，关注社交网络上的朋友信息。律师女儿于是在悲愤中向其朋友吐了一口唾沫，然后愤而离开。导演要表达的正是人们过度依赖社交网络去关注不

---

① 李源编著：《墨菲定律》，北京：中国华侨出版社，2014年，第96页。

② [日]榎本博明：《e时代人际关系》，高丕娟译，北京：科学出版社，2004年，第8页。

在场的人却忽视了身边正需要帮助的朋友，他将这种社交现状的态度概括为两个字：唾弃。

一群大学生设计出一款名为“Forest”的时间管理应用，旨在帮助人们摆脱顽固的“低头症”，重新珍惜和重视身边的美好。这款应用设定一颗种子成长为大树需要30分钟，用户点击开始“种”下一颗种子后，30分钟之内不准对手机做任何操作，否则幼苗便会枯萎而死。这款致力于治疗“一心多用”和远程交往的应用，引导人们在现实的社交中放下手机，将注意力完全投入到与对面而坐的人的交流中，因此受到手机用户尤其是手机重度使用者的青睐，这也证明了莱文森“补偿性媒介”的理论——媒介引起的问题只有在媒介的发展和进步中才能得到解决。手机社交固然带来很多不容忽视的心理问题和社会问题，但是不可否认的是，手机社交已无处不在，社交元素已渗透到营销、娱乐甚至日常生活中的衣食住行上。因此，完全戒除手机社交显然是不现实的。解决问题的思路可以转变为，将手机还原到媒介和工具的位置，通过手机的连接作用，“不忘老朋友，结识新朋友”——在维护已有的社交关系的同时，更多地与现实中的、身边的人互动，积极拓展新的社交边界，转变“舍近求远”的社交关系为在日常生活中寻找建立有效的社交关系。

第四节　手机媒介社交的趋势

互联网将孤立的、分散的个人连接成为一个个社群，互联网的本质是连接，但是PC互联网和移动互联网存在本质的区别。在PC互联网时代，人们上网留下的只有IP、MAC地址以及Cookie等机器信息，而无法确知连接对象，因而才有了彼得·施泰纳(Peter Steiner)用以表达网络匿名性的经典漫画“在互联网上，没人知道你是一条狗”。PC互联网的本质是机器与机器的连接、人与机器的连接。在移动互联网时代，随着社交网络上身份认证的日益普及和个人信息提取技术的发展，我们不仅知道上网的是狗还是人，甚至还知道上网对象的性别、年龄、身高、爱好、住址等极具个人隐私的信息。社交成本的降低及社交方式的多元化，使人的社交意愿得到空前爆发，任何人在任何时间和任何地点都可以与他人发生连接。手机媒介连接了线上交流和线下见面，形成了O2O(online to offline，线上线下)的社交形态，PC网络时代的匿名性陌生人社交转换为现实生活中的陌生人社交。

一、陌生社交的两种形式

手机社交从功能机时代的语音通话和短信互动再到智能机时代的即时信息交流，经历了由亲密强关系社交到泛社交的过程。手机社交应用允许人们在碎片化的时间进行并不深入的交流，如起床后、通勤中、午休时以及睡觉前，为人们建立有选择的弱关系和随机陌生关系提供了便利，将传统需要付出时间和注意力的社交改写为一种浅表化、碎片化的社交。人们在扩大交往广度的同时，也减少和稀释了与每个人交往的时间和注意力，造成交往深度的欠缺，使手机社交呈现一种“功利化”“快餐化”和“平面化”的泛社交趋势。这主要包括两种形式：

1.半陌生关系：利益推动的“大撒网式”社交

半陌生关系是指交往一方通过社交网络“关注”另一方从而对其产生了解，并希望得到对方关注的一种交友形式。在现实社会中，成功的社交是资源交换的过程，这个过程中形成的关系是交流双方为了最大限度地取得回报而达成的共识。共识的前提是双方都有令对方获得愉悦感或者满足感的资源，而资源的数量和质量相差悬殊的两方很难达成建立有效连接的共识。例如，在社交网络上，名人的关注人数总是远远少于其被关注人数，而普通人的关注人数远远多于被关注人数。在名人与普通人之间存在着一种关注与被关注的不对称关系，普通人希冀通过社交网络与名人发展关系的愿望往往会落空。这种结果也势必会让普通人通过关注更多人以提高资源交换的概率而获得有效社会资本，这种“大撒网”式社交无法获得及时和有效的反馈，可能会影响人们在现实生活中与陌生人进行必要交往的积极性。

2.全陌生关系：欲望刺激的随机社交

全陌生关系是指交往双方互不认识互不了解，没有特殊纽带相连接，而是通过社交应用提供的陌生人交友功能建立的一种随机关系。这种媒介匿名交友起源于固定电话时代，兴盛于 PC 互联网的 SNS，媒介的屏障使人不用直接暴露在陌生人面前，这一方面会避免一些潜在的危险，另一方面又可以塑造出理想自我。现实社会往往以相貌、金钱、地位等外在条件定义一个人，而虚拟空间隐匿了视觉感受和外在特征，交流双方相互之间更容易展现“真实自我”，从而建立起一种“亲密陌生人”关系。例如，互联网成为男女约会的新平台，1998 年 4 月，日本富士电视台播出的电视剧《网路情人》就描述一对男女因一封发错的邮件而开始的网络恋情。因固定电话和电脑的媒介属性，人们不易获得双方的确切地址，除非自行告知或者通过技术手段定位，所以保持了一种“我了解你，但我不认识你”的关系。手机社交应用中的 LBS 功能，则可为用户提供精确到方圆 100 米之内的其他用户，因此，这种陌生关系很容易变成面识关系，如果一个行为变得很容易实现，人们就会做得更多。例如，中国手机陌生交友工具陌陌是一款基于地理位置的社交应用，用户可以通过其认识附近的人并免费发送文字信息、语音、照片以及精准的地理位置。其社交模式是根据 GPS 搜寻和定位身边的陌生人，从而高效地建立联系，节省了沟通的距离成本。这种陌生化社交虽然使人迅速与陌生人建立连接并实现线下交流，缩短了认识时间，但却并未降低双方的了解成本，是一种“我认识你，但我不了解你”的关系。这种缺乏有效连接的关系往往不会持久，而频频与陌生人建立即连即断的关系，更加速了人与人之间情感的冷漠化，使社交丧失了原有的温情。全陌生关系造成了一些社会性难题，近年来，中国媒体时有报道有关陌生交友软件引发的婚外情、性交易以及抢劫犯罪等问题。

二、社交泛在化：媒介化生存的手机族群

泛在是指无所不在的、普遍存在的一种现象，手机社交泛在化则是指手机社交存在于人们生活的方方面面，社交不仅是维系关系和增进情感的活动，更是习以为常的生活方式和自然而然的生活状态。社交元素渗透到购物、聚餐、旅游、工作、出行等生活的方方面面，个人的生活始终作为群体的一部分，人与人之间的关系通过现实中的合作从陌生转为熟悉。社交泛在化要求用户将人际关系中的强关系融合进弱关系与随机关系中，当需要他人陪伴或者合作去完成日常生活中某项活动时，使用这类应用就可以找到志同道合的人。

手机族群是使用手机的人所构成的社群，他们依托手机的应用功能来助力学习、工作与生活，当然，他们也在此过程中满足自身的社交、娱乐等精神文化需求。频繁使用手机既是他们的一种行为选择，也是他们的一种生活方式，更是他们对科技便捷服务的一种高度认同。手不离机、眼不离屏、语音不断的用户，正在成为“手机族群”的显著标识。“手机族群”并非人口统计学意义上的族群划分，而是以媒介依赖的载体类别来聚合使用者，并以其使用特点和产生的社会影响来刻画人群的文化选择共性。借此冠名归属，我们可以将“手机族群”理解为：通过媒介化、信息化生存的群体。例如“低头族”一词，就是人们对“手

机族群”的另一种代称。[①]

既然社交泛在化几乎整合了一个人所有的社交关系，包括现存的社交关系和潜在的社交关系，那么这类社交应用的设计就可以从改造现有的熟人社交或者陌生社交应用入手。熟人社交的封闭性和排他性强，不利于引入弱关系和随机关系，而陌生人社交是开放性社交。因此，通过改造陌生人社交应用来构建社交泛在化更为容易实现。

根据艾媒咨询发布的《2015 年上半年中国手机用户陌生社交应用使用情况调查》的相关数据，本书从以下几方面为 Ubiquitous 社交应用的设计提出几点建议。

首先，加强技术创新，采用多种方式提高匹配精确度。综合 LBS 地理位置定位、用户的兴趣爱好和生活习惯、用户在社交网络上的发布记录以及用户自选的属性和标签（性别、年龄、星座）等数据，使用精准的匹配算法和数据模型，可以更科学、合理地推算出不同用户之间的缘分值，从而推荐给用户更适合的朋友。通过在线聊天或者互动小游戏加深相互之间的了解，让有相似心理群体的用户能够对位匹配，从而引导线上弱关系向线下强关系过渡。从距离角度考虑，48.2%的人选择认识距离在 10 千米以内的人（见图 2-4）。在添加好友考虑原因方面，53.2%的用户源于对对方个人资料感兴趣而主动添加好友（见图 2-5）。因此，基于地理位置的搜索是泛社交最高效的入口，具有相同位置属性的用户更有可能从线上关系转化为线下关系。例如，同一所学校的学生、同一个公司的员工等。

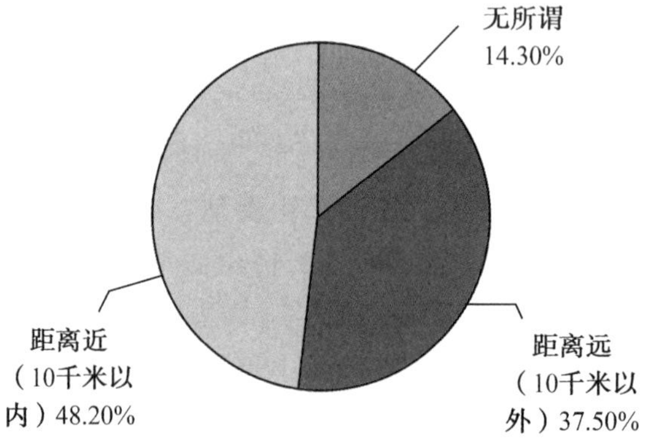

图 2-4　手机社交应用中用户添加陌生人的距离偏好

① 参见操慧：《“手机族群”面临的现实困惑》，《人民论坛》2018 年第 28 期。

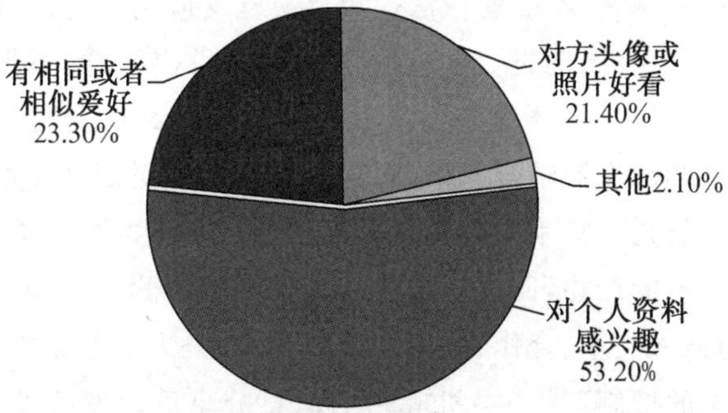

图 2-5　手机社交应用中添加陌生人为好友的原因

其次，组织丰富的线下活动以转化线上虚拟关系。艾媒咨询数据显示，74.7%的用户表示愿意参加相关线下活动，80.4%的用户选择在陌生交友应用上分享自己的真实信息和想法。相对于在纯虚拟环境中的聊天，更多的用户期望应用平台可以发起线下互动或特别活动，将线上的虚拟关系上升为线下的真实关系，从而真正拓展人际关系，增加社会资本。但是，取消了手机媒介的保护屏障之后，安全问题和信任问题成为影响参与陌生人线下活动的最大问题。

最后，将熟人社交融入陌生人社交之中。目前流行的手机交友应用主要分为熟人社交与陌生人社交两类，但是前者不利于拓展人际关系而增加社会资本，而后者则存在诸多安全隐患。在用户最期待陌生交友应用改进的功能方面（见图2-6），67.9%的用户希望陌生人社交应用可以开发新的功能，以整合熟人社交圈子。对于大多数人而言，有熟人的陪伴可以增加安全保障系数，增强参与线下活动的积极性。除此之外，设定活动发起的最低人数也可以起到提高安全保障的作用。

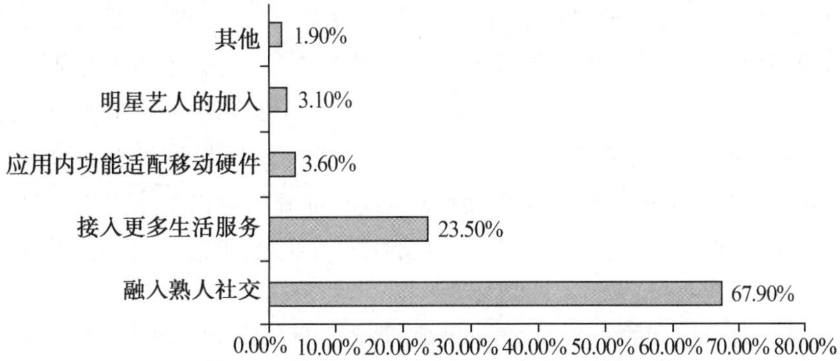

图 2-6　2015 年上半年中国陌生人交友应用最期待改进功能

日本著名社交网站 Mixi 的做法值得手机社交应用借鉴。Mixi 坚持会员邀请制，已注册会员可以向朋友、同学、同事或邻居发出邀请，根据地理位置或交际关系的不同性质形成立体交错的圈子。这就将网络中种类繁多的讨论与实际生活中丰富多彩的交流结合起来，在媒介社交和面对面社交的互动中推动弱关系向强关系的转化。克莱·舍基认为社交能力是人的核心能力之一，社会不仅是个体成员汇聚的产物，而且是群体互动生成的产物，“渴望成为群体中的一员，在群体中与他人共享、合作、协调一致的行动，是人的基础本能，而此前它一直受到交易成本的抑制”[①]。手机应用的信息分享可以发挥即时协调功能，从而有效地降低交易成本，使群体构建变得容易。以出行为例来说，随着城市规模的不断扩大，交通拥堵为人们的出行增加了诸多困难。在基于位置服务的拼车交友软件“微拼车”上，个人车主可以发布自己的驾车时间和路线，有拼车需要的用户就会搜索、预约顺道“拼友”，共同出行。这个应用是线上交流与线下交友的桥梁，既提供了互动便利，又解决了出行难的实际问题。此外，人们在共同出行中可以相互认识，加深了解。可见，个人在群体中基于共同解决某种问题的联合有利于建立较为稳定而持久的关系，从而形成有效的社会资本。

泛在化社交是泛社交化中的小世界社交。在泛在化社交圈中，人们不是简单随机地建立联系，而是增加他们与同一群人互动的可能，这样就减少了完全陌生社交的困境所带来的道德和社会问题，有助于产生真正有效的社会资本。人是社会化和社交性的群体，尽管现代生活方式不断变化发展，生活空间不断发生“侵入与接替”，但邻里守望精神和与人互动交往的愿望和需求一直是日常生活中不可或缺的重要内容。

三、游戏化社交：情绪管理社群的流行[②]

2018 年 6 月，社交网络中涌现“互怼群”“喷喷群”的热潮，网民在诸多有观点对立的领域建群对骂，诸如肯德基与麦当劳对骂群、吃香菜与不吃香菜互喷群等，甚至还有文科理科吵架群，覆盖范围广泛。不可否认，凡是有冲突和争议的地方，就可能存在立场相左的双方。此类社群为网民提供了表达喜恶的空间，但同时也夸大了这种对立的程度和影响，不可避免地出现很多谩骂和不文明行为，因而遭到社交平台封停账号、限制登录的处理，导致这股热潮在很短时

① ［美］克莱·舍基：《未来是湿的》，胡泳、沈满琳译，北京：中国人民大学出版社，2009 年，第 43 页。

② 参见王婷、刘乾阳：《情绪管理社群的游戏化社交与虚拟认同——以“互怼群”“夸夸群”等社交群组为例》，《东南传播》2020 年第 3 期。

间内降温并消失。然而，网民在社交空间宣泄情绪的需求并没有随之消减，“夸夸群”又作为“互怼群”的一种变体而出现。2019 年 3 月 1 日，复旦大学建立了第一个大学“夸夸群”，到 3 月 12 日已扩展为 6 个群，群成员从最初的 200 人增加到 2000 人左右。经主流媒体的接连报道与自媒体的“病毒式”传播，“夸夸群”迅速蔓延，在清华大学、北京大学、武汉大学、西安交通大学等高校相继出现。与此同时，基于管理情绪、调整心态和获得支持的“哈哈群”“抱抱群”“撤回群”“原谅群”等五花八门的情绪管理社群纷纷出现在社交平台，受到年轻网民的热烈追捧。这些社群以宣泄情绪为主，规则简单，不遵守群规者则会被群主移除出群。情绪管理社群的风行引起广泛讨论，是什么原因导致年轻网民对此类社群趋之若鹜？作为一种新型的网络话语表达方式，它如何满足网民情感交流的需求？网民在这样的社交空间中是否能获得真正的身份认同与精神支持？本部分接下来将对以上问题做深入探究。

1.手机媒介化交流诱发情绪管理社群的流行

自文字出现以来，异地传播技术变革与传播媒介的更迭不断压缩时空距离。手机媒介的移动性、便携性与联网功能方便人们随时随地与不在场的人进行自由交流，其构建的交流方式从音声通话的远距离口语交流，到短信输入的文字交流，再到社交媒体融合音、文、图、像为一体的即时信息交流，传播技术的进步使信息传送和情感表达实现了从单一到综合、从一对一到一对多、从即时同步到异步回复等多方面的变革。手机媒介正如福柯在关于“技术-伦理”的研究中所提及的“自我科技”——个体用以叙述自己、再现自身，以“达到某种完善、幸福、纯洁、超自然的状态”[①]的工具。社交媒体则是手机媒介最典型、最具影响力的“自我科技”手段代表。

社交媒体是目前最受欢迎的社交连接方式，以文字语言为主，语音、视频以及表情包为辅，为人们提供了多样化的情感表达方式，语言符号与非语言符号的共同作用营造出一种面对面交流的假象，并进而建立一种“副社会交往”[②]关系，即在交往双方心理上产生一种类面对面交往的意识。但与真正的面对面交往相比，社交媒介交往允许人们在互动时对自我进行某种程度的修饰与美化，以及对于是否回复信息、何时回复信息拥有较大范围的自由选择，通过选择性

① 王辉：《从“权力的技术”到“自我的技术”：福柯晚期“技术-伦理”思想研究》，《浙江社会科学》2014 年第 9 期。

② ［美］约书亚·梅罗维茨：《消失的地域：电子媒介对社会行为的影响》，肖志军译，北京：清华大学出版社，2002 年，第 113 页。

呈现打造完美的“遥在自我”①，进而建立起亲密的网络关系。社交媒介成为衬托、彰显、创造主体身份与认同的“自我科技”手段，“这些‘自我科技’让我们不只思索我们的认同，并且转换我们思考自身的方式，但也将我们改变为我们意欲成为的人”②。社交媒介的赋权使人们倾向于与“远在天边”的人在线连接，而忽视与“近在咫尺”的人进行面对面交流。媒介化交流为人们打造了一个可以掌控的、舒适的心理空间，人与人的联系更为紧密，但是否可以说这种交流方式能够有效帮助人们建立亲密关系、排解孤独和压力等情绪？西班牙萨拉芒卡大学心理学教授克瑞斯蒂娜·洁罗娜曾对337名大学生做过一项关于社交媒体使用与心理状况的调查，10%的学生属于重度社交媒体使用者，但同时有高度的焦虑、抑郁症并伴有失眠现象，正常社交功能下降。③ 被誉为“数字时代麦克卢汉”的麻省理工学院教授雪莉·特克尔，在反思互联网时代信息传播技术对人际关系的影响时提道：“当我们发送信息、电子邮件和使用Twitter时，技术刷新了亲密与孤独之间的界限。”④技术操纵了情感，媒介化交流塑造的“舍近求远”型人际关系，在一定程度上降低了人在现实世界的社交能力，过多投入中介化关系而减弱了对持久的真实情感的关注与依恋，导致人们的孤独感、压力感并未能在社交媒体得到真正排解。中国青年报关于大学生压力的调查显示，90%大学生认为自己有压力，56%大学生认为压力大。⑤ 中国科学院心理研究所的一项研究表明，20～30岁的人群精神压力最高，因面临升学、就业、定居、婚姻等多重人生选择而成为各年龄段压力之首。这一人群的成长正好伴随着互联网的发展与普及，作为网络原住民的“90后”和“网络即社交”的“00后”，他们习惯于通过媒介传情达意，并且自身也在不断创造和体验网络话语的表达方式。

社交媒体上的情绪管理社群基于这样的现实情感需要和媒介接触习惯而产生，通过制定简单而明确的“群规”聚集同一类人，每个人都参与其中，共同营造出群体氛围以帮助成员释放和表达情绪的本能，是对接青年网民群体发泄不满、放松心情、获得支持、享受快乐等更高需求的空间产品。情绪管理能力又叫

---

① 李沁：《媒介化生存：沉浸传播的理论与实践》，北京：中国人民大学出版社，2019年，第233页。

② ［美］Crispin Thurlow，Laura Lengel，Alice Tomic：《电脑中介传播：人际互动与网际网路》，谢光萍、吴怡萱译，台北：台湾韦伯文化，2006年，第144页。

③ Cristina Jenaro，“Problematic Internet and Cell-phone Use：Psychological，Behavioral and Health Correlates”，*Addiction Research & Theory*，2007(3)，pp.309-320.

④ ［美］雪莉·特克尔：《群体性孤独》，周逵、刘菁荆译，杭州：浙江人民出版社，2014年，第12页。

⑤ 俞杨：《颠倒黑白地夸，大义灭亲地喷》，《中国新闻周刊》2019年3月18日。

“情绪商数”，最早由哈佛大学心理学教授丹尼尔·戈尔曼提出，是指个体和群体对自身情绪和他人情绪的认识与控制，是使个体和群体保持良好状态的方法。[①] 个体主要通过体察自己的情绪、适当表达自己的情绪以及以适宜的方式纾解情绪来进行情绪管理。可见，情绪管理是一种能力，需要有意识地锻炼，才能不断了解和掌控，然而相当一部分中国人缺乏这种能力。中国传统文化中对隐忍、节制、谦虚、谨慎等诸多内敛性品格多持赞美态度，在这样的文化熏陶和正面激励下的中国人不愿意轻易表露自己的情绪，并将“喜怒不形于色”作为个体成熟的标志和做人的美德。兼之长期以来，在中国无论是家庭还是学校都主张“挫折教育”，认为只有批评、打击才能锻炼人的坚强意志。深受这样的传统文化和教育观念影响的中国人，宣泄负面情绪和渴求正面鼓励的本能受到压抑，产生与陌生人互怼、求赞的心理渴求。在媒介发展史上，广播、电视主导的传统媒体时代以熟人社交为主，上述心理需求未能得到很好地满足。电子媒介对信息的呈现与传播改变了人类大脑的经验，情绪表达获得更多出口：“一方面，印刷机有利于左脑，适应左脑处理信息的线性、序列方式；另一方面，新媒介及其伴生的信息爆炸要求大脑有秒回信息的能力，这又是右脑的特征。”[②]基于互联网技术的沉浸式媒介打破了时空限制，与生俱来地具有一种感性气质。互联网使人的社会联系在强连接之外拥有了建立弱连接的能力，人们可以在社交网络上拥有几十、几百甚至几千的陌生“好友”，并与不同的“好友”结成同好群体，在此基础上，为满足人们情绪表达与纾解的需求而建立的情绪管理社群自然而然地出现并流行开来。例如，“互怼群”发泄不满、愤懑、郁闷等负面情绪，“夸夸群”给予需要鼓励的人表扬和赞美，“抱抱群”则用“拥抱”的表情符号给处于失落情绪中的人以温暖和抚慰，“哈哈群”是给讲笑话的人以正面反馈，“原谅群”为处于负疚、焦虑情绪中的人提供可以获得心理宽慰的理由，等等。类似愤怒、恐慌、悲伤、孤独等情绪早已嵌入人类大脑中最原始的区域，华盛顿州立大学的神经科学家雅克·潘克塞浦创建的情感神经科学认为，这些情绪具有适应性特征，是我们生存下去最基本的、必不可少的本能，甚至是我们“核心自我”的组成部分。[③] 情绪化管理社群是帮助这些情绪排解的出口，是陌生社交时代形

---

① 参见[美]丹尼尔·戈尔曼：《情感智商》，耿文秀、查波译，上海：上海科学技术出版社，1997 年，第 37～39 页。

② [加]理查德·卡维尔：《指向未来的麦克卢汉：媒介论集》，何道宽译，北京：机械工业出版社，2016 年，“序言”。

③ 参见[爱尔兰]玛丽·艾肯：《网络心理学：隐藏在现象背后的行为设计真相》，门群译，北京：中信出版社，2018 年，第 40 页。

成的人与人之间的一种新支持系统，同时也是社交媒体演进过程的产物。

2.情绪管理社群凸显在线社交游戏倾向

社交媒体中社群的发展经历了从熟人社交到陌生社交的变化。网络社群是归属于某一集体的成员为了提高沟通效率、达成某一目的而成立的社群，如工作群、讨论群。此外，还有一种是成员因某种稳定的身份归属于某一群体而成立的社群，如家族群、同学群、舍友群、闺蜜群等。这两种社群都是基于熟人关系的社交。在熟人关系之外，社交网络为人们提供了陌生社交的机会，情绪管理社群是满足人更多方面精神需求的社群，从逻辑判断到情感连接再到情绪纾解，社群的形成从理性到非理性的变化显现出社交的游戏化倾向。格奥尔格·西美尔把社交看作是所有社会化活动的原型，他第一次将社交与游戏结合起来，提出“社会游戏”概念，既指人们在社交场所参与的各种游戏，也包括以游戏的方式进行聚集这个行为本身。① 赫伊津哈则将游戏视为一切文化的初始形态，是位于所有文明之前的根源性的行为模式。游戏是在限定的时间和空间进行的自由行为，是自发接受、绝对遵守规则的行为，是社交的重要形式。② 游戏的目的是要在行动过程中获得某种紧张或愉悦，在游戏中表现突出的人会获得其他成员的尊重或某种奖赏。但社交不仅包括游戏，还包括严肃的仪式，如葬礼、祭祀等。结合两位学者的观点，我们发现游戏与社交有诸多共通之处。作为一种新型社交群组，情绪管理社群是由为宣泄负面情绪或者求得正面鼓励的人组成的社群，有简单明确的规则，发言精彩、回复及时的人往往会获得其他成员的认可和尊重。此类社群的互动体现了游戏的四大构成要素：参与者、游戏规则、游戏目的、奖赏获胜者，四要素相互联系凸显了社交的游戏化倾向。

首先，情绪管理社群是拥有某种情绪需求的人在社交网络上自发自愿组成的社群。目前各大高校自发组建的“夸夸群”入群人数持续增加，虽已连建多群仍然无法满足需求，依然有大量学生有强烈的入群意愿，部分学生在学校早期的“官方群”之外自行组群。虚拟环境营造了自由和平等的社交氛围，成员发出申请即可进群，需求得到满足之后也可自行退群。在互动过程中，技术赋权使每个人提出请求或者进行回复的机会均等，权力分散到多个节点，成员的平等发言权得到最大限度的保障。除此之外，情绪管理社群的游戏特性进一步消除了群成员在心理上的不平等感。传统意义上功利性活动社群有森严的层级结

---

① 参见[日]山崎正和：《社交的人》，周保雄译，上海：上海译文出版社，2008年，第24页。

② 参见[荷]约翰·赫伊津哈：《游戏的人：文化中游戏成分的研究》，何道宽译，广州：花城出版社，2007年，第5页。

构，最高权力集中于一点，通过金字塔型权力分配将控制力扩大到整个组织。社群对成员有严格的制度约束，不允许成员随意进出，成员个人出于一定的目的依附于群体，把群体当作自己达成目的的手段。在情绪管理社群中，群成员共同持有一种价值观，即自由表达、快乐至上，遵循快适伦理。根据一项覆盖24个省(市、自治区)且成功回收到1020份有效问卷的高校“夸夸群”调查可知，高校喜欢“夸夸群”的人数(34.09%，348人)约为不喜欢人数(12.5%，127人)的3倍，持“喜欢”态度的学生认为在“夸夸群”中可以展示自己的文案，很有娱乐性。[①] 功利性目的的消失使有共同需求、共同爱好的人聚集在一起的行为本身成为目的，在这一宽松的大框架下，每个人相对于该目的都处在一个等距离的位置上，成员之间在互动行为的平等之外又获得精神上的平等。恢复了人人原有的尊严和自由，这是成员之间建立不即不离的合作关系的基础。

其次，情绪管理社群的互动是群成员于特定时间在社交网络空间进行的自由行为。在诸如此类社群中，匿名性保护使人们能够放心、大胆地宣泄情绪，但与游戏相类似，这种活动发生在人的日常生活之外。游戏可以构建起一个“魔环”，将参与者与外部世界暂时地隔离开。[②] 在“夸”“怼”“抱抱”等规则下互动，参与者既处在独特的兴奋感带来的情感刺激之下，同时拥有“那不是真的”的清醒意识。这意味着虽然大学生热衷于在情绪管理社群中以各种理由求夸奖或绞尽脑汁去夸别人，但依然能够意识到这终究只是一种新颖的社交语言和新鲜的社交游戏。如山崎正和所言：“游戏是建立在陶醉和努力参与、被动性与主动性的危险均衡之上的一种活动，因而可以说是一种极易失败的行为。”[③]如果沉迷和陶醉于社交互动，对自己的发言是否引起关注过度在意，社交游戏就会被功利心、虚荣心支配而演变为攀比、争吵；但过于冷静、被动，始终怀有“这不过是一场游戏”的旁观心理，则会丧失参与互动的热情而发生破坏规则的行为，造成一种“游戏犯规”。在游戏中，人们必须严格遵守规则及其细节，否则就不能成立。与日常生活中被强制遵守规则、制度不同，遵守游戏规则本身就是游戏的一部分，参与者在情绪管理社群简单明确的规则下进行互动，并且感受到畅所欲言带来的精神愉悦。言语得当、体谅他人，竭尽夸人与被夸者各自义务，使

---

① 参见李重志：《高校青年学生网络心理互助的自我发展：基于“夸夸群”流行现象的分析》，《青年学报》2019年第3期。

② 参见[美]凯文·韦巴赫、丹·亨特：《游戏化思维：改变未来商业的新力量》，周逵、王晓丹译，杭州：浙江人民出版社，2014年，第33页。

③ [日]山崎正和：《社交的人》，周保雄译，上海：上海译文出版社，2008年，第66页。

社交作为游戏而获取成功，这种努力成为获得成就感的一部分。在社交世界中，个人的自由与社群整体达到和谐统一得以并立兼顾。

最后，人们参与情绪管理社群的目的是为了宣泄情绪、排解压力或者获得支持，每个成员既是表达情绪的主体，同时也是积极发言的支持者或默默无声的倾听者。相对于表达情绪的简短语言，诸如“发烧了，求夸”“认真学习，求夸”等，互动过程中的及时回复和高质量反馈往往才是群友关注的焦点。社交互动中的对话本应以传达说话者的观点为目标，但是在情绪管理社群中，快速的回复、幽默风趣的语言、搞笑戏谑的表达、独辟蹊径的角度，这些令人耳目一新的或赞美或批评或安慰背后所塑造的才思敏捷、妙语连珠的形象更受重视。带有强烈表演性质的社交性对话忽略了对话的本来目的，而是将重点放在比喻、修辞、“抖机灵”和戏谑的语言游戏上，这最终导致开启对话的一方被忽视，而游戏表演取代了对话内容成为社交中的关键。“互怼群”与“夸夸群”，一个是针锋相对、言辞激烈的“对骂”，一个是天花乱坠、和风细雨的“赞美”，看起来是截然相反的两种社群，然而二者本质上是相同的。它们遵循本质相同的规则，“不管说什么都会被怼”和“不管说什么都会被夸”，无原则、无条件甚至无是非地表达反对或赞同意见。新兴游戏社交方式构建了一个新颖的狂欢空间，支配一切的是不受约束的自由畅谈，人与人之间不再因为现实生活中的性别、职业、收入、知识水平等差别而被分隔开来。人们回归到人本身，用夸张戏谑的语言释放情绪，仿佛获得一种新型的、再生的人类关系，暂时获得心理上的自尊和情感上的支持。

3.社交游戏场域的文字狂欢与虚拟认同

在人类发展的不同阶段，基于经济基础、社会文化、传播手段而形成了不同的连接形式。在农业社会，人们与邻居守望相助，通过与邻居的日常互动而建立认同，这是人与人连接的邻里时代；在工业社会，人们归属于某一工厂、企业，吃在食堂，住在宿舍，通过与同事的合作而建立认同，这是人与人连接的集体时代；在网络社会，人们基于相同兴趣或价值观聚合在一起，形成在线互动与沟通协作，这是人与人连接的社群时代。社交媒体正在以一种无缝连接的方式融入我们的生活之中，社交活动固有的游戏元素使在线社交呈现游戏化倾向。

(1)文字狂欢：个体展演的炫耀性社交实践

可移动设备的升级和移动网络的普及为移动社交提供了技术支持与物质保障。社交成为当今重要的流量入口，在线购物、游戏、出行、娱乐等手机应用软件无一不体现社交元素，“一键分享”打通了日常生活与虚拟世界的界限。移动社交为强化主体意识、建构多元主体形象以及发展参与能力提供了广阔的空间，个人依照喜好在社交媒体展示自己，或者活跃在不同网络群体，他们愿意付出大量时间、精力甚至金钱，往往不是出于功利的目的，而是为了表达观点、展示才华。移动社交时代，传播某种程度上体现的是非功利性的游戏化特征，“不论是在社会文化环境还是人的行为意识上，‘游戏化’趋势日益凸显”[1]，游戏化生存重构了虚拟与现实的边界，成为现代人表达自我的一种方式。情绪管理社群中的“无厘头求夸”“无缘由互怼”“无原则原谅”等社交表达，将传统的情绪管理所需要的心理分析、言语安慰和理性疏导变成一场文字游戏，正如巴赫金所言：“半现实半游戏的交往形式，同非狂欢式生活中强大的社会等级关系恰恰相反，人的行为、姿态、语言，从在非狂欢式生活里完全左右着人们一切的种种等级低位（阶层、官衔、年龄、财产状况）中解放出来。”[2]在匿名和屏幕的保护下，人们用文言、外语、诗词等丰富多彩的形式展示自己的才华，这种互动形式“使人们摆脱了刻板、僵化、静止的教条和等级制的束缚，使人们开拓性的、创造性的思维潜力从压抑中解放出来，并使人们能够洞悉按寻常角度看不到的深层的潜文本”[3]。作为一种个体展演的炫耀性社交实践，情绪管理社群中的“花式夸奖”是一种新型的社交沟通形式，它颠覆了日常生活中人们虽对他人心生敬佩但面对面却“夸不出口”的保守社交文化，改写和延伸了“夸赞”“表扬”的传统话语表达形式。“真正的游戏强调过程而不是产品，让观众有成为创造者的机会，而不仅仅是消费而已”[4]，每个人送出的夸奖都力求别出心裁、独具一格，“语不惊人死不休”，其包容性和延展性让每个成员跃跃欲试、争先恐后地送出“夸奖”，每个人都积极主动地参与“大型夸奖现场”，以幽默、戏谑、欢乐的方式进行表演。如同没有观众、全民皆演员的狂欢节，在“夸夸群”中，成员将表演与生活本身暂时画等号。在文字营造的互动情境中，没有强迫，没有约束，屏幕前每个匿名的主体都丢掉日常社交的规则，自觉参与到社群空间的生产互动中，通过这种自我表露获得情绪上的宣泄。哈佛大学神经学家戴安娜·塔米尔的研究发现，在社交媒体上自我表露、获得点赞会给人带来类似多巴胺分泌的大脑反应，这种

---

① 胡杨、董小玉：《游戏的人与游戏精神：移动社交时代的游戏化生存》，《新闻界》2017年第10期。

② [苏]米·巴赫金：《陀思妥耶夫斯基诗学问题：复调小说理论》，白春仁、顾亚铃译，北京：生活·读书·新知三联书店，1988年，第176页。

③ 夏忠宪：《巴赫金狂欢化诗学理论》，《北京师范大学学报》（社会科学版）1995年第5期。

④ [加]马歇尔·麦克卢汉、[美]昆廷·菲奥里、[美]杰罗姆·阿吉尔：《媒介与文明》，何道宽译，北京：机械工业出版社，2016年，第155页。

化学物质会让人感到快乐[1],积极的生理反馈驱动人们以更大的热情投入其中。

情绪管理社群成立的初衷是鼓励人们从积极和正面的视角看待生活中的挫折和失败,用表扬和夸奖传播正能量,使人们能够重新获得直面生活的勇气。只有合情合理的"求夸"和认真走心的"夸奖"才能在交流中分享和获取情感能量,从而真正帮助人们实现情绪的管理。互联网文化研究学者蒋建国在分析网络"点赞"这一流行交际符号时指出,当前社交网络用户随意使用"点赞" 符号制造出"同意"的虚假表象,造成意指空泛和情感缺失,不利于群体成员的相互沟通和文化共享。[2] 无条件、无原则的"夸奖"与随意"点赞"如出一辙,无法体现情绪管理社群的价值,管理情绪的初衷最后泛化为一场游戏。虽然戏谑诙谐、插科打诨的方式容易激起社交网络上的情感共鸣,但很难形成真正的社会资本。

(2)快乐幻象:游戏"魔环"提供的暂时性共情社交

斯蒂芬森的传播游戏理论认为,虽然大多数的传播活动具有传递信息的工具性,但是一部分传播本身不具备信息传播的特征,传播活动不是手段而是目的,这种传播是能给人带来快乐的传播。[3] 与游戏关注主体的自由、投入与愉悦一样,传播游戏并不强调具体的规则,而是强调人们在传播互动中的主观经验,即获得快乐和精神愉悦。在信息时代,消费主义的象征是把个人的自我满足和精神愉悦放在第一位。在这一文化语境中,基于趣缘的"共情社交"比基于职缘的"功利社交"更受年轻人欢迎,他们缺少生活的激情以至于互怼,缺少前进的动力以至于求夸。情绪管理社群如同年轻人建立的新型部落,"(新部落)没有惯常的组织结构的硬性指标,更多的是一种气质,一种意识形态,并且是通过推动表象和形式的生活方式来呈现的"[4]。在情绪管理社群中暂时摆脱和搁置现实生活,遵照简单明确的法则宣泄某方面情绪,并获得无条件的支持和认同。他们并不期待通过社交能够达到何种目的,而是享受通过无所顾忌的语言表达建立弱连接的过程本身。这种"空中楼阁"式的社交重新建构了一套社会体系,通过语言狂欢编织起独特风格的网络,暂时斩断了人们与真实生活的所有联系,成为"非生活化系统"。情绪不佳、顾虑重重的人在社交中找到了自由、轻松

---

① Diana I. Tamir, Mark A. Thornton, Juan Manuel Contreras, Jason P. Mitchell, "Neural Evidence that Three Dimensions Organize Mental State Representation: Rationality, Social Impact, and Valence", *Proceedings of the National Academy of Sciences*, 2015(11), pp.1-6.

② 参见蒋建国:《制造同意:随意点赞、惰性消费和社群文化的消解》,《南京社会科学》2019 年第 2 期。

③ 参见宗益祥:《游戏人、Q 方法与传播学:威廉・斯蒂芬森的传播游戏理论研究》,北京:中国政法大学出版社,2017 年,第 93～95 页。

④ Michel Malfesoli, *The Time of the Tribes*, Sage Publications Ltd., 1996, p.98.

和精神愉悦的感觉，他们觉得互相调侃能使人暂时忘却生活的全部职责与重担，像是在玩一种艺术性浓厚的游戏。这场游戏的进行稀释了现实的沉重负担，使其只能被远远地感知到。这种社交只是人们远离现实生活的一种逃遁，游戏的“魔环”将生活的压力暂时排斥在外，但压力并未消失，通过游戏化社交所赋予的情绪纾解带来的精神愉悦难以持久。

(3)虚拟认同：技术逻辑下主体的去本质化和虚无化

据中国互联网络信息中心统计，截至2018年12月，我国网民中20～29岁年龄段的网民占比最高，达26.8%；网民职业结构的统计以学生为最高，占25.4%；在网络应用使用频率的统计中，即时通信排在首位，且使用时长最长。在互联网文化研究中，这个年龄段的网民被称为“数字土著”，他们是中国第一代在数字技术和互联网已经诞生的世界中成长起来的人，每天大部分时间都与网络空间保持联系。“他们为自己创造了多种数字身份，这些数字身份与他们现实世界中的身份相互之间平行存在，同时生存。”[①]然而，他们并不将网络虚拟生活与现实生活截然分开，而是将其作为现实生活的延续。“数字世界为他们开启了挑战社会规范、探索趣味、发展技能、实验自我表达方式的可能性。这些活动让十几岁的孩子们着迷，因为它们提供的场所意味着世界的延展、自我导向的学习、独立。”[②]社交网络提供了自我展示和表演的舞台，在这个舞台上，他们创造了具有独特风格的社群文化，并通过网络关系构建起虚拟文化。

建立在弱连接基础上的情绪管理社群，与其他传播信息、沟通情感的虚拟社群相比，其独特的互动由发泄情绪和对情绪的回应两部分构成。无论是“互怼群”中非友即敌的“直接喷”还是“夸夸群”中的“卑微求夸”，这些激烈、低落的情绪所具有的不稳定性特征造成成员身份的流动性，因而形成分散随机的交往关系。正如斯蒂文森所说：“以情感为纽带所形成的新兴部落群体，其形成情感社群的技术使人们在短时间内产生的相互认同感和对某种事情报以的短暂热情，完全不同于传统社群赖以存在的稳定关系。”[③]情绪管理社群的建立源于人“本能上的同理心”：人们在人际交往过程中体会他人的情绪和想法、理解他人的感受和立场，并站在他人的角度思考和处理问题。[④] 但互动过程的游戏化倾

① ［美］查尔斯·斯特林：《媒介即生活》，王家全等译，北京：中国人民大学出版社，2014年，第184页。

② 马中红、陈霖：《无法忽视的另一种力量》，北京：清华大学出版社，2015年，第61页。

③ ［英］尼克·斯蒂文森：《媒介的转型：全球化、道德和伦理》，顾宜凡等译，北京：北京大学出版社，2006年，第228页。

④ 参见［美］尼古拉斯·克里斯塔基斯、詹姆斯·富勒：《大连接：社会网络是如何形成的以及对人类现实行为的影响》，简学译，北京：中国人民大学出版社，2013年，第54页。

向，弱化了基于同理心的情绪传染，因而人们也就无法站在他人的角度和立场上为其纾解情绪出谋划策。在前文提到的高校“夸夸群”调查中，尽管多数学生对互夸行为基本持正面态度，但是依然有相当比例的学生认为，互夸并未带来实际的正向影响，约有15%（153人）的学生认为心情并未得到好转，而另外约17%（173人）的学生认为无法适应陌生人华而不实的夸奖。[①] 情绪管理社群中，人们在匿名的保护下，对陌生人展开攻击或者极尽赞美，在游戏化互动中营造出热烈的氛围，而孤独的情绪却从一种个体的体验上升为一种群体的困境。雪莉·特克尔在《群体性孤独》中发出疑问：“为什么我们对科技期待更多，对彼此却不能更亲密？”在一群人“狂欢的孤独”中，情绪“管理”走向失败。

移动互联网带我们进入随时随地建立连接的时代，丰富的内容表现形式为我们提供了实现自身情感表达需求的舞台，满足了人与生俱来的参与社交的原始动力。人们得以在兴趣爱好、媒介接触以及消费习惯的基础上形成不同的社群，从而建立起各种“新型部落”。新社交方式鼓励个人以不同的角色、性别和身份自由地参与多个流动的、临时的、分散的而非固定的部落，从而在部落之间动态的、灵活的定位自我。通过新媒介内容产品，青年人在社交网络、在线游戏、视频平台、音乐 App 等不同社群中创造和传播文化，在自我表达的同时追求认同。加入某个部落社群成为青年人进入“狂欢仪式”的前提，他们用特有的符号系统、表达习惯以及语言风格强化相互之间的情感联系和价值认同，并以此证明自身有别于成人世界。青年亚文化通过新媒介技术的多媒介、多兼容、多互动的诸种特性，突破了传统社交文化风格的表达惯例，获得了更自如、多样化的表达方式，达成青年社群文化风格的转向。相对于抵抗现实世界存在的文化形态，新媒介时代的青年亚文化更倾向于表征以自我为中心的虚拟化、自我化的感性世界，情绪管理社群在大学生中的流行，凸显了当代青年无力应对现实生活中的压力和困境这一现实，他们的抗争意识被狂欢化的文化消费所取代，在“互怼群”用“非友即敌”的“骂”换取伪装的强大，或者在“夸夸群”以低姿态的“求夸”博取同情的安慰，在情感的宣泄中使心灵获得暂时的抚慰，在娱乐、戏谑的调侃和群体狂欢中获得短暂的精神愉悦。社交媒介为秉承快乐主义的青年社群文化的生成、发展提供了最为自由和宽松的游戏化“避难所”，青年人在社交媒体上的实践活动，演变成一种自我宣泄、自我呈现以及自我满足的技

① 参见李重志：《高校青年学生网络心理互助的自我发展：基于“夸夸群”流行现象的分析》，《青年学报》2019年第3期。

术方式和文化意义。作为一种浅表性的心灵按摩，情绪管理社群游戏化的互动过程最终不可避免地指向意义空洞和价值缺失，但对成年人标榜的成熟、稳重等社交礼仪的解构，依然凸显出青年人文化心理的意义向度，那就是宣泄不满、缓解焦虑、释放压力和获得支持，是对现实生活的一种游戏化和仪式化的温和抵抗。

四、直播式社交：主播的自我建构与身份认同[①]

新旧媒介之间从冲突到融合再到升级的螺旋式发展，形成了人类漫长的媒介发展史。大量的媒介事实表明，新媒介技术的发明者、早期的实践者以及忠诚的追随者总是青年群体，新媒介文化形态催生了青年亚文化表征及其亚文化实践。出生于1990年之后的中国青少年群体被称为“网生代”“网络原住民”或“网络土著”，互联网的每一次变革都对他们的生活、学习以及步入社会后的工作产生了快速而深刻的影响。发端于2015年的网络视频直播具有很强的“造星”能力，“网红主播月入过万”“某网红主播成为某位明星女友”等此类新闻屡见不鲜，直播已然成为青年人成名获利的捷径，吸引了很多青年人去尝试使用这种媒介。根据第48次中国互联网络信息报告显示，截至2021年6月，网络视频直播用户规模达到6.38亿，2020年上半年国内电商直播超过1000万场，活跃主播数超过40万，观看人次超过500亿。据专注于对网络直播行业进行统计调查的网站调查，在单日主播收入榜TOP100中，女性主播占87%，单日收入过万的18位主播中，女性主播为14人。[②] 女性主播形成一个特殊群体，她们通过视频直播与用户同步互动和交流而创造了一种特殊的亚文化形态。

网络视频直播近三年来从资本到市场都获得了稳步增长，从用户年龄和用户规模来看，这种媒介形式已经深深地渗透到青年女性群体的社会生活之中，青年人独特的自身实践、社会化分享以及弹幕评论等技术又不断放大和强化着女性亚文化。网络视频直播的积极使用对青年女性形象产生了什么影响？女性在拥有更多表达平台后，有无深化女性议题，是否突破媒介刻板印象？本部分在皮埃尔·布尔迪厄(Pierre Bourdieu)场域理论及爱德华·索亚(Edward Soja)“第三空间”理论的指导下，通过分析青年女性在网络视频直播的内容生产、扩散传播以及在现实世界的蔓延中产生的影响，探讨网络视频直播中青年

---

① 参见王婷、刘乾阳：《网络视频直播空间中青年女性的自我建构与身份认同》，《当代青年研究》2019年第4期。

② 《单日主播收入榜TOP100》，2021年2月16日，http://www.itoubu.com/allincome。

女性亚文化实践所蕴含的意义价值。

1.主播的自我建构:网络视频生活的三大场域

(1)网络视频直播建构的三大场域

直播将主播生活分割成具有不同关系的空间,这些关系空间可以被看作是法国社会学家皮埃尔·布尔迪厄所提出的“场域”。所谓“场域”,指人的每一个行动均受行动所发生的物理环境、他者及诸多相关因素的影响,“位置之间客观关系的网络或图式,这些位置都是通过其在各种权力或资本结构中显性或隐性的情境中被界定的,也是通过与其他位置之间的客观关系(如统治、从属、同一等)界定的”①。

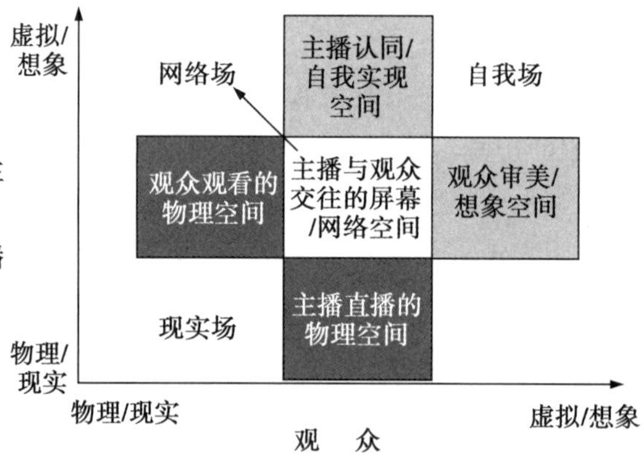

图 2-7 网络视频直播的三大场域

网络视频直播用户包括主播与观众两大群体,在视频直播的大场景下,主播与观众所处的空间位置关系如图 2-7 所示,构成了网络视频直播场域。网络视频直播场域分别将观众和主播的生活分割成现实世界的物理场域、视频直播的网络场域以及自我实现的精神场域。主播网络视频直播生活的三个场域暗合了爱德华·索亚的空间理论:第一空间是生活空间,属于物理的、物质的、经验的和感知的,是通过观察、实验等手段可以直接把握和度量的;第二空间是想象空间,是属于精神的、话语的、意识形态的和乌托邦的;第三空间建立在真实物质世界的第一空间视野和根据空间性的想象来阐释的第二空间视野基础之

① [美]戴维·斯沃茨:《文化与权力——布尔迪厄的社会学》,陶东风译,上海:上海译文出版社,2012 年,第 136 页。

上,融合了真实和想象的一种具有差异性的空间。[①] 网络视频直播依托于互联网空间,但并未止于互联网空间,直播内容的不确定性和一定程度的随意性使主播在现实的物理场域与虚拟的网络场域之间自由切换,主播与观众的互动和交流在真实空间与网络空间相交地带创造了“第三空间”——在真实空间基础上,经过人为修饰和技术美化形成的次真实性虚拟化交往空间。

视频直播活动的物理场域,对应索亚的第一空间,在这个空间中主播主要处理与管理者——网红经纪公司以及直播平台管理者的关系,有时这二者可以合二为一。主播与经纪公司签订合同,并接受其专业培训和人物设定。借助新媒介技术,主播构建起虚拟但是有边界的“第三空间”。“场域的界限位于场域效果停止作用的地方”[②],为了获取关注度和点击率,用户可以直接打开直播视频观看,但是想要通过发送弹幕进行评论,就必须注册为这个直播平台的会员。观看视频直播与发送弹幕是增强观众参与感的两种形式,通过注册登录的方式就可以将一些不适合沉浸式观看的人排除在外,主播、平台以及观看者共同建构起视频直播场域的边界。

(2)卧室的符号暗示:第三空间中的自我建构

主播往往将直播空间装扮成卧室或者就在卧室进行直播,这个空间符号暗示主播避开权威人士及主流意识的监管,在私人空间中向屏幕后的陌生人展示自我。随着新媒介越来越广泛地渗透到我们的生活中,私人空间与公共空间的界限越来越模糊。戈夫曼用拟剧理论的前台和后台分别描述人们在社会交往和人际互动的不同场景中行为表现的差异性,前台与后台之间必须人为隔离,以保证互动仪式的完整性和可持续性。[③] 戈夫曼所处的时代是传统媒体占主导的时代,私人空间与公共领域界限分明,那时期的女性卧室具有强烈的私密性乃至神秘性。进入网络时代,人际互动场景扁平化,传统社会交往中的前台/后台界限变得模糊,出现了梅罗维茨场景融合理论中的“中区行为”[④]。网络视频直播颠覆了“卧室”这一传统媒体时代代表私密、自我和对抗的具有后台特征的

---

① 参见马中红、陈霖:《无法忽视的另一种力量:新媒介与青年亚文化研究》,北京:清华大学出版社,2015年,第202页。

② [法]皮埃尔·布迪厄、[美]华康德:《实践与反思:反思社会学导引》,李猛、李康译,北京:中央编译出版社,2004年,第138页。

③ 参见[美]欧文·戈夫曼:《日常生活中的自我呈现》,冯钢译,北京:北京大学出版社,2008年,第19~21页。

④ [美]约书亚·梅罗维茨:《消失的地域:电子媒介对社会行为的影响》,肖志军译,北京:清华大学出版社,2002年,第87~90页。

符号意涵，私人生活的媒介化使人际交往的前台向后移动。在直播空间，主播被观察和注视的时间越久，她们就会不自觉、下意识地剥去其社会的标志和姿态的外衣，这种做法像心理上的“脱衣舞”，她们用私人的、个性化的、私密的行为和情感（如吃饭、睡觉等生理性行为以及沮丧、焦虑等负面情感）满足观众的窥视欲，用私人空间去换取关注进而获得经济资本。

在第三空间中，女主播将第一空间中被压抑的现实自我和第二空间中想象的理想自我交织杂糅，消解物理场域中意识形态话语，并将自我场域中的想象付诸实践，最终实现全新的自我建构。直播场域中堆满卡通玩具的床、发出柔和的光的台灯、紧拉的窗帘等布置和装扮暗示着直播活动正在卧室进行，人在这样的私密空间穿着舒适随意是正常的，但“前台”的后移将卧室和主人清晰呈现给不明数量的、隐蔽的陌生人。不唯如此，主播还通过出位的舞蹈动作等形式借身体表达以实现其更为复杂的社会功能。正如周宪在分析视觉文化时所说：“身体是一个充满张力的场所。它作为一种社会交往的符号，不断受到社会关于身体的权力话语（美/丑，健康/病态，活力/衰朽，正常/反常等）的支配。”①主播展现的是自然的、生理的身体，借助于种种先进的视频美化技术诸如滤镜选择、拍摄视角调整以及数字技术处理等呈现出完美的、理想的、观众接受的身体。克里斯·先令（Chris Schilling）解读身体的生理性受到社会范畴的更改时提道：“身体倾向越来越成为现代人自我认同的核心。”②在当代以自我为中心的消费文化中，身体被看作是一种可以被塑造并用于满足个体欲望的形式，成为日常生活和事业规划中的一部分，主播从身体上建构出年轻、美丽的自我形象，满足了观看者的视觉愉悦，从而获得经济资本以满足自己的欲望。

2.主播的身份认同：网络视频直播场域塑造的草根明星

网络视频聊天的社交在场性是对非现实即虚拟的一种调和，带有某些象征性的挑战意味，弥补了用户在现实生活中因社交圈子小而不易找到志趣相投之人的不足，网络陌生交友扩大了他们的交友圈子。这种新颖、独特又刺激的交友方式逐渐吸引了更多的用户，于是商业资本闻风而动，系统化地组织和培训专门的“陪聊”人员以获取利润。霍尔认为：“十几岁人的文化是货真价实的东西和粗制滥造的东西的矛盾混合体；它是青年人自我表现的场所，也是商业文化提供者水清草肥的大牧场。”③随着一系列原则的确立和交友门槛的提高，网

---

① 周宪：《视觉文化的转向》，北京：北京大学出版社，2008 年，第 330 页。

② Chris Schilling, *The Body and Social Theory*, London: Sage, 1993, p.35.

③ Stuart Hall, Paddy Whannel, *The Popular Arts*, Boston: Beacon Press, 1967, p.276.

络视频直播形成一种互联网新业态，产生了新的消费商品——主播的表演及聊天，涌现出大量的网红主播。

(1)媒介工业对主播的市场化控制

网络自媒体时代的大众娱乐正在打破传统精英化的形式和教育特权，媒介接触向更广泛的阶层开放。2017 年，腾讯研究院联合龙珠直播平台对全国4500 多位主播进行问卷调查，数据显示，在花椒、映客、一直播等几大主播平台，累计参与的主播规模已超过 350 万人，与国家统计局公布的 2015 年信息传输、计算机服务和软件业城镇单位就业人员数量相当，甚至超出文化、体育和娱乐业城镇单位就业人数的两倍。从地域分布上看，一线城市主播仅占一成，超过八成聚集于二线及以下城市和农村地区，其中三四线城市和农村地区主播占比一半；从学历上看，处于高中、大专和初中学历的人群占比近 80%。[①] 这一调查说明，与传统职业相比，主播这一新兴职业在一定程度上减轻了对学历、地域等一些硬性条件的要求，呈现草根化和中等学历的特点。格雷姆·特纳(Graeme Turner)将媒介中涌现出的越来越多的草根明星、普通名人现象归结为媒介的"民众化转向"，即"日益明显的'普通人'通过名人文化、真人电视、自制网页、谈话类广告等方法，把他们自己变成媒介的内容"[②]。主播与观众被嵌入娱乐工业的实践和文化迷思中并加以组织化和系统化。视频直播的真实性是一种供需双方合谋的共同建构，主播将后台挪到前台，使观众所观看的是正在发生的。此外，观众还可以要求或者规定表演者的表演内容，这增强了观者的幻想，即正在观看的就是真实的。网络视频平台懂得如何招聘、包装、营销及贩卖自己的名人，知道对他们如何进行市场化运作才能够获得最大利润。亚文化风格一旦被商业操纵和利用，它必将抛弃最初的独创性、挑战性和对立性，在商业和消费力量的介入之后，将以消费者的需求为导向，以市场稀缺为准则，以最大限度的获取利润为目的，从而削弱或消弭了对传统社交的颠覆和抵抗力量。[③] 青年亚文化与商业文化是"收编"与"被收编"的关系，网络视频直播与商业资本合作使起初自由交友的理念一步步迫近"死亡"。

---

① 参见孙怡、严华雯:《2017 网络主播新风尚》，2017 年 5 月 16 日，http://www.tisi.org/4894。

② Graeme Turner, *Ordinary People and the Media*, London: Sage, 2010, p.2.

③ 参见[美]迪克·赫伯迪格:《亚文化:风格的意义》，陆道夫、胡疆锋译，北京:北京大学出版社，2009 年，第 96 页。

(2)身体资本的交换与媒介性别刻板印象的强化

布尔迪厄的场域理论中还有一个重要的概念——资本。根据布尔迪厄资本观,各种类型的资本,诸如社会资本、文化资本、政治资本、经济资本等,在特定条件下可以按照一定比率相互转换,最终都可以转换为经济资本,经济资本则可以转换为金钱的形式向后代传递。[①] 在视频直播中,主播用身体资本与观看者的经济资本相交换,主播获得金钱满足,观看者获得精神满足和视觉快感。这种交换得以实现的前提是,代表着主播年轻、美丽性感的身体是有市场需求、有价值的资本来源。

马克思在其《1844年经济学-哲学手稿》中有关于人对物体的塑造的一段著名论述:"人却懂得按照任何一个种的尺度来进行生产,并且懂得处处都把固有的尺度运用于对象;因此,人按照美的规律来构造。"[②]可见,人们按照社会流行的大众审美规律塑造身体也是一种生产。一个人如果接受这种审美观念就会竭尽全力地改造自己的身体,同时也在用自己的身体向他人传递和扩大这一话语。主播往往通过采用外科整形、锻炼健身等"硬技术"和穿着、化妆等"软技术"相结合的方式改造身体形象,分割化的身体部位无一不符合当前的审美标准,其最终目的是迎合观看者审视、凝视和窥视的眼光,满足其不在场的欲望。在一段直播中,穿着暴露的主播边演奏古筝边与观众互动,观众则用露骨、直白的语言谈论女主播的身材、长相,这样的场景在泛娱乐直播间并不鲜见。双方最终在各取所需和资本交换下使各自欲望得以满足。笔者认为,身体资本无法完全符合布尔迪厄所说的经济、社会、文化资本中的任何一个,是一种复杂的资本形式,它既是自然的、个人化的,又是人为的、社会化的;既是生理的存在,也有权力的作用;既是肉身的展示,又是文化的较量,是一种受经济、社会和文化等多种因素作用和影响并最终可以转化为经济资本的一种特殊资本形式。

网络视频直播为女性提供了拓展和深化女性议题的平台,她们因此获得谈论和表达女性价值、争取多元选择、参加社会公益等的机会,在资本的控制、市场的操纵和消费主义的裹挟下,青年女性并未做到自主表达,而是以男性视角看待女性的方式将自己塑造成性感、温柔、可爱、善解人意、身材曼妙的"摩登女郎",自觉强化了大众媒介长期以来形成的男性与女性的"看"与"被看"的关系,强化了女性媒介的刻板印象。

---

① P. Bourdien, "The Form of Capital", in G. R. John (ed.), *Handbook of Theory and Research for the Sociology of Education*, Greenwood Press, 1983, p.241.

② 《马克思恩格斯选集》第1卷,北京:人民出版社,2012年,第57页。

美国心理学家埃里克·H.埃里克森(Erik H.Erikson)认为,青年亚文化兴起的原因之一就是青年人的认同危机。社会的媒介化使青年迷失于各种信息化洪流所构建的图景中,但同时又为他们提供解决“认同危机”的条件。为了寻找认同,他们热衷于追求可以被视为榜样的人、观念、行为以及物品,并制造出各种独特的风格作为群体的区分,以此回答“我是谁”“我处于何种位置”“我要去哪里”等身份问题,从而获取“青春期最重要的成就感”[①]。视频直播生产了主播与观众的媒介身份,主播既是生产者也是偶像;观众既是消费者也是粉丝。网络视频直播分别建构了主播与观众什么样的身份认同?这种身份认同如何影响他们在直播场域的行为?

(3)主播建立个人品牌,获得身份认同

青年女性直播是为了建立个人品牌,通过为粉丝提供价值而获得在线身份认同 。直播活动在主播与观众的互动中进行,主播为满足观看者的需要而构建出来多重身份,诸如聊天时像善解人意的“知心姐姐”、跳舞时像性感妖娆的“摩登女郎”、唱歌时像温柔多情的甜美萌妹,主播在切换、摸索、探视的过程中建构起身份的流动性、转化性与多重性。道格拉斯·凯尔纳(Douglas Kellner)指出:“在后现代的文化中,主体已经被分化成一种越来越欣快但又支离破碎的变数,而非中心化的后现代自我也不再感到焦虑,同时也不再拥有深度性、实体性和一致性。”[②]主播的身份获得感源于表演和消费性质,直播平台为主播提供了自我展示与表演的舞台,主播在可换取金钱的虚拟礼物和赞美之词中肯定自己的存在价值。视频的可见性、即时性放大了“成就感”并提高了“个人品牌”的显著度,是人在媒介社会建立身份认同的有效方式。网络视频直播场域中,主播与观众进行选择性互动,其中主要包括感谢观众的礼物,回答一些关于自身的问题,比如身高、体重、是否结婚等,鼓动观看者关注并注册为会员,并怂恿他们给自己送虚拟礼物。主播边看评论边与观众互动,造成一种看似自言自语实则是在与多人互动的现象,极大模糊了虚拟和现实的界限,增强了媒介的伴随特性。乔治·格伯纳在教养理论中提到的“共鸣”,是指自己的现实经历或情感历程与媒介内容吻合时,教养的效果达到最大化。[③] 网络视频直播塑造了粉丝对

① [美]埃里克·H.埃里克森:《同一性:青少年与危机》,孙明之译,杭州:浙江教育出版社,1998年,第198~202页。

② [美]道格拉斯·凯尔纳:《媒体文化——介于现代与后现代之间的文化研究》,丁宁译,北京:商务印书馆,2004年,第397页。

③ 参见[美]沃纳·赛佛林、小詹姆斯·坦卡德:《传播理论:起源、方法与应用》,郭镇之等译,北京:华夏出版社,2000年,第293页。

草根明星的认同，伴随式的媒介特性增强了重度使用者“与他人同在”“有人陪伴”等感觉的真实性，当作为偶像的主播提出送礼物、求关注、上头条等要求时，容易使观看者产生互动欲望，进而从物质和精神双重层面满足主播，帮助其在与其他主播的竞争中胜出，从而获得“当红主播”的认同感。

(4)观众与主播互动，获得情感陪伴

观众观看视频直播的重要动机是为了获得陪伴感。原子化社会中，人与人在情感上越来越独立而疏远，但是因各种角色和身份又产生纵横交错的关系。根据相关调查，在直播观看者集中的北上广深等一线城市，独居的“空巢青年”比普通青年更易感觉到孤独，在情感上有获得陪伴和慰藉的需求。网络视频直播主题的随意性、主播在屏幕上的可见性、观众的隐身性及评论的文字性都赋予这种媒介以伴随的特征，在视频直播观看者的亚文化社群成员之间形成匿名、不相往来的平行默契感。相对于现实生活中人们身份间的交叉关系和地位规则，平行关系的魅力在于其各取所需、互不侵扰的安全性和无负担性。虽然一些主播在视频直播这个行业中获得较高的经济回报，但是“直播”“网红”在大众舆论中的评价还是处于较低水平，因而一些直播观众并不太敢在现实生活中的他者面前表现出来。但是在视频直播空间，观众可以隐身在屏幕后，摆脱原身份的束缚，并与其他观众形成群体而获得身份认同。

网络视频场域中的观看者群体形成一个子场域，表现和贡献不同的观看者在场域中占有不同的位置，如打赏金额多的观看者往往会被主播反复点名感谢，打赏金额少的观看者偶尔会被主播提及，此外还有只评论不打赏的、围观者（登录但不打赏也不评论）以及潜水者（未注册登录，不能发表评论），围观者和潜水者会受到主播乃至打赏金额多的观看者的言语攻击。不同类型的观看者在直播间的位置存在的客观关系形成一个网络，“社会成员因占有不同的位置而获得不同的社会资源，社会资本是实际或潜在的社会资源的集合体，由这些资源形成的网络是大家共同熟悉的、得到公认的，而且是一种体制化的网络，由会员制相联系，它从集体性拥有资本的角度为每个会员提供支持，提供为他们赢得声望的凭证”[①]。粉丝通过群体共同努力使同为普通人的主播获得更高的知名度和更多认可，从而获得集体感、存在感和满足感，获得“团体中一员”的认同感；主播则在视频直播场域形成的第三空间塑造了在现实场的第一空间和自

① [法]皮埃尔·布尔迪厄：《文化资本与社会炼金术》，包亚明译，上海：上海人民出版社，1997年，第202页。

我场的第二空间的直播明星的身份认同。

3.价值冲突:青年女主播场域互动的影响模型

青年女性的网络视频直播使用行为是个人在自我实现与金钱获得方面的需求通过媒介使用达到满足的过程。如图 2-8 所示,直播过程将现实场、自我场和网络视频场串联起来,现实场中的需求在自我场中被感知、筛选并得到解决方案,随之投放到网络视频场中寻求满足。从某种意义上说,这一过程是青年女性通过媒介使用获得满足的过程,将会影响到个人内在和外在性的结合,并最终影响他人对媒介的使用,甚至引起现实场中社会、经济、政治和文化等结构的变化。

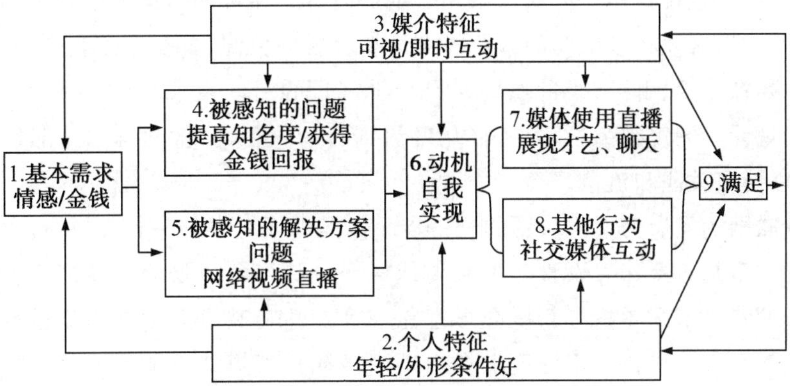

图 2-8　女主播场域互动的影响模型

网络视频直播为女性提供了展示自我、表达自我的平台,构筑了当前自媒体视觉转向中的青年女性亚文化情境。但是由此也产生了一系列问题,诸如未成年人偷父母钱打赏主播、主播间为争夺粉丝展开的不良竞争、观众的隐身性造成弹幕语言粗俗等问题屡屡发生,而这些问题的影响范围并不限于直播场域,而是延伸到主播及观看者在现实场与自我场中的认知和行为。直播场域中女性青年亚文化的伦理困境由诸多因素造成,如主播金钱诉求导致其可能在吸引关注时会碰触底线,观看者的隐身状态和窥视欲望使得其在弹幕语言上具有随意性等。这些问题是现象表层的简单归因,“媒介使用不仅是一种传播技术的扩散现象,更是一种被社会结构、社会实践塑型的结构,我们需要寻找影响媒介技术采用的深层次原因。”[①]青年女性做主播的动机是提高自己的影响力和原创力，并推广个人品牌，在此基础上，通过直播平台变现，获得精神和物质上的双重满足。网络视频直播既保持了传统电视媒体灵活生动、直观形象的表现形式，又具有互联网按需获取、实时互动的交互特性。观看者可以获得在场感，同时其快速、开放、共享、自由及可存储性的特性将沟通和应用变得更加方便。这些优势赋予了主播可以自由采取多元化的方式向观看者传递信息或交流互动。然而，视频直播的可视性为主播提供多种可能的同时，又凸显了视觉因素在直播中的作用。据思科公司(Cisco)报告显示，到2019年，互联网80%的流量将由视频贡献，媒介社会进入视觉为王时代。[②] 为了获得更高利润，直播平台通过利润分成、设置排行榜等方式刺激主播生产内容。在视频直播平台资本运作的逻辑下，主播必须在较短时间内获得大量观看者的关注，要在激烈竞争中胜出，这就需要在谈话、聊天、唱歌及跳舞等合乎规定的活动中求新求变。为了满足隐身的观看者的窥视欲，部分主播从言语到行为打色情“擦边球”，把底线当作上限，以博取关注和流量。

互联网的发展为女性议题的进一步深化提供了有力的平台支持，自由表达机会的增多是否意味着女性会突破传统媒介刻板印象以摆脱男性凝视？本书在这样的背景下试图探寻新媒介形态能否为女性突破媒介刻板印象进行自主表达的答案。结果在一定程度上揭示了网络视频直播并未能帮助女性打破媒介刻板印象，直播过程中女性以男性视角从外貌身形到语言表达重塑自己，以吸引关注从而获得金钱回报以及草根明星的认同感。

网络视频直播是青年女性亚文化实践对当前男性主导的媒介环境的一种颠覆与抵抗，释放被压抑的声音和被遮蔽的面貌以展示多元的自我，这一媒介行为本身可以构成多元文化形态。然而，在图像资本与视觉消费的合谋下，视频直播场域中青年女性亚文化不可避免地带有色情营销和低俗炒作的色彩，再现甚至加深了媒介刻板印象。视频直播对青年女性的价值再造，更多地强调网络视频场域对青年女性自我场域的影响。网络视频场域的积极影响会促成自我场域中青年女性更加主动、多元地展示自我，更加理性看待网络视频场域中与观看者的互动及商业逻辑；网络视频直播场域中的消极影响会加强青年女性

---

① 樊佩佩：《从传播技术到生产工具的演变——一项有关中低收入人群体手机使用的社会学研究》，《新闻与传播研究》2010年第1期。

② 参见《思科：视频将推动互联网流量大规模增长》，2015年5月28日，http://www.cnbeta.com/articles/tech/397877.htm。

对自身的低水平评价，在使用过程中容易造成自我认知偏差，进而影响其现实场域中的生活、工作及人际交往。网络视频场域中正面的、积极的影响对于青年女性自我场的发展有积极推动作用，对于其形成正确的价值观、职业观及心理健康都有积极的作用。但是，网络视频场域中无序竞争及消极内容的存在，对青年女性的自我发展有消极作用。这就需要现实场域的适当介入与协调，具体表现为政府政策的正面引导、法律法规的规制。例如，2017 年 3～11 月，全国“扫黄打非”办公室将开展“净网 2017”专项行动，其中打击和肃清的首要重点就是网络视频直播平台，督促平台完善内容审核机制。总之，现实场域的介入、青年女性主播的自我调适以及网络视频直播平台的自我管理是保护和维持网络视频直播健康发展的重要策略。

本章小结

人是社会性动物，交流是人的本能。人类自诞生之日起就通过不同的媒介与在场的和不在场的对象进行交流。固定电话诞生之前，人们与不在场的人交流只能发生在特定的物理空间，进行异步延时交流。固定电话弥补了延时带来的信息延误和情感压抑，但是人类依然无法摆脱特定物理空间对人的束缚。手机媒介的移动性和便携性方便了人们在移动中与不在场的人进行即时交流，满足了人们随时随地交流的欲望，而网络技术又拓宽了人们社交的广度。手机传播技术的进步使信息传送和情感表达实现了从单一到综合、从一对一到一对多、从即时同步到自主回复等多方面的变迁，手机媒介构建的交流方式从音声通话的口语交流到短信功能的文字交流，再到融合音、文、图、像为一体的即时信息交流，实现了向面对面交流的回归。手机媒介发展的“人性化趋势”是人们理性选择的结果，通过对自我的理想化设计和对方的理想化想象，人们的交流变得更加顺畅。这是对手机媒介社交持肯定态度的一方经常提及的观点。然而，人的时间和精力是有限的，而人的身体又常常与科技“共谋”，人们过度使用手机媒介进行社交势必会影响现实生活中的面对面社交。在现实生活中，人们仍有许多需要与真实的对象进行面对面的直接交流或者需要即兴发挥的场合，这种场合的交流不会提供像手机交流时的两种选项而让应答者自由二选一。那么，经常使用手机进行社交而忘记或者没有掌握面对面交流技巧的年轻人该如何应对？如何才能将媒介社交与面对面社交更好地结合在一起，从而将线上弱关系转化为线下强关系？本书认为，精准化匹配、增加线下活动的丰富性以及熟人与陌生人社交相融合的手机泛在化社交，能够很好地解决上述手机社交所引发的人际关系和社会秩序问题。借助手机媒介，泛在化社交使人在健康、合理的社交活动中创造更加美好的生活成为可能。以解决生活中存在的具体问题为出发点，设计建立相应群组，通过线上互动协调和线下合作完成的社交应用是未来手机媒介社交的发展方向之一。这种渗透在生活中的泛在化社交，为线上关系转化为线下关系提供了沟通的桥梁，能够有效地将网络的虚拟资本转化为现实生活中的社会资本。在这个过程中，手机起到了组织、协调的媒介作用，它将真正的社交还归到现实生活。

第三章　手机媒介重构传统内容产业

手机文化产品和增值服务的生产与消费催生了手机媒介的内容产业盈利模式。搭载在手机媒介上的游戏、报纸、广播、图书、视频、音乐以及第三方应用等内容在满足消费者对精神文化多样化需求的同时，也在拓展和延伸着手机内容产业链。手机媒介在与传统媒体和新媒体内容融合中产生了巨大的经济价值、文化价值和社会价值，但不可回避的是，作为新兴业态，手机内容产业在发展中难免会产生一些新的问题。因此，本章选取手机报、手机游戏、手机音乐产业、手机音频、手机视频等为例，对这些问题进行深入探讨，以期为问题的解决提供一些新思路。

第一节　手机媒介与内容产业的融合历程

手机媒介以其便携性和多功能性成为距离用户最近的媒介终端，被称为“影子媒介”①与“带着体温的媒介”②。通过手机终端向用户提供的内容产品和第三方应用在满足了人们休闲娱乐的需要以及方便了人们生活的同时，它们在媒介融合的前提下形成了新的产业形态。手机内容产业以其特有的经济属性、文化属性和社会属性获得了国家战略的有力支持。

一、“文化产业”和“内容产业”的内涵与外延

自古以来，文化就是一个非常宽泛的、包罗万象的概念，很难给它下一个确切的、统一的定义。美国文化人类学家阿尔弗莱德·克罗伯(Alfred Kroeber)

① 王萍：《中国当代社会手机文化研究》，北京：华夏出版社，2008年，第46页。

② 李益：《数字化媒介环境下的传媒审美文化》，北京：北京联合出版公司，2014年，第79页。

与克莱德·克拉克洪(Clyde Kluckhohn)在 1952 年出版的《文化:概念和定义的批判回顾》中列举了欧美历史上 160 多种对文化的定义。他们将这些定义按照哲学、艺术、教育、心理学、历史、人类学、社会学、生态学以及生物学九大主题进行分类,希望能够对文化做全面的理解。[①] 半个多世纪以来,两位学者对文化定义的研究被文化学以及相关领域的学者奉为经典。尽管如此,后人依然从各自的学科角度来界定文化。威廉姆斯认为,"文化是一个独特人群或社会团体的'生活全貌'"[②]。从这个定义出发,文化是人类全部生活形态的反映。文化定义的宽泛性直接导致对"文化产业"表述的众说纷纭,不同国家和地区根据强调与侧重的不同对"文化产业"的内涵和外延作出了不同的规定。中国大陆地区所称的"文化产业"在台湾地区被称为"文化创意产业"(简称"文创产业"),在英国被称为"创意产业",在美国被称为"版权产业",而在日本则被称为"内容产业"。

人们对精神文化的需求与物质发展水平相适应,新中国成立后到改革开放前,我国人民的需求更多地体现在衣、食、住、行等物质层面上,对精神文化、娱乐休闲的追求意愿相对较低。20 世纪末,随着国民经济的快速发展,我国人民的物质水平得到很大程度的提升,受教育水平和国民文化素质也在逐步提高,兼之科学技术在生产中应用的普遍推广,将人们从繁重的日常工作和劳动中解放出来。这使得人们有了更多的闲暇时间以供休闲和娱乐,他们对精神文化产品和文化服务的需求日益旺盛。在这样的发展背景和文化形式下,我国需要积极发展文化事业及文化产业。2000 年 10 月,党的十五届五中全会提出要"完善文化产业政策,加强文化市场建设和管理,推动有关文化产业发展",这是我国首次在国家级文件中提出发展"文化产业"。2004 年国家统计局印发了《文化及相关产业分类》,其中就给 "文化产业"下了定义:为社会公众提供文化、娱乐产品和服务的活动,以及与这些活动有关联的活动的集合。这一定义是根据中国国情,对文化产业的概念和范围进行的界定,是国家发展文化产业的政策表达,但并未明确指出文化产业的市场特征。我国文化产业理论与政策研究专家胡惠林教授在梳理了国际和国内学者对文化产业的不同界定之后认为,不同人、不同团体、不同国家和地区对文化产业的认识存在着差异,这是因为人们对文化产业的认识取决于这个国家或者地区产业化水平及科学技术的发展程度。

---

① Alfred Kroeber, Clyde Kluckhohn , *Culture*: *A Critical Review of Concepts and Definition*, New York: Vintage Books, 1963.

② R.Williams, *Cultural*, London: Fontana,1981, p.11.转引自刘丽云:《中国"嵌入型"文化产业集群发展研究》,北京:社会科学文献出版社,2014 年,第 50 页。

尽管由于出发点和角度不同，不同学者给出文化产业的不同定义，但是这些定义都突出了文化产业具有的“文化性”和“商品性”的双重属性，即文化的经济化和经济的文化化。

20世纪90年代以来，继蒸汽技术革命和电力技术革命之后，人类进入以原子能、电子计算机、空间科学技术和生物工程的发明与应用为代表的第三次科技革命。在以计算机技术和电信技术为代表的信息技术的推动下，文化、商品、经济和技术在全球范围内加速流动，不同产业相互融合，改变了传统的产业形态并催生出网络文化产业等新兴文化业态。2009年7月，国务院审议通过我国第一部文化产业专项规划——《文化产业振兴规划》，标志着我国已经从国家战略的高度发展文化产业，并将数字内容列为国家重点推进对象。2012年，国家将文化及相关产业分为五层，核心层是文化及相关产品的生产，包括新闻出版发行、广播电视电影、文化艺术、文化信息传输、文化创意和设计与文化休闲娱乐等，这些是文化产业发展的主体力量。2013年，我国文化产业增加值为21351亿元，比上年增加2010亿元，增长11.1%。其中，“文化产品生产”所创造的增加值为12695亿元，占59.5%。[①] 我国文化产业核心层范围与大卫·赫斯蒙德夫提出的“核心文化产业”基本重合，他认为：“文化产业指与社会意义的生产最直接相关的机构（主要指营利性公司，但是也包括国家组织和非营利组织）。”[②]不论人们对文化产业的定义有何不同，文化产业相关活动的首要目标就是在与受众沟通的基础上创作内容，核心文化产业包括广告与营销、广播（无线电与电视产业）、电影产业、网络产业、音乐产业、印刷业与电子出版业、视频与电脑游戏等。

上文提到，日本的文化产业又称为“内容产业”，日本在2007年出版的《数字内容白皮书》中将“内容”界定为“在各种媒体上流通的影像、音乐、游戏、图书等，以动画、静止画面、声音、文字、程序等要素构成的信息内容，分为影像、音乐（声音）、游戏、图文（图书、报纸、图像、文字）四大类”[③]。这种表述恰如其分地契合了当下文化产业的信息化本质，归纳出了数字内容产业的主要领域。因此，本书将手机媒介所承载的文化产品和文化服务称为“手机内容产业”。手机内容产业是指以营利为目的，由专业的内容生产商或传统的大众媒体实施的，以

---

① 常宁：《2013年我国文化及相关产业增加值超2万亿元》，2015年1月24日，http://news.xinhuanet.com/culture/2015-01/24/c_127416009.htm。

② [英]大卫·赫斯蒙德夫：《文化产业》，张菲娜译，北京：中国人民大学出版社，2007年，第13页。

③ 李凤亮、宗祖盼：《中国文化产业发展：趋势与对策》，《同济大学学报》（社会科学版）2015年第1期。

满足人们即时文化需求为目的而提供数字文化产品和服务的生产，并借助手机去中心的特征所传播的一系列活动的总和。手机内容产业主要包括手机应用、手机游戏、手机视频（电视剧、电影和视频等）、手机阅读（手机报、图书、漫画等）和手机音乐（手机铃声与音乐等）。

二、手机内容产业繁荣发展的背景

现代社会是一个媒介社会，移动互联网络的升级和智能手机的普及使人们的日常生活实践被海量信息包围和裹挟着，手机内容产业的规模和产值正在逐年增加。笔者认为，从社会发展和媒介进化的角度考察手机内容产业，有助于探讨手机内容产业在当前获得快速发展的深层原因。

1.社会背景

作为不可或缺的信息管道，大众媒介搭建了社会各部门、各组织之间信息交流和互动的桥梁，在政党选举的造势、民主制度的运作、国家政策的推广、企业形象的宣传、社会良俗的培育、精神文明的传承以及娱乐需求的满足中发挥着不可替代的作用。“很明显地，今天的大众传播是我们的体制结构的一个中心部分。也就是说，虽然媒介自成一个行业，但它们已经深深渗透到我们社会的五个基本体制之中。”[①]梅尔文·德弗勒（Melvin L.De Feleur）和桑德拉·鲍尔-洛基奇（Sandra Ball-Rokeacha）指出，现代社会经济、政治、家庭、教育和宗教已经被大众媒介全面覆盖，“其他机构对于媒介资源的需求日渐增强，其间包含了媒介以特有的方式呈现信息、建构社会关系，以及通过传播活动提升关注度的能力”[②]，社会正在被媒介全面接管。我们正在经历着愈演愈烈的文化和社会的媒介化，随着媒介数量的激增和社会领域更加细密的现代化分工，媒介正渐渐融入生活世界。

从个人角度来而言，我们甚至可以这么说，如果人们不在睡觉，那么他们就在主动地或者被动地使用媒介。现代人典型的一天是这样的：早上在手机的闹铃响后睁开眼睛，第一件事不是起床洗漱，而是躺在床上打开手机社交网络，浏览朋友们更新的状态、上传的照片及分享的文章，无论是否打开或完全阅读，都会随手“点个赞”；然后再用天气预报应用查看天气情况；接着起床打开电视机

---

① ［美］梅尔文·德弗勒、桑德拉·鲍尔-洛基奇：《大众传播学理论》，杜力平译，台北：五南图书出版有限公司，1991年，第136页。

② ［丹］施蒂格·夏瓦：《媒介化：社会变迁中媒介的角色》，刘君、范伊馨译，《山西大学学报》（哲学社会科学版）2015年第5期。

转到新闻频道，在《新闻早班车》等节目的背景音下，收拾房间、洗漱、吃早饭；出门上班途中，在路上报摊买份报纸，等车的时候快速翻看新闻提要；上了公交车或者地铁后，观看车载电视上的美食和旅游攻略之类的节目；下了公交车上电梯，看几眼企业投放的视频广告；到了工作场所，打开电脑开始工作；午休时间看看报纸、听听手机里的音乐或者用平板电脑玩个游戏；下午下班，繁华街市的LED显示屏有近期电影的预告片和商场、店铺的广告；晚上到家打开电视，边看电视剧或者娱乐节目，边用手机与朋友互动联系；睡觉前再用手机浏览所关注的公众号推送的文章，或者将手机设定好自动关机，找到自己喜欢的广播节目，在娓娓道来的深夜小说或者低沉舒缓的音乐中进入梦乡。可见，个人已经将大部分的时间用到上网、玩手机、看电视、阅读报刊、体验音乐以及参与到各种形式的媒介内容的消费与创造中去。据实力传播的《媒介消费展望》调查数据显示，全球平均每人每天使用媒介的时间已超过8小时，人们花费在媒介上的时间已占据了清醒时间的一半。[①] 尽管如此，人们还是希望通过媒介获取更多更即时的新闻资讯、更好玩的娱乐节目以及更多与别人交流的机会，媒介建构了我们对世界的认识和生活方式。媒介是人体的延伸，换言之，媒介跨越时空将现实呈现在人们面前，但这种现实是经过媒介加工再造的，“生活中处处皆是真实与表现性体验结合的独特事件，而我们的生活本身，正是对这种构建出人类存在价值的表演性文化进行再加工的过程”[②]。曾戈提塔认为，在媒介的长期浸淫中，我们形成了一种“中介化人格”。

大众媒介与个人媒介的交互使用以及传统媒介与新媒介的相互融合，虽然满足了人们对媒介的多样化诉求，但同时也使“中介化人格”呈现出去稳定性和破碎化。近年来，移动互联网技术、数字技术、电信技术的发展和智能手机终端的普及加深了文化与科技的融合，手机媒介正在从人际信息传播工具向功能更加多样化的用户终端平台演变。美国SUN微电子公司的雅各布·尼尔森(Jakob Nielsen)很早就给传统媒体敲响了警钟，他于1998年就在专栏文章《传统媒体的终结》中预言：“当前大部分传统媒体形式在未来五到十年间将会被综合性网络媒体所取代。”[③]尼尔森所谓的“传统媒体”，是指报纸、杂志、纸质书和

---

① 《全球每人每天的媒介消费时间超过8小时》，2015年6月2日，http://www.a.com.cn/info/domestic/2015/0602/282752.html。

② [美]托马斯·德·曾戈提塔：《中介化》，王珊珊译，上海：上海译文出版社，2009年，第6页。

③ Jakob Nielsen, *The End of Legacy Media*(*Newspaper*, *Magaziones*, *Books*, *TV Network*), Nielsen Norman Group, 1998.

电视网。如他所料，随着新闻资讯在各信息终端间自由移动，互联网和手机媒介已然成为人们获取信息的重要工具，尤其是对于20世纪80年代后出生的人而言，作为电脑和手机的"原住民"，他们成为"去电视化"的一代，已经习惯使用智能手机随时随地随心地获得自己需要的资讯和即时娱乐。

手机已经从人际传播媒介上升到大众媒介。从大众媒介的角度来看，短信时代是手机的"前大众媒介时代"，而移动互联网使手机成为真正的大众媒介。手机用户着迷于信息和娱乐的捕捉和收集，生活在一种超载的信息娱乐中，时刻与不断更新的文字、图片、视频等大量激增的信息碎片打交道。正如贝尔所言，在后工业社会里，知识和信息是"轴心的原则"，人和社会都围绕它而组建。[①]媒介内容使我们处于一个"充满中断的时代"，手机等移动设备一直处于运行状态，人的思考和行为随时可能被打断。随着时间的碎片化越来越强，人们只有更加依赖媒介才能克服由稍纵即逝的碎片时间所带来的无助和焦虑，只有使用轻量的、无须付出大量时间和精力的信息和文化娱乐形式才能放松自己。总之，人们日渐麻木地沉浸于技术和媒介所塑造的拟态环境中。

2.媒介背景

工业社会时代，不同媒体产业基于不同的技术架构和基础设施，从内容生产、分配渠道到受众消费具有不同的运营管理和组织方式。媒体分化所带来的诸如服务类型单一、基础建设投入过大、网络维护成本高、资源浪费以及受众的迁移等问题在数字化时代越来越突出，"融合"日渐成为解决这些问题的选择，它也是媒体产业在数字信息时代发展的关键特征之一。融合是"跨越多种媒体平台的内容流动、多种媒体产业之间的合作以及那些四处寻求各种娱乐体验的媒体受众的迁移行为"[②]，它涉及不同媒体机构的合作、资源和内容的共享以及用户的参与和互动，中国推进"三网融合"相关政策就是在这样的背景下提出的。1997年，"三网融合"的概念初次提出。2010年，国务院对这个概念有了权威的界定："三网融合是指电信网、广播电视网、互联网向宽带通信网、数字电视网以及下一代互联网演进中，通过技术改造使功能趋于一致，网络互联互通、资源共享，为用户提供语音、数据、图像及视频等多媒体综合业务。"[③]"三网融合"实现后，手机、电视、电脑三个终端均具备看电视、打电话和上网的功能，不仅如

① 参见[美]丹尼尔·贝尔：《后工业社会》，彭强编译，北京：科学普及出版社，1985年，第152～153页。

② [美]亨利·詹金斯：《融合文化——新媒体与旧媒体的冲突地带》，杜永明译，北京：商务印书馆，2012年，第30页。

③ 陈志强、夏虹：《"三网融合"背景下对媒介融合的思考》，《今传媒》2012年第3期。

此,网络的整合衍生出更加丰富多彩的增值服务,如交互式网络电视、视频邮件以及网络电话等,从而实现电视、电脑和手机的“三屏合一”。为加快全面推进“三网融合”,2015 年 9 月 4 日,国务院办公厅在《三网融合推广方案》提出,要加快发展融合业务和网络产业,充分开发网络信息资源、文化内容产品,大力发展数字内容出版、互动新媒体、移动多媒体等新兴文化产业,推动动漫游戏、数字音乐、网络艺术品等数字内容的消费。近年来的实践也表明,网络原创文艺成为当前流行文化的重要源地,这给数字出版、影视动漫等产业带来新的发展机遇。

在同一屏幕上观看来源不同、形式各异的娱乐内容,这就会形成一种“泛娱乐”趋势。在 2011 年 7 月召开的中国动画电影发展高峰论坛上,腾讯副总裁程武提出“泛娱乐”一说。腾讯自 2003 年开始试水网络游戏,到 2008、2009 年达到了爆发期,获得了良好的收益。为了获得持续性的发展,腾讯公司围绕用户进行深度调研。结果显示,无论年龄、性别,87%的人在对游戏感兴趣的同时也对漫画颇感兴趣,而漫画读者中的很大比例是网络文学爱好者。① 这个调研结果启发了腾讯在游戏之外渐次向动漫、文学和影视领域挺进,从而铺展开了消解边界、打通上下游的泛娱乐版图。从文化产业的专业角度来理解,“泛娱乐”是指随着互联网技术尤其是移动互联网技术的进步,从文学、漫画到影视、音乐再到游戏、动漫等不同娱乐产业类别对同一知识产权进行协同开发,产业链条上的各参与节点相互影响,多管齐下地挖掘内容价值。

我们来看一幅由网络“泛娱乐”所引起的融合文化的快照:2015 年 9 月 19 日到 10 月 15 日,东方卫视和北京卫视同步首播根据网络小说改编的大型古装传奇电视剧,该剧受到观众热烈追捧,在开播的近一个月时间内,其在移动端的搜索指数(见图 3-1)持续居高不下。新型娱乐开创者“掌上纵横”获得了该网络小说和电视剧的双重知识产权授权,由其开发的手游版在多平台推出,涵盖 PC 端和移动端(Android 和 IOS)等。这是一次网络文学、影视、游戏等多文化领域的跨界联动,通过开发同一原创知识产权而在不同领域实现交互推广。用户在手机上观看电视剧,玩同名手游,听电视剧主题曲和插曲,同时阅读原著小说,并将自己玩游戏的成绩、追剧的体会以及阅读小说的感受分享到社交平台。对于诸如此类的活动而言,以智能手机为代表的移动端将成为未来人们的主要娱乐平台,在媒体融合过程中占据核心地位。

---

① 参见《腾讯泛娱乐:进化的本能》,《瞭望东方周刊》2015 年第 4 期。

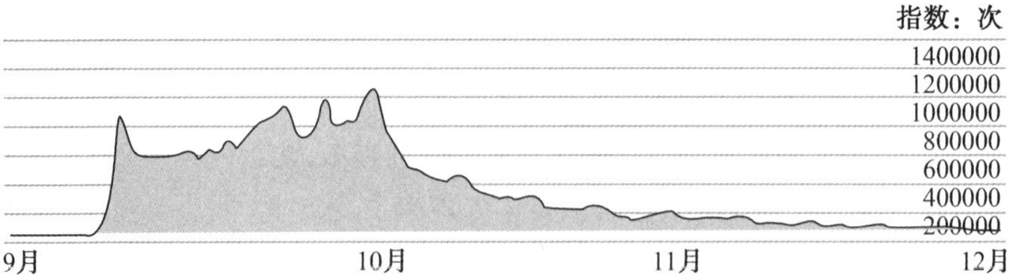

图 3-1　2015 年某电视剧首播在移动端的搜索指数

（来源：百度指数）

不同媒介终端和内容的融合改变了媒介环境和媒介文化，也在不断鼓励消费者参与到内容的整合和扩散中去。媒介融合发展带来的变化从以下方面影响了受众：第一，广电系统、互联网系统和电信系统提供了丰富的视听资源，内容供应的极大丰富拓展了受众的选择空间；第二，信息存储、录像和录音技术的发展使受众可以自行控制和选择观看时间，这使得受众的细分和分化趋势凸显；第三，以电脑技术为基础的媒介技术发展增强了媒介的互动能力，使媒介用户获得了对信息进行接收和控制的能力，“位居中心的传播者与位于边缘的接受者之间的支配与反支配两种力量的关系得以平衡”①，用户对互动的要求提高。媒介用户互动性和自主性增强表现在三个方面：(1)人与媒介的互动。媒介界面友好，用户可以轻松地在不同媒介体系间切换，能够自主决定获取媒介内容的时间和空间。(2)人与人的互动。用户在使用媒介内容时可以实现内容的自由分享与互动，能够实时对媒介内容进行评价。如在弹幕电影中，屏幕上可以显示观众的实时评论，这是一种新型的媒介社交文化。(3)人与内容的互动。用户的意见和喜好能够影响媒介内容的类型、风格甚至发展走向。在所有的传播媒介中，手机的互动性最强，从“受众”到“媒介消费者”，用户从传统媒体分割造成的原子化的疏离世界进入新媒体营造的互动的乌托邦世界，融合和交互性强化了受众接触、选择和使用媒介的意愿和能力，在发送者与接受者之间建立了积极互动的关系。

综上所述，无论从终端融合的实现还是用户对互动的需求来看，手机媒介在塑造数字文化、提升用户参与度和社交互动方面都存在得天独厚的条件，在“三网融合”和“泛娱乐”战略的推动下，基于手机媒介的信息产业（Information

① [英]丹尼斯·麦奎尔：《受众分析》，刘燕南译，北京：中国人民大学出版社，2006 年，第 13 页。

Industry)、传媒产业(Communication Industry)和娱乐产业(Entertainment Industry)进入“ICE时代”。在ICE时代,新媒体和旧媒体的界限趋于模糊,草根媒体和专业媒体集团相互交织、内容生产者和消费者的权力重新获得平衡。媒体融会贯通了各个平台,在新型的合作关系中将原本相互隔离、很少交流的受众汇聚起来,从而改变了内容的生产和消费。然而,运营商占主导的移动增值业务导致利润分配机制的不合理制约了中国手机内容产业的健康发展。

三、大力发展手机内容产业的必要性

近年来,扶持和鼓励新媒体发展已经上升到国家战略的高度,各级政府也相应出台政策以推动新媒体产业的发展。无论是从从业人数还是产业规模来看,手机内容产业在新媒体产业中都占据着重要地位。因此,大力发展手机内容产业是发展新媒体产业的题中应有之义。手机内容产业具有以下三个方面的属性:

1.经济属性

第一,手机内容产业是文化产业的重要组成部分。随着数字技术、通信技术和移动互联网络技术向文化领域的逐步渗透,手机内容产业成为世界文化产业的新的经济增长点,在文化产业的产值中所占比重越来越大。美国市场研究公司Juniper Research的研究报告显示,2014～2016年三年时间内,全球手机和平板电脑内容年收益将增长到650亿美元,其中,音乐和视频几乎占所有移动内容营收的一半左右。[①] 我国移动内容产业的发展呈现出了高速增长的态势,手机游戏、手机音乐、手机视频等行业市场规模逐年扩大,成为文化产业的重要组成部分。手机内容产业的爆发式发展又带动了周边产业的开发,对我国经济发展的推动作用正在逐步显现。

第二,手机内容产业发展促进了文化产业结构的调整。当前我国文化产业结构的不合理突出表现在文化企业规模结构偏小、产业技术层次偏低和原创能力不足等方面,“当一种文化消费成为时尚,它便影响文化产业结构的市场变动,造成文化产业结构运动”[②]。数字技术的发展改变了传统媒体内容的生产方式与传输方式。过去,内容被牢牢固定在特定的媒介形态上,而数字技术彻底打破了媒介对内容的捆绑,使得各种各样的内容可以呈现在同一媒介上,而同

---

① 《全球移动内容产业2016年将达650亿美元》,2013年5月8日,http://tech.sina.com.cn/i/2013-05-08/21088318630.shtml。

② 胡惠林:《文化产业学》,北京:高等教育出版社,2006年,第62页。

一内容也可以通过不同媒介进行传递,因而内容和媒介得以独立存在。智能手机内容消费的个性化定制、与用户的交互性以及消费的持续性可以方便用户源源不断地获取需要的内容,丰富了用户的休闲娱乐时间,使他们获得了前所未有的体验。手机内容的大量需求客观上要求文化产业从单纯依赖数量、规模扩张的粗放型增长方式向更多依靠质量、效益提升的集约型发展方式转变。同时,文化企业必须充分利用先进移动互联网技术和内容生产方式去开发文化资源,创新文化表现形式,如此才能适应新的内容组织和传播模式。以手机内容产品为核心竞争力的跨媒体生产和运营已经成为大势所趋,这也使文化产业内部的结构得到了调整和升级。

第三,手机内容产业的开发有助于形成完整的文化产业链。手机内容产业的上游是原创知识产权(Intellectual Property, IP),如小说、漫画、音乐、游戏和视频等;中游是网络小说开发实体书出版、影视剧和游戏动漫改编;下游是内容产业的周边衍生产品开发。手机内容产业以 IP 为核心,通过发掘有市场增值潜力的文学、影视、动漫等资源,打通上、中、下游产业链,在创造自身价值的同时也带动了全产业链实现升级。根据网络小说改编的手机游戏几乎与电视剧同步上线,其在苹果商店上线一天即占据免费榜榜首,网络小说、电视剧的叠加效果吸引了对不同娱乐形式感兴趣的用户。剧中的角色形象被制作成毛绒玩具,在各大实体玩具店、网络商店都有不俗的销量。可见,手机内容产业的开发有助于实现从创意到产品再到周边商品的文化产业大融合。

2.文化属性

文化属性是文化产业区别于其他产业的最大特征,也是内容产业存在的灵魂与基础。内容是媒介传递的信息,是“言之有物”中的“物”,关乎文化的生产、流通、传播和交流,只有建立在独特创意和文化魅力基础上的内容产业才有生命力。手机内容产业由媒体产业、信息产业和娱乐产业有机融合而成,相应地,其文化属性也由媒体文化、信息文化与娱乐文化交织而成。手机媒介文化是“文化与信息技术、数字技术、移动网络技术以新的形式和结构融为一体的科技文化,塑造了诸种新型的社会”[①]。在这种新型社会中,媒体内容和媒介技术成了组织的核心和原则。现代社会,个人将多得惊人的时间花在手机上,手机内容或以宏大的场面、炫目的声光、养眼的角色,或以优美动听的旋律,或以扣人

① [美]道格拉斯·凯尔纳:《媒体文化:介于现代与后现代之间的文化研究、认同性与政治》,丁宁译,北京:商务印书馆,2013 年,第 10 页。

心弦的剧情，或以引人入胜的玩法吸引人深陷其中，在潜移默化中诱导人们认同内容所传达的观念、态度和立场。手机及其内容在人们日常生活中日渐占据重要地位，主宰了人的思想方式和行为习惯。

互联网络极大缩短了空间距离，将世界各地的人带到“地球村”时代，开创了一个资源共享、兼容并包的文化世界。基于移动互联网的手机内容产业改变了传统文本的表现形式和传播方式，进一步推动了这种包容、共享与开放。例如，智能手机上数字化的书籍不再仅仅是纸质文字的简单复制，还可以在书中适合的地方添加视频、音频、文本、图表、3D 动画等多媒体资源。为了方便读者阅读和分享，有些阅读应用还增加了在线搜索和社会化分享功能。此外，所增加的订阅和付费功能也便于读者购买。为了给读者提供个性化定制服务，智能手机的书籍还能追踪读者的阅读频次、时长及喜好类型等习惯，以数据的形式反馈给书籍的制作者。智能手机可以随时随地连接到无线网络，其内容产品可以在短时间内传递出去，这无疑会消除不同国家和地区的人们进行文化交流的障碍。信息网络技术在缩短时空距离的同时，也模糊了信息生产者与消费者的界限。智能手机所具备的文字编辑、录音、拍照、摄像等功能为每个用户提供了随时制作内容的工具性便利。总之，智能手机和移动互联网络使内容产品的生产者、传播者和消费者融为一体。

3.社会属性

内容产业的社会属性，是指“文化产品和文化服务对社会所产生的效应，主要表现在公众反映和社会评价体系上”[①]。相对于其他产业的商品首先满足人们对物质的需求而言，内容产业的产品为人们提升文化品位、进行精神放松和获得心理慰藉而服务，它在塑造人的思想观念和行为习惯方面起着重要作用，因而内容产品具有文化属性和社会意识形态价值。作为文化产业的重要组成部分，手机内容产业要想获得健康、可持续性发展，必须使内容产品在生产和传播上承担必要的社会责任。

现代媒介技术的发展和媒介种类的增多迫使人们通过不断学习和掌握新的传媒手段以提升自己的文化生存质量。手机媒介成为现代人获取内容产品和服务的主要媒介，除了用户有目的、有规律地主动获取某些内容产品外，社交网络上好友分享的文章和公众号推送的内容也成为重要的信息来源。这些信

① 周文彰、岳凤兰：《文化产业特性及其经营启示》，《北京联合大学学报》(人文社会科学版)2014年第4期。

息包括情感资讯、健康养生、政法新闻、企业管理、旅游休闲、财经报道和烹饪理疗等涉及日常生活的诸多方面。尼克·库尔德利(Nick Couldry)在回答媒介内容及其对日常生活实践的系统性影响时提到托德·吉特林(Todd Gitlin)的“媒介洪流”概念——图像和文本的“超饱和”洪流——使我们日常生活目不暇接,穷于应付,“媒介洪流在规模和深度上都在不断膨胀”[①]。在无限量的移动互联网超文本中,内容的超饱和意味着人们在社会生活中的不确定和非均衡的状态。从历史的角度看,文化艺术的繁荣发展是社会稳定向前的重要推动力,文化产业既是重要的产业门类也是其他产业的黏合剂。实践证明,只有主题合理得当、观念科学先进、能够启迪智慧的内容产品才能引领社会新风尚,而当下为了追求商业价值和获得更好的经济收益,内容产品正在通过不切实际的标新立异、恶搞以及无底线地博人眼球,罔顾作品可能产生的不良社会影响。手机媒介去中心化的传播更是在无形中扩大了消极影响的波及面,在日益喧嚣和令人眼花缭乱的时代,人们创作什么内容和传播什么信息受到前所未有的考验。内容产业的生产是通过产业链上的各节点彼此链接起来的,整个产业链分为上游的写作、编剧、设计和发明,中游包括加工、生产、制作和包装,下游包括流通、批发和销售,而内容产品所体现的社会价值则主要渗透在上游的创作中。因此,加强对原创知识产权的管理,传达正确的文化精神和道德观念,是避免手机内容产业带来不良社会影响的关键。

第二节　手机报:纸媒副刊公众号人格化策略[②]

副刊是传统报纸的重要组成部分。近年来,互联网的普及和新媒体的兴起使海量的信息通过数字化方式即时呈现,将人的阅读习惯逐渐从纸质文本转向电子媒体,这种变化要求报纸新媒体技术融合发展。文章在媒体转型环境下,以长期居于报纸类阅读量首位的人民日报公众号的“夜读”栏目为研究对象,从其形象塑造、主题表达、音频传递以及用户互动等方面入手,研究在新媒体背景下“夜读”人格化的发展策略及其对传统报业副刊转型的启示。

---

① [英]尼克·库尔德利:《媒介、社会与世界:社会理论与数字媒介实践》,何道宽译,上海:复旦大学出版社,2014年,第5页。

② 本节部分内容参见王婷:《副刊人格化发展策略与模型构建——以人民日报微信公众号“夜读”栏目为例》,《青年记者》2018年第32期。

一、副刊在新媒体环境下遭遇的困境及“夜读”的成功

副刊是加在正刊之外刊登文艺作品或理论文章的固定版面，具有新闻补助、审美教育、社会指导及文化娱乐等作用，是传统报纸的重要组成部分。然而，媒介环境的变化改变了传统阅读习惯，广告商的转移最终导致报业的萧条。“皮之不存，毛将焉附。”报纸销量的整体下滑必然带来副刊的萧条。美国报纸的副刊一般以周报的形式免费分发，内容侧重于文艺娱乐领域。但美国人对信息的数字化消费方式沉重打击了报纸的订阅数。据皮尤研究中心（Pew Research Center）调查数据显示，美国周报订阅量从 2012～2016 年呈现持续下跌的态势。[①] 同样的情况也发生在了中国。截至 2018 年 1 月 1 日，中国多家纸媒停止出版，这其中包括天津今晚传媒集团主办的大型综合类报纸《渤海早报》、湖南湘潭日报主办的《湘潭晚报》等。此外，还有不少纸媒缩减出版周期，将日报改为周报出版，如江西《信息日报》改为周报、天津《城市快报》一周五刊等。

“硬新闻”的故事化逐渐取代专门的副刊文章。碎片式刷屏阅读使人无法对抽象的偏理论的内容进行深度阅读，“硬新闻”加入以趣味性和故事性叙事更能吸引人的眼球，而这类内容原本属于副刊“软新闻”阵地的文章。纸媒副刊内容缺乏新闻时效，可替代性更大。网络媒体在整合文学作品、娱乐信息、服务资讯等方面具有天然优势。在移动阅读普及的今天，副刊成为纸媒发展中受到无纸化、网络化和社交化阅读趋势中冲击最大的部分。

尽管如此，副刊尤其是高质量的副刊依然有其存在的合理性和必要性。副刊是从心灵流淌出来反映人们情怀的东西，越是社会节奏的加快，越是生活压力加大，人们越有通过副刊作品表达感悟、寻找慰藉的需求。微信公众号最受欢迎文章是情感、养生类，文章在阅读人数、分享人数上均居前两位，且远远超过其他类。这与副刊的文章性质比较吻合。从这个角度讲，副刊仍有可观的接受人群。然而，目前公众号中的爆款文章（阅读量 10 万以上）不乏缺少事实依据的、以煽动公众情绪为目的的内容，阅读这类内容无形中会拉低读者的趣味、审美及精神追求。因而，读者需要高质量的、科学的、有正确价值观引导的副刊文章。

---

① 参见《皮尤最新报告出炉！7 张图看懂美国报业发生了什么》，2017 年 6 月 5 日，https://www.sohu.com/a/146217563_257199。

其中,“夜读”栏目类似于副刊。微信公众号不仅仅是纸媒信息的简单摘要或补充,更重要的是为扮演传统意义上的副刊开辟出新的传播场域。人民日报微信公众号以其信源的权威、信息传递的及时以及内容的丰富等多方面优势,文章阅读数、点赞数、评论数长期居于同类纸媒公众号排名之首。据内容创业服务平台新榜发布的最新数据(2018 年 3 月 13～19 日)显示,“夜读”的阅读数均在 10 万以上,点赞数在 1 万以上。

可见,经过严格的审核和把关,依托专业机构和专业人才,报纸副刊内容更有营养、观点更权威、宣传更有公信力,借助微信公众号平台,流传更广、影响更大、更有利于提高纸媒的品牌形象。

二、人的媒介化存在与媒体人格化

互联网日渐渗透到人们的日常生活,借助各种屏幕接收、评论、分享信息成为现代人的生活方式。美国最大的风投基金 KPCB 在 2014 年的互联网趋势报告中指出,现代人每天平均要花 6 小时 50 分钟在看屏幕上。花在屏幕上时间最长的是印尼人,达到了每天 9 个小时。中国以总时间 8 小时位列第三,但花在手机和电脑上的时间总和位居世界第一。[①] 人被信息传播媒介包围,信息的极大丰富给人造成一种对信息饥渴的假象。人在“三屏”(手机屏、电脑屏与电视屏)无缝结合中跳转和刷屏、在不断读屏中获得内心暂时的伪宁静。然而,海量的信息无法一一给予关注,人更易被风格独特的内容吸引。例如,粉丝量和文章阅读量较多的公众号均明显带有个性特征。信息市场以流量为标准,流量取决于个性化内容,因而媒体人格化成为趋势。

人格,是人的性格、气质、能力等特征的总和,具有独特性。媒体人格化是指媒体将其所蕴含的区别于其他同类媒体的品质和特性加以拟人化,帮助用户通过个性鲜明、情感饱满、印象具象的“人”来感知媒体,并在与“人”的沟通中建立起对媒体的好感和信任。主持人是视听融合的电视媒体的人格化,电视节目的性质、呈现的主题、所属电视台的级别等决定了节目制作风格以及主持人的整体形象、主持方式。例如,中央电视台新闻联播主持人被称为“国脸”,主持风格严肃、端正;省市一级的新闻节目相对而言形式就更加多样化,主持风格更加亲民;综艺节目主持风格幽默、轻松。主播是以听觉为主的广播媒体的人格化,通过主持人的声音塑造节目的形象。例如,“深夜谈话”类节目主持人多是知心

---

① Mary Meeker,“Internet Trends 2014-Code Conference”, KPCB, 2014-05-28.

大姐型，能够耐心倾听、开导有困惑的听众，但也不乏强势、一针见血指出问题的主持人。他们或循循善诱或言语犀利或搞笑幽默，给其所主持的节目打上个性鲜明的烙印。

可见，媒体人格化并非互联网时代的新鲜事物，它是与媒体相伴相生，只是在新媒体时代的呈现方式发生了变化。新媒体技术赋予媒体内容更符合特定受众的人格化策略。第一，人格的可设计性。节目制作者通过数据库了解读者的阅读兴趣、阅读习惯、接受偏好等，有针对性地设计符合读者预期的人格。同时，制作者也可以像“夜读”栏目一样成立内容创作者的微信群，按照节目的个性设计选择气质、创作倾向相近的作者，这样能使内容与栏目的设定更接近。第二，内容的可转译性。互联网丰富的素材库可以使用不同形式对同一内容展开交流、讨论，“一图胜千言”，一张内涵丰富的图可以表达出文字无法传达的意涵。文字内容之外的音频朗读，既为读者增加了一个选择的可能，声音的魅力也强化了栏目的独有个性。2018 年开播的语音类综艺节目的火爆也从侧面说明人们对有个性的、有特点的声音的喜爱。第三，时间的可设定性。通过对读者阅读大数据的分析，可以确定用户的接收习惯，设定更加合乎用户生活规律的推送时间，使栏目更加人性化。

三、“夜读”人格化的框架构建

根据中国互联网络信息中心研究报告显示，截至 2016 年 12 月，微信月活跃用户约 6.2 亿。从使用性别的比例来看，男性用户占比 58.3%，女性用户占比 41.7%。[①] 男性用户比例高于女性用户，这与百度指数中监测到的人民日报移动端用户性别比例一致。男性用户市场庞大，是“夜读”女性化策略的依据之一。本书以 2017 年 4 月 24 日至 5 月 24 日这 31 天的人民日报微信公众号“夜读”栏目的发布时间、标题、封面图片、开篇动图、提示语、音频、主播、内容主题、写作方式、评论数、阅读数等为指标，在符号理论指导下分析“夜读”栏目的女性人格化构建(见表 3-1)。

表 3-1 “夜读”栏目分析指标整理(2017 年 4 月 24 日至 5 月 24 日)

日期	时间	主题	封面图片	开篇动图
4.24	22:19	他人的帮助	女孩捡落花	夕阳/海岸/两个人和一条狗

① 中国互联网络信息中心:《2016 年中国社交应用用户行为研究报告》，2017 年 12 月。

续表

日期	时间	主题	封面图片	开篇动图
4.25	22:17	自信	工作的女孩在休息	努力蹬自行车的双脚
4.26	22:20	从容生活	女孩在沐浴阳光	风吹帘动,趴着读书
4.27	22:17	认知自我	女孩在树下抱膝而坐	流动的水溅起浪花
4.28	22:32	坚强	在草垛上依靠着大兔子	行驶的列车
4.29	22:24	热爱生活	背着相机迎风而立的女子	随风飘扬的蒲公英
4.30	22:19	人生不如意	雨中坐在树桩上的男子	蝴蝶在手上翩翩起舞
5.1	22:19	坚持	打着伞走钢丝的男子	手指在玩铅笔
5.2	22:23	吃苦	凭窗而立托腮思考的女孩	树向后快速退
5.3	22:20	冲动	静坐的黄发男子	阳台上眺望的男孩
5.4	22:21	焦虑	手提公文包的男士	在房间思考,点头的男士
5.5	22:21	拖延	女生用手拉动时针	男子按动圆珠笔帽
5.6	22:22	有价值的人生	时尚女士在工作	随风飘扬的蒲公英
5.7	22:26	经营幸福	欣赏风景,头发随风起舞	被风吹动的风铃
5.8	22:22	治疗拖延	趴在窗边看窗外花开的女生	雨淋在打伞的小熊身上
5.9	22:26	努力不值得炫耀	努力向上爬梯子的男士	手握钢笔正在写字
5.10	22:19	自律	沉思的女生	坐在窗边听雨的男生
5.11	22:24	运气与实力	落叶飞鸟,裙裾摆动	夜里昙花盛开的一瞬
5.12	22:08	生活的希望	迎着朝阳而立的女生	田间小路奔跑的小男孩
5.13	22:19	决断	夕阳下追逐小狗的男女	深夜咖啡馆工作的男女
5.14	22:22	亲情	向母亲献花的女儿	在女孩头发上捡花的男士
5.15	22:18	成熟	等公交车的女生	夕阳中荡秋千的男女
5.16	22:21	不熬夜	在台灯下和衣而睡	水滴在飘着花瓣的水面上
5.17	22:21	与别人的优点相处	背着吉他走在树影中的男士	水滴落在树叶上
5.18	22:21	盲目努力	被工作淹没的男士	在天台看万家灯火
5.19	22:22	工作的期待	快步走在上班路上的女士	女士摆动的头发
5.20	22:20	幸福的方式	在绿荫下野餐的一家人	摆动的裙裾和飘动的窗帘
5.21	22:22	自助	撑着花伞的女士	落满樱花的早餐车
5.22	22:26	想到做到	迎着朝阳而立的女生	雨滴从叶子上滚落

续表

日期	时间	主题	封面图片	开篇动图
5.23	22:24	上进中的困难	迎着朝阳而立的女生(重复)	涌动的云
5.24	22:16	杨绛照片	端坐的书斋中微笑的杨绛先生	端坐的书斋中微笑的杨绛先生

1.像似符号与封面呈现:都市职场女性形象

在符号学理论中,形象式像似符是指图像式的、构造类似,且与对象相似,但不在于表面的相似度,而在于各部分之间的关系,其目的是使表意更加生动直观。① 本书选取的31篇“夜读”文章中仅有5次封面是男性形象,其余均为都市女性形象。26次女性形象的封面图片中,除了女性角色之外,还配以鲜花、阳光、宠物、飞鸟、花伞等意象,以及微风吹拂的长发、随风摆动的裙裾、落满鲜花的秋千架等。女性形象及象征女性的意象构成的像似符号从直观的角度建立一种柔和、平静、唯美的氛围。“夜读”文章每晚22:30左右推送,在临睡前看到这样的文章一方面能让人心情放松而容易进入睡眠状态;另一方面据研究表明,人在睡眠状态下,大脑会对白天获得的信息进行加工、整理、整合和复制,使其变得更有用,从而“夜读”倡导的积极、乐观、健康的生活态度就更易被人接受。除了封面静止图片外,点击题目进入文章阅读界面,题目下方是人物、风景的动态图片,动图也大多为女性形象或者类似的意象符号,这使文章更加有趣生动,在公众号中添加多媒体功能,可以有效吸引读者的注意力。“夜读”像似符号象征在都市奋斗、拼搏的当代女性所拥有的坚强、独立、乐观、向上的优秀品格,为遭遇职场挫折、处于逆境中的年轻人以鼓励和希望。

2.声音符号与音频朗读:柔和而坚定的女性声音

本书对31篇文章中音频录音的统计发现,27次是女声,只有4次是男声。国内符号学领域的专家赵毅衡教授提出,录音是一种绝似文本,因对象的缺席而代替对象的符号,绝似符号很可能给接收者造成“确有其事”的误会。② 美国一项研究表明,人较能接受女声帮助自己解决问题。这可能源于以下原因:第一,生理因素。人在母体中孕育以及大脑的发育使人先天对女声有好感。第二,社会文化因素。女性社交能力强于男性,在语言、服务及咨询方面有优势。第三,历史因素。第二次世界大战时,为了安抚参战官兵的情绪,汽车导航系统

① 参见赵毅衡:《形式之谜》,上海:复旦大学出版社,2016年,第68页。
② 参见赵毅衡:《符号学原理与推演》,南京:南京大学出版社,2011年,第63页。

就采用的女声。“夜读”采用女声符合其整个产品功能的定位，在人们卸去一天的疲惫准备睡觉时，用温柔但不乏力量的声音为听众送上一篇充满正能量的文章，让听众在第二天又能投入繁忙而又琐碎的工作和生活中。

声音造型是塑造、再现人物的重要手段，丰富的声态、语态能够表达人的思想情感、个性与气质，能够使语音功能达到最大化，充分发挥口语交际的语言魅力。10 分钟左右的语音朗读充分利用了微信公众号可以添加音频的功能，每天睡前十分钟，舒缓的音乐和主播柔和的嗓音，有助于培养用户形成良好的睡眠习惯。语音属于声音传播介质，其人个性更强，比文字更立体、更真实，可以达到闻其声如见其人的目的，能够使信息传播效果最大化。同时，语音的互动造成一种逼真的在场感。比如，主播在朗读正文前往往会说一句“嗨，你今天过得好吗？”这就给人一种朋友之间面对面、一对一聊天的感觉。文章多用第一人称叙述，主播的叹息、笑声都在强调真实感，互动式的语言体现了对听众的关心，容易让听众产生强烈的代入感。一对一交流的假象使听众易于感受到主播的真情实感，造成一种“陪伴”的错觉，从而更易接收音频传递的内容。

3.文字符号与文章书写：细腻的女性笔触与故事化的叙事

麦克卢汉的经典论断除了“媒介即讯息”“媒介是人体的延伸”之外，还有媒介有“冷”“热”之分的观念。“热”媒介，传递的信息量大、内容清晰明确，只用调动一种感觉，无须多个感官参与和联想就能理解；而“冷”媒介是低清晰度的媒介，感官的参与度高，要求接受者补充完成的信息多。例如，象形文字是“冷”媒介，需要充分调动人们的想象思维、生活经验来辨识，而相比较而言拼音文字就是“热”媒介。媒介的“冷”“热”是相对的，就媒介所含信息量的密集度而言，媒介的多文本性使其发展趋势是越来越“热”。“夜读”由图片、音频、动图、文字构成，是典型的多媒介符号文本。“在多媒介文本中，经常有一个是在意义上定调，否则当媒介信息之间发生冲突，接收者就会失去综合解读的凭据”[①]，定调媒介是由文本的清晰程度决定的。在“夜读”的多媒介表意中，相对于图片的多意性、音频的高参与度，文字具有更高的清晰度。因而文字是“夜读”的定调媒介，语言文字作为媒介的“热度”决定文章的意义解释。

通过对网络上转发率高、点击率高的文章进行分析发现，易被分享的内容有以下特点：第一，文章主题积极，读完让读者兴奋、有共鸣；第二，内容实用且容易记住；第三，故事有价值，对读者的生活有正面作用。“夜读”符合这几个要

---

① 赵毅衡：《符号学原理与推演》，南京：南京大学出版社，2011 年，第 131 页。

点，因而也造就了其每篇文章的阅读数都在10万以上，点赞数在1万以上。本书选取的31篇夜读文章主要分为四大主题：工作不顺的焦虑、梦想受挫的迷茫、情感失意的受伤以及人生选择的彷徨，主要聚焦当下的快节奏、高压力下年轻人中普遍存在的问题。文章均以第一人称"我"的口吻讲述或亲身经历或身边朋友、亲人或同事的遭遇，一般由4～5个小故事组成，故事之间采用或并列或递进的方式共同阐发主题。细腻的女性表达加上故事说理，主题向上，易使人产生兴奋、安定、温暖或感动的良性情绪反应。

新媒体技术的兼容性为微信公众号多种媒介的混合使用提供了便利，多媒介配合一方面可以充分调动人的多个感官，使表意更加明确和丰富；另一方面也为受众提供多个接收选择：在嘈杂的户外不利于收听时可选择文字，在安静的室内则可选择语音。"夜读"中的多种媒介符号都明确指向了女性，在信息接收者头脑中最后拼合出坚强、乐观、向上、善良的美好象征，女性形象的文本建构实现了从图片的直观感受到思想的抽象认知，从感性的接收上升到理性的评判。

四、"夜读"的成功对纸媒副刊公众号人格化的启示

通过对"夜读"人格化策略的分析可以看到，人格化是将产品或服务所蕴含的、区别于其他竞品的品质和特性拟人化，从而帮助用户通过个性鲜明、情感饱满、印象具象的"人"来感知产品或服务，并在与这个"人"的沟通交流中建立起对产品或服务的好感与信任。本书在分析"夜读"文章的共性的基础上，根据纸媒的特性构建出纸媒副刊公众号的ICSC人格化模型（见表3-2）。

表3-2　纸媒副刊人格化构建的ICSC模型

身份（Identity）	性格（Character）	场景（Scene）		内容（Content）
		场合（Occasion）	时间（Time）	
上级	严肃	工作地点	起床前后	价值观
专家	亲切	通勤途中	通勤时	专业建议
良师	谦和	购物商场	午休	新知识
益友	热情	家庭	下班后	情感咨询
保姆	温柔	休闲场所	睡觉前	生活方式

1.身份定位(I):与读者建立的关系类型

首先,要确认纸媒定位。通过梳理媒体的发展历程及明确未来的发展方向,设定与纸媒风格相符或互补的角色类型,营造出“读者与人的互动”,而不仅仅是内容方的单向输出。角色定位取决于副刊希望与读者建立何种关系。例如,选择“专家”,则要以重度用户的身份为读者分享相关领域的实用信息,比如,健康养生类专栏要向读者传递有关保健、锻炼及养生的方法;选择“良师”,要以专业行家的身份,为读者拓展知识,解决疑惑,充当老师的角色;选择“益友”,就要多采用互动的方式,与读者交流所见所感,缩短距离以增加亲近感。因此,身份定位的目的是确定纸媒能为读者提供何种价值,进而去组织内容和选择表现形式。

2.性格设定(C):向读者呈现出角色的典型性格

性格是人格的中心。副刊人格化必然要求设定专属的性格,与纸媒已经建立的形象要一致或者相互补充,相差太大会让读者无法顺利联想到纸媒。比如,家装类栏目可以设定幽默的性格,多用网络流行语,以轻松随意、不拘束的表达吸引读者;教育类或情感咨询类的栏目则可以选择亲切、谦和和温柔的性格设定,循循善诱、耐心倾听,能够使读者感受到栏目化身为一个朋友,坐在身边鼓励读者有勇气面对生活的挫折。“夜读”的性格设定就是既温柔又坚强的女性,既能给遭遇生活打击的失意读者以安慰,又能让他们鼓起勇气继续前进。

3.场景搭建(S):与读者交流的场景

读者所触发的场景往往具体而琐碎,场合由时间与空间构成,一天中特定的时间往往伴随着特定的活动。例如,购物是“休闲+公共场合”,睡觉是“休闲+家”。根据伊尼斯传播偏向理论,手机传播的即时性使其具有时间偏向特征,通过时间来确定空间场景从而形成特定场域。通过大数据调查用户的接收习惯,在用户需要时推送相关内容,在接收效果、分享转发方面能达到事半功倍的效果。人民日报微信公众号内容丰富,每日分 6 个时间点推送不同主题的文章,如消息类新闻、国家政策的发布与解读、社会民生新闻、健康养生、热点话题以及夜读美文,不同主题的推送形式及时间可见表 3-3。每个主题体现了场景与行为的匹配。比如“新闻早班车”在每天早上 7 点左右推送,用户可以在起床洗漱过程中用音频播放,同样“夜读”的推送也可以培养用户的睡前行为。

表 3-3　“夜读”栏目文章推送形式及时间

主题	形式	推送时间
新闻早班车	语音＋文字	6 点左右
国家大政方针	文字	8 点左右
社会新闻	图片＋文字	12 点左右
生活妙招/健康常识	文字	15 点左右
近期热点话题	文字	18 点左右
夜读美文	文字	22 点半左右

当这些行为成为习惯后，人们就会在推送出现后，自觉匹配相应的动作。在习惯力量驱使下，人往往会在特定的时间和场合完成特定的动作。“夜读”在每晚 10:30 分左右推送，这个时间大部分人已经下班回到家中做睡前准备，因而接收空间是家中，具有较强的私密性，适合与自己对话。场景的构建通常会匹配一种或者几种情绪，比如，睡前阅读或者听故事会自然生营造一种放松的情绪。

4.内容构建(C)：向用户传递的信息类型

用户价值决定传达的主要内容。第一，要确定读者人群，根据他们的职业、生活经历、性格将用户进行分类；第二，发现用户的阅读需求，想办法帮助用户解决痛点；第三，根据 MECE(Mutually Exclusive, Collectively Exhaustive，相互独立，完全穷尽)原则，将主题内容细分为多个模块，并在此维度上进行裂变，形成一个无限延伸的内容素材库。纸媒可以引导读者践行健康积极的生活方式，或者以自身的影响力和权威性，为读者提供最新的知识，或者为读者提供专业性的、具有深度思考的解决方案。这些都从不同层面为用户提供了某种价值，内容表达上不能与角色的身份及特定性格脱节。

“夜读”栏目的成功得益于其对多媒体的融合运用，移动媒体非言语传播手段丰富，声音、画面、动图的组合与文字的言语传播相互补充，符合新媒体时代内容产品广泛传播的特性，同时也离不开人格化策略所建构的理想化女性形象。在资讯丰裕的当下，人格化的媒体只有拥有高黏性用户，才能建立强烈的情感连接，从而更好地传播内容和延伸价值，进而完善媒体品牌。但值得注意的是，构建人格化形象时，要避免角色定位不清、性格多变、个性模糊等问题，同时也要把握好文章情感表达，避免浅层感性情绪泛滥。只有根据纸媒自身的定位，设定恰当的性格，通过大数据分析用户接触媒介的时间和地点，才能有针对性地推送精准内容。在当下纸媒日渐衰落、App 兴盛的时代，纸媒公众号人格化发展应该是一个好的尝试。

第三节　手机游戏产业的商业模式分析

追求愉悦体验是人之本能。现代社会随着媒介技术的发展和终端产品的丰富，融合声、光、电、像的多媒体为人类增加了众多前所未有的体验，增强了人对幸福和满足的感知能力以及对情境的参与程度，赋予人们积极的情绪暗示，因而人们乐此不疲地借助媒介而一再获取。随着社会生产力的发展和高层次的独立消费者的增多，体验所具有的商业价值逐渐发展并形成产业而被人们接受和认可。人类进入了约瑟夫·派恩二世(B.Joseph Pine Ⅱ)和詹姆斯·H.吉尔摩(James H.Gilmore)所说的"体验经济"时代——消费者在花费时间享受某一企业所提供的一系列身临其境的、值得记忆的事件时产生的经济价值。[①]

各种传播媒介提供的休闲、消遣和娱乐一直是人们获得愉悦体验的重要途径。过去，囿于经济发展水平低、人的闲暇时间少以及媒介的缺乏，人们获取娱乐体验的方式或是在一天的忙碌之后坐在电视机前看自己喜欢的节目，或是在周末去电影院看热映影片。网络技术的进步和电脑的普及使消遣方式呈现爆炸性增长，网络游戏凭借其丰富多彩的类型、深入互动的特质以及能够在很短时间内增强人的娱乐体验的优势而受到玩家的普遍追捧，从而逐渐成为主要娱乐方式以及互联网经济的重要营利点。移动终端技术的进步和 3G 带来的网络宽带的完善使手机不但拥有丰富的内容资源，而且能够提供随时随地的网络连接服务，智能手机用户和手机网民获得持续性增长，手机成为人们每天接触时间最长、接触频次最高的媒介，并代替电脑成为人们获取信息的最重要媒介。在庞大的用户基数和较高的接触频次下，适合手机媒介呈现的信息、内容和应用自然也具有巨大的经济价值。手机游戏是人们打发无聊等待时间、放松紧张情绪、消除生活烦恼和舒缓工作疲劳的最佳选择，能够将人们从日常生活中解放出来，帮助人们快速获得一种因从事自己擅长的事而获得的愉悦体验。手机

---

① 参见 B.约瑟夫·派恩、詹姆斯·H.吉尔摩：《体验经济》，夏亚良、鲁炜译，北京：机械工业出版社，2002 年，第 10 页。

游戏不仅极大丰富了手机新媒体的内容形态，对上下游强大的辐射和对周边产业宽泛的波及效应也为手机内容产业带来巨额的商业利润，从而成为移动互联网时代和数字信息时代的重要产业形态之一。

一、手机游戏的发展历程及特点

手机游戏，泛指所有可以在移动设备上运行使用的游戏类应用程序。手机游戏产业是指以手机游戏形式出现的娱乐生产中所涉及的各种活动，包括手机游戏研发商、游戏发行商、网络运营商、平台分销商、支付渠道商五个链环，它们相互之间通过合作交融而构成庞大的手机游戏产业。

1.手机游戏的发展分期[①]

第一阶段(1997～2000年)，以内置单机游戏为主，手机终端生产商占主导。这一时期手机的普及率低，手机游戏的发展处于初级阶段，主要由手机终端生产商直接提供。受硬件所限，用户不能删除、更换，游戏操作也比较简单，画面粗糙，音效质量差，未能获得用户的追捧，只是增添了高端机型的销售卖点。

第二阶段(2001～2004年)，短信的出现催生了文字游戏。此外，还出现了可联网下载的单机游戏以及WAP手机网络游戏，手机运营商是游戏入口。“虚拟宠物”是早期典型的文字游戏[②]，通过服务商的短信提示推动游戏进展，娱乐性差但兼容性好。随着WAP技术的发展，人们可以接触到情节更多、画面信息更丰富的图文游戏。人们可以通过移动运营商门户网站的链接进入游戏供应商的URL，下载并浏览一个或多个页面，根据页面提供的图文信息和自己的选择回复给服务器相应信息。WAP游戏与短信文字游戏极为相似，虽然丰富了一些游戏体验，但是上网所产生的高额流量费和服务费却将玩家拒之门外。

第三阶段(2005～2008年)，基于Java等技术平台的手机游戏市场规模增加，这一时期手机运营商依然占主导地位。Java手机游戏成为手机上最通用的一种游戏，中国移动的“百宝箱”业务提供Java游戏的下载。[③] 但是由于开发语言的约束，依然难以做出特别逼真的图像和动感的画面。随着智能手机的普及，制作精良且可多人互动的手机游戏诞生，Java手机游戏渐趋没落。

第四阶段(2009～2012年)，智能手机的诞生和应用商店模式的兴起改变了运营商在手机游戏中占据主导的产业形态。智能手机开创的触屏潮流革新了

---

① 参见夏贤明：《我国手机出版产业链研究》，江西财经大学硕士学位论文，2010年，第31页。

② 参见吴起：《手机游戏产业与产品》，北京：北京邮电大学出版社，2010年，第6页。

③ 参见吴起：《手机游戏产业与产品》，北京：北京邮电大学出版社，2010年，第9页。

用户操作手机的体验,多点触控技术使用户使用手机游戏时脱离了物理键盘的局限。例如,《愤怒的小鸟》凭借简单的触屏操作和逼真的物理引擎吸引了大量用户,树立了手机塔防游戏的标杆;2010 年《水果忍者》成为不少智能手机用户的启蒙游戏;2012 年的《神庙逃亡》促使动作跑酷类手机游戏的研发进入新的发展时期。智能手机的普及改变了游戏产品本身,手机游戏行业在 2012 年迎来爆发期,市场规模急剧扩大并吸引了大量资本的涌入。受限于移动网络的速率问题,这一阶段的手机游戏属于单机游戏,缺乏社交性,交互深度不够。

第五阶段(2013～2020 年),4G 网络几乎可以没有限制地进行大量的实时交互,玩家可以进行联网对战,《王者荣耀》便是 MOBA 游戏(Multiplayer Online Battle Arena,多人在线战术竞技游戏)在手机端的成功尝试。这一阶段的手机游戏的另一个特点是源于 IP 改编。有 IP 的手游产品因其有大量的粉丝基础,下载转化率与营收都比没有 IP 的产品高出两倍。2015 年 10 月,新上线的手机游戏中,将近 50%的手游产品都是 IP 手游产品,动漫类 IP 如《航海王》《火影忍者》《圣斗士》《灌篮高手》一大批耳熟能详的动漫作品被改编为手游,拥有某些 IP 被认为是游戏营销环节中的一张有力筹码。中国音数协游戏工委与中国游戏产业研究院发布的《2020 年中国游戏产业报告》显示,2020 年我国游戏用户规模逾 6.6 亿人,游戏市场实际销售收入 2786.87 亿元,同比增长 20.71%,而其中,移动游戏市场实际销售收入 2096.76 亿元,同比增长 32.61%,实际收入占比为 75.24%,占据了游戏市场主要份额。① 2020 年以来,包括经营策略类游戏《万国觉醒》、开放世界冒险游戏《原神》等在内的多款不同类型的移动游戏新作发售,为国内外移动游戏用户带来了更好的游戏体验和更多的选择空间。根据第 47 次《中国互联网络发展状况统计报告》,《原神》将"开放世界"理念引入移动游戏,并与二次元文化相结合,在国内外市场表现出色,发布 10 天后即在全球苹果应用商店、谷歌应用商店取得了近 9000 万美元的收入,并于 2020 年 10 月获得中美韩市场畅销榜第一的成绩。

第六阶段(2021 年至今),5G 时代的到来赋予手机游戏玩家如游戏客户端一般的沉浸式体验。5G 网络的一大优势是减少了数据在发送与接收之间的时间间隔,网络延迟预计将会降低到 1～2 毫秒,几乎达到实时通信,玩游戏时的卡顿体验成为过去式。断网、掉线、延迟等问题的解决,使用户的操作反应速度

---

① 参见中国音数协游戏工委:《2020 年中国游戏产业报告》,2020 年 12 月 18 日,http://www.cgigc.com.cn/gamedata/22132.html。

取决于其实际反应速度，玩家能够在游戏中获得更好的体验。此外，“云游戏”也将是5G时代手游的发展方向之一。“云游戏”是指把玩家的游戏运算移植到云端超级计算机进行，借助5G高速网络在玩家设备端和云端超级计算机之间高速传输信息，玩家的设备只作为显示器输出运算结果。“云游戏”用户无须下载就可以在线玩，所有过程都在服务器端运行。通过网络传输，用户终端只负责显示和接收指令，游戏形式从需要通过主机在固定地点玩游戏，转变为可以随时随地地畅玩游戏。相比于传统的游戏模式，5G“云游戏”还可以很好地满足玩家想要快速尝试游戏的需求，玩家不用花费数小时先下载安装游戏，就可以在云端打开游戏直接试玩。同时，针对网游玩家，“云游戏”可以很好地避免外挂行为，这样极大地提升了游戏的公平性和玩家的游戏体验。

在21世纪的前10年里，商用3G移动网络、可下载的3D手游、大屏智能手机、App Store、多核GPU等技术为手机游戏带来创新性变化。21世纪的第二个10年中，移动设备传感器性能的提升、广泛可用的4G网络，在线多人游戏和多人跨平台游戏的兴起，增强现实和基于位置的游戏的引进，则为手机游戏带来革命性变化。

2.手机游戏的特点

手机游戏是作为信息技术、通信技术与数字技术的移动网络和作为休闲娱乐的游戏的合成体，融体验性、科技性和文化性于一体。与PC游戏相比，手机游戏有如下特点：首先，手机的便携性特征使得手机游戏可以随时随地进行，在利用碎片化时间方面比PC游戏更有优势，它满足了玩家在等待或通勤途中寻求简单消遣的娱乐要求。其次，手机游戏契合了移动互联网时代“微文化”特质。微操作——操作简单，只需按照游戏规则滑动手机屏幕即可完成；微体验——游戏内容易懂情节简单，在碎片化短时间内即可获得过关带来的成就感；微社交——游戏成绩自动上传社交网络，与好友比赛战绩，获得满足感。最后，拥有智能中断设置，手机已成为“瑞士军刀”式的多任务处理信息终端，随时可能出现任务切换。如果用户在处理完临时进入的另一项任务后不能继续之前的游戏，就会对游戏产生不好的印象，因而成功的手机游戏都会在屏幕的显著位置设置暂停键，使用户能够随时暂停和重新开始游戏。

二、手机游戏产业的规模与现状

市场研究公司Newzoo发布的2014年《全球游戏收入百大国家》调查报告显示，目前世界上约有18亿人是游戏玩家，约占地球总人口的四分之一；2014

年他们在各类游戏上总计花费约 820 亿美元。以国别而论，日本人最痴迷游戏，平均每个日本人约花费 120 美元在游戏上。美国以 205 亿美元的产值排在首位，中国游戏产业凭借网络游戏和手机游戏实现了营收的高速增长，以 179 亿美元位居第二（见图 3-2）。[①] 近年来，中国手机游戏市场呈现稳步增长趋势。智能手机的强大功能以及快速普及促进了手机游戏的爆发，网络游戏运行速度的提升，支付渠道的便捷也推动了手机游戏的发展。2017 年，Newzoo 和 Arm 联合发布了一份高保真（拥有高清画质）手机游戏市场报告，高保真手游市场呈现出巨大的增长潜力，其中以中国等移动优先市场为主导。手机游戏继续超越 PC 和主机成为最大的游戏平台，全球 94％的玩家在移动设备上玩游戏。2020 年，全球游戏市场近一半的收益（869 亿美元）来自手机游戏。手机游戏向优质 IP 和精品重度游戏转移。高保真游戏逐步占领了手游市场，中国收益最高的手机游戏中高保真游戏占比 42.3％，高清化将成为手游未来的发展趋势。[②]

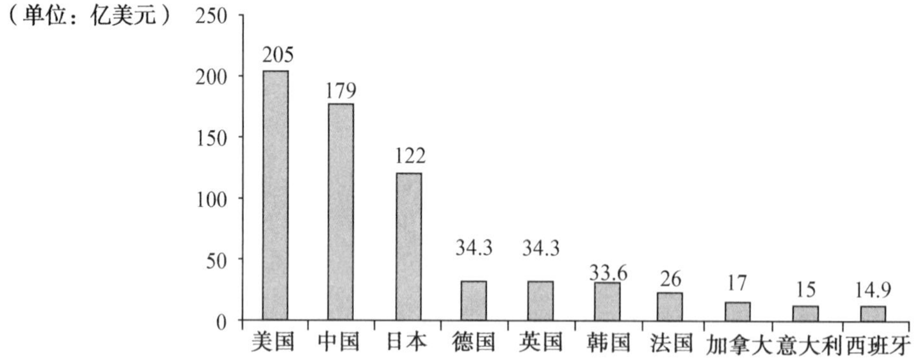

图 3-2　2014 年世界游戏产业产值前十名国家

网络速率的提升、庞大的用户群、准入门槛降低以及社会资本进入游戏产业都是推动手机游戏产业加快发展的利好因素，手机游戏产业产值的持续增长使其成为文化产业新的经济增长点。手机游戏产业链条长，从内容生产、发行、平台、用户聚合再到衍生产品等可以分化出一些独立的细分领域，为相关的创业者提供了众多参与的机会，从而提供更多的就业岗位。池田信夫在《失去的二十年》中提出，从 20 世纪 90 年代开始，日本经济就因增长乏力而陷入长期停

① 参见中文互联网数据资讯中心：《Newzoo：2014 年游戏产业报告：美国产值居冠中国紧追》，2014 年 7 月 10 日，http://www.199it.com/archives/253909.html。

② Newzoo & Arm, *Next-Gen Mobile Games: The Arrival of Cross-platform and Evolution of High Fidelity Mobile Games*, 2016, p.7.

滞状态。[①] 与整体萧条形成鲜明对照的是，日本的手机游戏产业在用户高付费、高下载的支持下得到了持续快速的增长。

中国手机游戏市场发展有赖于国产原始设备制造商推出廉价智能手机，领先的游戏公司加入了硬核手机游戏开发和发行的竞争，流媒体、电竞、影视、出版等领域形成良性生态，这些无疑都驱动着手游的向前发展。

尽管手机游戏产业在经济领域获得一片叫好，但在社会主流评价中依然偏于消极，这是因为游戏往往使人上瘾、浪费时间、沉湎于虚拟世界而失去正常的社交能力。中国传统观念中对"玩乐"文化的抵触更是将玩游戏认为是"玩物丧志"。如果成年人痴迷于网络游戏，则被视为没有上进心、不务正业，而未成年人在家长与老师的双重监督之下也不敢光明正大地玩电子游戏、网络游戏。然而，不管传统观念对游戏的评价如何消极，在信息技术突飞猛进、娱乐体验越来越呈现碎片化的时代，在公共交通、候车室、电梯间甚至是马路上，游戏凭借着其可怕的成瘾力量使不分时间、不分场合低头玩手机游戏的人比比皆是，随时随地玩手机游戏已经成为一种文化娱乐方式，并且在我们的生活中蔓延。硅谷投资人约翰·多尔(John Doerr)说："据我所知，游戏在'老少咸宜'方面超过了其他任何产品。"[②]手机游戏已经不再是年轻人的专属娱乐方式，有较强付费能力的大龄用户正在加入手游大军。自己玩单机游戏或者与朋友玩社交游戏已经成为越来越多人的生活中不可缺少的一部分。那么，这是一种好的生活方式吗？游戏是我们真正需要的吗？

人们需要优秀的游戏。游戏的历史比人类文明的历史都要漫长和悠久，约翰·赫伊津哈(Johan Huizinga)从文化中蕴含的游戏要素研究游戏，他认为游戏的原始特征是能创造一种"紧张刺激、全神贯注和令人迷狂的力量"[③]，游戏的本质是乐趣。人类社会的重要活动，如设定法律和秩序、经营商业和获得利润、手工艺与文艺、诗歌与科学，都根植于游戏的原始土壤。因而，游戏是"处于智愚对立之外，同样也处于真假对立、善恶对立之外。尽管游戏是非物质活动，但并不具备道德功能。善恶评价对游戏并不适用"[④]。尽管如此，游戏产业在经济领域的快速增长都伴随着社会的质疑、争议乃至指责和抵制，可以说，不同利益立足点的人对游戏产业的评价有天壤之别。那么，什么样的才能称得上是一款

---

① 参见[日]池田信夫：《失去的二十年》，胡文静译，北京：机械工业出版社，2012年。

② [美]萨姆·安德森：《愚蠢的游戏》，章元佳编译，《南都周刊》2012年第19期。

③ [荷]约翰·赫伊津哈：《游戏的人》，傅存良译，北京：北京大学出版社，2014年，第3页。

④ [荷]约翰·赫伊津哈：《游戏的人》，傅存良译，北京：北京大学出版社，2014年，第7～8页。

优秀的游戏？

奥巴马的商业顾问凯文·韦巴赫(Kevin Werbach)在宾夕法尼亚沃顿商学院首次创建了全球游戏化课程，他认为游戏是游戏开发者在借鉴人类几十年的真实社会经验和临床心理学的研究成果后，将人性与设计过程巧妙地融合后的产物。[①] 人们与设计精良的游戏进行广泛互动后能体会到的是深度的、持久的乐趣，而不是肤浅的、短暂的享乐。与现实生活不同，游戏的一个重要特征是失败了可以重新再来，这种机制使人们有重新开始和获得成功的希望，在多次失败和练习后最终获得成功能够给玩家带来极大的自豪感。优秀的游戏应当能够满足爱德华·德西(Edward Deci)和理查德·瑞恩(Richard Ryan)提出的“自我决定”的三大需求：积极处理与外部环境关系的能力需求；与家人、朋友及陌生人互动的关系需求；能从事自己喜欢的项目的自主需求。这与简·麦戈尼格尔在《游戏改变世界》中热情洋溢地赞颂的优秀游戏的特性如出一辙。优秀的游戏首先能够使我们自愿尝试不断克服障碍，帮助我们更好地发挥自身强项；使我们渴望与社会建立联系，与志同道合的人共度美好时光；使我们愿意投入到超越个人生活、能够产生持久影响的宏伟事业中。[②] 这从另一方面印证了游戏通过玩家的“自我决定”在修复现实甚至改变世界方面具有的不可替代的作用。玩虚拟的网络游戏并不必然与现实冲突，心理学家在科学研究中已经不止一次地证明：自我奖励、自我肯定、与他人保持联系能够让人获得更强烈和持久的幸福感。因此，优秀的游戏并不是引诱人们逃避现实生活，而是让人们更加积极主动地投入现实生活。

三、手机游戏产业链与利益分配模式

手机游戏产业链主要由研发商、发行商、平台分销商、终端制造商、网络运营商及用户组成，还包括版权持有方、支付渠道、广告营销平台等参与者。手机游戏从最初对版权的改编、开发到最终被用户消费，需要产业链上各方的通力合作。

1.游戏研发商——手机游戏产业链中的生产者

手机游戏开发商是游戏产业链的上游，是产业链中内容的生产者和创造者。手机游戏开发的技术门槛低，产品受用户喜爱的偶然性高，因此手机游戏

---

① 参见[美]凯文·韦巴赫、丹·亨特：《游戏化思维：改变未来商业的新力量》，周逵、王晓丹译，杭州：浙江人民出版社，2014年，第6页。

② 参见[美]简·麦戈尼格尔：《游戏改变世界》，闾佳译，杭州：浙江人民出版社，2012年，第50～51页。

开发企业众多，虽尚未形成垄断和独占的局面，但大多数规模不大，相互竞争较为激烈。一方面，真正能创造出适应市场需求的精品的开发商在竞争中胜出并逐渐沉淀下来，他们继续开发受玩家认可的游戏，促进手游行业的健康、快速发展；另一方面，水平低的开发商通过复制、剽窃其他游戏产品，用“剪刀加糨糊”的方式浑水摸鱼，不仅给游戏的版权所有者带来利益的损害，更严重的是导致手机游戏市场上游戏产品同质化严重，不利于行业的发展。目前，游戏研发商主要通过两种途径开发手机游戏。其一，游戏研发商通过设定手机游戏的内容、情节和世界观自行开发游戏。知名游戏可以作为动漫、影视等产业的上游。其二，购买原创小说、影视或综艺节目版权，根据其内容改编成游戏。优秀网络小说往往是IP的重要来源。此类游戏的辐射范围较广，能够带动文学、动漫、影视等泛娱乐行业加速整合。版权方虽然是游戏内容的原始提供者，但是中国手机游戏产业处于发展的初级阶段，版权保护的意识还比较薄弱，在游戏发展初期出现版权不清、未经版权方许可肆意开发的情况屡见不鲜，手机游戏市场的版权纠纷层出不穷。

2.游戏运营商——手机游戏产业链的衔接者

游戏运营商主要负责维护网络服务器，维持游戏的正常运行，收集用户问题以及进行反馈处理。在手机游戏产业中，代理商、发行商和研发商的作用有时会出现重合与交叠，代理和发行有时均由运营公司负责，因此本书统称为运营商。手机游戏的运营商代理或者独家代理手机游戏研发商开发出来的游戏产品，在部分渠道或全渠道发行手游产品，负责游戏的推广，为开发者提供更专业的游戏推广资源和营销方案，通过拉动新增游戏用户，提升游戏留存时间以及促进游戏活跃度而使产品达到一个更高的高度。运营商处于手机游戏产业链的中间环节，是沟通开发者与用户的桥梁。手机游戏运营商在产业链上面临的现状是受到两面的夹击：一方面，移动游戏如火如荼地发展强化了开发者对渠道的依赖，脱离渠道自行运营的产品成功的概率一般很低，渠道商在手机游戏产业链上具有更强的议价能力；另一方面，游戏开发商倾向于在平台做测试。如果反馈数据令人满意，则会自己做产品代理或者向发行商提出苛刻的条件，运营商往往只能拿到推广成本高但收入较低的产品。在这种形势下，一些运营商将目光投向海外手机游戏市场，通过增加多元化新业务来增强自身竞争力。例如，CMGE中国手游通过储备、改编和运营知名IP来降低对研发商和平台商的依赖，从而成长为具有研发与发行运营能力的手机游戏公司。

3.渠道平台商——手机游戏产业的分销者

渠道平台主要由手机终端商、手机系统提供商、移动网络运营商和第三方平台四类企业构成，面向用户集成了多种游戏，一般既承担了推广的功能，也承担了部分游戏的运营功能。例如，手机终端商苹果公司建立并开创了应用商店模式；手机系统提供商谷歌建立了安卓市场；移动网络运营商中国移动建立了"百宝箱游戏"。除此之外，还有专门针对游戏运营的平台，主要由第三方平台商为用户提供游戏的使用和下载服务。第三方平台商掌握着 App 的分发渠道，在手机游戏爆发式增长的过程中获利颇丰。为了获得更多的现金流，渠道平台商往往与研发商采取联合运营模式共同推广游戏产品。在这样的模式下，渠道平台商能够导入更多优质的游戏以增强吸金能力从而获得最大收益，质量较好的游戏也因此而获得了更强的竞争力。

4.用户——手机游戏产业链的支付者

用户是手机游戏产业链的最后一环，产业链上各参与方的发展都是为了不断满足消费者的需求。《2015 年全球移动游戏产业白皮书》显示：2014 年，中国拥有 3.83 亿移动游戏玩家，且数量仍在持续增长，预计 2016 年中国将成为全球移动游戏的最大市场。① 随着高端智能机的普及，手机游戏消费者从低收入、低学历、低年龄的"三低"逐渐向中高收入、中高学历扩展。游戏种类的增多也使女性玩家的比例出现上升趋势，尤其是在以健康医疗、电商导购类应用为主的轻度游戏中，女性玩家占手机游戏玩家的一半以上。手机的便携性特征方便用户随时随地地玩游戏，每次游戏时间不长，艾媒咨询发布的调研报告也验证了这一推论——63.3%玩家的游戏时长控制在 30 分钟以内。② 然而，随着手游产品类型的进一步细分、内容的精细化呈现以及情节的丰富多彩，未来手机游戏玩家的黏性会进一步增强，超过 30 分钟的游戏时长将有很大的上升空间。

在手机游戏产业链中，游戏产品无论是开发商自己发行还是委托代理发行，最终都要通过运营商平台、第三方商店、终端平台商或者系统提供商四类渠道平台中的一个或者多个。渠道平台通过登陆退出、充值消费、活动参与及玩家互动获得玩家的行为轨迹数据；通过聊天记录、论坛回帖、客服投诉、意见反馈获得玩家的意见数据；通过游戏测评、行业分析、财务数据、咨询报告获取行业数据。因此，渠道平台商作为离消费者最近的一环，能够及时获得用户的各

---

① 全球移动游戏联盟(GMGC)：《2015 年全球移动游戏产业白皮书》，2016 年，第 7 页。

② 参见艾媒咨询：《手游用户习惯调查》，2015 年 1 月 4 日，http://www.diyiyou.com/biz/yyjy/17186.html。

种反馈数据，占据了丰富用户数据的平台，在整个产业链中比研发商和发行商都更有话语权。在一款受欢迎的手机游戏利润分成中，渠道平台的获利最为丰厚，而作为创意源头的研发商获利却只是平台商的一半甚至更少。

手机游戏是智能手机的标准配置，作为消费者的游戏玩家希望花费合理的金钱享受精致好玩的游戏，而手机游戏研发商、运营商和平台商则希望游戏产品能给公司带来可观的盈利收入。玩家的持续增长为游戏产业相关企业提供了更多的获利渠道，目前手机游戏的收费模式主要有虚拟道具收费、下载收费、游戏时长收费以及广告收费四种。

(1)虚拟道具收费

虚拟道具收费是一种“免费＋内购收费”模式，克里斯·安德森(Chris Anderson)曾指出，这种模式是游戏产业采取的主要营销策略：“游戏开发商通常会推出带有某种限制条件的演示版，随游戏杂志或在线分发给各位玩家并允许玩家免费试玩演示版游戏的某些级别。如果用户对这款游戏感兴趣，则可购买完整版本或付款获取密码以解除对你手中版本其他等级的锁定。”[①]允许免费进入虽然便于短时间内吸纳大量用户，不过普通用户在游戏中的获胜意愿不强，他们往往只是为了浏览游戏中风光秀丽的景点或对游戏的剧情感到好奇，而对游戏装备的需求并不高。重度用户则为了在短时间内变得更强大，从而获得更丰富的游戏体验，往往会在游戏进程中购买角色、服装、道具等可以改变玩家状态和游戏流程的增值服务。于是，整个游戏的收入结构变成少数付费的重度用户为多数免费的普通用户买单。

(2)下载收费

采用下载收费模式的游戏产品依赖于自身的品质和影响力，通过游戏排行榜的名次和玩家口碑推荐吸引新的玩家，基本没有内购。这种模式在付费习惯良好的日本、美国等国家较为流行。反观我国文化产业市场对知识产权的保护力度不够导致盗版丛生，对用户的下载行为进行收费在目前的市场环境下并不能获得较好的收益。据 2013 年第八届全球移动游戏及渠道大会通报数据显示，我国当前移动游戏平台收入中的 90％来自应用内道具购买，只有 10％属于下载收费的盈利。[②]

---

① [美]克里斯·安德森：《免费》，冯斌、璩静译，北京：中信出版社，2012 年，第 165 页。

② 参见《第八届全球移动游戏及渠道大会》，2013 年 4 月 10 日，http://tech.qq.com/zt2013/ggcc2013/。

(3)游戏时长收费

采用时长收费的游戏一般制作精良、内容丰富且容量大、生命周期长、服务较为完善,能够为玩家提供完整的体验。目前,时长收费的主流模式是按小时收费,理论上游戏时间越长则花费越多,上不封顶。这种收费体系受到游戏运营商的青睐,但容易诱使玩家沉迷于游戏。国家新闻出版总署于2005年7月公布的《网络游戏防沉迷系统》规定,玩家每天累计三小时以内的游戏时间定为"健康游戏时间";超过三小时但不足五小时则定义为"疲劳时间",此时的游戏收益仅按正常值的50%计算;超过五个小时则玩家收益归零。① 这对于解决因长久沉迷网络游戏而造成的负面影响具有一定的作用。

(4)游戏内广告收费

这种收费模式是通过投放广告来获取收益,玩家可以关闭广告或者通过观看广告以解锁新角色,将广告与游戏结合起来,保证了良好的免费游戏环境。例如,Hipster Whale公司推出的像素小游戏《天天过马路》(Crossy Road)在移动市场上获得的活跃玩家数量甚至超过了不少大型游戏,该游戏凭借游戏内的广告获得300万美元的收入。② 游戏中的"有偿观看"模式让玩家对广告变得期待,也赋予了玩家更多参与与互动的自主选择权③,实现了广告与游戏无缝对接,成为游戏货币化组成的部分之一。玩家与游戏企业互惠互利、各取所需,开创了移动游戏内置广告盈利的成功尝试。

除以上四种收费模式之外,随着游戏种类的增多和网络环境新的发展,"众筹收费"模式也已经出现。"众筹模式是指个人或小企业通过互联网向大众筹集资金的一种项目融资方式"④,游戏众筹即先将游戏的创意或者制作方案公布在各大网站上,让尽量多的玩家知晓并进行募捐,如果最终无法完成制作,工作室会将钱退还给捐赠人。随着互联网和移动互联网的普及以及支付方式日益便捷,"众筹模式"成为小微文化企业在发展之初提高知名度、获得初始资金的有效方式。

---

① 参见李兴亮:《电子影像时代的网络游戏:生产与消费》,何志钧等主编:《文艺与文化:生产、消费、开发》,北京:中国言实出版社,2009年,第131页。

② 参见《观看广告有福利,〈天天过马路〉机智营销赚2000万》,2015年3月6日,http://play.163.com/15/0306/10/AK135OH800314OSE.html。

③ 参见顾今:《谈网络广告的互动性》,《新闻传播》2006年第5期。

④ 张继源:《关于众筹模式及其效率的问题》,《东岳论丛》2015年第3期。

四、手机游戏产业发展的制约因素及解决思路

伴随着中国移动互联网的普及、智能手机渗透率的不断提高以及一批有影响力的手机游戏产品的诞生，手机游戏产业迎来持续增长的发展阶段。早在十多年前，弗兰克·凯尔奇就热情洋溢地为电子游戏摇旗呐喊："(它们)正处于新生期，仍在扩张，更新与进入许多与游戏很少沾边或毫不相干的崭新领域。"[①]手机游戏作为当前的新媒体形式和大众文化的标志，正处于发展的快速上升期。但不可否认的是，游戏费用的增加、用户属性的变化、抄袭和盗版丛生以及产业生态的恶劣等因素无一不制约着手机游戏产业的健康、可持续发展。

1.制约因素

(1)流量资费偏高和游戏恶意收费加重了玩家负担

相对于其他应用，手机游戏尤其是网络游戏对图片质量、视频效果呈现以及数据同步方面的要求更为严格，满足逼真的效果和快速的反应需要花费大量的网络流量。随着手机网民对娱乐元素、即时资讯要求的与日俱增，手机 App 数量不断增加，流量使用也相应呈上升趋势。2015 年速途研究院发布的数据显示：73%的手机网民实际使用月流量会超出套餐，超过半数的手机网民通过连接免费 WiFi 来解决流量不足的问题。[②] 然而，WiFi 本身覆盖具有局限性，流量不足成为禁锢手机等移动设备在移动中使用的"枷锁"。大部分手机网民对流量资费还是较为敏感，高数据量产生的高流量资费限制了游戏产业的快速发展。

虚拟道具的恶意收费也会加重玩家的经济负担。虚拟道具是指在虚拟的网络游戏世界里使用的物品，主要指用于防身或攻击的装备，有时也包括游戏中进行商业交易的虚拟货币。虽然虚拟道具在本质上只是具有"竞争性、持续性和连接性"[③]的数据和代码，但是它通过特定的游戏编程在手机屏幕上呈现出的是具体所指，这个所指能够对玩家游戏的进程产生帮助，因而具有实用价值，而其价值的大小取决于虚拟道具与其他玩家道具性能的比较以及玩家在实际使用中对游戏的推进程度。购买虚拟道具可以实现快速升级，"钱可以用来节

---

① [加]弗兰克·凯尔奇：《信息媒体革命：它如何改变着我们的世界》，沈泽华等译，上海：上海译文出版社，1998 年，第 124 页。

② 速途研究院：《2015 年中国手机网民流量使用调查分析》，2015 年 5 月 27 日，http://www.sootoo.com/content/649874.shtml。

③ Joshua A. T. Fairfield，"Virtual Property"，*Boston University Law Review*，2005(85)，p.1047.

约时间,装扮得更酷,或者用更少的精力做更多的事”①。尽管有时付费购买行为是自愿而非强制的,但是玩家在游戏生活中的财富、名誉或者地位得以彰显,对于在现实世界中无法获得精神满足而逃遁于虚拟游戏寻找的人而言更具诱惑力。对于游戏厂商而言,为了增加商业利益,他们试图将玩家追求游戏虚拟道具的价值欲望和可能最大化,生产厂商和游戏玩家都成了道具价值的组成部分。然而,有些恶意的手机游戏运营商利用人为的通货膨胀对游戏玩家的虚拟资产巧取豪夺,不断刷新虚拟物品价格记录,用快速更新升级的装备诱使玩家失去理性地购买和投资。在手机游戏的世界里,游戏运营商垄断了游戏中某种“生活必需品”的供应,因而能够实现超级利润。不唯如此,游戏运营商经常雇用一些玩家充当“游戏托”,劝诱和唆使其他玩家不断进行账号充钱,用以不断购买装备。更有甚者,游戏玩家花费几千小时的精力和上万元现金在游戏里积累和购买的道具却因运营商打击“外挂”、涉嫌作弊而遭到账号封杀,游戏装备也被尽数删除。网络游戏乃至手机游戏这种杀鸡取卵式的运营不仅造成玩家的流失,更因其相互之间的无序竞争成为社会抨击的焦点。

(2)精细化、高品质游戏产品研发人才短缺

中国互联网络信息中心发布的2014年《中国手机游戏用户调研报告》指出,在手机游戏用户中,年龄在20～29岁的用户比例有所下降,而30～39岁比例则有所上升;在学历方面,高中、中专、技校的比例有所下降,而大学本科及以上的比例略有上升;在收入结构方面,3001～5000元的月收入人群比利上升;在城乡结构方面,城镇居民用户数增加,且远高于农村居民用户数。以2013年度为例,城镇居民手机网络游戏用户达83.6%,而农村居民手机网络用户仅占16.4%。② 由该报告可知,手机游戏用户呈现由低收入、低学历向高收入、高学历的方向迁移。用户结构的变化一方面增强了游戏的获利能力,另一方面也对游戏质量提出了更高的要求。同时,手机游戏用户数量的逐年增加相应地要求游戏研发商增加游戏类型,提升游戏产品的细分化程度。手机轻便易携带的固有属性,使休闲、跑酷、棋牌类轻度手游成为目前用户覆盖极广的游戏类型。随着手机的智能化和多功能化的发展,用户所使用的时间由碎片化转向块状化,以动作类、角色扮演类以及策略类为代表的中重度细分产品类型也成为移动游戏市场新的增长点。玩家对游戏质量的要求在提高,同时对内容丰富、情节完

① [美]克里斯·安德森:《免费》,冯斌、璩静译,北京:中信出版社,2012年,第166页。

② 参见中国互联网络信息中心:2013年度《中国手机游戏调研报告》,2014年,第19页。

善和玩法有创意的游戏产品的需求也在增加，这种情形在客观上要求游戏研发人员具备更高的技术。尽管各大游戏公司开出不少优惠条件延揽人才，但是游戏人才始终供不应求。

造成这种现象的原因主要是手机游戏是新兴产业，缺乏前期的人才储备。游戏人才培养主要通过两种途径：一是专业院校开设相关专业循序渐进地培养新生游戏力量；二是社会培训机构专门化、集中化的培养急需人才。但是，目前我国开设游戏相关专业的正规院校数量极为有限，且多为职业技术学院。一方面，传统观念依然无法将从事游戏相关工作看作是体面的职业，鉴于社会和家庭的压力，很多学生并不会选择游戏作为学习的专业及未来的发展方向；另一方面，师资力量不足导致课程开发力度有限，而社会培训机构则存在急功近利、鱼龙混杂的情况，通过短期的培训或者学习，人们只能掌握某些开发技巧，对游戏本身则缺乏相应的了解。人才是创意产业的基础，人才的缺乏阻碍了游戏企业的发展。如果人才短缺的问题得不到有效解决，未来手机游戏产业也将岌岌可危。

(3)手机游戏开发抄袭和盗版严重，打击原创游戏公司的热情

2014年，据有关报告显示，平均每个App有26.3个盗版，游戏类App的盗版更是泛滥成灾。其中，模拟辅助类App平均盗版样本数最多，高达47个，而动作冒险、体育竞速类App平均盗版有7个。手机游戏进入门槛低、开发周期短，市场上一旦出现下载量高的产品，盗版、抄袭和仿制品会在短时间内暴增。正版版权得不到有效保护，原创产品被围追堵截，难以为继，与是游戏产品不是被淹没在抄袭中，就是消失在与盗版的斗争中。手机游戏领域出现大面积严重侵权是由多种原因造成的：

第一，手机游戏不仅创新困难而且推广风险高，众多中小研发商为了降低风险而选择抄袭成功成品。作为创意产品，要想在游戏角色设计、情节发展、操作设置以及效果展示方面完全创新非常困难，原创公司虽然可以投入高额的开发费用，但瞬息万变的市场和难以准确把握的消费者喜好有可能使他们在付出财力、人力和物力的同时，还要承担失败的风险。但是如果参考原创作品，游戏设计人员对文字叙述、人物造型和视觉效果进行复制包装和少量修改就可以完成抄袭，一来可以借用原创作品积累的用户基础，二来有效规避了市场风险。对于本身就存在缺点和一定难度的原创游戏，抄袭公司稍作优化并降低难度就可以获得比原创更高的下载量，反而能够比原创公司获得更高的收益。因此，当一款游戏产品被市场接受之后，同类型游戏就会在短时间内大量涌现，众多

类型化和同质化的游戏遮盖了原创的个性化。

第二，手机游戏的复合性决定了对侵犯知识产权行为的认定具有复杂性。相较于音乐、影视而言，手机游戏是一种更为复杂的混合艺术形式，包括文字、图像、音频及视频等多种元素，多数情况下的侵权行为并不是针对某个单一客体，而可能是多方面的侵权。“现有的知识产权法律体系框架内，网络游戏并非某类受保护的客体，国外部分学者甚至并不认可网络游戏应当成为知识产权法保护的某类客体，这就注定了当前网络游戏知识产权保护问题只能通过‘化整为零’的方法予以解决。”[①]因此，要判断一个游戏产品是否具有侵权行为，需要针对被侵权产品与涉嫌侵权产品进行全面、多层次地对比和分析，这种对比不仅烦琐复杂，而且在搜索证据和质证工作方面也有困难，需要付出大量的时间、人力和财力，这都增加了在司法实践中判定游戏抄袭的困难。

第三，维权成本高、周期长。一旦发生手机游戏侵权行为，拥有正版知识产权的公司很难在短时间内维权成功。手机游戏的生命周期短，盈利热点轮动快，一款盗版产品从复制到上架发行再到下架消失经历的时间不长，而维权则需要准备各种资料和证据。盗版产品以盈利为目标导向，一般通过免费下载吸引用户，再借助手机媒介的社交属性进行病毒式传播而获得大量用户，最终通过游戏内的悬浮广告获得丰厚收益，因此即使被认定为侵权并判罚也依然是稳赚不赔。原创公司长时间维权的成本有时甚至高过被侵权所带来的损失，即便通过司法途径解决了侵权问题，胜诉企业所获得的赔偿相对于侵权产品自身的营收而言也是天壤之别。原创研发商陷入因被侵权而带来的损失和维权比较困难的两难境地，最终只能对抄袭者进行道德谴责。在低风险和高回报的刺激下，原创作品只能淹没在抄袭品和复制品的成功“光环”之下。抄袭和复制一直是手机游戏产业良性健康发展的最大隐患，抄袭者获利颇丰，使优秀的游戏原创制作人心灰意冷，这严重阻碍了行业的创新和可持续发展。

第四，在利益驱使下，游戏运营商和游戏平台商的暗中配合加剧了抄袭和盗版泛滥。一款游戏产品的侵权行为一般不是研发商单方面就可以完成的，如果没有游戏运营商和平台商的通力合作，游戏产品终会因无法接触到玩家而不能对原创作品造成损失。然而，有的游戏抄袭公司因更善于优化、更精通市场以及有更强的执行力，产品的转化率更高、成功的机会更大，反而更易受到一线手机游戏运营商的青睐，从而获得他们的推广和宣传。因此，即便明知某些产

---

① 郝敏:《网络游戏要素的知识产权保护》,《知识产权》2016 年第 1 期。

品有侵权嫌疑，但是在利益面前，平台商也不会深究，甚至会提供专属服务器与研发商联合运营。即使平台知道这款产品存在侵权风险，他们也依然会上架。等到产权方维权时，再要求研发商修改或者删除侵权内容，此时前期的盈利已经实现。

此外，高额的IP也是刺激盗版的又一因素。优质IP不仅拥有数以千万计的用户基数，而且容易获得发行商和平台商的认可，但购买IP的巨额支出让众多中小游戏开发团队望而却步。抄袭和盗版沉重打击了正版游戏制作公司的创意热情和动力，是原创开发者的噩梦，由此产生的对创意的不尊重和抄袭之风的泛滥形成了整个游戏生态的恶性循环，最终造成中国游戏产业的灾难。

(4)利益分配不均，"渠道为王"代替"内容为王"导致产业生态畸形

如前文所述，手机游戏产业的盈利模式是研发商开发出游戏产品，交由运营商宣传、发行和推广到相关渠道或者直接与平台商合作，平台商凭借自有渠道分发游戏获得收入，然后再与研发商、运营商进行分成。在健康的生态环境下，三方的参与对于一款游戏产品的成功是缺一不可的。因此，提升整体手机游戏收入的一个重要措施就是建立良好的利益分成体系。在目前中国手机游戏行业中，运营商的角色并非是必不可少；平台商在利益分配上具有绝对的主导权；研发商获得的分成最少，处于产业链的弱势地位。这种分成不均的情况往往会造成畸形、病态的产业生态链。在互联网经济中，距离用户最近的主体对流量入口有控制权，而平台商控制的分发渠道作为手机游戏到达用户的最后环节，其解决"最后一公里"问题的价值在整个手机游戏的推广链上占据重要地位。现阶段游戏分发渠道在向寡头垄断演进，国内几个超大型互联网公司控制了手机游戏近九成的渠道和分发入口，一款游戏产品的平台认可、推广并且最后获得收益分成，他们拥有较大的主导权。平台商对研发商的利润挤压逼迫部分研发商放松产品标准，抄袭、仿制和盗版层出不穷，手游行业乱象丛生，平台商的强势已经严重阻碍了行业的可持续发展。

除了平台商的垄断和强势，游戏研发商在产业链中的弱势地位也与其自身的不足有很大关系。首先，研发人员受利益驱使，一味地追求开发速度而忽视产品质量，从而往往因市场潜力的缺失而得不到平台商的青睐。其次，作为文化创意产品，手机游戏从研发到推广都存在很高的风险，中小研发商在对产品市场效果把握不大时会尽量减少前期投入，而平台商所提供的免费上架和免费给予少量宣传和曝光服务对于他们来说极具吸引力。平台能够通过弹窗广告、交叉推广以及门户入口等多种渠道以低成本直接导来用户，因而研发商就会降

低对产品的生命周期、品牌以及运营维护的关注度。最后，游戏研发商之间也存在利益冲突。为了更快地获得平台的认可，得到上架机会而压低分成比例，这种“劣币驱逐良币”的无序竞争导致整个研发群体在产业链上失去话语权。

2.解决思路

我国手机游戏产业处于发展初级阶段，其暴露出的问题不仅需要国家出台相应政策予以扶持，还需要行业参与者的协同努力，只有这样才能研发出精品国产正版游戏，使手机游戏产业走上可持续、规范化发展的道路。

(1)扶持性产业政策与规范性法律法规双管齐下，既推动游戏市场扩大容量，又杜绝游戏盗版和抄袭现象的发生

手机游戏产业在表面繁荣之下难掩因盗版和侵权引发的混乱、无序的竞争状态，若要规范整个行业的发展生态，就需要借助立法机关、司法机关和执法机关的力量，严厉打击盗版和抄袭，共同保护正版手机游戏产品的推广与发行。国家在加快立法的同时，还应鼓励著作权人变更权利保护思路和维权方式。首先，用组合元素保护取代单一元素保护。在著作权保护之外，还应考虑同步引入对专利权、商标权和商业机密的保护，从而实行全面覆盖的保护策略。[①] 此外，还应从游戏名称、情节内容、角色造型乃至游戏操作等各个角度加强知识产权的申请和保护。这一方面可以明确侵权行为认定及扩展保护范围，另一方面也可以增加对侵权作品的打击。其次，用批量维权取代单点维权。所谓“批量维权”，是指一次性地同时向游戏开发商、运营商及平台商等多个环节的多家主体发出维权要求。与单点维权相比，批量维权可以有效震慑手游侵权的利益链，能够在最短时间内遏制侵权产品的扩散和获利，并有望将侵权损失降到最低。

(2)研发商提高游戏产品质量以增强用户黏性，增加游戏品类以满足用户多样化需求

随着各类精品游戏在国际性社交平台上的传播，中国手机用户接触到越来越多制作精良、体验丰富的游戏，这就对国内游戏也提出了更高的要求。游戏内容雷同无新意很容易造成用户的流失，新颖的游戏题材是手机游戏延长用户使用、增强用户黏性的不二法门。

第一，运营优质知识产权是未来手机游戏产业发展的大势所趋。随着国家对抄袭和盗版打击力度的加大以及行业巨头的联合维权，兼之激烈的国内外市场竞争和对高增长可持续的渴求，手机游戏企业对优质知识产权的购买和储备

① 参见郝敏：《网络游戏要素的知识产权保护》，《知识产权》2016年第1期。

越来越迫切，网络小说、影视、动漫、综艺节目等拥有大量用户基础的文艺形式也逐渐成为IP的重要来源。优质IP自带用户，用它们来改编游戏一方面可以有效降低投资风险，另一方面研发商若购买了改编权，也可以避免版权纠纷。可见，改编热门知识产权成为行业规范发展的必然趋势。

第二，避开国内的竞争“红海”，推动游戏产品出口到高增长的海外市场。中国人口基数大，智能手机的普及范围和渗透率在世界上处于领先水平，因此手机游戏的发展基本与世界同步。发达国家用户的文化创意产品付费习惯已经形成，版权保护体系也比较完善，相对于中国手机游戏的无序竞争，海外市场的竞争程度反而不及国内激烈。从2013年开始，进军海外成为高品质游戏创业团队的发展方向。同时，国内超大型互联网企业也在海外投资布局，以便在未来全球手机游戏市场占据有利地位。

第三，游戏产品重度化是研发和制作的潮流。虽然呈现和接收终端不同，但是PC网络游戏、网页游戏以及手机游戏形态的发展历程存在一致性。在顺应用户变化、市场需求、技术改进以及渠道平台等众多环节的变化下，手机游戏形态经历着由轻度、中度到重度的发展历程。手机游戏类型从最初操作简单的卡牌类益智游戏到动作跑酷类游戏，再到当下的多人在线角色扮演类游戏，内容的研发经历了从单向的粗放内容、简单的上下左右键操控，到现在详细的用户调研和频繁的用户互动、专业精良的设计、精细化运营以及多元付费设计的转变。随着手机游戏的日益成熟，人们花在上面的时间由碎片化状态发展到整块化状态，这也就促进了手机游戏由轻度向重度的转变。

第四，手机社交类游戏具有广阔的发展前景，有利于游戏产品的迅速传播。手机本身具有社交属性，是加强人们社交联系的工具，因而在游戏中加入社交元素能有效留住用户。例如，通过与朋友或熟人的竞争排名来满足用户的炫耀心理，通过互相赠送道具的活动来增进感情，这些活动都会提高用户黏性。与此同时，用户即时分享游戏成绩，也加速了游戏的扩散和传播。

(3)运营商多样化发行推广，平台商调整分成比例、加强审查义务，双方共同营造健康化、可持续的手机游戏产业生态

随着手机应用市场的不断扩大，电信运营商、手机系统提供商、终端生产商、第三方手机应用运营商、手机应用商店等纷纷建立手机应用运营推广平台，为手机用户提供多种下载路径，有效促进了手机应用尤其是手机游戏的扩散和推广。手机运营商可以将代理产品推广到多个平台，降低对单一平台商的依赖，从而提高游戏产品的议价能力。除这些专业平台之外，作为社交应用的软

件对手机游戏分销的影响也不容忽视。“从平台商业模式的角度看，平台需要能够在实现用户规模的正反馈发展，即用户使用的人足够多的时候，会不断吸引更多的人加入。”[①]由此可见，社交化运营是未来手机游戏推广的重要途径之一。在正常、健康的文化产业环境中，代理商和运营商在整个产业链中的地位可谓是举足轻重。中国的手机游戏运营商要在提升自身运营发行质量、树立品牌形象、拓宽运营渠道的同时，加强对代理手机游戏产品的审查，一方面阻绝抄袭、盗版等侵权产品走向市场，另一方面提高游戏产品的门槛，提升游戏研发商的开发水平，将粗制滥造和内容重复单调的产品挡在门外。

随着智能手机的普及和无线网络速度的提升，越来越多的用户直接从应用商店中下载游戏，第三方游戏分发平台已经成为用户获取游戏信息和下载游戏最主要的途径。国内平台商集中度的提高，使更多用户流量集中于少数大型平台，研发商、运营商对平台的依赖造成平台商分成比例的上升，而研发商得到的利益分成最少。这使得研发商要么压缩开发经费，要么直接抄袭和盗版以降低支出，进而造成游戏产品质量的下降。这种利益分配形成的发展模式无异于杀鸡取卵。因此，为了整个产业的可持续发展，对于真正优质的产品，平台商应主动让利，打造健康、开放、共赢的游戏生态链，目前国内一些大型互联网公司已经迈出了这一步。阿里巴巴集团将手游平台分为单机游戏和联运游戏两大类，其中单机游戏免费接入，将利润全部返还给研发者；在联运游戏中，70%利润分给研发商，阿里巴巴集团手游只保留20%，另外的10%全部投注教育基金。这打破了“平台为王”的传统分成方式，这表明只有尊重创新、以“内容为王”才能营造健康的生态环境。

如果说运营商是把关游戏产品质量和判定是否侵权的第一道防线，那么平台商的检测就是游戏到达用户面前的最后一道防线。我国某游戏平台要求研发商提供相应的研发资质文件，其中包括产品的应用和软件著作权证书，产品运营文件如文网文号、版号等确定游戏研发公司资质的文件，以及上传内容的合法性等。如果遇到游戏的相关权利人投诉，平台在“避风港原则”[②]之下，会根据其提供的文件要求涉嫌侵权产品修改内容或者将其移除。但是，从版权局的立法动向和各地法院的实际判决结果来看，传统的“避风港原则”正在被逐步修改。“红旗原则”是

---

① 沈拓：《不一样的平台：移动互联网时代的商业模式创新》，北京：人民邮电出版社，2012年，第29页。

② “避风港原则”是指只提供空间和平台，不制作网页和内容的网络服务提供商，如被告知侵权，有删除侵权内容的义务，其核心是“通知-删除”和“不知情”。参见王素娟主编：《文化创意产业中法律问题研究》，北京：中国人民公安大学出版社，2013年，第54～55页。

对“避风港原则”的例外适用,是指如果侵犯网络传播权的事实显而易见,像红旗一样飘扬,那么平台商就不能视而不见,不能以不知侵权为由而推卸责任。① 如果平台商不能对侵权产品采取及时行动,也将承担一定的侵权责任。

(4)电信运营商加快无线网络建设,手机终端商改善软硬件支持环境,提升用户体验

伴随着3G、4G网络的大规模基础设施建设的完成、宽带带宽的提升以及WiFi热点普及范围的扩大,移动数据通信网络条件得到了有效优化。2013年12月,工业和信息化部向三大电信运营商颁发4G牌照,推动其快速实现商用。高速的移动通信网络促进了手机游戏技术的发展,带动了越来越多内容更复杂、角色更繁多、互动更实时的手机游戏类型出现,奠定了手机游戏快速发展的坚实基础。同时,网络速度的提升也相应地增加了流量费用的支出。尽管运营商提出夜间流量优惠、高端客户优惠套餐以及国际漫游等优惠措施,但流量资费高依然是限制消费者长时间、高频次使用手机的重要因素,这也制约了手机游戏尤其是网络游戏的发展。与其他国家进行横向比较可以发现,我国的电信资费标准依然偏高,尤其是上网费用。造成移动数据资费居高不下的原因,首先在于垄断性的市场结构不足以形成充分竞争。因此,增加基础电信运营商、减少市场垄断性才是降低电信资费的根本出路。2019年11月底,三大运营商正式在全国提供“携号转网”服务,消除了消费者因更换运营商带来的更改手机号码的麻烦,这也能够有效加强现有运营商之间的竞争,将降低资费真正落到实处。

除电信网络资费高降低了手机游戏用户的使用率外,手机终端自身性能的缺陷也影响了游戏用户体验。国产手机厂商实行的低价策略提升了智能手机的普及率,但硬件质量却有待提高。手机内存不足、触屏不灵敏、喇叭质量欠佳等都可能造成用户对游戏进行卸载处理。随着移动网络流量“提速降费”,手机终端对游戏体验的影响凸显出来,终端生产商要提高硬件制造水平,为多种插件衔接提供软硬件支持环境,实现高品质、多品类的手机网络游戏制作,全面支持手机游戏的开发和呈现。此外,也要加强手机与PC、平板电脑、电视等多个游戏终端应用和服务的融合,实现互联互通,从而扩大手机游戏用户的规模。

---

① 参见游闽键主编:《文化创意产业知识产权案例律师点睛》,上海:学林出版社,2014年,第38页。

第四节　手机音乐产业的泛娱乐化发展路径

一、2G&3G 时代：作为音乐播放器的手机终端

手机音乐产业是传统唱片产业与新兴移动互联网产业融合发展的产物，包括版权先行、内容为王、面向市场、依托渠道、服务用户五个要素。移动运营商垄断了我国手机音乐产业市场的各个环节，加之数字音乐盗版泛滥导致了内容商利润薄弱、创作群体萎缩，这种运营现状直接影响了手机音乐的最佳用户体验和用户价值的实现。网络接入与传输价值的走低，逐渐改变了运营商垄断手机音乐产业链的现状，内容的保护和开发，以及用户价值的实现成为手机音乐产业各参与方提升附加值的两个重要因素。

手机音乐，是指用户借助移动互联网络，用手机终端以定制、在线试听或下载的方式获取的音乐产品或服务，包括振铃、彩铃、交互式语音应答（Interactive Voice Response，IVR）中的音乐服务、整曲音乐下载及音乐视频业务等。2003 年 4 月，中国移动集团公司首推彩铃业务，当年彩铃收入超过 12 亿元人民币。[①] 手机音乐商业模式在 2007 年得到进一步完善，移动运营公司和唱片公司的广泛合作取得了良好效果。一方面，移动通信技术的介入有利于保护原创音乐的版权，也有利于拓宽唱片公司的发行渠道；另一方面，运营商也获得了优质的内容资源。这样一举而三得，从而达到合作共赢的目的。2009 年，工信部发放 3G 牌照，通信网与互联网进一步融合，移动互联网的普及推动了手机由功能机向智能机的转变。智能手机用户可以自行装卸 App，音乐类 App 几乎成为每个手机用户的必备。据中国权威移动互联网第三方数据挖掘机构艾媒咨询发布的《2012 Q3 中国无线音乐市场季度监测报告》显示，2012 年第三季度中国手机音乐用户规模达 7.95 亿人。[②] 手机音乐中的彩铃、振铃服务是文化产业的新业态，而通过手机下载整曲音乐则是传统音乐产业在数字化后的新表现形态。

手机音乐产业是内容产业与移动互联网产业融合发展的产物。内容产业

---

① 参见《最赚钱增值业务排行榜，短信彩铃网游上榜》，2005 年 10 月 25 日，http://www.ce.cn/ceph/home/pjxw/200510/25/t20051025_5015422_4.shtml。

② 参见《2012Q3 中国无线音乐市场季度监测报告》，2012 年 12 月 31 日，http://www.iimedia.cn/36373.html。

强调“内容为王”，优质内容是产业可持续发展的根本；移动互联网产业注重“用户至上”，足够规模的用户产生的巨大流量是产业核心的商业模式。因此，手机音乐产业要想健康发展，必须提供优秀的音乐产品和服务，以满足最大数量的用户需求。手机音乐产业的发展要求符合宏碁创始人施振荣为“再造宏碁”提出的“微笑曲线理论”[①]（见图 3-3）的基本架构。“微笑曲线”形如微笑时的嘴部曲线，左端是参与全球竞争的技术研发，右边是着眼于本地的市场销售，中间部分是生产制造。施振荣认为，当今全球制造供过于求的整体环境决定了处于产业链中部的生产部分附加值最低，附加值高的部分体现在两端的设计研发和销售服务上，因而未来企业的发展要向曲线的两端移动。

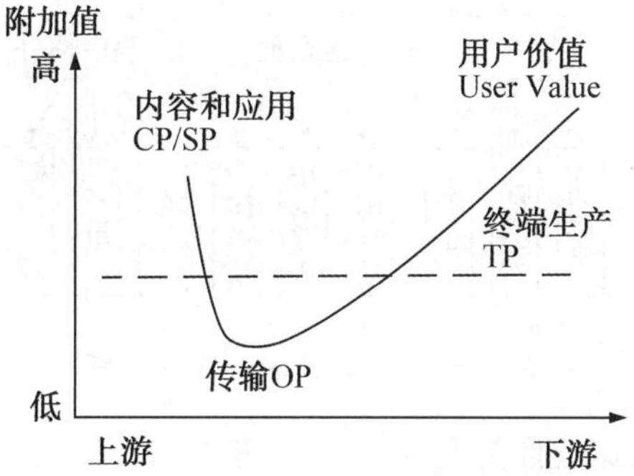

图 3-3　手机音乐产业“微笑曲线理论”

具体到手机音乐产业上，设计和销售对应的两个价值高点分别是音乐内容、知识产权和以用户为导向的经营，而随着电信市场参与者增多、无线网络覆盖区域扩大以及即时通信软件的涌现，电信资费不断下调，单纯的运营传输成为移动互联网的价值洼地。我国手机音乐的盈利现状与“微笑曲线”开口向上相反，是一条开口向下的抛物线，运营商垄断手机音乐产业市场而拥有整个链条的话语权，从而占据价值高点；内容和用户则处于价值低地。这种杀鸡取卵式的利益分配模式不利于手机音乐产业的可持续发展，因此，本节试图从手机音乐产业链的内容保护和用户价值两方面探索手机音乐产业可持续发展的路径。

1.内容保护是手机音乐产业发展的当务之急

信息时代文化产业的特有属性是数字化，数字文化产业价值链的形成集合

① 方志远：《商业模式创新战略》，北京：清华大学出版社，2014 年，第 299 页。

了文化、互联网技术、移动通信技术、商业等多项生产要素，其核心仍然是围绕着创意所持有的知识产权的形成、发展、授权、升值、转化与再增值，将原创性的文化创意规模化、产业化，直至产生经济效益。媒介、电脑、电信的融合是近年来文化产业发展和研究的热点，手机音乐产业则是在终端媒介与移动互联网的不断融合中向前发展。

(1)手机音乐产业的内容危机

手机音乐产生于第二代移动通信系统(2G)手机，在手机发展历史的不同阶段，手机音乐产业链的各参与方(见图 3-4)力量会呈现出不同程度的消长，进而形成三种不同的价值传递模式。

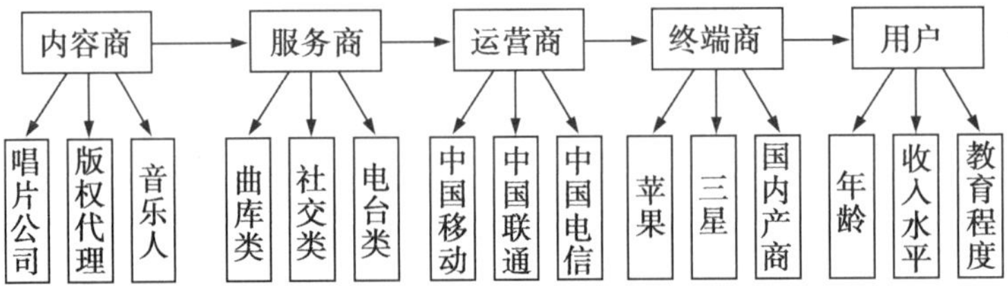

图 3-4　手机音乐产业链各参与主体

其一，2G 时代以运营商为主导，渠道为王。在 2G 功能机时代，由于网络和流量限制，手机音乐业务主要由运营商提供，包括彩铃、振铃、IVR、歌曲或音乐的片段等。运营商将彩铃和铃音以增值业务的方式推荐给用户，就功能而非内容向用户收费。其二，3G 时代以内容商或服务商为主导，内容制胜。随着无线网络传输速率、传输量的提高以及智能手机的普及，用户可以通过移动互联网络下载整首歌曲，内容商或服务商在手机音乐产业链中控制力增强，逐渐占据主导地位。其三，贯穿 2G 与 3G，以终端商为主导，用户至上。适应用户通过手机获取音乐的需求，终端商生产具备播放多种音乐格式、具有超大容量、方便操控的音乐手机。

手机音乐产业的三种价值传递模式体现了两种文化产业的盈利模式：其一是基于价值链定位的盈利模式，强调渠道为王、内容制胜；其二是基于客户价值进行原创和设计的盈利模式，力图满足客户个性化、多方面、多层次的需求。现阶段，因数字音乐盗版带来的一系列问题，我国手机音乐产业偏离了文化产业"内容为王，版权当先"的正常轨道。

第一，盗版严重，内容商利润微薄。用户一般通过两种途径获取音乐产品或服务：一是利用音乐类 App，在同一个应用平台完成音乐信息搜索、在线收听、下载或者音乐文件管理等行为；二是利用搜索引擎在音乐网站搜索音乐产品或服务。前者类似于彩铃的闭环结构，易于进行版权保护操作。为了避免版权纠纷，手机 App 企业一般会向内容商购买版权。例如，手机音乐 App 每年要向相关唱片公司支付上千万元的版税费。他们为用户提供基本的免费服务和差异化的增值付费服务，采用双边补贴的方式获利。然而，由于互联网的开放性、复制性和匿名性，兼之部分服务商缺乏商业道德和法律精神，他们在未向版权人支付任何版权费的情况下，通过技术复制等手段向公众免费提供音乐试听或下载服务，进而利用高点击率获取广告收益。据最近研究显示：20％的手机用户在手机上听音乐，其中 83％的用户从计算机或其他设备上向手机传输音乐，而不是从手机上购买音乐。① 这就造成了大量数字音乐盗版侵权的发生。传统唱片业的萧条以及在数字化音乐转型期的被动，使得唱片公司纷纷从音乐产品本身的生产转型到演艺经纪领域，负责歌手的包装与宣传，从演唱会和广告中赚取收入。

第二，渠道为王，运营商一支独大。运营商在产业链的分成规则制定中占据强势地位。据中国国际金融有限公司互联网研究部发布的《移动互联网深度研究之五》报告显示，中国手机音乐以运营商为主导，盈利模式以彩铃和铃音为主，而这些一般只是音乐的高潮部分而非整首乐曲。② 运营商将其作为增值业务推荐给用户，就功能而非内容向用户收费，客观上减少了向内容商支付的版权费，兼之彩铃的曲目是运营商默认而非用户定制的，所以其音乐库并不用购买大量的版权作品。以中国移动为例，基本的彩铃功能费是每月 3 元，音乐默认设定。如果用户想自己下载音乐做个性化彩铃，需要在其指定的彩铃下载中心购买，每下载一首需 0.5～3 元不等。根据易观国际的统计，2010 年上半年国内无线音乐用户数超过 5.5 亿，总收入达 138 亿元，其中 133 亿元收益为移动运营商所有(其中中国移动占 75.3％)，而内容商与服务商的整体收入不到 5 亿元，仅占3.6％。③ 可见，内容商在数字音乐的获利上严重依赖移动音乐的收益，导致其在整个手机音乐产业中处于劣势地位。

第三，收益过低，音乐创作群体萎缩。电信运营商在分成规则的制定上居

---

① 参见《苹果 iphone 刺激网络流量，催生新数字音乐商业模式》，2008 年 1 月 21 日，http://www.cnetnews.com.cn/2008/0121/714588.shtml。

② 参见《手机音乐渠道为王，中国移动份额最大》，2011 年 3 月 18 日，http://www.techweb.com.cn/business/2011-03-18/1003937.shtml。

③ 参见《手机音乐渠道为王，中国移动份额最大》，2011 年 3 月 18 日，http://www.techweb.com.cn/business/2011-03-18/1003937.shtml。

强势地位，内容商和服务商之间复杂的利益关系，免费和盗版音乐的冲击等使得唱片业产值过低，2013 年仅有 6 亿元左右，在整个音乐产业的分成比例仅占 2%左右。[①] 内容商分成过少直接导致其向音乐创作群体的分成更低。音乐产品的生产分为词、曲、演、录四部分，其中表演者即歌手可以通过商演或者广告代言获利，而词、曲作者只能在幕后。可以说，他们是整个音乐产业链的基石，但因缺乏有效的商业链条，词曲著作权在国内真正能为音乐人带来的收入十分有限。加之词曲创作群体后继乏人，本来就岌岌可危的音乐创作群体更加萎缩。数字化音乐产业环境的无序和混乱在客观上使得消费者可以用最低的成本获取音乐产品和服务，但当这些资源被消耗殆尽，而又无创新机制和激励机制催生新的优质原创音乐时，音乐产业将成为无源之水、无本之木。

数字化改变了音乐传播的路径和方式，通过盗版复制、上传分享与免费下载使用，传者与受者之间的身份变得模糊，互联网去中心化的属性使每个网络用户都成为潜在的侵犯知识产权行为的实施者。版权意识的淡薄与免费获取习惯的养成，使消费者成为手机音乐产业内容保护的障碍之一。同时，整个手机音乐产业链运营透明度不高和权力寻租带来的弊端日益暴露，音乐制作人分成过低、传统唱片公司向演艺经纪公司的转型，导致音乐创作水准下降。因此，如何协调音乐创作者、出版方、表演者、唱片公司、相关的版权管理公司以及运营商、终端商的利益，对音乐版权进行保护，是当前手机音乐产业亟待解决的重要问题。

(2)保护数字音乐版权是解决内容危机的根本

随着 3G 网络的普及和移动互联网的快速发展，数字音乐企业将关注点从 PC 端转移到移动端，数字音乐的大部分收入来自手机终端，手机音乐是移动音乐的重要组成部分。解决好数字音乐版权问题，有助于增强内容商的议价能力，壮大音乐创作群体，是优化手机音乐产业链的重要途径和数字音乐产业可持续发展的必由之路。

第一，修订知识产权相关法律，加大政策扶持力度。手机媒介的管理涉及多个行业和不同部门，由此造成的多头管理、立法滞后和权责混乱等是我国数字音乐侵权泛滥、权利人维权困难的主要原因。我国现行政策倾向于保护互联网行业的发展，这种以牺牲内容来谋求经济利益所带来的行业发展环境不容乐观。在欧美国家，立法清晰、权责明确保证了版权保护的有效实施。美国《数字千禧版权法》以法律形式保护网络作品知识产权，加强对知识产权所有人的权

---

① 参见《免费音乐巨变前夜，付费的三种可能》，2013 年 4 月 10 日，http://www.techweb.com.cn/。

益保护[1]；英国知识产权局允许消费者对音乐、电影在CD和MP3播放器之间的转换自由，但是要求不得有损版权所有者的利益；法国采取多种措施打击非法下载活动，如规定个人网上下载的权限，严惩销售非法下载的影视、音乐作品等行为，强化对个人网上下载内容用途的监控，从而建立起网络服务商、政府机构和唱片公司三位一体的反盗版体系。总的来说，根据网络环境的特殊性，政府应加快修订《著作权法》和《侵权责任法》等相关法律，对现有监管机构进行重组合并，明确职责权限，完善管理体制，并依法获取强制停止音乐网站和网民不法行为的权力，保护权利人的合法权益不受侵犯。在完善法律制度之外，我国政府还应通过直接或间接方式为音乐创作和唱片制作提供资金援助。总之，国家宏观上的政策扶持是音乐产业可持续发展的重要保障。

第二，构建合理的付费模式，保证音乐创作群体健康发展。盗版的泛滥造成内容商在整个手机音乐产业链上的议价能力差，得到的利润分成过少，进而导致了音乐创作群体呈现不断萎缩的趋势。所以，为著作权人和使用者建立一套健全的付费模式，使其能够获得应有的经济利益，消费者可以方便地享受高质量音乐产品，这是知识产权保护的根本目的。在未来数字音乐产业的发展中，为消费者提供更有价值和差异化的音乐产品与服务而收取增值费用，是音乐创作群体和唱片公司健康发展的有效途径之一。

第三，采用数字管理技术，提高追踪侵权人的效率。利用数字技术进行版权保护，是指数字作品的权利人在其作品上采取一定的技术措施，包含四种技术，即从接触控制、控制特定使用、保护作品完整性以及跟踪记录方面对数字产品加以保护。[2] 目前，音乐、视频、电影版权人多使用一种防盗版技术措施——数字版权加密保护技术（Digital Rights Management，DRM）来保护数字化的音乐视频版权，要求用户只有在注册付费或以其他形式获得正式授权时才能使用版权内容，这从技术上遏制数字媒体内容被非法复制。这种技术能有效控制数字音乐盗版的发生，就手机音乐而言，带有DRM标识的正版音乐只能下载在手机里播放而无法传播。另一种数字音乐防盗版技术是飞利浦公司的VTrack视频水印技术，它是用来帮助版权方追踪和锁定盗版来源的。这种水印不会影响音乐质量，不容易被用户觉察，也不可修改，即便盗版者对其进行复制、剪切、压缩都无法破坏水印。某些音乐应用软件就为其平台上的乐曲打上数字标记，

① 参见傅亦轩主编：《新媒体节目内容创作与版权保护》，北京：中国广播电视出版社，2011年，第204页。

② 参见于丹：《数字作品的版权保护》，《法制与社会》2011年第8期。

一方面方便其追踪侵权人，另一方面在遭遇内容商侵权诉讼时可以作为证据使用。

第四，加强手机媒介从业者的职业道德规范，引导手机用户树立版权意识。匡文波认为："道德与法律一起成为现代社会调节人与人之间关系、规范人的行为、维护社会安定的两大支柱。"[①]法律通过事后惩罚发挥作用，道德则是通过舆论和信念克制自我利益而在事前发挥作用。所以，相较于法律约束，道德自律对于手机用户的作用更大。加强手机媒介从业者的职业道德规范，一方面要求服务商讲求商业道德和法律精神，向内容商购买正版音乐产品，从源头上断绝盗版音乐的供给；另一方面，手机用户应该加强自律，提高认知水平和道德意识，不下载、不传播盗版文件。同时，业界和媒体应加强对用户版权意识的教育和引导，号召网络乃至全社会尊重创新和保护知识产权。现阶段推动文化产业成为国民经济支柱性产业，就要加强对知识产权的运用、保护和管理，形成全社会鼓励创意、尊重设计、促进创新的良好氛围。

网络盗版和侵权问题由来已久，尽管目前国家改善了版权监管环境，在一定程度上减少了侵权现象的发生。但是，网络盗版形势依然严峻，长期以来形成的"免费与共享"被用户奉为"互联网精神"，影响了正确的版权意识的建立与培养。因此，在完善知识产权相关法律法规的建设、加大打击盗版的力度的基础之上，相关部门还应当针对著作权人尤其是词曲创作者构建起合理的付费模式，保证著作权人的合法经济权益，同时逐步建立起用户的版权意识和付费习惯，使每个互联网用户成为守法的自媒体，从源头上解决盗版问题。只有在立法、机制、技术和意识多个方面齐头并进，最大程度上减少盗版，才能改变手机音乐靠铃声和彩铃盈利的状况，打通整首音乐合法下载的通道，完善手机音乐盈利模式。

2.实现用户价值是手机音乐产业发展的必由之路

用户是互联网及移动互联网的立业之本，网络的开放性使得用户对于企业的生存和发展拥有最终的决定权。用户价值是指产品和服务所满足的用户需求。具体到手机音乐产业上，用户价值即内容商、服务商、运营商和终端商各自的行为所满足的用户对于手机音乐产品和服务的需求。因此，用户是手机音乐产业链上不可或缺的重要一环，手机音乐用户的行为对产业链上其他环节至关重要。音乐从业企业各方需要根据用户属性和用户习惯去制定相应的音乐产

---

① 匡文波：《手机媒体概论》，北京：中国人民大学出版社，2012年，第269页。

品和服务内容，提升音乐软件的用户体验，寻找合适的运营方式等。

第一，内容商细分市场群体。内容商包括唱片公司、音乐工作室及版权代理公司等。艾瑞咨询《2011～2012 年中国数字音乐用户行为研究报告》(下称《研究报告》)显示，25 岁以下的手机音乐用户占比约 65.0%。[①] 笔者认为，内容商可以把 25 岁以下的年轻人细分为 18 岁以下、19～22 岁以及 23～25 岁三个市场群体。18 岁以下的男女正处于青春期，叛逆、自我和标榜个性是他们普遍的特点。这个群体也正是各种音乐类选秀节目的忠实粉丝，签约人气高、形象好的选秀歌手对他们而言极具吸引力。19～22 岁的群体或升入大学，或已步入社会开始工作。对于大学生而言，他们的文化知识相对较高，且拥有较多娱乐时间，对新生事物的接受速度快，移动互联网娱乐服务的时尚和新颖能吸引他们的关注。对于已经步入社会的这部分用户而言，他们的文化知识相对欠缺，歌词通俗易懂、旋律简单明了的网络歌曲和流行歌曲是他们的首选。23～25 岁的年轻人或是在校研究生或是大学毕业后开始工作，他们从情感和行为上开始变得成熟，更倾向于有一定思想内涵的歌曲。总之，内容商应根据用户属性，提供详尽的歌曲分类，兼具多个类型和层次，利用网络“货架”所提供的产品和服务，满足尽量多用户的音乐需求，从主流市场和“利基市场”[②]中获取利润。

第二，服务商采取双边补贴。服务商包括提供音乐产品或音乐服务的网站和音乐类 App。从盈利模式看，手机音乐用户以学生和企业普通员工为主，属于低收入群体，服务商在提供免费的基本音乐服务之外，结合小额增值收费服务的模式，通过增加订阅量来获取利润。对大部分用户免费，向小部分付费用户提供高质量、差异化服务的双边补贴模式是“慷慨法则”[③](The Law of Generosity)在互联网领域的体现。网络经济逆转了产业经济时代“物以稀为贵”的定价法则，网络信息的去中心化网状传播使得数字内容大规模复制的边际成本趋向于零，内容产品的价值与其需求和传播速度成正比。[④] 对于市场接受度越高的产品，消费者对提供产品的通道和平台的依赖就越强，这些渠道和

---

① 《2011～2012 年中国数字音乐用户行为研究报告》，2012 年 12 月 5 日，http://report.iresearch.cn/1824.html。

② “利基市场”，是指在产业市场上被大企业忽视的专门化的、细分的、面向特殊领域的小市场。参见[美]彼得·德鲁克：《非营利组织的管理》，吴振阳等译，北京：机械工业出版社，2007 年，第 64 页。

③ “慷慨法则”，是指通过免费产品或服务吸引用户的注意力，当产品或服务的价值获得市场认可时，企业可以从增值服务的辅助市场实现盈利。参见[美]凯文·凯利：《网络经济的十种策略》，肖华敬、任平译，广州：广州出版社，2000 年，第 80～91 页。

④ 参见[英]查尔斯·兰德利：《创意城市》，杨幼兰译，北京：清华大学出版社，2009 年，第 81 页。

平台就可以通过提供增值服务获取盈利。例如,QQ音乐的绿钻服务,绿钻会员每月缴费10元,即可获得高质量的正版音乐,并可以在QQ空间播放乐曲,让好友进入空间在阅读用户日志、说说以及欣赏照片的时候有美妙的音乐相伴,如果双方都开通绿钻服务还可以点歌互赠。从运营模式看,手机音乐用户倾向于接受音乐推荐。《研究报告》显示,排行榜的音乐推荐方式更容易被中国数字音乐用户所接受。学生用户会有更多的时间从排行榜、音乐评论中寻找自己喜欢的曲目;而上班用户由于可支配时间较少,因此更倾向于接受较为直接、针对性强的推荐方式,比如关键词和标签匹配等。服务商一方面要细分用户市场,另一方面也应该根据用户试听和下载量,建立适合不同用户的音乐曲库,做到音乐信息的无障碍搜索和获取。该报告还显示,即时通信和社交需求仍是数字音乐用户上网活动的最首要的行为。因此,社交网络平台或者即时通信应用的分享、推荐和点赞等服务获得了既钟情音乐又热爱社交的用户青睐,从而成为原创音乐推广的新平台。

第三,运营商加强上下游合作。随着移动互联网及无线通信市场竞争的加剧,运营商也在积极转型。通过对上游内容制作和下游终端生产的不断渗透,运营商已由单纯的通信运营向综合信息服务转移,多元化发展增强了其在整个手机音乐产业链中的竞争力和话语权。以中国三大运营商之一的中国移动为例,从内容方面讲,移动运营商在积极与内容商合作的同时,也在自行搭建音乐平台,全力打造全国统一的无线音乐发布及使用平台——中央音乐平台。2013年,此平台拥有230万正版曲库资源,同时与近1000家唱片公司合作。[①] 后又打造了咪咕音乐,实行会员模式,会员超过9000万,每月音乐下载超过1.5亿次,整体超过70亿次,已成为国内最大的正版音乐分发平台。[②] 为了优化用户体验,方便用户购买音乐业务和周边产品,咪咕音乐手机音乐播放器在传统的话费支付外,还增加了银联、支付宝和中国移动手机支付三大支付选择,消除了非中国移动用户购买中国移动推出的铃声、歌曲下载等产品的支付壁垒。从终端方面讲,为了更好地配合3G通信的来临,使用户能更好地体验移动相关业务,中国移动向手机终端制造商定制一批手机,将部分自主功能预装进手机,培养用户"先入为主"的使用习惯。例如,在中国移动定制机中预装音乐随身听软

① 参见《中移动无线音乐基地借力第三方支付进军互联网》,2013年9月18日,http://finance.eastmoney.com/news/1586,20130922324467621.html。

② 参见《4G加速无线音乐发展》,2013年12月17日,http://www.c114.net/news/118/a811925.html。

件，集显示歌词、下载、搜索、在线选歌、彩铃定制等多种服务于一体，使用该款定制机的用户可以在第一时间获取中国移动无线首发音乐，实时了解最新音乐资讯及娱乐新闻。

第四，终端商延长利基长尾。终端商以手机的形式将运营商传递的音乐产品或服务最终呈现给用户。为了满足用户对音乐的普遍需求，手机生产商专门推出了音乐手机，这种手机必须具备可靠的播放器，根据网络需求支持各种等级音质和开放的标准音乐格式，且配备有较大容量的存储空间。目前市面上的音乐手机在具备手机的基本功能之外，还加强了音乐播放功能。用户在购买音乐手机时，音质是否优良和操控是否便利是他们考察的主要因素，因此终端商应在外形和功能上为音乐播放器作出优化。由于学生和中低收入者构成了手机音乐使用的主要群体，因此终端商应主推中低端机。随着国内手机生产商技术水平的提高以及生产成本的降低，智能手机的价格持续走低。单一的大规模生产已经不适应消费者多样化的需求，终端商应以年龄、收入、性别及文化程度为标准划分不同消费群体，根据不同群体对手机外观、功能、手感等偏好进行差异化和多样性的小批量生产，并借助网络销售以延长利基产品的长尾，创造可观的大市场。鉴于手机用户对预装软件的高使用率，手机终端商应与手机音乐类软件商进行合作，增加音质好、歌曲管理方便、在线资源丰富、操作体验好、音乐更新快、界面好看等音乐类 App，以吸引手机音乐用户，提高在年轻用户中的渗透率。

哈佛商学院教授雷蒙德·维农（Raymond Vernon）于 1966 年在《产品周期中的国际投资与国际贸易》一文中提出“产品生命周期”（Product Life Cycle）理论。他认为，一种新产品从开始投入市场到最终被淘汰的过程，要经历形成、成长、成熟、衰落到退出市场这样的周期。[①] 目前我国手机音乐市场的进入者增加，竞争非常激烈，作为彩铃替代品的音乐类 App 所提供的音乐产品和服务增多，手机音乐产品形成阶段产生的技术垄断和市场寡占局面已被逐渐打破，手机音乐正处于成长阶段。这体现为运营商不断向上游和下游渗透，内容商和服务商相互融合，终端商则不断扩充市场空间，无线音乐用户需求增多。媒介融合的进一步发展使手机成为主要的无线音乐获取终端，社区化和移动性也正在不断满足手机音乐用户多样性和个性化的需求。随着 3G 网络的普及和 4G 网

---

① Raymond Vernon, “International Investment and International Trade in the Product Cycle”, *The Quartely Journal of Economics*, 1966(2), pp.190-207.

络的到来，用户通过手机获取音乐更加便捷，手机音乐市场更大，手机音乐产业只有回归到文化产业“内容为王”和“用户至上”的本质上来，提供优质音乐产品和差异化服务，才能推动自身向前发展和不断繁荣。

二、4G时代：作为多功能音乐媒体平台的手机终端

截至2020年12月，我国网络音乐用户规模达6.58亿，其中，手机网络音乐用户规模达6.57亿，占手机网民的66.6%。① 庞大的基础用户规模以及日渐形成的付费习惯，进一步凸显音乐客户端的商业价值。4G网络为手机娱乐带来了更加多样化的体验，在文化消费升级的时代语境下，手机客户端从单纯的终端播放器向多功能音乐媒体平台转型。手机音乐客户端由此迎来差异化竞争时代，手机网络音乐呈现出以下新的传播特征。

第一，以数据分析为本的精准化推送与个性化传播。日趋成熟的大数据技术被广泛应用于各个领域，不知不觉地影响着我们的日常生活。几乎每个智能手机用户都会安装至少一个电商类App，人们有一个越来越明显的感受：每当搜索过一个商品后，接下来一段时间就会持续收到相同或类似商品的推送，甚至当用户与他人在言谈中提及某种商品，手机App也会推送相同或类似商品，这缘于手机加速度传感器的“窃听”功能。基于大数据的精准用户画像支持，推送已成为移动端产品最常用的运营方式。通过对用户属性、兴趣爱好、搜索记录等进行挖掘、抓取与分析，手机音乐客户端的精准推送能满足个性化音乐需求。根据国际唱片业协会(IFPI)发布的《2019年音乐消费者洞察报告》，全球16～24岁的人群占音乐爱好者的63%，年轻用户已然成为未来音乐市场的主力军。网易云音乐在此背景下所推出的“私人雷达”功能，能够根据大数据得出用户的历史品位和实时偏好，为用户每日定制独家个性化的推荐歌单，这既能满足用户需求，也能推出自家优势内容，一举两得。② 随着音乐客户端的自媒体角色建设，每个用户都可以自己创建个性歌单，分享自己喜欢的音乐作品。音乐录制与编辑等技术的升级大大降低了内容创作的门槛，激发了年轻一代的表达欲望，为他们“一展歌喉”提供了条件。手机音乐客户端发展为自媒体平台，既可以通过用户自发分享与制作内容进行个性化传播，还可以丰富平台泛娱乐内容生态。

---

① 中国互联网络信息中心：《第47次中国互联网络信息中心调查报告》，2021年，第46页。

② 《腾讯音乐&网易云音乐的综艺节目音频版权争夺战》，2020年4月11日，https://www.jiemian.com/article/4243173.html。

第二,"音乐+社区"的社交化与实时互动性传播。音乐社交即用户基于相同的音乐兴趣展开一系列社交活动,这种相同的兴趣不仅局限于共同喜爱的歌曲或歌手,更强调对同一作品的相同感受和认知。[①] 这意味着用户在"同好"形成的社区氛围下对音乐的公开评论,目前各音乐 App 在歌曲、电台、直播等专栏下均开辟有评论区,用户可以通过隐形点赞、显性回复以及互发弹幕三种方式进行实时或延时互动。在这种类似"点头之交"的"打招呼互动"之外,用户还有基于相同爱好的深层社交需求。用户可以通过"关注"的操作进一步了解其感兴趣的歌友,如果对方也"关注"了自己,双方即可建立双向的好友关系,通过"私信"功能开展陌生人社交,拓展社会网络。此外,用户通过将已有的社交网络如微信、微博、QQ 及通信录好友嵌入社区中,实现对熟人好友的"搬运"。"陌生好友"与"熟人好友"同处一个好友系统,形成以用户为中心的个性化的音乐社区。

第三,多层次、复合式的体系性传播。社交分享具有以点带面、实现低成本且大规模触达用户的功能,分享功能嵌入在几乎所有手机 App 中。手机音乐客户端的分享功能,为用户提供了随时分享自己演唱或喜欢的歌曲。除此之外,用户还可以分享与歌曲相关的信笺、明信片、歌手艺术照等音乐衍生产品到微信、微博等社交媒体平台,形成基于客户端的再传播。在这一过程中,客户端品牌名称或 Logo 会随之传播,最终形成二级传播。用户的上传、下载、点赞、评价等行为都属于信息反馈,形成参与者之间的多维交互。大众传播、人际传播同步进行,增强用户与客户端之间的传播黏性,最终形成多层级、复合式的传播体系。

三、5G 时代:作为泛娱乐布局的手机终端

在外部市场环境持续向好、用户付费意愿增强等推动因素下,音乐客户端平台方积极探索多元商业化道路,B2B 模式和 B2C 模式得到不断丰富和完善,这无疑都推动了手机音乐客户端市场进入新的发展阶段。

首先,借助音乐综艺充实版权资源。近年来,随着全民版权意识的逐步觉醒,充实音频版权资源库成为音乐 App 的发展重点。这主要有两种方式:合作或自制综艺挖掘原创音乐与音乐人;购买热门音乐综艺的独家音频版权。音乐

---

① 参见刘通、欧阳照:《移动音乐平台的"音乐社交"模式研究——以网易云音乐和 QQ 音乐为例》,《今传媒》2019 年第 4 期。

客户端平台在综艺方面的布局主要以竞赛选拔类产品为主，此种形式的综艺为观众提供更加多元化的音乐作品。同时，平台也可以通过节目挖掘更多的音乐人，扩充平台歌手以及歌曲资源。购入热门综艺独家音频版权，在向用户输出音频内容的同时，App会围绕内容周边展开传播设计。例如，音乐平台对多档节目都会有独家活动页面，用户为喜欢的歌曲打票；在获得节目版权后，平台为每期节目独家定制多个相关电台内容，包括深度解读版、专家点评版、八方吐槽版等，并设置专区、讨论区。由此可见，音乐综艺使音乐的表现内容更丰富，有利于多方面挖掘音乐的商业价值。

其次，直播功能成为音乐生态的重要环节。2012年，酷狗音乐推出音乐直播平台，成为第一个垂直类音乐直播平台。2016年，随着移动互联网的兴起和发展，国内移动直播平台激增。与此同时，各主要直播平台不断推出音乐直播等相关运营活动，竞争愈发激烈。2020年新冠肺炎疫情期间，众多线下演唱会转为线上，“无奈之举”反而加快了音乐直播前进的步伐。在这一特殊时期，观众或者音乐爱好者在精神文化方面的需求空前增长，带动了诸多线上文娱产品的消费。2020年4月20日，微博、网易云音乐、大麦、虾米音乐、腾讯音乐五大平台共同发起“相信未来”线上义演活动，堪称目前中国音乐史上最大规模的线上义演活动。义演以“对抗焦虑，回归日常”为主基调，130余组音乐人参与演出，节目形式不拘一格，音乐形态多元化呈现。这次直播活动对于不少专业音乐人而言是少有的体验，虽然参与直播可以带来可观的经济利益，但仍有63%的音乐人从未进行过音乐类直播。让音乐直播成为音乐生态的重要一环，这是未来音乐客户端要着力解决的问题。

随着移动互联网技术的成熟发展，手机音乐客户端将在信息化发展潮流中成为音乐文化的传播载体，成为当代社会重要的人际交流平台。届时，作为音乐传播核心媒介的手机音乐终端，将彻底打破时空、宽带、终端的局限，为音乐的传播创造更为开放、多元的信息场域。尽管手机音乐客户端在发展过程中还存在许多弊病，但在未来的传播发展中，它将逐渐成为音乐创作和传播的核心驱动。以“95后”“00后”为主力的年轻一代正成为互联网巨头争相抢夺的对象，他们内容付费意识高，并随着经济趋于独立，消费能力也不断释放，成为内容平台实现货币价值的关键。通过鼓励年轻用户参与互动的方式，打造UGC内容社区，为音乐的刚需特征注入社交属性，在满足年轻用户社交需求的同时增加用户活跃度和黏性，这将为平台方进一步拓宽多元商业变现路径奠定坚实的基础。

第五节 “耳朵里有新世界”:手机音频产业的全场景生态发展

一、音频产业生态发展的现状与趋势

手机音频,泛指利用智能手机、平板电脑、可穿戴设备等移动终端作为载体,通过在线下载等方式,提供语音收听等服务,包括传统电台、新闻资讯、教育培训、有声阅读、广播剧、影视原音、综艺娱乐等音频内容。声音天然地具有伴随性特点,听可以解放双手和双眼,与读书、看视频、看电影、玩游戏这些文化娱乐活动相比,移动音频可以在多种场景中伴随着用户,在碎片时间提供信息内容。近年来,手机音频在已获得稳定用户群体的同时持续扩张,这得益于用户使用习惯的普遍成熟以及上游内容版权带来的产品开拓。据艾媒咨询的调查数据显示,2020 年中国在线音频用户规模为 5.7 亿人,预计未来继续保持稳定增长;2022 年将达到 6.9 亿人,市场规模接近 90 亿元。① 未来,5G+AI 技术的升级将推进音频作为万物互联的重要入口,音频产业的市场边界将被大大拓展。

1.音频产业发展的 PEST 宏观环境分析

PEST 分析法是指通过对政治(Politics)、经济(Economic)、社会(Society)和技术(Technology)四个方面的分析,从总体上把握企业发展的宏观环境,可用于评估企业战略目标制定的影响因素。

(1)政治环境

政治环境,指对企业经营活动具有实际与潜在影响的政治力量和有关的法律、法规等因素。为促进在线音频行业健康有序发展,国家相关部门通过一系列政策法规对在线音频行业发展环境加强规范监管,以建设良好的音频内容生产环境。2020 年 1 月,国家互联网信息办公室、文化和旅游部、国家广播电视总局联合印发了《网络音视频信息服务管理规定》,旨在保护公民、法人和其他组织的合法权益,维护国家安全和公共利益。2020 年 3 月,中央广播电视总台音

① 参见艾媒咨询:《2020～2021 年中国在线音频行业研究报告》,2021 年 4 月 1 日,https://www.iimedia.cn/c1020/77784.html。

频客户端云听 App 正式上线，作为国家级 5G 声音新媒体平台，“云听”的上线肩负着总台传统广播战略转型的重要使命，也是国家主流声音媒体抢占移动音频领域的重大突破。

(2)经济环境

经济环境，指一个国家的经济制度、经济结构、产业布局、资源状况、经济发展水平以及未来的经济走势等。2020 年初，新冠肺炎疫情对国内经济发展带来前所未有的冲击，零售、餐饮等严重依赖实体形式的消费支出明显下降，空间聚集型、人员密集型的文化消费活动也因防疫规定而无法进行，形成独特的线上文娱消费井喷现象。几乎所有的视频、直播、网络游戏、有声小说平台的用户规模都在增长，与线下的影视“寒冬”形成鲜明的反差。据统计，某短视频平台在春节假期的日活跃用户数量最高达到 3.11 亿，较往年同期增长 93.1%。[①] 在新冠肺炎疫情背景下，线上经济、文创产业把握机遇，“口红效应”也有了新的表现形式。因戴口罩是新冠肺炎疫情期间的重要标志，这种新的经济现象又称为“口罩效应”。2019 年，中国数字出版产业接近万亿元规模，同时数字阅读行业蓬勃发展，数字出版和阅读行业发展进入成熟阶段，作为其中分支的在线音频也在向好的大环境下获得良好的发展机遇。

(3)社会环境

社会环境，指企业所在社会成员的民族特征、文化传统、价值观念、宗教信仰、教育水平以及风俗习惯等因素，构成社会环境的要素包括人口规模、年龄结构、收入水平、消费结构等。中国在线音频的年轻用户占比较多，30 岁以下用户占比 66.7%；同时，中高收入用户群体较大，高线级城市占比过半，中高以及高消费能力用户超三成，月收入 10000 元以上的用户达 27.5%。这部分人群生活节奏快，对新知的需求旺盛，手机音频独有的伴随性特点为他们随时随地获取新的信息提供了便利，开通会员为知识付费已成为他们的文化消费习惯。针对该部分人群，在线音频平台需输出更多的优质、经典文化科教内容。此外，在线音频用户中的年轻群体占比高，平台需要注重开发更多新鲜多样的音频玩法来满足年轻用户的需求。

(4)技术环境

技术环境不仅包括引起某行业革命性变化的发明，还包括与行业有关的新技术、新工艺、新材料的出现和发展趋势以及应用前景。前沿科技创新成果与

---

① 参见《新口红效应？疫情期间在线文娱消费迎来“井喷”》，《半月谈》2020 年 5 月 11 日。

文化领域的深度融合，将进一步推动新型文化业态大规模进入大众视野。随着智能化时代的到来，人工智能、区块链、云计算、大数据、物联网和5G网络等新兴技术加速成为文化经济增长的新引擎。以数据为关键生产因素、以人机协同为主要生产和服务方式、以满足消费者个性化需求为特征的智能经济将颠覆现有的文化消费生态格局。2019年8月，科技部、文化和旅游部等六部门联合印发的《关于促进文化和科技深度融合的指导意见》中就提出：要利用新技术对公共文化服务和文化产业进行全方位、全链条改造，推动文化数字化成果走向网络化、智能化。随着相关技术的发展革新、配套硬件设备的完善以及文化科技创新体系的进一步构建，文化产业的内容生产和服务模式将迈上新的台阶，数字文化业态必定想象无限，更低的流量资费和更快的传输速率将推动数字文化消费迎来真正的爆发。[①]

2.音频产业生态图谱

(1)“人人都是创意者”：丰富多元的内容提供

英国创意经济学者约翰·霍金斯在《创意生态：思考在这里是真正的职业》一书中指出，创意是人类的本性特征，创意能力与生俱来——我们每个人都有“创意的本能”(creative instinct)。[②] 21世纪是创意经济的时代，从远古群居狩猎时代到现在，“创意经济可能是第一种依赖个体活动，而不是群体活动的经济形态，是第一种为‘个体作为个体’而欢呼的经济”[③]。个体创意才能在互联网的“草根性”和去中心化传播下得到最大限度的展现，并在市场机制作用下实现创意的价值交换。用户生产内容(User Generated Content，UGC)模式是互联网平台初期实现内容生产的普遍方法，在音频已融入人们日常生活的背景下，越来越多的人尝试用声音求职、创业。截至2020年8月，头部音频平台喜马拉雅的主播数量已超1000万，专辑数量超2000万。[④] 主播数量与专辑内容数量实现双增长带来音频产业内容生态的不断丰盈。音频平台一般通过流量倾斜、资金池、内容辅导、变现支持等方式赋能创意者的内容创作。以喜马拉雅为例，平台为主播提供发声技巧、情感塑造、运营推广等一系列专业配音技能培训，采取

---

① 参见范周：《消费回补与市场重塑：后疫情时期的文化消费趋势探析》，《艺术评论》2020年第5期。

② 参见[英]约翰·霍金斯：《创意生态：思考在这里是真正的职业》，林海译，北京：京华出版社，2011年，第151页。

③ [英]约翰·霍金斯：《创意生态：思考在这里是真正的职业》，林海译，北京：京华出版社，2011年，第154页。

④ 参见雷厉：《喜马拉雅八周年公布最新数据：主播人数已超过1000万》，2020年8月3日，https://new.qq.com/omn/20200803/20200803A09CWM00.html。

邀约制邀请优质内容生产者入驻，参与受众定位、内容规划、课程体系设计、定价及推广等课程生产环节，为创作者提供经验指导和数据洞察服务。

(2)“泛内容消费”:搅动移动音频平台市场

“泛内容”，顾名思义是内容“泛化”现象。[①] “泛内容”运营是传统内容行业在转型中介入相关多元化经营，以摆脱生存发展困境的一条重要路径。“营销者正在现实和趋势间徘徊，寻找新的解决方案。此时，作为营销活动的核心环节，内容生产被赋予了颇为重要的使命。”[②]相对于传统“窄”的广播内容而言，音频平台泛内容涉及有声书、儿童、人文、外语、相声评书、教育培训、音乐、情感生活、娱乐、头条、IT 科技、二次元、广播剧、时尚生活、商业财经、影视、电台、健康养生、汽车、历史旅游、戏曲等。其中，原来作为资讯平台的头条新闻、一点资讯等促进了平台内容生态的多元化，具备流量大、内容多、覆盖广的优势；作为知识内容平台的知乎等则以音频媒介丰富了知识内容的授课形式，伴随式地满足用户碎片化知识获取需求；作为文学平台的企鹅阅读等根植海量版权，将有声书纳入 IP 价值多元开发的重要环节，培育用户“看书＋听书”的融合场景。

(3)“每一秒陪伴都是爱”:音频使用进入全场景时代

网络音频的全场景时代，是指硬件制造商、系统研发商与内容服务商一起，通过构建音频场景生态，满足用户在特定场景特征下的音频收听需求。[③] 根据收听渠道和载体，中国网络音频的发展经历了播客时代(2005～2011 年)、移动时代(2012～2016 年)和全场景时代(2017 年至今)三个阶段。从技术条件来看，依托人工智能和智能硬件的发展，用户在细分场景下的收听体验得到进一步提升，穿戴式设备、智能音箱、车载系统以及智能家居将极大地拓展音频内容消费的发生场景，方便用户在通勤、开车、休息、运动、睡前等场景进行内容消费的无缝切换，在更多场景下满足不同用户的碎片化需求。从用户规模来看，全场景时代下的音频将通过海量内容实现对用户的全场景陪伴，高用户活跃度与强用户黏性促进音频收听场景朝着多元化方向发展。据前瞻产业研究院的调查，音频用户的单次收听时长主要集中在 11～60 分钟，比例达 84.8%，且 13.6%的用户每次收听音频时长超过 1 小时，62.7%的用户会每天收听音频内

---

① 参见范以锦:《“泛内容”变现:延伸媒体产业链的新路径》,《新闻与写作》2018 年第 4 期。

② 马涛、周艳、聂乃知:《内容破局:“互联网下半场” 的营销创新》,《新闻与写作》2018 年第 2 期。

③ 参见陈莹:《音频行业进入全场景时代》，2018 年 10 月 10 日，http://www.cbbr.com.cn/contents/520/50799.html。

容，即超过60%的音频用户是日活跃用户。[①] 高用户活跃与强用户黏性为用户在多元场景下收听音频奠定了坚实的基础。

二、“以音会友”：音频社交App的流行

在动物界中，靠声音吸引异性的动物种类不胜枚举。鸟类大多以叫声来求偶；蝉、蚱蜢、纺织娘等雄性昆虫也是用声音来吸引雌虫的注意；蛙类在雨后的夜晚利用鸣囊发出叫声，吸引异性，不同种类的蛙发出声音的频率、节奏、音调都不相同。中科院成都生物研究所方光战老师的科研团队曾发表过一篇文章，专门分析雄性竞争和雌性选择中的“声音”要素。在这篇学术论文中，通过多次科学实验发现，当交配季节到来时，雄性仙琴蛙可以在洞里呼唤雌性同类，也可以在洞外发声，而雌性仙琴蛙比较容易被发自洞里的声音吸引而完成交配。[②] 这并不是因为有“洞”意味着“有房”，而是因为从洞里发出的声音带有混音效果，使雄蛙的叫声听起来更低沉，从进化论的角度来看，这是雄蛙身体好的一种表现。可见，声音在某些动物择偶中作用重大，那么，声音在人际交往中又发挥着什么样的作用呢？

苏格兰斯特灵大学(University of Stirling)心理学家胡安·大卫·利安戈麦斯(Juan David Leongómez)领导的研究团队发现，人声的某些副语言(paralingual)特征(非语词的声音变化，如重音、声调的变化)，尤其是音高和声调的改变，会泄露出听者对说话人的性吸引程度。[③] 当研究人员让男性去和一位漂亮女性调情时，他们的声音会产生两个明显的变化。首先，他们的声音会变低沉。其次，他们的声调变得更富于起伏，像是在唱歌或是在和婴儿说话，只不过并没有真正对婴儿说话那样有明显的节奏。在和心仪的异性对话时，男性说话的音高和声调都会发生微妙的改变。同样，女性在与心仪的男性说话时，声音也会比平常更温柔娇媚。人们通常会根据交往对象的不同可以选择不同的“社交声音”。在网易数读针对“00后”恋爱观的一则调查中发现，无论男女，

① 参见徐烁：《网络音频进入全场景时代 高用户活跃度与强用户黏性促音频收听场景朝多元化发展》，2018年10月10日，https://www.qianzhan.com/analyst/detail/220/181009-d29df318.html。

② 参见方光战、杨萍等：《声音性吸引力对仙琴蛙脑电theta波时空模式的调制》，中国西部动物学学术研讨会，四川成都，2012年。

③ Juan David Leongómez, “Vocal Modulation during Courtship Increases Proceptivity even in Naive Listeners”, *Evolution and Human Behavior*, 2014 (11), Iss.6.

对声线的要求仅次于颜值，26.5%的女生和19.5%男生是“声控”。[①] 心理学家认为，声音决定了别人对我们38%的第一印象，当别人看不到我们时，音质、音调、语速的变化和表达决定了我们说话可信度的85%。[②] 嘴巴是人类自然天成的“乐器”，好的声音被形容为“天籁之音”，声音在形象塑造与人际交往中具有重要的作用。

加拿大传播学家麦克卢汉在《理解媒介》中提出：“如果坐在黑暗的屋子里谈话，话语就突然获得新的意义和异常的质感。”[③]“黑暗的屋子”意味着人际交往中的“看”与“写”失去主导作用，情绪表达、思想传递与情感交流让位于“听”与“说”，话语因而获得更加丰富的质感。语音社交与文字社交相比，更能够反映人们当下的情绪，交流更加生动；与视频社交相比，不用露脸可以减轻人们对外貌的焦虑，进而更加关注交流本身，语音、语调、语气甚至停顿长短都能反映情绪的变化。因此，语音社交是一种回归社交本质的交友方式。

2000年前后，基于浏览器的网页聊天室是互联网最早兴起的语音社交形式，用户只要能够上网，就可以通过网页聊天室跟志同道合的人群即时交流。在聊天室里一般可以建立不同主题的房间，用户可以选择感兴趣的主题参与聊天，类似于现在的微信群聊。聊天室的不断涌现，引发了语音社交热潮。在真实姓名和容貌被隐匿的情形之下，聊天室中色情、诈骗等丑恶、犯罪现象层出不穷，国家对此加强了监管，语音社交的发展也暂告一段落。2008年前后，以YY为代表的语音软件和以比邻为代表的电话语音应用相继出现。前者主打游戏语音连线，后者强调“一对一”的声音社交，两者带来了全新的声音社交模式。2016年，更多与声音密切相关的行业开始跨界发展。随着在线音乐、在线音频、直播类应用纷纷进军语音社交行业，声音社交开始呈现出多场景、复合形态的趋势。随着二次元、有声小说、广播剧、语音直播等内容的发展，音频社交的发展领域日益扩大，并逐渐形成了以“95后”和“00后”为主力的“声控”群体。他们也成为音频社交发展的驱动。有调查数据显示，在6000万的语音社交用户中，绝大部分都是“95后”和“00后”的年轻人。作为与移动互联网一起成长的一代人，他们在社交平台的选择上可谓特点鲜明。相比较强连接的熟人社交，

① 参见《你还在单身的时候，“00后”用三个字就找到对象》，2017年9月14日，https://www.163.com/news/article/CUA789FT000181IU.html。

② 参见汇智书源编著：《表达力：魅力口才与人际交往技巧》，北京：中国铁道出版社，2017年，第28页。

③ [加]马歇尔·麦克卢汉：《理解媒介：论人的延伸》，何道宽译，南京：译林出版社，2019年，第370页。

“95后”和“00后”更喜欢在陌生人世界中获得轻松愉悦的体验；相比较热门社交软件，他们更倾向于选择小众、个性化的产品；相比较单一的社交模式，他们更热衷于互动性强的产品设计。声音社交的兴起，恰恰在于满足了年轻一代个性化的社交需求，符合他们既有些“独”又渴望“群”的特点。[①] 通过弱声音建立自我想象空间的社交特质，满足了当下年轻群体强调个性、渴望共鸣的归属感。以声音作为核心媒介的社交产品，在国内历经了网页聊天室、语音聊天软件、一对一电话语音、音频直播、多人语音聊天 App 等多种形态，但始终没能推出一个堪称主流的语音社交应用。

2020年3月，以语音为媒介的“多人实时在线语音群聊”社交 App ClubHouse 在美国上线，被业界视作是“音频 Twitter”。ClubHouse 用户只能通过邀请码进入，与其他人的关系只有关注和互相关注，可以随时退出任何房间，谈论话题更是天马行空。作为一个单纯的语音聊天室，ClubHouse 中的所有人只能通过语音交流，不能打字，没有弹幕，也不能发图片、发视频。运营模式做减法的同时，用户身份也在做减法。在一个聊天室里，有可能聚集着一大批政治家、风投、教授、电影制片人、艺术家和工程师等高质量的“邀请制”用户，在“去中心化”的房间里，每个人既可以是话题的参与者，享受平等交流，也能够默默做一名听众甚至只是路过，这都不会有任何影响。社会地位的圈层被打破，种族、地域、职业等标签也被“删减”。早在1996年，在互联网时代来临之际，通信专家约瑟夫·沃尔瑟(Joseph Walther)就创造了“超人际交互”这个词，它指的是个体在线交流的一种方式。沃尔瑟认为，人际关系之所以在短时间内变得亲密，是由于缺乏视觉线索，这是隐身效应的另一种说法。[②] Clubhouse 犹如一间大型夜店，省去了线下接触的出行成本、时间成本等，减轻了心理压力，同时保留了人们自由说话的权利，也为人们提供了与各领域精英对话的机会，且能够在一定程度上保护个人隐私。

据国内业界人士分析预测，ClubHouse 在国内不会像国外一样受到热烈追捧。首先，从用户注册来看，ClubHouse 采用邀请制，普通人一码难求，高冷、小众的特征虽是重要的吸引点，但反过来也会限制用户规模。其次，从其本身特性来看，ClubHouse 虽号称“社交应用”，但是用户依据话题聚集而非人本身，用户之间并未真正建立社交关系，这势必会影响到用户黏性。再次，从文化差异

---

① 桂从路：《闷声圈粉的声音社交如何走向更好的生长》，2019年3月30日，http://media.people.com.cn/n1/2019/0330/c40606-31004038.html。

② 参见[爱尔兰]玛丽·艾肯：《网络心理学》，门群译，北京：中信出版社，2018年，第216页。

来看，国人偏内敛的性格在一定程度上限制了当众表达的能力，对话交流往往会变成意见领袖“唱独角戏”。最后，从监管来看，ClubHouse 有“说后即焚”的特征，面对各国不同的监管力度，其成本的变化会很大。这不仅有企业本身的监管成本，也有用户行为本身的心理成本。[①]这在中国早期网页聊天室的发展中已经得到了证明。

三、音频知识付费：媒介消费时代的知识焦虑

从汉语的词源来看，“知”，从矢从口，“矢”指射箭，“口”指说话。[②]“矢”“口”连起来表示说话如射箭，说了正确的话就像射中靶心，一语中的，本意指说话说得准。“识”字繁体为“識”，从言从戠。《说文解字》称：“戠”，从戈从音，但此字的字义因师承中断而阙如，段注云：“望而知军令，故从戈从音”，指古代军队的方阵操练，“音”指教官的口令声，“戈”指军人的武器。随着教官的指令，军队出现整齐划一的挥戈动作，因此，“戠”的本意是指“规则图形及其变换”[③]。“知识”二字最早作为一个词语出现是在《墨子·号令》的“其有知识、兄弟欲见之，为召，勿令入里巷中”，指“相识的人，朋友”。此外，在古代汉语中，“知识”还有了解、辨识、交游之意。在现代汉语中，“知识”多指“人们在社会实践中所获得的认识和经验的总和”[④]。

从哲学认识论来看，“知识”是一个重要的概念。柏拉图曾对知识做过经典的解释：一条陈述能称得上“知识”必须满足三个条件：一定是被验证过的、真实的、且是被人们相信的。[⑤]可见，知识是人类从各个途径中获得的经过提升、总结、凝练的系统的认识，包括事实、信息的描述以及在教育或实践中获得的技能。传播学中的“知沟理论”(Knowledge Gap Theory)认为，随着大众传播工具的普及，从电视、社交软件到互联网的发展，人们普遍可以利用这些工具获取信息，但社会地位高者往往比社会地位低者更快地获取到信息和知识，因此，大众传媒传播的信息越多，两者之间的信息差就会越大，知识量之间的差异也会增大，最终形成一道鸿沟。[⑥]在新媒体时代，相比知识接收的时效性，知识获取的

① 参见刘远举：《ClubHouse 注定在中国水土不服》，2021 年 2 月 6 日，https://www.bjnews.com.cn/detail/161262497415372.html。

② 参见(汉)许慎：《说文解字》，北京：九州出版社，2001 年，第 300 页。

③ 包乌兰、卓娜：《“和而不同”理念中的多元文化课程》，《内蒙古师范大学学报》2018 年第 11 期。

④ 《现代汉语词典》第 7 版，北京：商务印书馆，2016 年，第 1678 页。

⑤ 参见[古希腊]《柏拉图全集》，王晓朝译，北京：人民出版社，2017 年。

⑥ 参见罗雪：《知识传播：有效性理论及其路径》，北京：中国发展出版社，2016 年，第 7 页。

途径、知识理解的深度、甄别知识的能力以及知识储备量甚至社交范围之间的差异，才是造成知识鸿沟的主要原因。例如，面对同一个问题，搜索时可以使用百度、谷歌等搜索引擎，也有知乎、微博、豆瓣等社交平台，还有知网、维普甚至外文文献网站，选择不同的途径，搜索到的结果可能也大有不同，而不同结果对于人们理解同一问题则会产生显著影响。现在相当一部分人，将知识简单化为“信息”，柏拉图“知识”定义中的“被验证”“正确”要素被忽视，网络上充斥着大量披着“知识”外衣的、鱼龙混杂甚至相互矛盾的信息被人们阅读、分享。社交媒体的兴盛强化了人群的分化，进而形成信息的圈层传播，人们接收的信息往往局限在自己的社交圈子里，是一个相对封闭的环境，一些意见相近的声音会不断被重复甚至夸张、变形、扭曲，处于封闭环境中的大多数人就会认为这种扭曲的内容就是事实的全部。这种传播现象被称为“回音室效应”(Echo chamber effect)，这在一定程度上加深了不同阶层之间的知识鸿沟。要想缩小“知沟”，一个很重要的因素就是个人多方面、多渠道寻求信息的强烈动机。

英国诗人、小说家托马斯·哈代说过，“人永远不会抱怨自己的知识多”①，中国也有“技多不压身”等类似的俗语，对知识的崇拜与追求激发着一代又一代的人探索未知，推动着社会不断前进。随着网络的普及、网速的提升、终端设备的不断改进，人们接收到的信息量呈现几何数增长，然而人类的思维能力远没有达到对其接收自如、有效甄别的阶段。社会转型加快了知识与专业技能的更迭速度，求知欲使人类渴望把更多非我的信息转化为自我的知识，这符合人类进步的需要。《庄子·养生主》云：“吾生也有涯，而知也无涯。以有涯随无涯，殆已！”现代社会非我的知识浩如烟海，在有限的时间和精力条件下，想要占有所有知识几无可能，对未知的恐惧使现代人在追求更多知识的同时心理上承受着更多的知识压力，进而产生焦虑、精神疲惫、无所适从之感。在这种社会背景下，知识付费服务应运而生。“知识付费”，是指知识接收者为其获取的知识支付资金的一种互联网经济形态。换言之，“知识付费”是将知识作为商品进行出售，以实现其商业价值。近年来，大众愈发重视自我知识的宽度及深度，人们对知识付费的接受度和认可度不断提升，中国知识付费用户规模进一步扩大。倾囊求知，无人能夺；投资知识，得益最多。据艾媒咨询《2020 年中国知识付费行业运行发展及用户行为调研分析报告》，2020 年中国知识付费行业规模达 392 亿元，预计

① [英]约翰·恩格迪沃：《视觉创意 A-Z》，李彦玲译，北京：北京美术摄影出版社，2016 年，第 97 页。

2021 年将达到 675 亿元。[①] 一面是互联网时代各类信息汹涌而来，一面是用户对高质量信息需求旺盛，“信息降噪”成为品牌和消费者的共识，知识分享类平台成为消费者决策参考的重要渠道。

客观来讲，知识付费帮助人们充分利用碎片化时间来提升自我，可以作为缓解知识焦虑的一个解决方案。但是要警惕的一点是，移动互联网的普及加快了生活节奏，而这也大大提高了人们对刺激反应的阈值，降低了人完整做一件事的耐心，这让少付出、低回报成为人们热衷的消遣方式。知识付费平台不乏“两分钟瘦身”“三分钟中国史”“五分钟商学院”“十分钟听名著”等速成快餐课程，订阅者动辄上百万。试想，一本几十万字的小说，对于一般读者而言，若以传统方式阅读，少则耗费数日，多则数月才能读完，这种阅读给读者的滋养不是十分钟听书所能比拟的。作者精心设计的起承转合、描摹的人物性格以及故事蕴含的深刻人生哲理这些庞杂而丰富的内容，是无法在十分钟内得到充分展现的。然而，知识付费会给人一种错觉：我付了费，听了课，我就收获了知识。事实上，这种学习方式只是很大程度上满足了我们的虚荣心，我们误以为自己“知识渊博”，实则已经形成了“惰性习惯”，思考力弱化了。新知识新技能的习得是一个漫长的过程，仅从知识付费平台上学习一些零碎的“干货”，很难从根本上优化自己的知识结构，获得专业技能的提升，反而会让人产生“学而无所获”的心理。[②] 人们对知识的真正占有，必须经过一个并不轻松甚至是有些艰苦的脑力劳动过程，需要通过长时段的阅读、专注思考、反复推敲、多维比较，才能将信息资源内化为自己真正掌握的、可以运用自如的知识。

第六节　“三网融合”与大数据指导下的手机视频产业

一、手机视频的发展现状

手机视频是指在数字技术、移动互联网技术以及移动终端技术的支持下，传统电视媒体、电信运营商或视频网站向手机用户提供影视剧、综艺娱乐、自制剧、体育赛事等各类影像的在线直播、点播以及下载服务的业务。随着可拍摄

---

① 参见《2020 年中国知识付费行业运行发展及用户行为调研分析报告》，2020 年 12 月 30 日，https://www.iimedia.cn/c1020/76132.html。

② 参见曾振华：《缓解“知识焦虑”需对症下药》，《人民论坛》2020 年 5 月 11 日。

手机的诞生，人们可以随时随地用图片或视频记录生活，这改变了人们在特定时刻用相机捕捉影像的方式。用户具有了发布和删除用手机拍摄与制作原创视频的自由，并供其他用户评论、转发，实现用户与用户之间的互动和交流。移动互联网社交应用的去中心化网状传播，改变了人们传播和消费视频的方式，进而影响到人们的日常行为方式。根据内容提供方的不同，目前手机视频发展主要有三种主导产业链运营模式，它们各有优劣。

第一种是基于移动通信技术和流媒体技术，由电信运营商主导的移动通信网所提供的手机视频服务。这种模式支持大部分机型，中国移动、中国联通和中国电信三大电信运营商从广电运营商、视频网站等内容提供商处获得视频资源，用户通过包月或者流量计费的方式付费，并通过两种方式观看视频。其一是登录 WAP 网站在线观看视频节目。例如，订阅用户可以在中国移动的门户网站“移动梦网”上点击观看新华社新闻资讯、中央电视台的多个频道以及视频平台优酷网站等提供的各种视频类节目。其二是直接安装手机客户端软件观看或下载。手机电视客户端由电信运营商与手机终端商合作推出，在用户购买手机之前将客户端内置，既可提供丰富的视频资源和实时传播的直播电视讯号，也可以提供各种视频点播服务。这种服务方式充分体现了一种“近水楼台先得月”的推广效应，使用户先入为主地将电信运营商的视频平台当作首要的视频观看入口。同时，电信运营商还通过建立移动应用商店来满足用户的多样化需求。例如，中国移动的应用商店 MM、电信的天翼空间 Estore 以及联通的 Wstore 等。用户可以根据自己的喜好随时点播、上传视频，这有效地拓展了用户的使用体验。而不足之处是，受制于网络带宽与资费问题，视频图像呈现质量、视频传输和下载速度都有待提高与改善。

第二种是基于卫星广播技术和地面广播接收技术，由广电系统主导的中国移动多媒体广播(China Mobile Multimedia Broadcasting，CMMB)制式手机视频服务。广电运营商占主导地位，控制内容来源和运营，移动运营商则负责终端渠道和收费管理。从技术和理论层面讲，CMMB 数字电视接收模块价格便宜，可以安装在 2G 和 3G 手机上，用户无须为使用视频服务而专门更换手机，且图像更清晰、传输速度更快，接收用户的数量不会影响视频质量，而基于广播网的手机视频也不会产生流量费。从以上种种优势来看，CMMB 制式的手机视频似乎已成为当前中国发展手机视频的理想模式，然而在实际操作中，为了争夺利益分割市场，广电系统主推的 CMMB 标准遭遇到电信运营商推出 MBMS(多媒体广播多播业务)和 BCMCS(广播多播业务)的夹击。不同标准之间存在利益博弈所导致的结果就是:广电系统的 CMMB 手机电视在相当长一段时间内无法获得入网许可。2009 年,随着 3G 牌照的发放,中国移动同中国传播宣布“TD+CMMB”手机电视业务在全国正式商用,但是由于 TD 手机的市场推广缓慢,所以支持 CMMB 的手机仍然处于市场启动、积累用户的阶段。①目前,CMMB 制式手机视频服务最多能支持 25 套电视和 30 套广播节目,且以直播节目为主,双向互动较差,无法满足手机用户多样化的视频消费需求。②

第三种是基于移动互联网技术、由传统互联网企业或网络视频平台开发的手机客户端所提供的视频服务。互联网企业凭借技术优势和正版内容资源,专供适合手机播放的视频节目。用户可以通过电脑下载再上传到手机上,将手机当作播放器,也可以使用手机流量或在 WiFi 环境下下载与直接观看。专业视频平台优酷、依托搜索引擎导入的爱奇艺、老牌门户网站腾讯以及推崇 UGV 的土豆网等主流互联网视频企业纷纷布局手机客户端,通过购买优质版权吸引用户流量或者自制内容走差异化道路,以正版内容和技术优势巩固它们在视频行业的地位。虽然各平台能够提供优质的内容,但是由于数据资费价格高,用户往往只是在 WiFi 环境下才能放心观看,这极大限制了用户观看的自由度。

1.手机视频发展的内在原因

人类通过眼、耳、鼻、舌、手等感觉器官所表征的视觉、听觉、嗅觉、味觉以及触觉来认识和把握世界。其中,用眼睛观察是人快速衡量当下状况、判断周围环境的便捷途径,视觉文化发展的历史就是人类文化发展史的侧影。电影、电视等视像的出现引起了人们对视觉文化的重视,在人类发展史上,我们的生活环境从未像今天这样被视像的洪流所构筑。法国思想家居伊·德波(Guy Debord)在《景观社会》中指出景观社会中视觉文化的特征及其对人的影响,视觉文化研究学者周宪将其总结为四点:其一,世界转化为形象,就是把人的主动的创造性的活动转化为被动的消费行为,也就是说,景观呈现为漂亮的外观;其二,视觉具有优先性和至上性,它压倒了其他观感,现代人完全成了观者;其三,景象避开了人的活动而转向景象的观看,从根本上说,景象就是独裁和暴力,它不允许对话;其四,景象的表征是自律的自居的,它不断扩大自身,复制自身。③视像传播成为人类传播中占主导地位的传播方式。视像内容的生产和消费促

① 参见汤景泰:《全媒体时代的手机媒体融合及其困境探析》,《西南民族大学学报》(人文社会科学版)2011 年第 5 期。

② 参见彭逸林、尹梦颖:《试析手机视频的生存空间》,《当代传播》2011 年第 4 期。

③ 参见周宪:《视觉文化的转向》,北京:北京大学出版社,2008 年,第 123 页。

进了文化产业的空前繁荣，这意味着前所未有的文化消费时代已经来临。文化和内容的生产、传递以及接收不再是各传播主体封闭、单一的自上而下的灌输，取而代之的是多媒介融合、多屏幕切换以及最大多数的消费者被鼓励参与到内容的分享与创造中。在内容传播的呈现方式上，无论是传统媒体还是新媒体都不约而同地将目光投向图片、影像等视像形式，“重视像而轻文字”成为文化消费时代的一大趋势，手机媒介更是对这一趋势起到了推波助澜的作用。手机视像包括图片和视频两大类，视频主要包括影视剧、新闻和综艺娱乐节目、用户自己拍摄上传的内容等，由前文的调查数据可知，观看视频是手机用户的主要娱乐行为。用户不仅可以通过手机媒介随时随地接收和观看视频，而且还可以通过评论、转发和一键分享功能对视频内容进行二次传播。手机视频是未来信息接收与传播的重要方式之一。

手机视频降低了内容接受与创造的门槛，它鼓励所有人参与其中。与印刷文字相关联的是阅读、理性、思考、写作等，这些都需要付出较多的时间和精力才能获得的能力，它们是具有高文化素养的人才能享受的文化样态。充满激烈竞争的现代社会要求人们在尽量短的时间内获得尽量多的信息，人们在自然经济时代通过阅读获取生存信息的方式已与快节奏的生活方式格格不入。因此，从推崇阅读转向依赖视觉化信息形式、出现“重视像而轻文字”的现象也不足为怪。可以说，当下的影视艺术甚至新闻媒体“剥离了高度抽象的语言代码，卸载了印刷媒体沉重的物质重负而代之以生动、逼真、直观的影视画面”。数字技术的生产与发展的关系密不可分，当数字技术以摩尔定律的速度获得快速发展时，数字影像也以出乎意料的速度进入普罗大众的日常生活中。智能手机是其中典型的数码产品，其凭借廉价、便携，可拍摄、可录音、可联网，信息和内容易复制、零损耗等优势，带领大众随时随地地介入视频的接受、生产和传播中，通过直观、易理解的图像，极大降低了文化创造和参与的门槛，跨越年龄、性别、种族以及教育程度，让大多数的人参与其中。技术的进步和媒介的普及，使视频的生产和传播更加便捷，呈现出全民性、大众化的群体消费特点。当代文化消费的视像转向是大众传播与消费时代合谋的产物，而文化的商品化要求其以最简化的方式向最广泛受众群靠拢。因此，手机视频文化以最普及、最感性化的形式成为大众社会与文化消费社会的伴生品之一。

手机视频满足了人们再现现实的冲动和渴望轰动的心理需求。本雅明在《机械复制时代的艺术作品》中指出，在自然与历史环境的变化中，人类的感知方式也随之发生了变化，而艺术“灵晕”(艺术的独一无二性)衰败的根基与当代生活中日益增加的媒介大众有关。“当代大众有一种欲望,想使事物在空间上和人情味儿上同自己更‘近’;这种欲望简直就和那种用接受复制品来克服任何真实的独一无二性的欲望一样强烈。这种通过持有它的逼肖物、它的复制品而得以在极为贴近的范围里占有对象的渴望正在与日俱增。”①大众通过占有“物”的复制品而满足无限接近“物”本身的愿望,这也就是人类力图精确再现现实的渴望和冲动。缺乏直观表现的文字表达和语言表述无法满足人类再现原始真实的冲动,而将时间与空间融为一体,并能对当下情境进行即时捕捉的摄影技术却满足了人类的这种冲动。随着摄影技术的普及化以及摄影工具使用的简单化,曾经由摄影师垄断的现实再现技术也被普通人所掌握。无限接近实物和占有复制品的大众心理导致大众对手机拍摄照片和视频的强烈要求,拍摄功能也因而成为手机的标准配置。

视像凭借手机更加兴盛起来,光怪陆离的都市生活带给人们无尽的视觉体验,刺激着人们不断地对现实进行再现甚至加工。丹尼尔·贝尔(Daniel Bell)对视觉文化的分析恰到好处地解释了人们的这种行为。“群众娱乐(马戏、奇观、戏剧)一直是视觉的。然而,当代生活中有两个突出的方面必须强调视觉成分。其一,现代世界是一个城市世界。大城市生活和限定刺激与社交能力的方式,为人们看见和想看见(不是读到和听见)事物提供了大量优越的机会。其二,就是当代倾向的性质,它包括渴望行动(与观照相反)、追求新奇、贪图轰动。而最能满足这些迫切欲望的莫过于艺术中的视觉成分了。”②随身携带的手机所具有的拍摄功能满足了人们即时行动拍摄新奇景象的冲动,而分享到社交网络则满足了人们“贪图轰动”的心理需求。手机视频使影像的生产由群体式、专门化、中心化变成个人化、业余化、边缘化的表达,它通过人际传播与大众传播相结合的方式传播,使个人影像超越专业影像生产,成为大众认识和解读社会更为真实的文本。

2.手机视频发展的外在驱动

玛丽·米克尔(Mary Meeker)因近几年每年都发布有较大参考价值的互联网趋势报告而被称为“互联网女皇”,她在《2015年互联网趋势报告》中指出,移

① [德]汉娜·阿伦特编:《启迪:本雅明文选》,张旭东、王斑译,北京:生活·读书·新知三联书店,2008年,第237~238页。

② [美]丹尼尔·贝尔:《资本主义文化矛盾》,赵一凡等译,北京:生活·读书·新知三联书店,1989年,第154页。

动数据流量增长强劲，移动视频在总流量中占比达55%。[①] 流媒体分发货币化平台Ooyala所作的2015年第二季度全球网络视频调查显示，在全球范围内，第二季度近半数视频是在移动设备上收看的，其中智能手机仍然是收看视频的首选，在智能手机上播放的视频量是在平板电脑上播放的8倍；3分钟以下的短视频是手机上最受欢迎的视频收视类型，优秀的广告短片也受到消费者的欢迎；总体上看，年轻人带动移动视频的大规模普及。[②] 2014年谷歌应用商店中手机视频下载量与2013年相比增长了44%[③]，这也佐证了手机视频应用和服务的受欢迎度和流行度正在增强。中国也不例外，随着3G网络的普及和4G网络的推广，手机视频播放更为流畅，加上智能手机的大屏化发展也有效提升了用户的观看体验，这些因素的综合作用刺激了用户在手机上观看视频的行为。手机视频产业在2014年进入转折年，用户规模开始全面追赶传统互联网视频用户规模，未来视频用户的移动化趋势将逐渐增强。

（1）手机视频是媒介补救的结果

保罗·莱文森的“补救性媒介”理论表明，在媒介发展史上，后继媒介一般都是对前一种媒介缺陷和不足的补救。根据这一理论，手机视频无疑是一种具有“补偿”性质的媒介——弥补传统影像设备对视频接收的诸多限制。例如，电视要求人们在特定的时间观看，电脑规定人们观看的空间，两者都缺乏灵活性与自主性，手机的随身携带性使人们可以在移动中灵活接收视频内容，收视时空都得到前所未有的拓展。麦克卢汉有言：“两种媒介杂交或交汇的时刻，是发现真相和给人启示的时刻，由此而产生新的媒介形式，因为两种媒介的相似性使我们停留在两种媒介的边界上。”[④]手机视频是由作为新传播媒介的手机和作为传统内容媒介的视频融合而成，我们可以用“媒介四定律”来解读这种新媒介：融合技术使便利性得到提升；使作为不能制作和播放视频的手机过时；再现了“瑞士军刀式”的集合；逆转为隐私的泄漏。由于所依赖的传播技术和接收终端的不同，与其他视频相比，手机视频具有如下特点：

第一，潜在用户量大，细分化的用户群促进手机视频内容由“娱乐为王”向

---

① Mary Meeker，“2015 trends”，http://www.kpcb.com/blog/2015-internet-trends，2015-05-28.

② 1991IT互联网数据中心：《2015Q2全球网络视频指数调查》，2015年10月28日，http://www.199it.com/archives/391579.html。

③ 全球移动应用发展趋势报告：《App Annie指数：回顾2014》，2015年1月22日，http://www.199it.com/archives/323541.html。

④ ［加］马歇尔·麦克卢汉：《理解媒介：论人的延伸》，何道宽译，南京：译林出版社，2011年，第74页。

多元化方向发展。视频是利用人的视觉系统直接获取信息，因而视频内容具有直观性和确定性。与文字和语音相比，画面和声音的组合带来的强冲击性使人的情感被迅速带入，从而可以在短时间内对内容产生较为深刻的印象。在功能手机时代，囿于终端技术和网络技术，无论是画面质量还是传输速度，通过手机观看在线视频的用户体验均不佳。3G 网络的普及和智能手机终端技术的提升使手机上网成为移动互联网进步的重要推手，手机视频获得了良好的网络环境。尽管当前数据资费略高、手机屏幕小等因素制约着手机视频市场的开拓，但是电信运营商在“去管道化”“去电信化”思想的指导下，依靠拥有的用户大数据，积极开展其他领域的业务，数据流量费的利润率在未来一定会下降，而手机屏幕的硬件问题也会得到补偿和解决，这些因素促使手机视频在未来拥有广阔的市场空间。当前，影视剧、综艺节目是大多数移动视频用户的节目观看类型，但是随着用户规模的扩大和用户群体的细分，手机视频也将会向着多元化的方向发展。

第二，手机视频融合了网络媒体的交互性和数字技术传输的大容量性，有利于加速信息的传播和扩散。手机视频除了电视的直观性、广播的便携性外，还融合了网络媒体的交互性和数字技术的大容量传输特性，在文字社交、图片社交之后，手机视频引起了短视频社交应用的爆发。2011 年 4 月 11 日，短视频分享应用 Viddy 在美国正式发布了移动短视频社交应用产品，该产品定位为帮助用户即时抓拍、自行加工以及快速分享生活细节，用 30 秒以内的视频内容完成精细化和小巧化的互动。① 该应用与 Facebook、Twitter 等社交平台实时对接，使用户的即时交流不再限于文字、图片和语音，而可以互发视频进行社交。国内短视频应用的推出略晚于国外。2013 年 8 月 28 日，新浪发布了内置“秒拍”功能的微博客户端，用户可以在手机微博信息发布框中开启“秒拍”应用，实时分享长度为 10 秒的短视频②；腾讯随后也推出短视频分享工具“微视”。移动短视频在 2014 年席卷全球的“冰桶挑战”中获得了快速发展的契机，挑战者将挑战视频通过视频网站的分享一键转播到社交平台，分享给朋友观看，通过去中心化的网状传播获得了快速扩散。短视频刺激着用户在社交平台上变得更加活跃。

第三，大众视频的定制化、个性化拉取(Pull)和个体视频的自主化、大众化

① 参见张梓轩:《“移动短视频社交应用”的兴起及趋势》,《中国记者》2014 年第 2 期。

② 《新浪微博新版本客户端内置秒拍应用》,2013 年 8 月 28 日,http://tech.qq.com/a/20130828/018947.htm。

传播相结合。传统媒体的主要传播模式是自上而下的、单向的“点对面”推送(Push)传播,观众在视频节目的观看和接收中处于被动地位。手机视频开启了“点对点”的双向传播,用户不仅可以在海量的视频资源中定制自己喜欢的任意视频节目,形成自己专有的节目单,而且可以自由选择观看时间和地点,随时随地点播自己喜欢的视频,从而转变传统视频的大众化推送为定制化和个性化拉取。手机视频内容来源广泛,除了有着丰富影视资源的传统广电、互联网门户网站及专业视频平台之外,用户自发上传视频(User Generated Video, UGV)也是手机视频的重要来源。UGV 是指用户自发用手机拍摄或制作内容、上传其他视频内容,供大家观看、分享或者发表评论,它一方面满足了个人主观意志的自我表达,另一方面也丰富了视频资源的容量和类型,是培养移动互联网视频长尾市场的重要方式。手机视频虽短小精悍但极具冲击力,实时传播可以使视频信息及时传播出去,特别是在突发事件发生时,用户将自主拍摄的视频上传到社交网络的私人传播行为很有可能促发公众传播事件。

(2)手机视频是“三网融合”政策推动的产物

目前,消费者可以从手机上观看到的视频类型包括影视剧、新闻、综艺娱乐节目、自制剧、广告以及 UGV 等。这些视频内容按照制作来源的不同,可以分为三类:来源于传统广电部门,如影视剧、综艺节目;来源于互联网视频网站,如自制剧;来源于手机内容提供商或者用户自己,如专门的手机视频、UGV 及手机广告等。多来源的手机视频既是市场需求的产品,又是“三网融合”政策推动的产物。

随着新一代信息网络技术的迅猛发展和通信业务的增长,推动广电网、互联网和电信网向数字电视网、下一代互联网和宽带通信网演进成为信息产业和内容产业发展的题中之义。当“三网融合”真正实现后,三网技术功能趋同,网络之间互联互通,业务范围也趋于一致。广电网在提供电视节目之外,还可以提供互联网连接和语音通信业务,互联网可以发展网络电视、自制剧业务以及通信业务,而电信网则可以提供手机视频以及互联网业务。总之,每个网络都可以独立开展文字、语音、图片、视频和数据连接等多媒体综合业务,打破传统信息区隔。丰富的内容资源和不同情境的差异化服务提供了综合化和个性化相结合的消费结构,这就能为广大消费者的休闲娱乐、社交互动以及获取资讯提供更多选择的自由和空间。然而,自从党的十五大提出“三网融合”的宏伟目标以来,由于不同行业间森严的壁垒、不同利益主体间错综复杂的纠葛以及各政府部门间的博弈,物理层面上“三网合一”的具体操作难度大,推进速度极为缓慢。从业务层面来说,“三网融合”指任何一个网络都能实现全业务的运营,无论是从适应现代信息技术融合发展的趋势和推进国家信息化发展水平的外在要求,还是从消费者消费结构变化要求综合化与个性化内容的内在需求来看,“三网融合”都是未来信息产业发展的必然趋势。为了在以后的融合中掌握话语权,在垄断成本与重复建设成本的权衡中,广电网、电信网以及互联网都在通过发展全业务以增强自身的竞争力。在文字、语音、图片和视频信息中,视频在不同终端上的呈现需要更高的技术,电视和电脑早已实现视频传播,对手机而言则需要更快的网络速度和更清晰的呈现终端。当移动通信技术进入3G时代,更快的网络上行速率和下行速率,使得用户可以用手机迅速上传视频、在线流畅观看流媒体节目或者快速下载视频成为可能。通过电视、电脑以及手机让用户实现无缝享用,自由决定不同场所使用何种终端,这就增加了用户视频接收的时效性、便捷性和广泛性。由此,“三屏合一”应运而生,部分实现了“三网融合”。“三屏合一”使每块屏幕争夺用户注意力的竞争加剧,因而内容主题不能是对三个终端既有业务的简单叠加,而应在更广阔的空间根据屏幕特色实现业务创新。因此,手机终端不仅要提供电视和电脑终端的影视剧、综艺节目和自制剧,更要提供针对手机媒介本身量身打造的视频内容。

二、大数据指导下的手机视频产业

手机视频前景看好,用户规模在不断扩大,但是三种产业链运营模式要么无法提供丰富、优质的资源,要么受限于高数据量带来的高流量费,要么相互掣肘,这些情形都严重影响了我国手机视频产业的发展。广电运营商、电信运营商以及互联网企业对手机视频内容、手机视频用户、手机视频盈利模式以及自身的优劣的认识和把握不足,他们宁愿自建基础设施去排斥合作以达到通过延长产业链来降低成本的目的,违背了移动互联网“移生万物”“万物互联”的基本精神,导致我国手机视频依然处于市场导入阶段,在内容生产和运营、用户培养以及盈利模式上都存在问题。本书希望借助大数据的收集、整合、挖掘以及分析给问题的解决提供一个思路(见图3-5)。

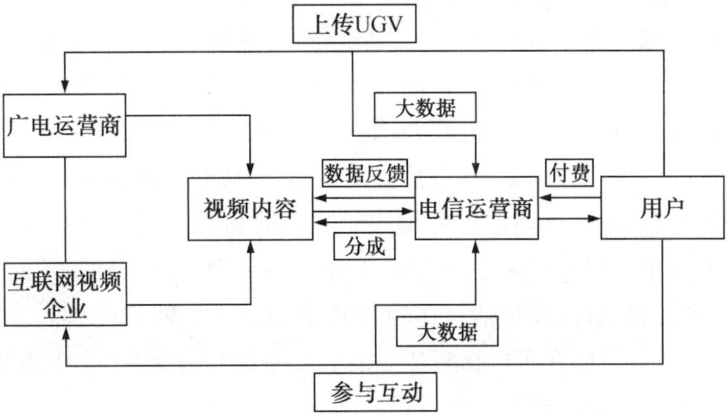

图 3-5　大数据环境重构手机视频产业生态

“大数据”的概念是麦肯锡在 2011 年所作的全球性报告中所提出的，指“一种规模大到在获取、存储、管理、分析方面大大超出了传统数据库软件工具能力范围的数据集合”①。大数据有 4V 特征：Volume（数量），数据量巨大；Velocity（高速），处理速度快；Variety（多样），数据类型繁多；Value（价值），价值密度低。② 数据是信息的载体，它赋予人判断和决策的背景以帮助人从信息中提炼规律，最后归纳为一般知识来指导实践；数据也是知识的来源，未来基于知识的竞争将必然演变为基于数据的竞争。越来越多的数据和事实表明，只要采取正确的挖掘方法和实施恰当的激励措施，大数据就将成为商业竞争的关键性基础，成为提高生产率、加强创新和为消费者创造有价值体验的支柱。具体到手机视频产业，当前各利益主体的分立导致有效数据库无法建立，造成内容生产与营运的盲目性，影响了用户的接受和节目的收视。2005 年，上海文广新闻传媒集团斥巨资拍摄的手机系列短剧《白骨精外传》就是缺乏前期有效的市场调研而不得不接受惨淡的收视结果，没有取得预期的市场回报。③ 因此，在充分整合数据的基础上进行挖掘提炼，对视频内容的生产和运营、用户的使用习惯与培养、盈利模式的创新一定会有积极意义。

---

① Mckinsey Global Institute, *Big Data: The Next Frontier for Innovation, Competition, and Productivity*, Mckinsey & Company, 2011, p.1.

② 参见周洪宇、徐莉编著：《第三次工业革命与当代中国》，武汉：湖北教育出版社，2013 年，第 171 页。

③ 参见宫承波主编：《新媒体概论》第 4 版，北京：中国广播电视出版社，2012 年，第 109 页。

1.大数据指导下手机视频的内容生产和运营新形态

在手机视频三种产业模式中，广电运营商、互联网企业以及电信运营商各自扮演不同角色、占据不同地位，因而他们所收集的用户数据类型也各不相同。广电系统以直播节目见长，因此用户数据多集中在体育赛事、时事新闻类的手机视频上；互联网企业以影视剧点播与评论、用户 UGV 视频为主，多产生用户的互动数据；电信运营商则掌握着用户的基本信息，如姓名、性别、年龄及地理位置等个人数据。如果将用户的喜好、互动习惯以及基本属性等不同类的数据实现交换、整合和分析，就可能产生新的信息和知识。随着这些信息和知识的大幅增值，大数据就能在手机视频产业链上发挥最大的价值。[①] 在此基础上，未来手机视频市场将会呈现出新的节目形态。

从视频用户的搜索、观看时长、观看频率、观看时段等大数据中总结收视偏好，对这些数据进行精准把握以利于有针对性的创作，是用户需求决定生产的 C2B(Customer to Business)模式。PC 互联网、移动互联网以及社交网络的发展让人们在观看视频时自觉或者不自觉地留下越来越多的数据，企业可以将这些数据抓取、整合和重组用于内容的生产与运营，实现不同视频在各平台间的互联互通，再借助用户关系链产生的网络效应重构产业形态。美国在线影片租赁提供商 Netflix 制作网络剧集《纸牌屋》的做法值得借鉴。Netflix 收集了 3000 万在线用户的收视选择、社交网络上的 400 万条评论以及搜索引擎的 300 万次主题搜索，通过对这些数据进行客观分析和统计，最终决定拍摄主题、导演、演员、播出形式及播出时间。[②] 从观众的反馈、定位、接触到最后的转化，每一步都在高度精准的数据引导下，在美剧史上具有里程碑意义。《纸牌屋》的播出形式一改传统美剧每周更新的惯例，在 2013 年 2 月 1 日将一整季 13 集都放到网上，受到观众的热烈追捧，席卷多项大奖。近年来，中国影视企业部分借鉴了《纸牌屋》的做法，纷纷购买和囤积有大量粉丝基础的热门网络 IP。例如，将超高人气的网络小说以及拥有百万玩家的网络游戏等改编成电视剧、电影，都获得了不俗的收视率和高票房。

目前，手机视频以电视剧、综艺、电影、网络自制剧为主，依然是传统影视和互联网媒体的简单复制和转播，内容缺乏独特性，用户在碎片化时间内将其作为电视屏幕和电脑屏幕的缓冲和衔接，因而是一种“补充性媒介”。如果手机视

---

① 参见涂子沛：《大数据》，桂林：广西师范大学出版社，2014 年，第 303 页。

② 参见张汉澍：《〈纸牌屋〉造神：大数据是非——数据挖掘的第三方供应商正获得难以估量的市场空间》，《21 世纪经济报道》2014 年 2 月 26 日。

频不能对已有媒体的不足进行补偿，仅靠携带便利这一优势便无法在激烈的媒介竞争中获得一席之地。作为“带着体温的媒介”，手机具有其他媒介所无法比拟的优势，那就是内容消费的伴随性。因此，手机视频也被称为“装在口袋的电视”，它可以将直观的影像随时随地带到用户身边，成为人们亲密的“数字伴侣”。大数据在传统媒体以及互联网上都相继取得了成功，手机视频的内容提供商可以采用类似的做法，根据手机的媒体特性和用户的观看习惯，制作出与传统影视、互联网自制剧所不同的差异化视频，才能与电视剧、电影和网络视频相抗衡。2011 年，利用多年来积累的用户数据，日本最大电信运营商 NTTDoCoMo 和数家公司成立了一家名为 Mmbi 的公司，并随即推出名为 Nottv 的手机电视服务。[①] 这是日本第一个只能在手机端收看的电视台，节目形式充分考虑了手机用户的使用习惯，包括收看视频的时间、场景、偏好、频率等，制作出的视频节目通常为 10 分钟，以方便人们在碎片化时间观看。其特色是有每天长达 7 小时的直播节目，内容涵盖流行文化、美容养生、运动休闲、动画、电视、音乐等不同类型，全天 24 小时循环播放，错过直播的用户还可以点击重播。不同于国内手机视频消费者以年轻人为主力的特点，日本的手机电视是免费服务，一经推出就受到全年龄段人的喜爱。为了吸引作为流行文化消费主力军的年轻人，Nottv 从周一到周五由日本著名偶像组合的不同成员负责不同专属时段。在与视频节目和电视台的互动方面，在收看节目的同时，用户不仅可以在 Twitter 和 Facebook 上发表评论，而且可以上传自己拍摄的新闻现场或者其他视频内容，有力调动起了用户参与的积极性。

大数据也有助于革新手机视频运营形态。不同地域的视频用户在不同的时间和空间观看的视频节目存在差异，因而运营方式也要具备针对性。爱奇艺发布的《2015 年移动视频用户行为报告》显示，一天之中，移动视频应用用户的活跃度集中在 7 点、12 点以及 21 点；一线城市中移动视频用户有不同的应用偏好，北京用户偏爱短视频和真人视频，上海用户偏爱垂直在线类视频，广州和深圳用户略倾向于综合在线类视频；影视剧节目持续吸引用户，综艺节目周六用户观看数量较平时有较大提升，娱乐节目则在周五更受用户喜爱。[②] 通过数据挖掘，精准分析不同人在不同时间倾向于观看的视频节目，使运营不再是简单

① 参见曾航、刘羽、陶旭骏：《移动的帝国：日本移动互联网兴衰启示录》，杭州：浙江大学出版社，2014 年，第 259 页。

② 参见《2015 年移动视频用户行为报告》，2015 年 7 月 8 日，http://www.wtoutiao.com/p/ib05JF.html。

的内容提供，而变成与用户的深度互动。宝洁公司 CEO 罗伯特·麦克唐纳(Robert McDonald)曾说："随着数字技术的发展，我们能和世界上的任何一个客户建立一对一的联系。"[①]基于大数据的个性化推送有利于提高内容的有效到达率，从而提高运营的效率。

2.大数据指导下用户与手机视频节目的实时互动

目前的手机视频节目在与用户互动方面存在一些不足，如互动内容的趣味性差、手段有限、步骤烦琐以及操作麻烦等，这会导致手机用户参与互动的动力不足。据调查，目前用户最常用的互动方式是发送弹幕，超过一半的用户不排斥弹幕，且排斥度有下降趋势；73.7％的用户表示，看视频的时候同时喜欢看评论，但不喜欢写评论。[②] 发表评论一般需要成为视频平台的注册会员，不能马上表达意见和观点导致了不少用户放弃互动。NTTDoCoMo 提供的手机电视服务鼓励用户在观看手机电视的时候回答问题，利用累计积分获得相应的礼品。另外，用户也可以通过手机直接访问电视台的官方网站，在网站上不仅可以下载一些图片、铃声、原唱歌曲等，还可以进行购物。[③] 此外，手机用户可以参加电视台的猜谜和投票环节，通过手机查看节目的详细信息，也可以参加积分累积，兑换礼品。相对于已经完成的影视节目而言，实时互动更适合现场直播的综艺节目，利用移动互联网双向互动的优势，创造出类似街头艺术一类的收视场域，使表演者与观众同处一个收视空间，实现观众与节目的实时互动。这种互动要贯穿节目的始终，决定节目的转折与进程，充分满足用户的权力欲、控制欲与参与感。例如，在节目播出前，号召观众投票、推荐，以此大数据为依据，选择有粉丝基础的人员参与节目，表演者要表演的节目、话题以及服装造型都可以由观众的票选决定；在节目播出中，观众可以通过手机进行打分、点赞和投票，表演者与观众现场沟通，方便观众把喜爱的片段剪辑分享到社交网络，吸引更多人参与；在节目播出后，观众还可以通过屏幕抽奖、竞猜等方式获得节目送出的礼物，并与表演者继续在社交网络上互动。英国早在 2006 年 Endemol 就推出专门为手机制作的互动类真人秀节目"Get close to the Sugababes"，主要介绍英国流行音乐女子组合 Sugababes，很多片段是由组合成员自己使用手机拍摄的。

---

① [英]基思·威利茨：《数字经济大趋势》，徐俊杰、裴文斌译，北京：人民邮电出版社，2013 年，第 14 页。

② 《最新中国网络视频大数据：移动用户首超 PC 弹幕模式普及》，2015 年 7 月 10 日，http://china.cnr.cn/ygxw/20150710/t20150710_519149642.shtml。

③ 参见曾航、刘羽、陶旭骏：《移动的帝国：日本移动互联网兴衰启示录》，杭州：浙江大学出版社，2014 年，第 256 页。

歌手通过“轮到你了”(over to you)版块与粉丝互动，满足了粉丝对歌手生活、创作的猎奇心理，同时也允许观众对歌手的新歌曲发表意见、提问和评论。[①] 歌手随身携带手机，随时随地接收粉丝意见并选择性地吸收一些内容到自己的歌曲创作中，歌迷通过手机就可以与歌手互动并参与到他们的创作中，这极大激励了观众对视频的关注。未来手机视频行业对于大数据的整合和挖掘等应用将会带来更广阔的应用空间，人们将会在基于大数据的医疗、教育和电子商务等领域的手机视频中获得更为丰富的服务和更为便捷的体验。

3.大数据指导下手机视频产业盈利模式的创新

目前，手机视频服务资费主要由数据流量费与内容信息费两部分构成。数据流量费一般参照当地运营商提供的手机上网资费，大多采用套餐模式，超出套餐的部分则另行收费；内容信息费则有免费、按点播次数、包月和包年以及会员等几种形式。使用手机观看视频将会消耗较大的数据流量，这催生了新一代的“月光族”——到月末流量就用完的用户群，不少用户担心流量过高产生高额费用而放弃用手机观看视频，造成手机视频服务使用的流失率过高。[②] 虽然手机视频用户规模在不断扩大，但是流量的桎梏使用户多选择在免费 WiFi 环境下下载或缓冲视频，而在互联网环境中培养起来的免费获取意识和即时分享精神使用户在看手机视频时也倾向于观看免费资源，79.8%的被调查者表示没有为手机视频付费。[③] 因此，依靠收取数据流量费与内容信息费很难获得满意的盈利，而高带宽、网络服务器以及版权费等成本压力使得视频网站难以为继。如果手机视频企业的投入与产出长期失衡，势必会阻碍手机视频产业的发展。因此，在大数据指导下，尽快革新盈利模式是手机视频产业可持续发展的当务之急。

首先，可以增加免费 WiFi 热点，摒弃流量收费，解决手机用户观看视频的后顾之忧。通过现有用户使用手机视频的地理位置及相关数据信息精准设置免费热点，作为网络的入口，热点在用户上网过程中会真实记录较为全面的社会生活数据，包括用户属性、终端型号、上网行为以及消费行为等数据，可以全面勾勒出用户的生活和消费习惯。这些数据类型完备、相互关联性强、数据量

---

① 参见陆地、刘菲菲：《从“手机电视”回归“手机视频”——手机电视的用户偏好和发展前景》，《视听界》2009 年第 4 期。

② 有调查显示，流失率高达 68%。参见张秀凤：《手机视频发展建议》，《通信企业管理》2009 年第 11 期。

③ 参见《智酷调查：网络视频消费报告》，2015 年 2 月 3 日，http://tech.qq.com/a/20150203/013660.htm。

大,因而能够精准作出对用户身份和使用场景的判定。一来可以帮助视频内容提供商和运营商进行内容管理,改善用户体验,提高视频推送的精准程度;二来与当地商家合作将数据变现,为商家制作手机视频广告提供参考。KPCB 发布的《2014 年互联网主要趋势》指出,数据挖掘与数据分析工具帮助人们寻找解决问题的模式,34%的数字通用数据具有价值,但仅有 7%被标注整理,1%被分析,大量数据价值尚待被开发。① WiFi 数据流量运营的精细化有助于最大化数据价值,促使手机视频行业构建出新的盈利生态。

其次,可以与手机社交网络合作,制作有创意的简短视频和广告,激励手机用户选择观看,达到视频内容商、广告商与用户三赢的目的。2015 年 5 月美国互动广告局(Interactive Advertising Bureau, IAB)调查显示,全球智能手机用户中,57%的受访者表示每天收看 5 分钟以下视频;其中,78%受访者宁愿收看有广告的免费视频,而只有 15%的受访者愿意付费订购没有广告的移动视频。② 该调查说明两个问题:其一,短视频是手机上最受欢迎的视频收视类型;其二,移动广告能为大多数人所接受。comScore 的《2015 美国移动 App 报告》也指出,移动广告不仅有效果,而且比 PC 广告的效果更明显;其中,内置于 App 的创意视频广告能够起到更好的宣传效果。③ 美国风险投资公司 KPCB 报告也提到,消费者喜欢看优秀的广告短片,尤其是前贴片广告④,因为手机用户无法像在 PC 浏览器中一样打开多个标签,在观看视频时,手机的多任务处理能力不及电脑,有 77%的用户选择看完 15 秒或者 30 秒的前贴片广告后再继续观看自己选择的视频。⑤ 可见,手机视频广告的抵达率更高,更易于建立受众对品牌的印象。

手机视频内容提供商与社交网络合作,使用社交网络积累的大量用户数据,根据用户年龄、性别、职业、喜好、学历程度等细分信息,向用户观看的视频内容投放个性化广告。用户使用手机观看的视频以短视频为主,这就要求手机视频广告革新形式。Instagram 允许广告主拍摄 30 秒短视频来全面展示品牌或产品,视频广告在 WiFi 环境下预先下载,在用户滑到该区域时会自动播放。Snapchat 视频广告被概括为 3V 原则:第一,视频(Video),它比文字和图片更容易表达商品形象,更能吸引用户的注意。第二,采用纵向视频(Vertical)形

---

① KPCB, *Internet Trends 2014*, kpcb.com/InternetTrends, 2014, p.85.

② Ooyala:《2015 年 Q1 手机在网络视频收视中所占份额年增幅达 126.7%》,2015 年 7 月 7 日,http://www.guangyuanol.cn/IT/20150707/446622.html。

③ ComScore, *The 2015 U.S. Mobile App Report*, p.53.

④ KPCB, *Internet Trends 2014*, kpcb.com/InternetTrends, 2014, p.112.

⑤ FreeWheel:《2015 年第一季度视频行业发展趋势报告:新客厅》,第 16 页。

式，Snapchat 要求视频广告必须是纵向形式，而不是传统意义上需要用户翻转手机才能观看的横向视频，这个举措减少了用户观看的步骤。传播学家施拉姆提出媒介选择或然率公式：报偿的保证/费力的程度＝选择的或然率。这一公式的理论基础是经济学的“最省力的原理”。[①] 该公式表明，在一切条件相同的情况下，人类倾向于选择更节省精力的路径，人们通过纵向视频广告获取信息的费力程度无疑比横向视频要低。第三，商品获得更大展示空间（View），用户点开 Snapchat 视频广告后会全屏显示，比常见的插入式视频广告更有冲击力。除了创新视频广告形式之外，Snapchat 还利用其一以贯之的“阅后即焚”特点来营造观看的紧迫感，刺激用户在短时间内快速观看广告，推广限时优惠券将成为 Snapchat 广告的卖点。有创意的手机短视频广告增加了商品的曝光度，如果在视频中添加互动元素，更能够有效激发用户的消费冲动。例如，点击广告中的商品就可以获得商品的全部信息，包括品名、材质、产地、价格，用户如果感到满意即可直接下单购买，这一系列操作均可通过视频广告完成。相对于用户在观看贴片广告和植入广告的被动而言，这种形式的广告更能引起用户的好感，从而更好地实现营销的目的。

大数据指导下精准投放的手机视频广告可以作为手机视频的赢利方式，这样一是可以降低手机视频服务向用户收取的内容信息费，保证内容提供商拥有稳定的用户群体；二是广告的针对性强、精准度高使品牌的接受度高，而事实证明：人在移动状态下，即身处不稳定、变化的空间比稳坐在电脑和电视机前更容易作出购买决策，因此广告主在手机媒介上投放广告的意愿更高；三是用户可以看到免费的视频内容，从而减轻经济上的负担。因此，对于手机视频产业而言，借助社交网络，充分挖掘用户数据，制作创意短视频广告是维持良性发展的有效途径。

三、视频直播用户的符号消费

向内容创作者打赏虚拟礼物是一种新的网络消费行为。目前，有不少学者对这一消费实践进行了深入探讨，现有成果主要聚焦于两个维度：一方面，从粉丝文化维度出发，学者们探讨了网络视频直播中粉丝消费行为特征以及粉丝经济的建构路径[②]，提出“礼物经济”是粉丝社群内部发生的、被粉丝普遍认可的

---

① 参见[美]威尔伯·施拉姆、威廉·波特：《传播学概论》，陈亮、周立方、李启译，北京：新华出版社，1984 年，第 113～114 页。

② 参见李康化：《粉丝消费与粉丝经济的建构》，《河南社会科学》2016 年第 7 期。

交换逻辑[①]；另一方面，从媒介互动的维度出发，用户借由打赏礼物的方式实现身体的虚拟在场，提升与作为媒介主体的主播之间的互动。[②] 可以看到，现有研究主要是从粉丝文化与传播学的角度分析用户的消费行为，虚拟礼物是网络视频直播中主播与用户的互动媒介。打赏虚拟礼物根植于当前消费社会的历史环境中，因此，本书认为，对于这一现象的研究，要回归到虚拟礼物的消费上来。

1.虚拟礼物的意义：符号文本与伴随文本作用下的直播间表意活动

虚拟商品是数字化的图像符号，其原型是网络游戏中的道具和装备，玩家通过支付现实生活中的真实货币购买这些道具，以帮助自己在游戏中的角色延续生命或者提升技能，最终实现通关、升级的目的。网络视频直播平台中的虚拟商品主要包括两类：一类是以虚拟礼物的形式出现，如鲜花、赞、亲吻、跑车、游艇、飞机等图像符号，用户点击购买即可送给主播。虚拟礼物不仅可以帮助主播赢得在排行榜中的名次，还可以按照一定的比例兑换成真实货币，供主播与平台进行收益分成。还有一类是象征用户身份和地位的图像符号，有豪华汽车、贵宾席位、昵称前缀添加等级符号等，用户购买即可享受特别服务，如一上线系统就会以欢迎横幅的形式通知直播间“某某上线”。这类用户还常常会被赋予“房管”“守护人”等身份，拥有管理和维护直播间秩序的权力。总之，虚拟商品是主播与粉丝互动沟通的媒介，主播是用户虚拟商品消费的最直接受益者。

作为符号文本，虚拟商品携带着直播空间大量规则、约定与联系，这些携带意义往往不会直接显现于文本之中。要清楚理解虚拟商品的媒介作用和意义机制，不仅要廓清文本本身的意义，更要解释文本所携带的大量附加因素——伴随文本，即伴随着符号文本一道发送给接收者的附加意义。[③] 参照赵毅衡教授对符号文本分析的相关理论，伴随文本主要包括前文本、副文本、评论文本等。

(1)前文本为内容付费的消费形式奠定基础

前文本是一个文化中先前的文本对此文本生成产生的影响。[④] 在直播空间中，虚拟礼物的赠送行为被称为“打赏”。“打赏”，原指古时身份尊贵者给底层、下属的赏赐或为回报别人的服务而给予的小费。随着网络文艺的繁荣，“打赏”一词被用来指网络文化消费者出于对生产者的喜爱、肯定和赞美而进行的支付

---

① 参见杨玲：《粉丝经济的三重面向》，《中国青年研究》2015年第11期。

② 参见余富强、胡鹏辉：《拟真、身体与情感：消费社会中的网络直播探析》，《中国青年研究》2018年第7期。

③ 参见赵毅衡：《符号学：原理与推演》，南京：南京大学出版社，2016年，第139页。

④ 参见赵毅衡：《符号学：原理与推演》，南京：南京大学出版社，2016年，第143页。

行为，所支付的往往是在某一平台流通的虚拟货币，这些虚拟货币需要真实货币按照一定兑换比例进行购买充值。网络原创音乐人、网络文学写手以及游戏玩家等内容生产者借以继续创造优质内容。网络世界的趣缘属性一定程度上验证了凯文·凯利提出的“一千铁杆粉丝理论”：作为创作者的艺术家、音乐家、摄影师、演员、动画师等，只需要1000名铁杆粉丝就能生存并继续创作[①]，有强烈付费意愿的粉丝是创作者坚持创造更优质内容的基础与动力。网络视频直播兴起后，作为前文本的内容付费观念以打赏虚拟礼物的形式被平台导入，并被粉丝与主播所接受。

(2)副文本决定发送者—接收者的互动模式

副文本是显露于文本表层的伴随意义，可以看作是文本的框架因素。价格、名称、图像、视觉化效果等都是虚拟商品的副文本，这些因素直接影响着发送者的选择，并决定着接收者的回应方式和强度。如果粉丝购买价格较低的鲜花、掌声、亲吻图像等送给主播，主播一般会选择忽视或者仅口头感谢致意；但如果粉丝选送价格较高、视觉效果更绚丽的礼物，如钻戒、跑车、飞机、游艇和豪宅时，主播会反复念出送礼者的昵称，并辅之以表达爱心的面部动作或手势；如果有人连刷多个代表奢侈品的虚拟礼物，主播还会迎合和满足他们的即时要求，比如唱歌、跳舞甚至线下约会。可见，副文本对发送者与接收者的互动模式有重要的影响。

(3)评论文本扩大媒介消费影响并使之标签化

评论文本是指“关于文本”的评论，是文本生成后出现的有关新闻、评论、传闻以及指责、道德或者标签等。[②] 在网络视频直播的迅猛发展下，一大批草根明星走红网络，与“网红主播”有关的话题屡屡登上媒体头条，媒体的报道也让大众对这一新兴职业有了更加多面的认识。主流媒体的报道一般涉及两方面内容：一方面，主播素质过低，为了吸引眼球往往衣着暴露、举止不雅，或者发表不当言论，以违背社会公序良俗甚至违反法律的行为哗众取宠，这类行为应该坚决予以抵制；另一方面，不少粉丝用偷盗、抢劫甚至挪用公款的方式获得金钱打赏主播，这类报道的作用是警示网络视频直播的用户，谨防落入打赏陷阱。主流媒体的报道揭示了由打赏引发的一系列不当行为，同时也给直播贴上了“低俗”“犯罪”的标签，引起部分社会成员对直播这一新兴行业持否定和批判态度。

---

① 参见[美]凯文·凯利《技术元素》，张行舟、余倩等译，北京：电子工业出版社，2012年，第86页。

② 参见赵毅衡：《符号学：原理与推演》，南京：南京大学出版社，2016年，第322页。

与主流媒体不同的是，自媒体网文多冠以“网红主播月入百万”“高收入群体”等题目，宣扬视频直播是低投入、高收入、无压力的新兴职业。《2016 年高校毕业生毕业大数据报告》显示，竟有高达 54% 的大学毕业生的理想职业是当主播。[①] 可见，虽然主流媒体的评论文本揭露出直播行业的种种问题，但是显然，网络自媒体给主播贴上的“高颜值”“高收入”标签对大众尤其是年轻人的价值观依然产生了较大影响。

通过对符号文本与伴随文本的分析可知，“打赏”作为用户自愿为内容付费的形式具有存在的合理性。主流媒体的报道有助于相关部门加强对直播行业的监管，但在当前的媒体环境和消费社会逐利思想影响下，自媒体对主播通过打赏来获得“高报酬”的报道无疑对大众更有吸引力，这强化了大众尤其是年轻人对这种新兴职业的认可和消费形式的接受。

2.网络身份的建构：观看者在直播语境多元文本诱导下的符号消费

作为符号文本的虚拟礼物是粉丝与主播之间交往的媒介，粉丝通过购买和赠送虚拟礼物建构网络身份并强调身体在场，主播则接受礼物并按照礼物的等级选择相应符号表意方式予以回应和致谢。考察直播间多元文本的设置与粉丝之间的关系，有助于我们理解粉丝如何在建构网络身份的过程中落入平台消费主义的圈套之中。

其一，虚拟礼物具有情感体验倾向。一般来说，消费商品对人有三重意义：满足某种实际需要；表现社会地位差异和维持等级差距，取得某种社会地位；满足情感快乐、实现梦想和欲望。[②] 虚拟礼物的符号化发展经历了从单一到多元、从简单的价格表意到注入互动情感这一过程。在早期阶段，虚拟礼物设置简单，或者是现实商品的符号化和虚拟化，如鲜花、蛋糕、跑车、游艇、飞机等；或者是粉丝某种具体行为的拟人化、图像化，如鼓掌（双手合拍）、赞（大拇指）、吻（红唇）等。在初期阶段，平台通过对虚拟礼物的价格进行等级化和差异化的设置以诱导粉丝进行消费，是一种比较直白的营销方式。随着新的视频技术和图像技术在直播平台的应用，虚拟礼物增加了对特定亲密动作的动态模拟。例如，粉丝送给主播一个“壁咚”，一个卡通的男士形象就会显现，左手“按住”主播头部亲吻，而主播的面颊则会出现“害羞的红晕”；“风雨相守”一送出，屏幕上就模

---

① 参见《54%毕业生理想职业是主播》，2016 年 11 月 1 日，TechWeb，http://www.techweb.com.cn/onlinegamenews。

② 参见[美]迈克·费瑟斯通：《消费文化与后现代主义》，刘精明译，南京：译林出版社，2000 年，第 18 页。

拟出下雨的场景，卡通男士手持雨伞为主播挡雨。诸如此类的模拟现实生活中恋爱男女表达亲密情感的场景的虚拟礼物，以粉丝的体验为导向，与单纯地表现价格差异的礼物相比，能够更好地满足他们渴望行动、追求刺激和贪图轰动的心理需求。粉丝对虚拟礼物的消费态度从被动的"要我消费"升级为自愿的"我要消费"，个性化的尊重和差异化的满足更容易导致粉丝打赏上瘾。

其二，网络身份的社会化建构。在特定的社会文化环境中，人的身份是通过与他人和环境互动建构起来的。视频直播的生存场景与多元身份认同存在互动关系，粉丝在匿名和隐身的保护下，借助简短文字和虚拟图像与主播进行交流，建立起交互性的符号自我。粉丝的互动行为包括打赏、评论、发弹幕以及购买会员等级等，文字符码与图像符码的多义性为身份构建提供了多种可能性。虚拟礼物是粉丝与主播互动的媒介，决定主播的反馈速度和互动质量，可以被看作是粉丝的网络身份和线上虚拟化身。虚拟礼物的消费过程，就是粉丝在直播空间建立认同的社会化过程。

荣格心理学认为，人在特定交流情境中的身份是区分内部世界与外部世界的"面具"。"面具"协调人与社会的关系，使人倾向于表现理想化自我，掩饰本真的内心世界与自我的弱点。[①] 受此观点影响，美国社会学家欧文·戈夫曼提出人生"演剧化"观念：社会和人生是一个大舞台，社会成员作为表演者，他们关心如何在观众面前塑造可以被接受和认可的形象，人与人之间的互动是表演自己。为使自己的表演达到理想标准，个体必须摒弃或者隐瞒与这些标准不一致的行为。[②] 在屏幕互动时代，身体显现容易暴露出自我在现实意义下的缺陷与不足，因而人们更青睐隐匿真身——躲在屏幕之后用"媒介面具"[③]建构虚拟网络身份进行互动。虚拟礼物就是一种"媒介面具"，频率低且花费少的礼物消费建立较低的认同；打赏力度大且金额多的用户则被称为"土豪"，反复多次打赏价格昂贵的虚拟礼物能够帮助粉丝与主播建立起稳定的网络社交关系。在这个"面具"的掩饰之下，用户实现了对拥有财富的社会身份的想象与体验。

其三，拟真机器产生失序的规则。媒介在一定程度上对现实生活进行想象性的再现与创造，不同的传播媒介模拟不同的真实，因而媒介成为消费社会主

---

① 参见[美]霍尔、诺德贝：《荣格心理学》，冯川译，北京：生活·读书·新知三联书店，1987年，第48页。

② 参见[美]欧文·戈夫曼：《日常生活中的自我呈现》，冯钢译，北京：北京大学出版社，2008年，第34页。

③ 欧阳宏生、胡畔：《媒介面具与受众认知》，《四川大学学报》(哲学社会科学版)2017年第2期。

要的拟真机器。[①] 网络视频直播以视频交互的形式呈现现实生活中人际交往的某种“真实”：象征身份与地位的物质消费是换取情感关注的重要条件。网络直播成为日常生活的拟真机器，平台依靠一种较为容易的控制机制运行：按照礼物消费的数额大小设置贡献排行榜、赋予贡献值高的重度粉丝以特权、建立会员权力体系等，以鼓励每一个观看者为提高地位进行消费，唤起他们建构网络身份的欲望，以实现现实生活中无法获得的认同感。在网络视频直播中，观看者的身份等级包括潜水者（仅观看不评论不打赏且随时会离开）、评论者（仅评论不打赏有可能会离开）、轻度粉丝（打赏礼物价格低且频率低）和重度粉丝（打赏礼物价格贵且频率高）。在消费主义语境下，“我是谁”被理所当然地转换为“我消费了什么”，粉丝的身份属性通过消费虚拟礼物决定。重度粉丝被称为“土豪”“有钱人”，视频直播平台帮助他们构建起理想的虚拟身份，最终获得主播高质量的反馈和互动，赢得直播间其他观看者的吹捧和羡慕。在有序与无序、特权意识与平等观念、戏谑性幻想与渴望、情感控制与控制消解、理性算计与享乐主义之间[②]，粉丝通过游戏和竞赛的形式消费虚拟礼物，在专属弹幕颜色、刷礼物 PK、为主播代言等多元文本诱导下进行炫耀性符号消费。在这个过程中，消费的自我表达和自我认同作用突出，购买虚拟商品成为粉丝在直播间获得认同的有效方式，他们从中获得身份认同和意义确认，建构起与真实自我相差越来越大的网络身份，最终在平台诱导下落入精心编织的消费陷阱。

3.自我的向下位移：符号自我与真实自我的分裂下产生的主体危机

自我是多重身份结合形成的，“身份的真假”实际上是此身份与同一自我的其他身份之间的关系。随着传统文化的瓦解，一部分人面临自我的分裂，这会导致“缺少道德内容和可支撑的内在形式的流动性”[③]，而健康多变的自我，在内聚力和道德前瞻基础上，能够自如转换不同场景身份。长期致力于研究网络空间个人认同的专家、美国麻省理工学院教授雪莉·特克尔总结出人们进行虚拟体验的三种目的：第一，作为逃避现实生活的一种选择，在网络空间实现现实生活中无法接近的梦想，或者赋予自己更高的社会地位和更大的权威；第二，作为实现某种程度的社会流动的方法；第三，作为抵抗常规性的组织、制度和社会生

① 参见张劲松：《拟真时代：鲍德里亚媒介理论的后现代视角》，《安徽大学学报》（哲学社会科学版）2012年第2期。

② 参见［美］迈克·费瑟斯通：《消费文化与后现代主义》，刘精明译，南京：译林出版社，2000年，第29页。

③ Robert Jay Lifton, *The Protean Self*, New York: Basic Books, 1993, p.192.

活的手段。[①] 视频直播是以游戏直播和秀场直播为主的“泛娱乐”时代的新形式,用户的使用目的主要是寻找乐趣或获得关注。直播为观看者提供了匿名隐身的社交环境,一个人可以根据消费情况扮演不同的角色。例如,在一个直播间仅观看不评论、不消费,但是在另一个直播间是活跃的打赏者。通过打赏主播赢得互动,打赏越多,主播的互动就越有针对性,用户可以暂时摆脱现实生活中被忽视的状态,在观看与消费中表达多种多样的自我,在想象空间中自由释放自我,在新的场景中试验新的认同。

弗洛伊德分析人的意识与潜意识时提出精神的三大组成部分——本我、自我与超我——以解释潜意识和意识的形成与相互关系。其中,“本我”是人内心隐藏的本能、欲望和非理性,属于完全潜意识,受意识遏抑;“超我”是高度理性的、由良知和内在道德判断定位;“自我”负责处理现实世界,协调“本我”与“超我”。在弗洛伊德看来,“自我”是在精神的、道德的、责任的“超我”与自由的、本能的、欲望的“本我”之间的上下位移。[②] 安娜·弗洛伊德在其父理论基础上提出自我的“防御机制论”:“自我”以某种方式协调“本我”与“超我”之间的矛盾和冲突,以缓解人的痛苦和焦虑。[③] 自我在一定范围内向下位移,是恢复人之本性,寻找自我意义立足点的必需。但是,如果自我一味地下移,向满足欲望的“信号-反应”本能方向过分位移,自我就会失去控制力,无法履行道德义务和承担现实责任。

在中国,视频直播用户消费使用的虚拟货币是按照一定比例与人民币兑换的。例如,视频直播用户要先充值平台的虚拟币才能打赏或为自己购买装备。使用币值较低的虚拟货币取代真实货币,一方面容易使消费者因放松警惕而忽视货币的真正价值,从而产生消费钝感;另一方面省去真实货币交易时烦琐的确认程序,使操作简单易行。这种消费机制的目的就是诱导用户为打赏上瘾,粉丝沉迷于打赏带来的存在感、地位感和权力感,面对直播间诱导打赏的多元文本失去控制能力,在主播的请求、平台排行榜位置的不稳定性所发出的信号刺激下,粉丝的反应只剩下在“本我”支配下的“排行榜-打赏”这一本能行为。只有当打赏金额远远超出实际支付能力时,用户在直播间塑造的符号自我才会

---

① Sherry Turkle, *Life on the Screen*, New York: Tochstone, 1997, p.14.

② 参见[奥]弗洛伊德:《弗洛伊德说梦境与意识》,高适编译,武汉:华中科技大学出版社,2012年,第98～120页。

③ Anna Freud, *The Ego and the Mechanisms of Defence*, London: Hogarth, 1937. 转引自赵毅衡:《符号学:原理与推演》,南京:南京大学出版社,2016年,第346页。

被拉回到现实中面对真实自我。“自我”无法统一各种身份并对所有活动承担全部责任，导致个体最终做出违背社会公序良俗甚至触犯法律的行为，二者之间的矛盾和冲突最终造成自我的断裂和主体的危机。

消费社会的主流观念是对财富、地位和权势的认同：富人/社会地位高者等于胜利者(winner)，而穷人/社会地位低者等于失败者(loser)。单纯以金钱或地位为衡量标准来评价一个人的成败，忽略了其作为独一无二的个体所拥有的特质以及对社会的贡献。这种观念的流行受到相当一部分人的认可和接受，个体为了快速获得更高的社会身份，需要通过一些过度的仪式来实现，符号消费正好可以充当这一过度仪式。普通人通过消费具有标签功能的符号商品，将低社会地位和低认同的身份转换为高社会地位和高认同的身份，在这一过程中获得更符合自己期待的社会认同。

工作和生活环境的频繁更换、人员的快速流动，导致人与人无法建立稳定的、持久的连接，相当一部分人就可能很难正常处理自我与现实世界的关系。亚斯贝斯认为，人只有生活在精神稳固的环境下，才有能力掌控自我，而快速变化的现代社会使人失去了精神家园和赖以存在的基础。[①] 生活环境的变化引起身份的快速切换和剧烈变动，自我对身份失去控制容易导致个体内心处于焦虑、不满和失望的情绪之中。互联网已渗透到人们生活的方方面面，成为商业变革、技术更新、舆论引领、社会管理和文化碰撞的交汇之地。个人从“有限的个人”变成“网络化的个人”，网络视频直播构建的社交空间是对现实消费社会主流观念更直接、更露骨地再现，所不同的是，其消费机制具有迷惑性和诱导性，对于急于通过打赏虚拟礼物转换身份的用户来说，为了获得认同已无法保持清醒，只能一步步走入平台精心布局的消费陷阱之中。这种现象的警示意义在于引发全社会思考，在被媒介包围的时代，我们如何进行合理的网络媒介消费？如何提升媒介素养，用以在网络空间建构自我的同时又不迷失自我？具体对新闻传播学研究者而言，如何构建健康的网络文化价值观，以及如何发挥媒体在身份建构方面的正向引导作用？这些问题都有待进一步研究和讨论。

① 参见[德]卡尔·亚斯贝斯：《时代的精神状况》，王德峰译，上海：译文出版社，2005年，第1～2页。

本章小结

手机游戏、手机阅读、手机音乐、手机音频、手机视频是当前手机媒介内容产业中较为活跃的五大类别。本章对三大产业的背景、现状、规模和要素进行了全面的阐述，深入分析了产业链各参与主体的地位和作用，在此基础上，揭示出三大产业在融合发展过程中遇到的问题和障碍。作为新的产业形态，手机媒介内容产业在快速发展的同时，也因法律法规的不完善、技术本身的缺陷以及人才短缺等主客观问题的存在，使得抄袭盗版、非法下载以及质量参差不齐等不良现象屡见不鲜。这些问题的解决涉及法律法规的建立、人才的培养、新媒体从业人员职业道德建设以及新型用户媒介素养的提高等诸多方面，手机媒介内容产业的健康、规范发展不是一蹴而就的，需要经历一个长期的过程。

电子媒介流行以来，全球媒介的议程逐步向娱乐偏移，尤其是互联网时代日常媒介使用正在发生的重要变革之一。手机在不同发展阶段满足了人们不同程度的娱乐需求，体现了不同的娱乐文化。功能手机阶段，手机娱乐产品仅限于简单的游戏，是个人消耗无聊时间的小工具，并不具备太多的娱乐因素。到智能手机阶段，随着数据传输速度的提升，人们可以用手机看娱乐节目，玩互动游戏。起初，智能手机的屏幕尺寸限制了人的长时间使用，因而用手机获得娱乐信息、视频以及游戏是一种在碎片时间插空式的轻娱乐。随着手机媒介对人们黏性的增强及小屏幕对人视力的损伤，手机制造商开始增大屏幕。手机屏幕从 3 英寸到 4 英寸再到现在的 5.5 英寸甚至更大尺寸，尺寸的不断增大也相应地延长了人们用手机看视频、玩游戏的时间。手机从先前碎片化插空式的轻娱乐变为现在整块时间占领式的重娱乐。建立在社交基础上的手机娱乐塑造了一种实时、在线和互动的娱乐文化，用手机玩游戏和看视频占据了人们使用智能手机的大部分时间。可以说，手机成为游戏机和电视、电影的替代媒介，娱乐信息和节目成为人们日常生活中的媒介洪流。针对娱乐化的狂潮，美国媒介文化学家尼尔·波兹曼表达了深深的忧虑："如果一个民族分心于繁杂事务，如果文化生活被重新定义为娱乐周而复始，如果严肃的公众对话变成幼稚的婴儿语言。总而言之，如果人民蜕化为被动的受众，而一切公共事务形同杂耍，那么这个民族就会发现自己危在旦夕，文化灭亡的命运就在劫难逃了。”[①]多元、开放、文明、包容的文化艺术是现代社会不断进步的表现之一，如果所有内容都通过肤浅的娱乐形式表达，优秀的文化就会在浮夸的笑声中日渐变淡，严肃的社会问题也将被遮盖或被人在笑声中忘记，这将会阻碍文明、民主、协同、创新的现代社会的建立。手机媒介内容产业如果不能起到思想启蒙、教育民众、净化社会风气和改变浮躁心态的作用，就无法传承和发扬优秀的现代文化，即使能够通过庞大的受众群而获得丰厚的经济效益，它也注定失去在现实生活中长存的合法性。

① [美]尼尔·波兹曼:《娱乐至死》，章艳译，桂林:广西师范大学出版社，2009年，第133页。

第四章　手机媒介带来的挑战与规制

媒介产业是一种特殊的产业形态，媒介产品既有承载内容和传播信息的社会属性，又有商品经营和获取利润的经济属性，其拥有一般商品所不具备的双重属性。如果任由媒介产业在市场利润的驱动下发展，媒介产品经营者势必会为了获得更多利益而无底线地迎合人性的弱点。例如，过度娱乐化和庸俗化。传播学研究专家陈力丹早就指出："大众媒介是一种既可以为善服务，又可以为恶服务的强大工具；而总的来说，如果不加以适当的控制，它为恶的可能性则更大。"①媒介产品中充斥的暴力、色情内容给社会尤其是青少年带来极大的负面效应，正如范建华所言："在进行文化资源的管理过程中，我们必须坚持行政、法律和市场手段的结合。"②媒介产业的特殊性及其在发展中存在的问题要求政府必须进行相关的规制。

政府规制（government regulation）源于公共利益理论（Public-interest Theory），是在"市场失灵"（market failure）理论基础上延伸出来的。③"市场失灵"理论假定在市场权力的作用下，由于不完全竞争、产品的负外部性以及信息不对等现象，企业既不能有效满足消费者的需求，也不能实现既定的社会目标，因而需要政府的管理与调控使消费者利益免受损害。根据这个理论，我们可以通过观察某个行业的市场是否存在失灵来判断这个行业是否需要政府规制。但是，该理论是建立在假设政府规制有效的基础之上，政府规制与市场失灵并不必然相伴相生，"特别是在将政府规制部门作为理性经纪人的假设前提下，政府规制往往导致规制部门与受规制产业之间的合谋"④。随着经济的发展和科

---

① 陈力丹：《传播学是什么》，北京：北京大学出版社，2007年，第159页。

② 范建华：《文化资源如何转化为文化产业资源》，《文化产业导刊》2013年第11期。

③ Bing Zhang, "Understanding the Impact of Convergence on Broadband Industry Regulation: A Case Study of the United States", *Telematics and Informatics*, 2002(19), pp.37-59.

④ 夏源：《新媒体政府规制研究》，浙江大学博士学位论文，2012年，第1页。

技的融合，市场自由竞争和政府管理调控的边界正在不断调整和修正。

数字技术、移动网络技术的更新以及终端产品的升级换代使得电视、电脑和手机等不同媒介可以呈现相同内容，而文字、语音、图像和视频等不同形态的内容又可以呈现在同一终端，电信产业、信息产业与媒介产业的相互融合实现了媒介产品从内容到终端的自由转换和无缝连接。在融合的大趋势下，手机媒介从个人通信工具转变为数字处理终端，成为“能打电话的电脑”和“能上网的手机”，操作简单、便于携带且能随时随地与他人联系。这种变化一方面不仅重塑了传统的电信产业、信息产业和媒介产业的运营和市场结构，而且可以使公众掌握越来越多的传播主动权；另一方面也催生了诸如垃圾短信泛滥、电信诈骗数目惊人、陌生交友引发犯罪、手机内容盗版等新的“市场失灵”现象。传统的电信规制重点是对物理性基础设施的管理，即对作为管道的运营商的管理，对运营内容则缺乏相应规制，而试听媒介产业的规制重点则是内容；信息网络产业作为新的产业门类，其所承载的平等、自由、互动、分享和开放的精神使规制变得更加复杂。在这些新形势下，以手机为代表的融合性新媒介所带来的新问题亟须政府电信、信息及媒介主管部门开展顺应变化的管理和规制。

第一节　手机媒介信息传播的失范表现

作为信息传播工具，手机媒介传播的内容既包括主流的价值观、正确的道德观和高雅的审美观等具有正外部性的信息，也包括唆使用户犯罪、提供不正当服务、宣传封建迷信和危害公共秩序等具有负外部性的信息；作为社交通信工具，手机媒介在为用户提供与他人联系的便利的同时，也引发了私人空间与公共空间的矛盾和斗争，抑或产生隐私泄露等问题；作为媒介融合产业的工具，手机内容产业成为新的经济增长点，但层出不穷的盗版和无序竞争也成为手机内容产业健康持续发展的绊脚石。可见，从终端的使用到内容的传播，手机媒介存在一系列“代表社会秩序紊乱和道德规范失衡的反动倾向”[①]，即涂尔干所提出的“失范现象”。

① 渠敬东：《缺席与断裂：有关失范的社会学研究》，上海：上海人民出版社，1999年，第17页。

一、失范表现之一：垃圾短信和社交网络谣言

垃圾短信是指未经用户同意或用户未主动、有意识定制，包含欺骗、病毒、广告、教唆、违法、色情等内容，给用户的财产和生活带来不良影响的短信。据相关统计数据显示，我国境内所有手机用户平均日接收垃圾短信总量有10亿条之多。[①] 垃圾短信不仅扰乱了用户的正常学习、工作和生活秩序，还在某些情形下造成用户的财产损失。从内容上来看，垃圾短信大致分为以下五类：(1)点击链接类。点开链接即被秘密安装木马病毒，例如，以热门综艺节目的官方代表为幌子诱骗用户点击其官网，给手机植入木马病毒。(2)银行转账类。以用户亲朋好友、生意伙伴或者屋主房东的身份要求用户转账，这类短信中银行账号的开户人一般是重名率较高的姓名，往往会使用户放松警惕而轻易上当。(3)威胁恐吓类。以公检法机关的口吻向用户发短信，以其行为触犯法律为由威胁冻结银行账号、锁定信用卡等，进而实现转移用户资金的目的。(4)提供违法服务类。代开增值税发票、出售考试答案以及内部改分等，利用人们贪便宜、走捷径的心理设置陷阱来骗取用户钱财。(5)散布淫秽色情类。用大胆露骨的文字描述女性外貌，将手机作为招嫖和卖淫的工具，败坏社会风气，破坏社会和谐。借助移动互联网的快速传播和强隐蔽性，垃圾短信不仅在数量上泛滥、层出不穷，而且种类繁多。在商业利益的驱动下，内容提供商和手机运营合谋，行业缺乏足够的自律，造成垃圾短信虽屡遭打击与治理却并未消失。手机短信"市场失灵"的存在，使不法分子在获利的同时将消除负面影响的成本转嫁给公众和社会，这给政府介入短信治理和规制提供了必要性。然而，对短信的监管涉及信息产业、公共安全、文化传播及电信业等多个部门，各个部门的监管既有重合和交叉，又有排斥和推诿，兼之相关法律规定的缺位等因素，都给垃圾短信的管理与规制带来不少困难。

谣言的历史几乎和人类发展的历史一样漫长，不管人们身居何处，谣言无处不在。尽管谣言是世界范围内一个重要的社会和文化现象，但自古至今，人们对谣言的研究寥若晨星，更遑论有人能为谣言下一个让人信服的定义。法国巴黎高等商学院教授让-埃诺尔·卡普费雷在其著作《谣言：世界最古老的传媒》中对"谣言"这一由来已久的社会现象和文化现象进行了系统而深入的研

---

① 参见李颖：《垃圾短信的危害、原因和治理对策》，2009 年 10 月 23 日，http://hnfy.chinacourt.org/article/detail/2009/10/id/749884.shtml。

究。他着眼于谣言本身的起源与流传路径，搜集了20世纪八九十年代流传于法国的形形色色的谣言，分析人们为何选择相信谣言以及如何利用谣言达到目的，并深入探讨谣言背后的文化与社会背景。与书中提到的美国学者奥尔波特和波斯曼、纳普、彼得森和吉斯特将谣言视作“未经证实的信息”不同，他认为“未经证实”并不能成为判定谣言信息真假的理由。即使我们从报纸、广播和电视台等主流媒体得到的新闻信息没有经过证实，但我们也会假定它已经被证实是真实的。可见，是否要证实以及证实的标准包含了极大的主观性。埃诺尔教授对谣言所持的态度是中立的，他并未预设谣言内容的真假，而是将谣言定义为“在社会中出现并流传的未经官方公开证实或者已经被官方辟谣的信息”①。与他的主张相类似，卡斯·R.桑斯坦用“谣言”表示一类尚未被证明真伪的言论：“这些言论声称某些人、群体、事件和组织机构发生了某些事情。”②他认为，人们选择相信某些谣言是因为这与他们内心已有的信念相吻合，是内心潜意识的一种印证和表达。在谣言与人的主观认识方面，埃诺尔教授与桑斯坦教授的观点不谋而合。

在中国，谣言最初是指民间流传的歌谣，即埃诺尔教授所谓的“最古老的大众传播媒介”。在文字出现之前，口耳相传是人类信息传播的重要方式。文字出现之后，对于不具备读写能力的普通大众而言，口传媒介依然是获取信息的重要渠道。随着社会的发展和人口流动规模的扩大，民间歌谣也渐渐退出历史舞台。在现代汉语语境中，“谣言”多含贬义色彩，鲁迅先生对谣言深恶痛绝，他曾在杂文《谣言世家》中说：“笑里可以有刀，自称酷爱和平的人民，也会有杀人不见血的武器，那就是造谣言。”③刘建明也指出：“谣言是没有任何根据的事实描述，并带有诽谤的意见指向，因此，它不是中性的传闻，而是攻讦性的负向舆论。”④处于中国文化背景和汉语语境下的谣言有两大特点：其一，它赋予当下正在发生的事或处于重大事件中的人一些不实或夸大的信息；其二，竭力使人相信其是真实的并使人自愿为其传播。社会动乱不定、政府缺乏公信力、信息不对称等都是滋生谣言的温床。

从传播学的角度来说，谣言是信息的动态扩散和大众参与解释与评论的过

① [法]让-埃诺尔·卡普费雷：《谣言：世界最古老的传媒》，郑若麟译，上海：上海人民出版社，2008年，第15页。

② [美]卡斯·R.桑斯坦：《谣言》，张楠迪杨译，北京：中信出版社，2010年，第6页。

③ 鲁迅：《南腔北调集》，北京：人民文学出版社，1980年，第185页。

④ 刘建明：《社会舆论原理》，北京：华夏出版社，2002年，第211～212页。

程。奥尔波特和波斯曼认为，谣言的产生与其所涉及事件的重要性和模糊程度有关，“与当时正在发生的事件相关联的说法，目的是为了使人相信，在人与人之间口耳相传，但是却缺乏具体的证据以证实其准确性”[①]。他们还提出一个谣言公式：R(Rumor，谣言)＝I(Importance，重要性)×A(Ambiguity，模糊性)。如果一个事件越重要越不确定，就越有可能产生被大范围传播的谣言，然而一旦重要性与模糊性两个条件中任意一个为零，谣言就不会发生。1953年，克罗斯在奥尔波特谣言公式的基础上增加了一个C(Critical ability，判断能力)，即“谣言＝重要性×模糊性×公众批判能力”[②]，认为潜在传播者的判断能力对抑制谣言发挥着重要作用。如果公众具备相关的专业知识和较强的识别判断能力，就不会轻易传播谣言，也就是我们常说的“谣言止于智者”。

当人类从自给自足的农业社会进入机器化大工业时代，劳动分工也随之愈加细密，人们掌握的知识越来越专业，日常接触的信息也趋于同质化，不同行业之间由信息不对称造成“隔行如隔山”的现象极为普遍。涉及人类最基本需要、关系人类生命安全的信息对人们而言极为重要，往往能最快、最强烈地引起人们的共鸣，因而是最易滋生谣言的领域。在追求关注度和点击率的媒介时代，大众传媒有时对谣言的传播起到推波助澜的作用，一味地追求最快发布最新新闻无疑会弱化“把关人”角色，有可能在不知不觉中推动了假新闻的扩散。在新媒体领域，尤其是在缺乏有效监管机制的社交媒体和自媒体上，造谣、传谣现象更是屡见不鲜。谣言甚嚣尘上，民间辟谣者此起彼伏，如果政府或权威部门不及时发声，谣言的扩散和蔓延就得不到有效遏制。《中国青年报》一项对新媒体谣言的调研显示：64.6％的被访者认为新媒体和社交平台未尽到监管责任，45.4％的被访者直言权威部门缺乏公信度，政府对谣言的监管不严，打击力度不够。[③]

微博和微信两大社交应用日渐深入大众日常生活，它们在丰富人们交流方式的同时，也间接成为谣言传播的新渠道。传统的口耳相传的谣言传播速度慢，扩散范围有限；而社交网络谣言可以突破时空的限制，使人人都成为潜在的传播者，谣言会以去中心的网状格局迅速扩散，并且在扩散过程中极易发生变

---

① Gordon W. Allport, Leo Postman, “An Analysis of Rumor”, *Public Opinion Quarterly*, 1946(4), pp.501-517.

② 胡钰：《大众传播效果》，北京：新华出版社，2000年，第186页。

③ 参见《微博微信谣言泛滥　受访者：造谣者和新媒体平台最该负责》，《中国青年报》2015年7月20日。

异。社交网络传播的即时性、互动性使谣言带来的风险能够快速威胁社会的安定和谐。中国社会科学院的研究显示，微信每天拦截谣言多达210万次[①]，内容一般涉及食品安全、人身安全和健康养生等。社交网络已成为信息集散地和舆论传播平台，网络谣言治理和网络舆论引导已迫在眉睫。为治理网络谣言，我国政府已强力介入、重拳出击，从立法的角度给造谣、传谣者以严厉惩治。

二、失范表现之二：公共空间的“插足者”和私人空间的“闯入者”

手机的普及和移动互联网技术的发展，加强了虚拟空间的联系和信息的流通，促进了线上的组织动员和线下活动的具体实施。借助于手机，普通民众拥有了更多发声的机会，对社会事务尤其是政务监督和公益事业作出了重要贡献，有力构建和拓展了公共领域。然而，民众对公共事务的参与热情也有可能在自身媒介素养不高和网络匿名特性的掩饰下，越过法律的边界而侵入私人领域。公共领域强调公开性与公共性，是公众表达意见之所，而与之相对的概念——“私人领域”则重在个体的隐私性与保密性。汉娜·阿伦特认为：“从隐私而非国家的角度来看，公共领域和私人领域之间的区别如同要暴露的东西和要隐藏的东西之间的区别。”[②]如何界定个体哪些信息“可以显现”，哪些信息“应该隐藏”？在新的媒介环境下，对二者界限的廓清变得更加困难，公私领域界限模糊的严重后果就是传统媒介机构或新兴自媒体假借信息公开之名，而行侵犯私人领域之实。

1.手机媒介是公共空间的“插足者”

手机媒介的随身携带性和伴随性补偿了固定电话不能自由移动的缺陷，因其满足了人们随时随地与他人建立联系的需求而受到认可。但是，拥有手机也意味着随时随地可能被别人联系到。手机使人“随时待命”，将个人生活延伸到公共领域，特别是在公共场合响起的手机铃声更是使其饱受诟病。

手机媒介将人们从特定场所的束缚中解放出来，改变了以往用空间和场景来定义人的行为的传统。被誉为“数字时代的麦克卢汉”的保罗·莱文森研究手机的著作 *Cellphone: The Story of the World's Most Mobile Medium and How It Has Transformed Everything*！如果直译其书名则是《手机：世界最方便的移动媒介的故事及其如何改变一切》，莱文森通过书名就准确无误地告诉

① 《微信每天拦截谣言210万次，涉食品安全健康养生》，《参考消息》2015年7月1日。

② ［美］汉娜·阿伦特：《人的条件》，竺乾威等译，上海：上海人民出版社，1999年，第54页。

了我们手机的两大特性：移动性和颠覆性。国内媒介理论翻译大家何道宽先生在翻译时将书名意译为：《手机：挡不住的呼唤》，可谓形象而贴切。公共场合挡不住的铃声是引发不和谐的源头之一，“和教堂钟声不一样，手机铃声来自一个私密的地方——人的衣袋，可是它让公共场所的人听到了”①。手机赋予人们在公共领域与私人空间自由转换的能力，打破了场所的固定性和不可更改性，使私人领域获得极大扩张。但是，人们无视公私领域的秩序有别，在影剧院、博物馆、图书馆等不恰当的地方使用手机语音功能，“个人使得公共空间殖民化”②了。在日益拥挤的都市社区中，公共领域在私人领域的大举“入侵”下日益缩减。

手机问世初期，因昂贵而带来的稀缺使其成为一个人身份、地位和财富的象征，然而，手机铃声的不恰当响起除了引起人们不满情绪外，还夹杂着艳羡乃至嫉妒的心理。随着手机功能的完善，手机短信以及之后流行的即时通信应用可以为人们提供除语音通话之外的文字信息服务。在不适宜大声喧哗的公共场合，人们完全可以使用文字信息交流而避免影响他人，但不分场合随意接打电话的不文明现象依然较为普遍。当手机从仅有少数富人才能拥有的奢侈品变成普通人也支付得起的必需品时，人们对不文明使用手机的行为就只剩下厌恶和不满。莱文森形容被迫听别人打电话时，那种刺耳、响亮、让人头皮发麻的说话声就像被蚊虫叮咬后很痒的感觉③，被听者尽管有或轻微或强烈的面部表情抗议，但是对于沉浸在电话交谈中、注意力正处于另一空间的人而言丝毫不起作用。吉登斯将社会关系脱离共在场域的现象称为“社会系统的脱域”，“脱域机制把社会关系和信息交流从具体的时间-空间情境中提取出来，同时又为他们的重新进入提供了新的机会”④。连接异地交流的手机同时构建了两个空间：谈话双方互动沟通的“内空间”和手机用户所处的物理空间——“外空间”。在“外空间”中，在场者的存在意义被大大削弱了。⑤ 当我们与他人用媒介交流时，身边之人与周围环境被按下“暂停键”，“沉浸在和电子媒介他者的关系之

① [美]保罗·莱文森：《手机：挡不住的呼唤》，何道宽译，北京：中国人民大学出版社，2004年，第65页。

② [美]齐格蒙特·鲍曼：《个体化社会》，范祥涛译，上海：上海三联书店，2002年，第130页。

③ 参见[美]保罗·莱文森：《手机：挡不住的呼唤》，何道宽译，北京：中国人民大学出版社，2004年，第65页。

④ [英]安东尼·吉登斯：《现代性的后果》，田禾译，南京：译林出版社，2000年，第124页。

⑤ 参见李理、杨伯溆：《公共空间私有化与私人空间个人化：手机在城市空间关系重构中的角色》，程曼丽主编：《北大新闻与传播评论》第3辑，北京：北京大学出版社，2007年，第209页。

中，没有任何来自失去了隐私权所造成的大的障碍”①。可见，手机媒介将私人空间带入公共空间，成了公共空间的“插足者”。

2.私人空间的“闯入者”

社会权力的工具和手段在移动互联网时代与媒介技术融合时代发生了变化，手机媒介融合相机的拍摄功能、GPS定位功能和信息即时收发功能，这些功能的融合产生了巨大的能量。个体在自觉或者被动的情况下极易卷入别人的生活领域中，陌生人之间能在瞬间产生连接，这种“卷入与连接”极易造成对私人领域的侵犯。戈夫曼认为：“为了享乐或者经济利益以及其他原因，个体表演者在外表与真实之间存在差异。为了不想让前台观众知道的活动，有意隐瞒或者隐藏，使其表演达到理想中的标准。”②手机媒介技术提供的观看模式，使主体时时处于被不确定的个体偷窥或偷拍的监视状态中，这容易使人即使在后台（私人领域）也要保持前台（公共领域）的表演状态，以免被别有用心和不负责任的人将自己的隐私行为记录下来并散播出去。

现代生活中流行一种令人惊恐不安的做法：某些人把手机当作监视私人生活的工具，这在陌生人构成的临时性关系中自动产生出真实的权力。例如，电影《搜索》和《无形杀》就是对“手机＋网络”产生的“人肉搜索”的强烈质疑。“人肉搜索”指针对社会某一热点事件，散布在各地的广大网民以网络社区为阵地，搜索与事件相关的特定人物，并公布人物全部信息的一种搜索方式。这种“众人拾柴火焰高”的信息汇聚方式，虽然在一定程度上起到了自下而上表达民意的作用，但是也存在严重侵犯公民隐私权和名誉权的问题。事实上，从2000年至今，“人肉搜索”造成的侵权案件屡见不鲜，有媒体就曾报道称，中国网民“跳入网络空间去扮演法官和陪审团的双重角色”③。如果不对私人领域和个人隐私加以保护的话，每个人都有可能成为受害者，也许人们这一刻还在充当道德卫士的“键盘侠”，下一刻就会变成网络暴力的牺牲品。

手机媒介创造了越来越多的人乐于沉浸其中的自媒体和自组织，但是随着公私领域界限的模糊和立法的滞后，个体已很难拥有不受他人打扰和侵犯的私人空间，这种情况造成的严重后果就是陌生的大众以“高尚”的名义对他人的私人空间进行肆意的践踏。正如电影《手机》中的角色费墨表达对人们不当使用手机的担忧时所说，“手机，如果不善加利用，就不再是手机，而是手雷”。

---

① ［英］约翰·汤姆林森：《全球化与文化》，郭剑英译，南京：南京大学出版社，2002年，第244页。
② ［美］欧文·戈夫曼：《日常生活中的自我呈现》，冯钢译，北京：北京大学出版社，2008年，第35页。
③ 胡泳：《“四问”人肉搜索》，《社会观察》2010年第10期。

三、失范表现之三：色情内容屡禁不止

1.传播淫秽色情信息的手机网站和手机游戏

手机媒介在使用上具有隐蔽性和私密性，而色情内容正是借助这一特性得到广泛传播。随着互联网监管的逐渐成熟，色情图片、视频从传统互联网向WAP网站转移，移动网络的提速使手机端逐渐赶超PC端成为接收和传播色情内容的工具。人们在智能手机和平板电脑上下载相关视频播放器，即可无障碍浏览色情内容，移动终端成为色情信息传播的新载体。我国严厉打击传播淫秽色情的行为，不法分子则通过在境外开办网站而绕过监管向境内传播色情内容、发展会员、组织网上淫秽表演和进行网上招嫖等违法活动。色情信息和普通新闻资讯一样，用户只要拥有一台可以上网的手机即可轻松阅读色情文字、浏览色情图片、流畅观看视频，还能即时、互动玩手机色情游戏，“手机＋色情”成为文化新毒瘤。近年来，国内手机游戏产业迅猛发展，一些游戏制造商不惜在游戏中加入淫秽色情等不良内容以占领市场和吸引用户。随着手机网民的持续增加，手机淫秽色情内容的消极影响也会相应扩大，淫秽色情信息损害人的身心健康、扰乱家庭和睦甚至危害社会稳定，尤其是对未成年人的健康成长极为不利，因而一直是我国政府着力肃清的文化污浊和重点打击的对象。但是，监管部门的繁多、技术的限制、利益的捆绑和法律的漏洞等因素都给手机色情治理带来不少困难。

2.手机色情信息的危害

第一，损害青少年人格发展和身心健康。对于色情内容的管理方法，亚利桑那大学哲学教授乔尔·芬伯格(Joel Feinberg)等提出，如果私人拥有的色情内容没有强加给不想观看的成年人或者儿童，他就不应该受到法律惩治，但是儿童色情无论在道德上还是法律上都是被禁止的。[①] 但对于生长在电脑和手机普及时代的“电子土著”——青少年而言，他们极易受到各种媒介上色情内容的伤害。2013年，少先队事业发展中心发布了我国未成年人互联网络使用状况报告，该报告指出：78.4％的未成年人使用手机上网，而随着手机普及率的进一步提高，这个比例还在持续升高。[②] 未成年人接触手机的低龄化趋向在近几年非

---

① 参见[美]乔尔·鲁蒂诺、安东尼·格雷博什：《媒体与信息伦理学》，雷正欣、罗赞、陈莉、曹海凤译，北京：北京大学出版社，2009年，第200～229页。

② 《调查显示，我国未成年人近八成使用移动终端，手机成普及率最高终端》，2013年7月25日，http://www.zgpaw.com.cn/pabb/2013-07/25/c_125062015.htm。

常突出，它带来的弊端也日趋明显。未成年人的心理特点决定了他们使用手机的主要目的是娱乐，所以玩游戏、看视频和聊天是他们最常用的手机功能。未成年人好奇心重且自控能力差，生理发育快速但心智尚未发育成熟，因而不容易抵抗来自不良信息的诱惑。色情游戏、不雅视频和图片等淫秽色情内容像一颗颗有毒的种子正在手机网络世界野蛮生长，一旦沉迷于此，有可能导致未成年人的心智和人格发展出现分裂。淫秽色情信息没有设置任何防护门槛和年龄限制，未成年人可以轻易浏览、下载甚至传播。据有关专家介绍，青少年犯罪案中30%是性犯罪，而色情信息的易得和泛滥加大了青少年思想出现偏差的概率，最后有可能发展为性犯罪。① 北京市未成年犯管教所的入监登记显示：犯有强奸、轮奸等性犯罪的未成年犯，其年龄大都在14～17岁之间，这些人的共同特征是案发前均长期接触网络色情。② 这些失足未成年人在给他人造成伤害的同时，也是淫秽色情信息的直接受害者。

淫秽色情信息通过手机社交网络进行传播，以“多对多”的传播形态改变了过去色情网站传统“一对多”的传播方式，色情信息在分享和转发的基础上不断被复制，通过去中心的传播获得“病毒式”的扩散和几何级的增长。在中央电视台《焦点访谈》的一期节目中，一位接受匿名访问的未成年女生称，用手机转发色情网页链接成为班级公开的秘密和流行的风气。当接收到同学发来的刺激链接，如果不转发更为刺激的链接，就会觉得“丢人、没有面子”，这种幼稚、愚蠢的从众、畸形的攀比和误入歧途的“竞赛”，使色情信息借助手机社交网络迅速扩散。

第二，污染虚拟网络环境，破坏社会公序良俗。不少淫秽色情网站设置观看权限，是否为注册会员和会员等级的高低决定一个人能看到内容的时长和刺激程度。2011年8月25日，全球最大的中文淫秽色情网站“阳光娱乐联盟”被中美警方合作摧毁。该网站采用积分制刺激性犯罪，注册会员除了缴纳会费观看内容外，还可以通过上传原创色情图片或视频获取观看权限，这种规定刺激会员自发组织或参与更多不雅活动甚至性犯罪。③ 此类色情网站为了获得更多数量和更多花样的内容，利用web2.0“人人为我，我为人人”的特点，鼓励会员在

① 参见赵建波：《学生手机暗藏“美女脱衣，色轻游戏引担忧”》，《南方日报》2013年9月26日。

② 参见《焦点访谈：贩黄盯上手机屏》，2015年3月30日，http://news.cntv.cn/2015/05/30/VIDE1432987736529517.shtml。

③ 参见《会员上传“原创”色情图片赚积分——公安部与美国警方联合摧毁全球最大中文淫秽色情网站》，《羊城晚报》2011年8月26日。

公共场合自拍或偷拍。在欲望的刺激下，这些会员不仅拍摄自己的不雅行为，也在公共场合偷拍陌生情侣的亲密动作。

随着手机拍摄技术的提高，在自拍变得容易的同时，偷拍也变得更加隐蔽，个人隐私岌岌可危，这就要求我们在加强自身保护措施的同时，也不要在公共场合做不雅行为。近年来，衣着过分裸露的女性和举止过度亲密的情侣在公共场合的不雅图片和视频屡见曝光。这些行为有些是由于行为人在公共场合没有恰当地约束自己的行为而被别人偷拍；有些是行为者本人为了出名而借助网络策划和网络推手有意而为的出格行为；有些是商家策划的促销活动。公共场合裸露身体或过度亲密，侵犯了被迫看到的旁观者的权益，尤其是对未成年人造成了比玩色情游戏和观看视频更严重的消极影响。可见，人们都要约束自己在公共场合的行为举止。一方面，在一个健康的社会环境中，注重维护公共空间的良好秩序是文明的体现；另一方面，约束自身行为，避免被他人偷拍，除了保护自身隐私安全外，也可以减少色情信息的传播。

第三，植入手机病毒，造成手机安全隐患。移动互联网的普及和 WiFi 热点的增多让手机连接网络更方便，而智能手机允许用户自由安装应用程序，满足了用户对手机功能与服务的多样化和个性化的需求，但这同时也为黑客和不法分子传播手机病毒提供了便利。当前，色情类手机病毒的传播路径主要有色情网站和色情 App 两种。第一种是病毒制作者以色情图片或内容来吸引用户注意，将病毒下载链接挂在手机网页上，当用户被色情内容吸引点击链接时，就会被告知下载播放器，而一旦同意下载，手机就会被同步植入病毒；第二种是通过应用商店，将病毒打包到传播淫秽色情内容的壁纸、阅读器和播放器等手机应用中，以具有暗示性的名称和含有色情内容的配图诱骗用户下载安装。网络安全公司金山网络发布的安全数据显示，93%色情视频网站有木马病毒，而高达50%的用户为了看色情视频而罔顾杀毒软件的提醒，强制关闭杀毒软件的禁止而运行自知有“毒”的播放器。[①] 为了增加点击率和下载量，不法网站与恶意应用以色情内容为诱饵吸引用户点击和下载安装，并趁机向电脑或手机植入病毒，造成极大的信息安全隐患。具体来说，这些隐患主要表现在以下三个方面：

首先，通过自动发送短信、拨号以及自行下载应用耗费流量和话费，造成恶意扣费。色情应用程序嵌入吸费代码后，通过两种方式骗取用户开通业务实现

① 参见《93%色情视频网站带病毒 过半网民为看片关闭杀软》，2011 年 4 月 20 日，http://www.sootoo.com/content/113300.shtml。

扣费：一是发送短信扣费，手机后台向特定的SP发送订购服务短信，并会自动屏蔽运营商的确认短信且自行返回确认信息，用户在毫不知情的状况下开通业务而被扣费。二是自动拨号扣费，病毒侵入智能手机后，会在后台控制手机自动拨打指定的会收取高额服务费用的业务号码，损失用户资费。色情应用往往包含多个小应用，一旦安装就会自动复制且难以卸载，有的应用通过私有加固和加解密的方式实现应用图标的隐藏以躲避安全查杀。这些应用自动联网，并会通过恶意广告弹窗和智能手机后台自动刷取其他联网应用的点击量，通过持续重复操作反复消耗用户的上网流量。

其次，获取手机最高管理权限，窃取用户隐私进行诈骗。感染病毒的手机色情应用一旦被用户下载安装，病毒也会相应地自动安装并激活，诱导用户进行ROOT以获取手机最高权限。借此破坏手机系统，窃取用户隐私，包括手机通讯录、社交网络联络人等信息，了解用户的社会关系，自动通过“爸爸”“妈妈”“姐姐”等关键词搜索通讯录，再以用户名义，以生病住院要交医药费、遇到麻烦急需用钱等借口发送短信诱骗亲朋好友，或者通过短信群发给所有联系人，诱骗更多人上当。

最后，窃取银行账号和移动支付信息，盗刷银行卡。我国移动支付虽然起步晚于欧美和日韩国家，但是在网上购物和电子商务的推动下得到迅速发展。移动支付的兴盛和电商平台的涌现，使手机成为不法分子牟取暴利的新场所。用户使用手机浏览色情网站、点击不明链接或者安装不良应用后，就有可能被植入病毒，用户的短信内容和社交网络聊天记录被窃取。不法分子在这些信息中筛查用户的身份证号和银行卡号等相关信息，通过病毒控制手机，自动上传网银账号、登录账号及支付密码，并拦截指定短信，最后冒充银行或者支付网站客服向用户骗取验证码实现盗刷银行卡，给用户造成数额不等的财产损失。

3.手机色情屡禁不止的原因

一是利益驱动促成多方利益捆绑。中央电视台《每周质量报告》于2011年1月2日播出《手机黄祸缘何难了》节目，介绍了手机色情网站通过与服务提供商、电信运营商及广告联盟的相互勾结形成了多种盈利方式共存的手机色情产业链，在这种多边的利益捆绑和相互牵制作用下，手机色情难以得到有效封堵（见图4-1）。淫秽色情手机网站通过短信、聊天工具和网页悬浮广告等多种方式诱导用户点击网址链接，用户一旦点击链接就可能被扣话费。除此之外，通过给正规网站做广告也是淫秽色情手机网站的一种获利方式。色情网站和正规网站使用同一域名以应付检查，又用新的域名做一个网页内容与正规网站几乎相同的网站,被业内称为“羊头站”。这个网站用来承接业务,而真正的色情网站用来推广业务,用户如点击色情网站链接,就会自动跳转到游戏网站、交友网站、门户网站等需要手机用户访问的广告页面。这些广告业务由广告联盟投放,每次跳转至不同网页,也有可能进入电信运营商网站。

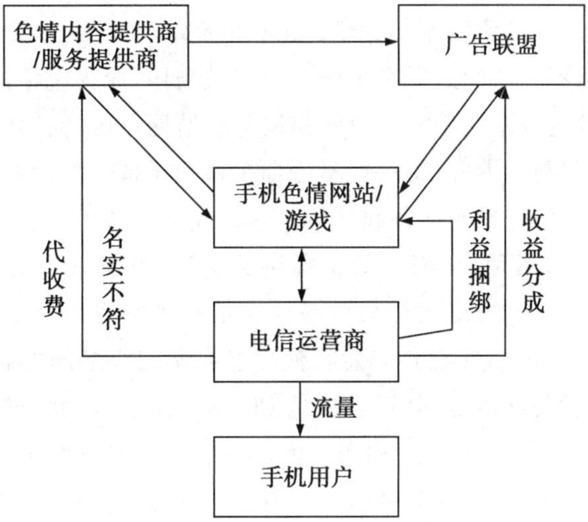

图 4-1　手机色情网站利益链

在这个过程中,各参与主体也会得到丰厚的收益分成。一般来说,色情网站收益 40%,广告联盟 10%,电信运营商 15%,服务提供商 35%。在利益驱动下,运营商片面追求经济效益,有意放松对淫秽色情网站的监管,致使用户可以轻易地获取淫秽色情信息;手机广告联盟和增值服务商对加盟网站不仅未能严格履行审核责任,反而为淫秽色情手机网站获利提供重要通道,手机色情网站在多方包庇和纵容下得以存在和发展。

技术缺陷导致无法有效遏制色情内容传播。首先,色情网站利用境外接入与变换域名逃避查禁。随着我国打击淫秽色情信息传播力度的加大,色情网站大多选择将服务器架设在境外,这无疑增加了取证和监管难度,兼之有些国家的法律并不限制向成年人传播色情信息,因此难以获得国际司法部门的协作,这使得我国往往只能采取屏蔽色情网站域名的做法来进行查禁。但因域名的租借费用极低,有的网站甚至租借上万个域名,在临时网页不停滚动没有被查封的域名,这也增加了监管和查禁的难度。此外,使用动态网址、跳转 IP 地址也是这类网站的常用伎俩,监管部门无法从根本上摧毁色情网站的存在。其次，BT 共享技术支持下载与上传同时进行，用户在获取色情内容的同时客观上也促成了其传播。BT（Bit Torrent）下载是一种 P2P（Peer-to-Peer）对等传播的网络共享程序，是互联网去中心化更为彻底的表现形式。一个文件被分割成多个部分从多个方位进行传输，单个用户只用下载其中的一部分即可，剩余部分在所有联网的电脑之间共享。BT 技术形成“上千万用户，无中央服务器，无搜索引擎，无注册登记，无数据库，无索引，无身份鉴定”①。因此，色情网站多提供这种下载方式，而不知情的网民在不经意间就被利用，成为色情网站的“共犯”。最后，搜索引擎转码技术使手机用户轻松浏览色情网站内容。转码技术是为了方便移动用户查阅网页内容，将一些不适合在移动设备上显示的网页快速转换成适应通过移动设备查看的屏幕和字体。内容经优化转码后会去掉广告、多余链接，仅保留正文和图片，从而有效提高浏览速度，并有效节省数据流量。然而，“许多技术可能产生的重大社会后果往往是技术发明者乃至整个社会最初所难以预料和想象的”②，搜索转码意在使信息在不同终端间的自由呈现，一旦被色情网站利用，不良内容就会轻易地从 PC 端流向手机端。进行网站转码本是正常服务，但是搜索引擎与色情网站相互勾结，并未对关键词进行筛查，遑论对色情网站进行屏蔽，因而成为吸引手机用户浏览色情内容的“帮凶”。

第二节　视频社交平台上的青少年越轨行为

自 2017 年 12 月以来，短视频社交平台上时常出现未成年女孩怀孕生子、中学生私奔以及小学生交友之类的视频。在视频社交平台审核宽松、监管不力以及流量带来的利润驱动之下，此类视频不仅未被删除，反而出现更多未成年“小父母”与孩子互动的视频。2018 年 4 月，中央电视台《新闻直播间》记者调查发现，“全网最小妈妈”等“低龄孕妈”视频扎堆出现，对未成年人的健康成长造成极其恶劣的影响，国家广播电视总局对部分平台做出下架整改或永久关停的处理。我国现行法律法规对青少年越轨行为以保护为主，对其行为主要采取批评教育方式，即使为了达到警示同龄人的目的也会通过匿名、假名等方式在小范围内传播。近年来，随着短视频社交的兴盛，一些青少年将自己在现实世界

① 胡泳：《众声喧哗：网络时代的个人表达与公共讨论》，桂林：广西师范大学出版社，2008 年，第 109 页。

② 王君玲：《网络社会的民间表达：样态、思潮及动因》，广州：暨南大学出版社，2013 年，第 108 页。

的越轨行为拍摄成短视频，借助网络大范围传播。其特点是将原本隐藏、匿名的越轨行为以视觉公开的姿态，持续更新吸引和回应观看者，并引起他人跟风式的表达。

“越轨”一词虽被广泛使用，但目前学术界并无统一的定义。有学者认为越轨行为是社会成员偏离所属群体、社会或文化体系的行为模式[①]，是判定群体成员违反群体准则、价值观念的思想、感受或行动[②]。戴维·波普诺将某一社会群体的成员违反社会重要规范和社会期待的行为称为“越轨”。[③] 虽然在含义界定上不尽相同，但均指向“违反社会规范”。笔者认为，视频社交平台的青少年越轨是指青少年在现实生活中发生的偏离正当行为规范、主流轨迹而导致违背社会公德、对抗社会规范甚至违反法律的行为，诸如校园霸凌和校园暴力、早恋交友甚至早孕生子等，并将该类行为以视频的方式呈现，上传到视频社交平台进行传播的一种越轨行为。

目前，有关青少年越轨行为在视频社交平台上传播的研究成果鲜见，但是从社会学、犯罪学和心理学角度分析青少年网络越轨行为的成果较多。这类研究着眼点在于网络既是越轨行为的发生环境也是传播媒介，因而主要集中于网络越轨行为发生的原因、表现形态、负面影响及治理框架。虚拟社区缺乏有效监督机制是可能导致行为越轨的主要原因[④]，而青少年缺乏传播能力，不能恰当地承担自己在传播中的“角色能力”可能导致在使用网络新媒介时出现道德失衡和行为失范。[⑤] 当前研究青少年网络越轨主要有两个基本点：对网络空间既存秩序的违背和发生在虚拟世界中的现实越轨。[⑥]“虚拟和谐视角”整合了这两个基本视角，虚拟社会是与现实社会并存的社会新形态，是现实社会主体以虚拟存在的方式在互联网中进行的活动[⑦]，网络世界中网民行为的虚拟性、异己性和差异性是违反网络社会规范和价值观念的主要原因。本部分的主题是“青少年越轨行为的网络传播”，中心问题是为什么视频社交平台构建的场景鼓励青

---

① 参见吴铎：《社会学》，北京：高等教育出版社，1992 年，第 68 页。

② 参见[美]杰克·D.道格拉斯、弗兰西斯·C.瓦克斯勒：《越轨社会学概论》，张宁译，石家庄：河北人民出版社，1987 年，第 11～12 页。

③ 参见[美]戴维·波普诺：《社会学》，李强等译，北京：中国人民大学出版社，2007 年，第 228 页。

④ 参见高培文：《虚拟社区青少年越轨行为的分析与对策》，《西南民族大学学报》（人文社科版）2005 年第 6 期。

⑤ 参见陈苗苗：《青少年新媒介“使用-满足”动机与新媒介素养观》，《国际新闻界》2009 年第 6 期。

⑥ 参见胡新华、陈晓强：《大学生网民群体的越轨及社会控制》，《中国青年政治学院学报》2002 年第 9 期。

⑦ 参见何明升：《青少年网络越轨：虚拟和谐视角》，《青少年犯罪问题》2010 年第 3 期。

少年越轨行为由匿名隐藏到公开炫耀？为了回答这个问题，本部分试图从三个方面进行论证：第一，视频社交的传播符号与媒介特性为青少年呈现越轨行为提供便利；第二，视频社交平台构建的场景激励青少年积极展现甚至表演越轨；第三，青少年对视频社交采取目的性、策略性使用完成越轨呈现。

一、视频社交平台的媒介特性方便青少年呈现越轨

关于“电子媒介如何影响人的社会行为”这一研究，约书亚·梅罗维茨结合麦克卢汉媒介技术理论和戈夫曼剧场理论，提出人际交往的信息系统理论。所谓“信息系统”，是指人们接触社会信息（自己和别人的行为和活动）的某种模式形成的信息流动方式。梅罗维茨认为，电子媒介促成场景融合，以往在特定场景界限分明的社会角色现在变得模糊。笔者认为，网络视频是作为新媒介的互联网与视频图像的融合，是一种新的参与式媒介，具有特定的编码方式与信息流动特性。

1.图像＋声音：视频社交接触编码的易习得性

梅罗维茨媒介理论观点之一是，在一个媒介中，对信息进行编码或解码所需的技能和学识，在很大程度上决定了这个社会中谁能使用该媒介发送信息以及谁能获取媒介所携带的信息。① 印刷媒介中阅读和写作的复杂程度隔离了各种年龄群体内部以及群体之间的信息系统，“年长”即意味着知识、能力和权威。在电子媒介时代，对以电脑、手机为代表的电子产品的熟练使用和理解能力与年龄、阅历本身并无直接关系。相反，在互联网使用中，存在着一种“倒挂”现象——被称为“数字移民”的从未接触过电脑的成年人要向出生于网络时代的“数字土著”学习电脑使用技术和网络知识。电子媒介并未像印刷媒介一样对不同年龄阶段的用户进行知识分段和信息分隔。

目前，视频社交应用主要包括短视频上传和视频直播两种形式，其编码过程均可以通过安装在智能手机上的App完成。这些应用操作简单，无须循序渐进地学习视频拍摄、剪辑和后期制作等专门视频技术即可立即掌握。视频是对日常生活中图像和声音的记录，是日常语言和行为的再现，因而对其内容的理解也无须掌握复杂知识，知道如何观看、点赞、关注一则视频，就掌握了如何按照自己所好处理所有视频的方法。观看视频并无从易到难的固定次序，一个人

---

① 参见［美］约书亚·梅罗维茨：《消失的地域：电子媒介对社会行为的影响》，肖志军译，北京：清华大学出版社，2002年，第71～74页。

没有必要在看长视频之前先看短视频，一个只看了一天视频的人和看了几年视频的人对一则视频的理解可能并无明显差别。尽管有些视频内容存在一定的专业性和复杂性，但是所有视频的编码方式都是一致的：图像＋声音。因而，不同年龄、生活经历、教育背景及收入水平的人都可以在视频社交平台上上传自己的视频或者观看、评论他人的视频。根据 2019 年《全国未成年人互联网使用情况研究报告》显示，我国未成年网民规模为 1.75 亿，未成年人互联网普及率达到93.1％。城镇未成年人互联网普及率达到 93.9％，农村未成年人达到 90.3％，城乡未成年人的数字差距进一步弥合。[①] 青少年网络使用娱乐化特点明显，听音乐和玩游戏仍然是未成年人最主要的网上娱乐活动。简单易行的操作、娱乐化的表达以及群体效应使得使用视频成为青少年之间互动的"社交货币"。但是，青少年自控能力弱、尚未确立正确的价值观，一旦沉迷于此，很可能会引发越轨行为。

2.多元、开放、实践：视频社交信息的流动特性

梅罗维茨在论述电子媒介对社会生活的影响时，其观察与研究的电子媒介主要是电视。作为"客厅媒体"，电视可供家庭成员共同观看无差别的节目以便获取资讯、娱乐放松，电视媒体为青少年"知晓"某些成年人的秘密提供了便利，但私密性较差且内容不易及时分享。但是，作为专业生产内容（Professional Generated Content，PGC）的代表，电视媒体可以从内容审查与技术改进方面降低对青少年的负面影响。例如，电视媒体的信息流动模式是单向的，观众无法与节目中的角色或者节目本身进行实时交流；"把关人"的审查使节目制作有一定的质量保证。

相比而言，视频社交赋予了青少年在获取资讯、娱乐甚至模仿实践等方面更大的权力。社交平台信息流动是双向的，用户可以上传自己拍摄的视频或者直接进行视频直播，内容包括身边的新鲜事、个人技能展示，观看者可以点赞、关注、分享，同时也可以上传自己的视频。视频社交尤其是视频直播是即时在线传播，"形成时间消灭空间、构成'空间坍塌'的态势"[②]。视频社交融合了计算机中介传播（Computer-Mediated Communication，CMC）、一对多、主体视觉呈现与观众匿名等多种形式，与电视媒体的单向传播、无实时交流相比，视频社交构建了更为多元的交往场景。

① 参见中国互联网络信息中心：《2019 年全国未成年人互联网使用情况研究报告》，2020 年，第 1 页。

② 喻国明：《从技术逻辑到社交平台：视频直播新形态的价值探讨》，《新闻与写作》2017 年第 2 期。

在网络场域中，视频社交是完全开放、无门槛的网络服务，人人可以随时成为拥有“麦克风”和“摄像机”的传播者。在一些视频社交 App 的“未成年人用户及监护人特别提示”中规定，18 周岁以下的未成年人应在取得监护人的同意之下才能使用视频传播服务。但是，手机作为在青少年中普及率达 90%[①]的私人用品，这一条提示很难真正落实。电子媒介倾向于向各年龄群体开放，尽管一些 App 建议父母要保护未成年人隐私，慎重发布包含未成年人的影像内容，但是在实际使用中，以未成年人尤其是婴儿、儿童为拍摄主体的视频随处可见。相对于电视媒体仅为青少年提供“知晓”信息的渠道，视频平台为青少年提供了视频录制、美化和剪辑等内容创作便利。视频社交平台向各年龄段人群开放的属性实现了信息共享，所有人可以平等获得相同信息、使用相同语言、谈论相同话题，从而形成一种融合的信息系统。例如，快手 App 规定，用户不得在快手平台上传、下载、发送或传播敏感信息和违反国家法律制度的信息。除此之外，对内容表现及创作方面平台并无特别限制，曾经作为青少年“禁忌”的话题如死亡、暴力、性等被公开观看、讨论甚至实践。

二、视频社交平台的双重场景激励青少年展示越轨

梅罗维茨信息系统理论认为，媒介是人们容纳或排斥、联合或分开的社会场所。特定媒介在使用中以特定方式影响着“谁知道关于谁的什么”，即哪些人知道关于另外一些人的什么信息。视频社交平台构建的信息系统创造了信息编码简单易学、内容开放包容、传受双方互动的场景，青少年可以轻易获得并可能实践一些不被允许的行为，但当发布内容时，青少年又以“未成年”的身份将自己与成年人区别开来，以获取“身份红利”。视频社交平台构建了一种既融合又隔离的交往场景，激励青少年实践成人话题。

1. 融合场景的三个表现：用户、空间及传收

第一，用户融合，平台向所有人开放。网络节目制作遵循一个基本原理：最少反对的节目制作(Least Objecting Programming, LOP)——节目设计的关键在于它能满足最大多数用户，因而制作宗旨是最少数人反对。网络视频社交平台并未对用户的性别、职业收入、爱好等设置门槛，即使有专门条款单列出对未成年人使用的说明，也仅仅是从建议的角度，并不会真正禁止未成年人使用服务。在这个意义上，视频社交可以通过复制日常生活的图像和声音，将不同类

① 参见中国互联网络信息中心：《2015 年中国青少年上网行为研究报告》，2016 年，第 13 页。

型的人汇聚到相同的信息世界中,“你永远不知道与你看同一视频的人才几岁”。

第二,空间融合,社交平台重构虚拟的网络空间与现实的物理空间。视频平台相当于一个大剧场,允许所有人自由出入,可以登台表演,也可以坐在台下观看,还可以发表评论。这个剧场没有大门、不收门票、不设限制。视频平台信息获取来源广泛、覆盖面广、限制少、禁忌话题多,同时易引发关注、复制性强。视频社交削弱了社会场景和物质地点的关系,用户可以轻易接触到平台内的所有资源,群体间的差异、稳定性和可识别度都在降低。社交平台已嵌入各个群体日常生活中,“虚拟的社群在现实的物理空间中展现了强大的力量”①,“低龄孕妈”视频的扎堆出现很好地印证了这一观点。

第三,传收融合,草根明星与粉丝容易实现身份转化。互联网平台信息双向流通,信息生产者、传播者与接收者三位一体,用户身份具有可转换性。以微博、微信、直播以及短视频为代表的自媒体,能够为低收入、低文化水平等弱势人群提供通过参与文化实践而获得知名度的机会,于是,草根明星频频进入人们的视野。视频社交用户对视频信息的接受、处理体现了更多的自主性和选择权,从业余参与、模仿流行、原创实践甚至到专业生产,平台赋予每个人成为明星的可能性。视频社交是青少年参与网络消费的一种方式,“引发关注”是其使用服务的主要动机。“在人人皆可成名的时代,成名欲望从惯常逻辑意义的消解演变为当下更加膨胀的现实”②,视频社交打破了围观与表达的界限,扩大了人的自主性,降低了自我表达的门槛,裂变式传播提升了自我表达效果。对于粉丝而言,他们不再满足于对传统明星的单方面偶像式崇拜,而是更渴望加入他们的生活中,粉丝文化在自媒体时代出现由单向到互动、由崇拜明星到投射自我的转向。

2. 隔离场景的三个表现:身份、使用及信息

第一,网络语言符号塑造身份认同,形成社会区隔。网络语言符号在用户的多平台迁移中有可能被大范围传播而成为人们生活中常用的词汇,但是有些语言符号只能在社群内部小范围地传播,群体成员接受并将其内化到自己的行为和参照系中,这类符号受到群体成员的接受和认可而具有社群身份认同的建

---

① 颜景毅:《“参与”的传播:社交媒体功能的杜威式解读》,《现代传播》2017 年第 12 期。

② 谢辛:《被引爆的网红:互联网直播平台粉丝文化构建与 KOL 传播营销策略》,《北京电影学院学报》2017 年第 5 期。

构功能，发挥着形成共同意识和区隔其他群体的功能。① 在短视频因未成年越轨行为频现而被整顿之后，网络上涌现出大量的语音社交平台，特殊网络语言符号也随之产生。除了正常交流的语言符号之外，还有一些具有色情指向的表达。例如，在未成年人集聚的群落里充斥着“文爱”（文字做爱）、“处 CP”（处对象）、“KP”（聊与性有关的话题）等字母、谐音、代号组合而成的符号表达。青少年所创建独特的信息场景隔离了成年人，从而使得隐晦的色情内容在网络空间潜滋暗长。

第二，媒介接触的个人化和私密化使用，使青少年逃避家长和学校的监管。手机是极具隐私性的私人物品，以自我为中心的青少年对手机的使用具有极强的个人风格。他们往往通过设置烦琐复杂的开机密码、应用密码，以保证自己手机的聊天内容、应用信息不被发现。手机的个性化使用和便携性使家长在介入青少年的手机使用中更加困难，“他们在父母听不见的地方使用手机”②，而家长合理的监管能够有效减少青少年的上网风险，包括因浏览色情、暴力、凶杀等可能对青少年成长带来的负面影响。③ 在私密空间制作和观看视频，分享看到的有趣、刺激的视频成为青少年新的社交方式，这种幼稚的从众、畸形的攀比和误入歧途的“竞赛”对青少年心智的成熟和人格的完善带来极大的危害。

第三，推荐算法使用户长期接受同质化信息。视频社交平台使用的推荐算法模型是基于内容的协同过滤算法，该算法结合用户的兴趣和习惯，“从被推荐的内容出发，通过用户以往浏览过的内容推荐更多的相似内容”④。在提供个性化、高效率的信息分发服务的同时，推荐算法长期为用户提供相似的同质信息，这不可避免地形成“信息茧房”效应。推荐算法机制犹如平台设立的一道“隔离墙”，重复暴露于“个人日报”式的相似内容，用户客观上就会失去接触多元信息和了解外部世界的可能，最终导致用户倾向于相信相似信息创造的拟态环境。尚处于世界观、人生观、价值观形成阶段的青少年，如果长期接收不良信息而接触不到其他健康信息，在错误价值观引导下，极易走上违反社会规范甚至违法犯罪之路。

---

① 参见蒋建国：《网络族群：自我认同、身份区隔与亚文化传播》，《南京社会科学》2013 年第 2 期。

② ［美］保罗·莱文森：《莱文森精粹》，何道宽译，北京：中国人民大学出版社，2007 年，第 277 页。

③ Sook-Jung Lee, “Parental Restriction Mediation of Children's Internet Use: Affection for What and for When”, *New Media & Society*, 2013(4), pp.466-481.

④ 蔡磊平：《凸显与遮蔽：个性化推荐算法下的信息茧房现象》，《东南传播》2017 年第 7 期。

3.平台设计用户激励机制,提升用户的黏性和互动行为

社交平台上的照片、文章、音乐、视频等属于“数字化信息公共品”[①],针对公共品生产者和分享者的需求而设置的激励机制能激发他们的贡献行为,从而延长平台生命周期。社交平台的激励机制给用户带来边际效用递增,即能够满足用户的多种需求,诸如交友、休闲、获得认同感等。视频平台主要的激励方式有三种:第一是物质激励,主播获得的虚拟礼物可以按照一定比例与平台、App商城进行分成,这满足了主播利益的需求并激发其直播或上传视频的积极性和创造性;第二是精神激励,平台设置主播排行榜,任何一名主播都有从默默无闻发展为明星主播的机会,这满足了其吸引关注和获得名声的需求;第三是数据激励,数据的对比会给人产生明显的印象,这一措施主要用于激励粉丝的打赏和互动,平台基于虚拟礼物总价值的数据对比对粉丝进行贡献排名,促进了粉丝的互动和送礼行为。主播选择直播或上传短视频的动机是基于名声和利益的考虑,明星主播既可以吸引关注获得成名感,又可以获得利润分成,这种“名利双收”驱动主播频繁更新视频,平台也因此而拥有稳定的内容供应。短视频虽然没有设置打赏功能,但是播放量、点赞量、评论量是平台挑选视频上首页和热门所参照的重要数值,而热门视频则意味着粉丝量和曝光率裂变式的增长。当粉丝量积累到一定水平,用户就可以开直播,可见短视频就是主播人气原始积累的场域和通往直播分成的跳板。

三、策略性使用框架与媒介互动促使青少年完成越轨

1. 青少年视频社交策略性使用框架

用户对媒介的选择体现了用户策略,用户会根据自己的需求选择恰当的媒介。媒介用户策略源于菲利普・帕姆格林和J.D.雷伯恩的受众期望-价值理论,该理论认为用户从媒介内容中获得的满足取决于其对这种媒介的态度,即在相信某种媒介可以满足他们的某种需求时就会选择这种媒介。[②] 用户对媒介的选择、预期结果和互动过程的影响不是一次性的,而是一个循环的过程,包括目标、策略和动机的变化,用户与媒介的互动过程联系在一起。梅罗维茨信息系统理论在解释专业生产内容及单向传播的电视媒体时具有一定的合理性,但在多元选择、同步互动、用户创造内容的社交媒体时代就表现出其局限性。

---

① 廖望、刘于思、金兼斌:《社会媒体时代用户内容生产的激励机制》,《新闻与传播研究》2013年第12期。

② 参见[英]丹尼斯・麦奎尔:《受众分析》,刘燕南等译,北京:中国人民大学出版社,2006年,第93页。

亚当·乔伊森提出了理解网络行为的策略性使用框架(Strategic and motivated user,expected and emergent effects, SMEE),是指用户对媒介的策略性使用、用户的动机及对媒介的期望以及产生的后果之间存在反馈回路框架①,为研究用户行为、媒介与用户的关系提供了新的思路。在多数情况下,用户能够预期所选择的媒介工具产生的效应,但是如果用户对某种媒介缺乏经验,最终可能会产生意外效应。由于青少年媒介经验不足,社交媒体以受众为核心的参与式媒介景观就带来传播失范、道德失衡以及行为越轨。青少年视频社交的策略性使用框架是由用户、媒介选择、媒介使用效应以及用户心理及生理后果相互作用而形成的循环结构框架(见图 4-2)。

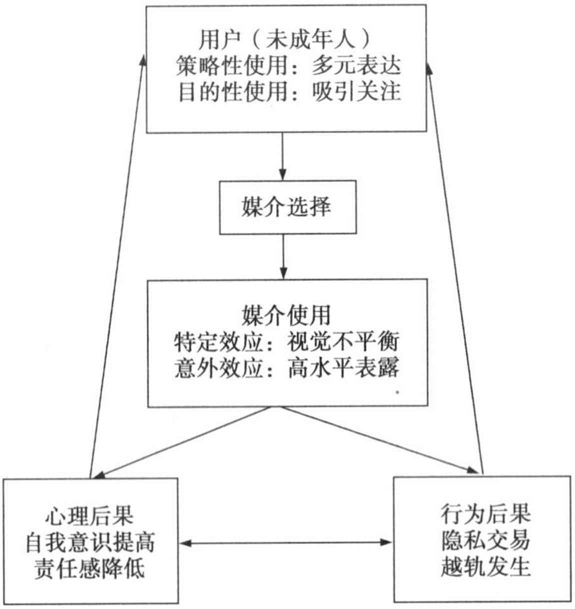

图 4-2　青少年视频社交策略性使用框架

青少年群体对新媒介景观分辨能力差,但模仿能力强,易从众跟风,他们渴望通过社交网络与有共同兴趣的人建立联系,进而构建自我认同。短视频或视频直播取消了对青少年群体的技术限制,给予他们更真实、更细节和更丰富的平台展示自我。为了鼓励青少年更加积极地展示和持续更新,平台通过激励机

① 参见[英]亚当·乔伊森:《网络行为心理学——虚拟世界与真实生活》,北京:商务印书馆,2014年,第 167～183 页。

制为他们提供物质和精神双重奖励以满足其对名利的追求。视频社交的特性会对青少年心理状态和行为方式产生两种效应。其一是特定效应，对于表演者而言，视觉上的不隐匿性鼓励他们做出突出自我、特立独行的动作和行为；而对于观看者而言，基于文字或语音的视觉隐匿性的互动则增强了评论的随意性，视觉上的不平衡造就了表演者的越界和评论者的狂欢。其二是意外效应，视频社交互动规范是在互动过程的社会性中建构起来的，而不是预先设定以供用户采用。视觉的不平衡及短时间出现的大量评论与关注往往导致表演者更强的自我意识以及更高水平的自我表露。

2.后果：责任感降低、羞耻心淡化、个人隐私交易

以“低龄孕妈”为代表的早恋早孕等青少年越轨行为，不是有意对某种权威进行反叛和抵抗，而是特定社会现实的反映。视频社交平台是现实社会中不同阶层和维度的镜像，越轨行为的传播反映出性教育缺失、家庭教育畸形以及社会公共服务机构缺位等社会现实，各个环节的责任同时缺失是造成早孕事件频发的社会土壤。青少年以视频方式“公开越轨”的动力是平台建立的一套异于现实社会的评价系统，即发布孕期视频就可以受到关注、点赞，随之而来的广告收入与利润分成更是鼓励他们的越轨行为。从这个意义而言，青少年越轨行为的视频呈现是娱乐文化与消费主义的共谋。在商业发展和媒体语境中，市场需求永远追求新、奇、特。当某个亚文化群体产生出对抗性意义的风格时，通常会被流行市场收集，“社会抗争转向成为流行的范畴……流行一再收集的，是各种奇奇怪怪的东西。因为这种事本来就充满新奇，所以它必须不断更新，并且用震撼人心的东西当作交易的工具”①。这个表露的过程对青少年的心理和行为都产生了直接的消极影响。

从心理后果来讲，视频社交提供的“一夜爆红”的可能和屏幕交往固有的身体隔离，使用户拥有更高的个体性自我意识，细节化呈现自己生活、与粉丝的互动以及平台的推荐都会增强这种影响。青少年越轨行为的公开传播非但没有受到处罚反而被陌生人追捧甚至模仿，这降低了他们对自身责任的关注。作为心智和社会能力未成熟的未成年父母，对于如何担负起养育孩子的责任、如何避免恶性循环的悲剧等问题并未给予关注。从行为后果上来讲，过分的自我表露往往会导致个人隐私交易。计算机中介交流基于网络行为的高度自我表露，这为社交网络带来一个虚拟的标准：不再区别隐私和公开。青少年对他们越轨

---

① 胡疆锋：《伯明翰学派青年亚文化理论研究》，北京：中国社会科学出版社，2012 年，第 236 页。

视频所引发的个人名誉后果漠不关心，在娱乐和商业的法则下进行自恋式的自我展示。视频社交鼓励用户提供个人化的内容，号召用户“记录你的生活”，个人在公开的语境中不计后果地展露隐私。隐私成为吸引关注的卖点，这为青少年带来“隐私红利”，自我表现欲得到物质和精神的双重回馈则导致青少年不断出卖隐私。

在视频社交时代，对于个体而言，最明显的体现是被认同、求关注的心理得到极大的满足，自我意识和自由观念不断强化。作为一种主播视觉可见、观众视觉匿名的新型社交媒体形式，视觉上的不平衡造成视频社交平台具有表演者越界与评论区狂欢的特性。青少年的越轨行为在视频社交平台上的传播与互动形成反馈回路，平台的推荐与观众的点赞对越轨行为产生放大和聚集效应。移动互联网的普及使线上线下无缝对接，虚拟社区与现实世界发生着千丝万缕的联系，每个网络用户都有“网民＋公民”的双重身份，青少年也不例外。原本隐匿性的越轨行为在社交平台的公开呈现与传播，必然会受到现实法律的制裁以及道德和舆论的谴责。但是，社交平台和现实世界的评价标准有时具有矛盾性，在社交平台表现越轨行为受到欢迎和追捧的青少年，在现实世界则会受到惩罚、否定，长期交替生活在两种标准之下，对青少年身心健康发展非常有害，容易导致自我认知和自我评价的障碍。治理社交网络上的青少年越轨行为，仅仅依靠简单地关停、下架相关平台是远远不够的，还需要父母的教育、学校的引导、社会服务机构的健全以及大众媒介素养的提高等多方合作，只有这样才会尽可能消除产生青少年越轨的土壤，保护青少年身心健康成长。

第三节　“挡不住的呼唤”：手机成瘾及其危害

一、无手机恐惧症(Nomophobia)

我们也许都曾有过类似的体验：与朋友一起吃饭、散步或面对面聊天时，他/她会时不时查看手机，有时甚至长时间盯着手机而不与人交谈，这种被视若无物的感觉实在是糟糕。但是先别急着谴责朋友的不礼貌，仔细回想就会发现，你也曾做过这样令别人不愉快的事。网络上有人将这一现代社交图景准确地描述为：“世界上最遥远的距离，不是生与死，而是我站在你面前，你却在低头玩手机。”我们真的想表现得如此不礼貌吗？如果说在这些交往细节中沉迷手机只关乎社交礼仪，并不会产生什么严重后果，那么不顾来往车辆在马路上边走边刷手机的行人、开车接打电话的司机、盯着手机而不是泳池中孩子的父母、自拍而被撞身亡的少女……这一起起因沉迷手机而直接引发或者间接导致的事故令人触目惊心，给个人和家庭带来不可挽回的损失，给社会造成严重的不良影响。我们真的如此离不开手机吗？

根据第48次《中国互联网络发展状况统计报告》，截至2021年6月，我国网民规模为10.11亿，未成年网民规模持续增长，触网低龄化趋势更为明显。2020年，我国未成年网民达到1.83亿人，互联网普及率为94.9%，比2019年提升1.8个百分点，高于全国互联网普及率（70.4%）。超过三分之一的小学生在学龄前就开始使用互联网，而且呈逐年上升趋势，随着数字时代的发展，孩子首次触网的年龄越来越小。中老年群体网民规模增速最快，50岁及以上网民占比为28.1%（见图4-3）。不容忽视的一个数据是，网民使用手机上网的比例达99.6%。[①]一项面向全国2077名大学生的调查显示：近63%的受访者认为自己过度依赖手机；85%的受访者每天使用手机时长在3小时以上，近1/4的人每天使用手机8小时以上。[②]

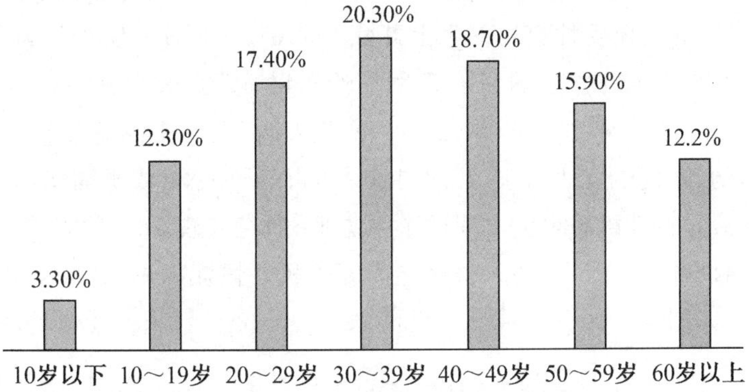

图4-3 我国网民年龄结构

在“网瘾少年”“网瘾青年”之外，社会上也出现了“网瘾老年”问题。逐渐掌握各种手机App的老年人，从最初只用微信与儿孙视频到现在刷短视频、看直播、网络购物甚至购买理财产品，手机在老年人的生活中越来越流行。Quest

① 参见第48次《中国互联网络发展状况统计报告》，2021年，第1～3，22～23页。

② 参见《看图自测！你有手机依赖症吗》，2021年1月7日，https://m.gmw.cn/baijia/2020-01/07/1300860964.html。

Mobile 发布的《2019 银发人群洞察报告》显示，截至 2018 年 12 月，银发人群（年龄超过 50 岁的人群）移动互联网月人均使用时长超过 118 个小时，比 2017 年 12 月上升了 21%。换言之，“网瘾老年们”平均每天玩手机将近 4 个小时，1/4 醒着的时间贡献给了手机。① 作为触网新人，老年人频频出现沉迷、辨识度低、易陷入网络骗局等一系列问题。此外，身体方面也会出现因用眼过度而视力下降、长时间盯着手机导致肩颈酸痛等问题，这些都是身体的健康警示。不少子女呼吁，平台应在“青少年模式”外再推出“老年模式”，以防止父母沉迷于手机。

智能手机无处不在，兼具多功能性与移动性。Kang 和 Jung 指出，智能手机超越了通信、信息和娱乐用途，能够“满足学习、个人能力、安全和人际关系等需求”②。在为人们提供极大使用便利的同时，智能手机也可能导致强迫性的出现，增加焦虑与痛苦③，也可能会让人上瘾④。值得注意的是，随着手机普及率的逐年提升，手机成瘾成为全年龄段面临的问题。

有手机成瘾问题的人们会不同程度地患上“无手机恐惧症”。“Nomophobia”这个词是“no”“mobile”“phobia”三个词的缩写，意指与手机失去联系时的不适与焦虑，最初是 2008 年由英国邮局进行的一项对手机用户遭受的焦虑情绪的调查中被创造出来的。通过对 2100 人的调查显示，有 53%的手机用户患有“无手机恐惧症”，男性比女性更容易患上此症。⑤ 2012 年，另一项在英国进行的研究调查了 1000 名员工，显示患有“无手机恐惧症”的人数从 53%增加到了 66%。与 2008 年的研究不同，2012 年的研究发现，女性更容易受到“无手机恐惧症”的影响，70%的女性和 61%的男性表达了丢失手机或不能使用手机的焦虑感，在年龄和无手机恐惧症之间的关系方面，研究发现 18～24 岁的年轻人最容易患无手机恐惧症，77%的人被确定为无手机恐惧症患者；其次是 25～34 岁

---

① 参见《Quest Mobile 银发人群洞察报告》，2019 年 3 月 5 日，https://www.questmobile.com.cn/research/report-new/16。

② S. Kang, J. Jung, “Mobile Communication for Human Needs: A Comparison of Smartphone Use Between the US and Korea”, *Computers in Human Behavior*, 2014(35), pp.376-387.

③ S. F. Matusik, A. E. Mickel, “Embracing or Embattled by Converged Mobile Devices? Users' Experiences with a Contemporary Connectivity Technology”, *Human Relations*, 2011(8), pp.1001-1030.

④ S. I. Chiu, “The Relationship between Life Stress and Smartphone Addiction on Taiwanese University Student: A Mediation Model of Learning Self-efficacy and Social Self-efficacy”, *Computers in Human Behavior*, 2014(34), pp.49-57.

⑤ Mail Online, “Nomophobia is the Fear of Being Out of Mobile Phone Contact - And it's the Plague of Our 24/7 Age”, http://www.dailymail.co.uk/news/article-550610/Nomophobia-fear-mobile-phone-contact-plague-24-7-age.html.

的用户，比例为68%；55岁及以上的手机用户被发现是第三大“无手机恐惧症用户”。①“无手机恐惧症”被认为是一种现代恐惧症，是个人与新技术相互作用的副产品。

网络上有很多控制强迫动作的测试，但有些测试过于主观化，科学性欠佳。在日常用语中，“上瘾”一词可以用来描述人类对几乎所有东西的渴望，爱喝咖啡、爱养猫、洗澡时唱歌等都包括在内。但要满足上瘾的临床标准，还必须产生某种生化或化学成分，即被诊断出有瘾的人，必须经历“脱瘾”的过程，显示出“耐受性”的发展。换言之，必须有证据证明，某人对某事物的需求在升级，表现出一种强迫式的需要，如越来越想使用手机（这是耐受性），而一旦不能使用手机就会给他们带来痛苦（脱瘾）。因此，相关“上瘾”测试应该包括两部分内容。爱荷华州立大学加格拉·伊尔德林（Caglar Yildirim）博士为了更精准地识别和描述“无手机恐惧症”，编制出一份包含20个项目的问卷（见表4-1），包含能使用手机与不能使用手机两个部分。以7分李克特量表进行评分，1分表示“非常不同意”，7分表示“强烈同意”。

表4-1　“无手机恐惧症”问卷

	问题
1	如果智能手机不能随时浏览信息，我会感到不舒服
2	如果无法通过智能手机搜索信息，我会感到气恼
3	如果智能手机无法查看新闻（比如事件、天气等），我会感到焦虑
4	如果智能手机的某些功能出现问题，我会感到气恼
5	如果手机没电了会很可怕
6	如果手机余额即将不足或数据流量将耗光，我会抓狂
7	到了一个地方后，首先会查看是否能连上WiFi
8	如果智能手机无法使用，我会担心被困在某地
9	如果有一段时间无法翻看手机，我就会产生更强烈的看手机欲望
10	我无法随时打电话给家人或朋友，因此会感到焦虑
11	家人或朋友无法找到我，我会感到担心

① Secur Envoy，“66% of the Population Suffer from Nomophobia the Fear of Being Without Their Phone”，http://www.securenvoy.com/blog/2012/02/16/66-of-thepopulation-suffer-from-nomophobia-the-fear-of-being-without-their-phone/.

续表

12	我不能接收短信或电话，所以会感到紧张
13	无法同家人或朋友一直保持联系，我会焦虑
14	无法确定是否有人找我，所以我会感到紧张
15	同家人和朋友的联系将中断，所以我会感到焦虑
16	无法随时与网友联系，我会感到紧张
17	无法从社交媒体和网络世界获取最新资讯，我就会感到紧张
18	不能及时收到通知或提醒，我就会感觉不方便
19	不能接收查看邮件信息，我会感到焦虑
20	不知道去做什么，所以感觉很别扭

总分是通过被调查者对每个项目的反应进行汇总来计算的，得分从20到140不等，分数越高，恐惧症的严重程度越高。得分解释如下：得分小于等于20，表明不存在“无手机恐惧症”；得分大于20而小于60，表示患有轻度的“无手机恐惧症”；得分大于或等于60而小于100，对应中度“无手机恐惧症”；得分大于或等于100，则表示患有严重的“无手机恐惧症”。如果你的得分大于60，就要认真检视自己日常的手机使用情况，是否已经影响到正常工作、学习和生活，同时有必要了解一下为何手机如此难以抗拒。

二、手机为何难以抗拒

2004年，手机的功能还仅限于打电话与发短信，但其最大的特征——移动性形塑了一个“千里一线牵”的流动家园，因而莱文森将手机称为“神奇电话”。手机仿佛是一个有灵气的细胞，在分裂繁殖的过程中和其他的细胞互动、结合，从而产生新的有机体；它就像一个强大的火花塞，点燃了技术进步和人类生活的发动机。如果说以前人之于手机还是相对独立的个体，尽管有不同程度的沉迷和成瘾，但是人与手机还是可分离的。

到今天，手机已被设计为穿戴式设备，可以绑在手腕上，甚至有专家指出，利用无线技术，可以嵌入在人体内的手机或其他设备将在2023年实现商业化。从手持设备到穿戴式设备再到植入式设备，手机已从麦克卢汉所言的“媒介即人的延伸”成为“媒介即人的器官”。计算机和网络游戏先驱丹尼·贝里(Dani Berry)说过一句话：“没有人会在临终前说，‘天呐，我希望与电脑单独在一起的时间再长一点’。”[①]我们当然可以将电脑换成手机，2023年近在眼前，有多少人会选择将手机植入体内，在临终前只想和手机多待一会儿呢。

谈到这个问题，笔者想起一则新闻。2021年2月24日，央视频发布这样一条新闻：除夕当天，因浴室门锁出现问题，独居女子被困浴室达30多个小时，其间她想尽各种办法，最终通过敲击浴室管道引起楼下邻居注意而获救。新闻给独居人群敲响了警钟，事后接受采访时该女子称：为防止类似事情再发生，平时要多与家人或朋友联系，要达成失联多长时间让对方帮你报警的共识。这个小事故确实应该引发人们对独居人群的关注，然而在新闻评论区，有网友发出质疑：竟然有人洗澡不带手机？初看这个评论令人诧异，难道洗澡不带手机不是正常的吗？笔者在任教的大学课堂上曾就此评论听取学生们的看法，没想到绝大部分学生点头表示认同，认为洗澡带手机再正常不过了，虽不能看但可以听音乐、听书，出现紧急情况还可以打电话——谁能离开手机呢？越来越庞大的独居人群也许会是植入式手机的最早尝鲜者。

戴维·格林菲尔德博士是美国互联网和技术成瘾中心的创始人，也是康涅狄格大学医学院精神病学临床助理教授。他早在1999年就发表了有关“虚拟成瘾”(Virtual Addiction)的文章[②]，他是网络成瘾、游戏成瘾和智能手机成瘾方面的领先专家。他认为，智能手机的设计目的是在人们的大脑中按下按钮，这容易导致所有年龄段的人出现强迫行为甚至上瘾。他将智能手机称为“世界上最小的老虎机”。“每次上网时，你都不知道会找到什么。你不知道那里会有什么样的社交媒体更新，什么购物优惠，你的运动成绩会是多少，你的股票价格，或者那里会有什么电子邮件或短信。当你发现新奇和令人兴奋的东西时，你的大脑会释放出令人愉悦的多巴胺。所以，每次你听到智能手机的信息通知声、震动声或者个性化铃声时，这对你的大脑来说是一盏绿灯，多巴胺的提升可能就在眼前。这就是人们每天查看手机一百次的原因，是一种令人难以置信的上瘾。”[③]在格林菲尔德的电话调查中，61%的受访者说他们在睡觉时会把手机开着，放在枕头下面或旁边的床头柜上；一半以上的人表示，当手机忘在家里或车里、断网、出现故障时，都会觉得“不舒服”。

---

① [爱尔兰]玛丽·艾肯：《网络心理学》，门群译，北京：中信出版社，2018年，第47页。

② David Greenfield, “Psychological Characteristics of Compulsive Internet Use: A Preliminary Analysis”, *Cyber Psychology & Behavior*, 1999(2), pp.403-412.

③ David Greenfield, “Treatment Considerations in Internet and Video Game Addiction: A Qualitative Discussion”, *Child and Adolescent Psychiatric Clinics of North America*, 2018(1), p.5.

学术界对上瘾行为的研究由来已久。巴甫洛夫经典条件反射理论认为，有机体的应答性反应，是由已知的、先行的刺激引发。手机的相关刺激就是在有电话打入时的突然亮屏，是亲友发来视频、语音聊天时特有的铃声，以及接收到社交媒体信息、邮件、朋友圈获“赞”或评论时发出的通知。即便手机被设置为静音，有信息或来电时依然会有呼吸灯一闪一闪地提示你要点亮屏幕去处理。相关刺激是促使有瘾的人犯瘾的线索或场景，伴随着手机上各种视觉、声觉、触觉等用于沟通和吸引的信号线索而来的提醒与通知，让使用者抑制不住查看手机的冲动。如果说仅仅依靠给定的刺激产生被动的反应，也许人们并不会像现在这么沉迷于手机。在巴甫洛夫的刺激－反应基础上，美国心理学家、新行为主义学习理论的创始人伯尔赫斯·弗雷德里克·斯金纳(Burrhus Frederic Skinner，1904～1990)在20世纪40年代对上瘾行为作了进一步研究。斯金纳认为有机体除了应答性反应之外，还存在另一类操作性反应，即有机体不必非得依赖实验者提供的刺激，而是可以主动操纵环境来产生结果，以此为自己提供刺激。为证明自己的猜想，斯金纳设计了一种动物实验仪器，后被称为“斯金纳箱”。箱子里只有一个杠杆和一个传送食物丸的斜道，一只鸽子被放在箱子中，鸽子开始到处乱撞，之后走动了几步，并最终推动了杠杆，食物沿着斜槽滚下来，鸽子获得食物。然而在接下来，鸽子并不特别聪明，它重复之前的动作，跳起—乱撞，最终再一次撞到杠杆，食物掉下来。如此多次，鸽子渐渐明白其中的联系，撞击杠杆的概率稳步增长，有时甚至不做多余动作而直接按压杠杆。斯金纳从这个实验中发现，动物的学习行为是随着一个起强化作用的刺激而发生的。[①] 由此推而广之到人类的学习行为上，斯金纳认为，人的一切行为几乎都是操作性强化的结果。

提出“强化”的概念后，根据多次强化的组织和实施方式不同，斯金纳归纳出三种强化类型：连续强化程序、间隔强化程序、比率强化程序。其中，比率强化程序又分固定比率强化与变动比率强化。变动比率强化条件下，食物的获得是不确定的，当鸽子执行一些任务时，它们并不知道是否能得到奖励，或者究竟哪一次会得到奖励。然而，实验结果表明，鸽子在变动比率强化下每秒钟反应的速度是固定比率的5倍，且可以保持数小时。[②] 也就是说，当鸽子并非做一次动作就被奖励一次时，它们会强制地、不停地执行任务，期待着那个不知何时落

① 参见陈少华编著：《人格心理学》(第2版)，广州：暨南大学出版社，2018年，第110～111页。

② 参见李强、秦萍：《斯金纳》，西安：陕西师范大学出版社，2017年，第63页。

下的食物。这种奖励的不确定性导致了鸽子的上瘾行为。在人们生活中，赌博的原理就是一种变动比率强化程序，虽然人们并不知道哪次能赢钱，但是每次赌博都有获胜的可能性，“我早晚会赢”的心理对赌徒具有巨大的诱惑力。与赌博、彩票一样，手机也可以提供间歇性的变动比率奖励。我们看手机时，可能突然刷到一则爆笑的视频、一条新鲜出炉的新闻、一封等待已久的邮件等，因此产生愉悦之感，从而引发一系列强化动作。如果查看手机可以得到好消息或者让人开心，你就会缩短手机解锁的时间间隔。统计机构 Strategy Analytics 旗下的 App Optix 发布了有关安卓手机用户每天的解锁次数和亮屏时间数据，数据显示：安卓手机用户平均每天要解锁 65.8 次，累计看屏幕的时间达到了 4 小时。[①]

普林斯顿大学的心理学博士亚当·奥尔特的主要研究方向为行为上瘾。他的研究发现，从跟踪社交媒体“点赞”数字到记录散步步数，人们的行为不再受自己意愿的指引，而是更多地屈从于技术的架构。手机上瘾显然是一种行为上瘾。他认为行为上瘾有六种要素构成：可望而不可即的诱人目标；无法抵挡、无法预知的积极反馈；渐进式进步和改善的感觉；随着时间的推移越来越困难的任务；需要解决却又暂未解决的紧张感；强大的社会联系。[②] 尽管行为上瘾多种多样，但至少体现了六种要素中的一种。例如，从文案到图片，精心设计而发布的朋友圈让人上瘾，精致的生活、高雅的享受吸引了大量点赞，而语言乏味、配图粗糙的朋友圈却无人理睬。用户便会花更多时间在朋友圈上，以期获得下一轮的点赞狂潮。沉迷游戏的用户会一连几天挂在网上，他们想闯关升级完成任务，同时也与其他玩家建立了社会联系。

成瘾行为存在由来已久，然而我们以前对“瘾”有某种狭隘的理解。亚当·奥尔特在大量科学研究的基础上，揭示出一个真相：现代社会互联互通，但任何人都有可能成为瘾君子，商业公司为了让你在科技产品、网络游戏中无法自拔，布下了一个个裹在诱饵中的钩子。以前我们以为上瘾是认定人群对某种物质或行为病态的需求或超乎寻常的坚持。例如，吸食毒品的“瘾君子”，把药物当饭吃的药物上瘾者，患了厌食症依然不愿进食的减肥上瘾者，不顾手术风险也要多次整容的整容成瘾者。这些标签暗示这些人是特定的一类人，与其他人是

---

① 参见《你一天解锁手机多少次？亮屏多少小时？大数据告诉你》，2018 年 8 月 6 日，https://cloud.tencent.com/developer/news/293673。

② 参见[美]亚当·奥尔特：《欲罢不能：刷屏时代如何摆脱行为上瘾》，闾佳译，北京：机械工业出版社，2018 年，第 18 页。

不一样的。实际上，最近几十年，上瘾行为变得更为常见，甚至更主流。在网络和手机面前，我们其他人与瘾君子之间并无清晰界限，只要出现合适的 App 和体验，谁都可能会上瘾。新一代上瘾跟摄入某种物质无关，但更难以抵挡。[①] 手机成瘾产生的强烈影响是人对时间的失真体验，这是一种物质或者一种行为使人陶醉的特征之一，上瘾行为可以改变情绪或意识，从而创造一种扭曲时间的体验。[②] 我们大多数人都有这样的体会，使用手机时往往会忘记时间，网络的沉浸感和多巴胺奖励体验影响了我们对时间流逝的感觉。在忘却时间的网络空间中不断地点击，看到和发现喜欢的内容越多、间隔的时间越短，人就越有可能上瘾。这个速度意味着未来更快的手机硬件运行速度与 5G 高速互联网有潜在的负面影响，从这个意义而言，更快、更强不一定意味着更好。

三、手机成瘾的危害

新媒介技术的广泛使用深刻地改变了个人与群体的行为与习惯，进而影响整个社会的发展。现代移动互联网技术和移动终端设备塑造了人们关于“好与坏”的感觉、症状和情绪，好的方面是方便、快捷和舒适，坏的方面则是过度使用产生的病态依赖和不能使用时的焦虑，以及对身体造成的一些生理性的损害。光明日报官方微博日前发起关于“使用手机时长和健康隐患”的网络调查，吸引了 40 多万网友的阅读和关注。调查显示：74%的参与者表示自己手机不离手；80%的参与者表示手机给自己带来了健康问题，如视力下降、肩颈不适、失眠、内分泌失调、身体“变形”等，有人甚至因过多滑动手机屏幕导致大拇指得了腱鞘炎。有网友在留言区表示，自己已经被手机绑架。[③]

德国海德堡大学牵头的一项最新研究显示，手机成瘾者大脑灰质体积和大脑活力发生变化，这种改变与药物成瘾者类似。灰质是一种神经组织，是中枢神经系统的重要组成部分，由大量神经元胞体及其树突聚集在一起形成。研究人员招募 48 名志愿者，让他们接受大脑磁共振成像扫描。研究对象中，22 人手机成瘾，其余人没有成瘾问题。研究人员发现，与非成瘾者相比，手机成瘾者的脑岛、颞叶皮层、前扣带皮层等大脑关键部位灰质更少，前扣带皮层静态活力减退，而类似变化在药物成瘾者大脑中也可以观察到。研究人员提醒：“鉴于手机

---

① Kenneth Paul Rosenberg, Laura Curtiss Feder (eds.), *Behavioral Addictions: Criteria, Evidence, and Treatment*, Elsevier Academic Press, 2014.

② David N. Greenfeld, *Overcoming Internet Addiction for Dummies*, John Wiley & Sons, 2021.

③ 参见崔兴毅：《“手机病”，你中了哪几条》，《光明日报》2021 年 8 月 22 日。

使用越来越普遍，这项研究对‘手机无害论’提出质疑，至少就个体而言，可能提升与手机相关的成瘾行为风险。”[①]与非上瘾者相比，智能手机成瘾者的大脑活动也有所减少。研究人员说，这是智能手机使用与大脑生理变化之间存在联系的第一个物理证据。

人类大脑针对不同的体验表现出不同的活动模式。那么，手机成瘾者使用手机时与其他成瘾行为的大脑活动模式是否相同？近些年的不少研究表明，上瘾行为生成的大脑反应与吸毒后的大脑反应是相同的。[②] 在这两种情况下，大脑深处的若干区域释放化学物质多巴胺，经贯穿整个大脑的多巴胺受体吸附，反过来产生强烈的快感。大多数时候，大脑仅仅释放少量多巴胺，但某些药物和上瘾体验能让多巴胺大量喷涌。研究强迫及重复行为的神经学家克莱尔·吉兰(Claire Gillan)说："只要行为是奖励，跟过去的奖励结果相搭配，大脑对它的处理方式就跟毒品一样。"[③]

1.手机成瘾的危害之一：睡眠障碍

充足的睡眠、均衡的饮食和适当的运动，是国际社会公认的三项健康标准。人生三分之一的时间都在睡眠中度过，作为生命所必需的过程，睡眠是机体复原、整合和巩固记忆的重要环节。睡眠的好坏直接影响着人们的生活质量、工作效率。睡眠问题不仅是医学问题，也是社会问题，是公共卫生问题。导致睡眠质量差的因素有很多，诸如居住环境差、生活压力大、加班时间长等是几种常见影响因素，近年来因电子媒体引发的睡眠障碍越来越普遍。美国国立卫生研究院的报告显示，在睡眠观看屏幕，不管是手机、平板、电脑还是电视的屏幕，都会造成失眠，随后白天还会出现嗜睡的现象。因为屏幕的亮度会造成昼夜节律混乱。[④] 入睡的艺术成为越来越重要的生活技能。

2021 年 3 月 2 日，英国伦敦国王学院的研究人员在线发表了一篇有关“年轻人手机成瘾与睡眠质量”之间关系的论文。在这项研究中，研究人员调查了 1043 名 18～30 岁的年轻人，其中有 38.9％的人报告有“智能手机成瘾”的症状，这部分人中有 68.7％的人睡眠质量差。手机成瘾与睡眠质量差相关，与使用时

---

① Mike M. Schmitgen, Juliane Horvath, et al., "Neural Correlates of Cue Reactivity in Individuals with Smartphone Addiction", *Addictive Behaviors*, 2020, https://doi.org/10.1016/j.addbeh.2020.106422.

② 参见[美]亚当·奥尔特：《欲罢不能：刷屏时代如何摆脱行为上瘾》，闾佳译，北京：机械工业出版社，2018 年，第 100 页。

③ Tricia X. F. Seow, Claire M. Gillan, "Transdiagnostic Phenotyping Reveals a Host of Metacognitive Deficits Implicated in Compulsivity", Scientific Reports, DOI, December, 2020, 10.1038/s41598-020-59646-4.

④ [爱尔兰]玛丽·艾肯：《网络心理学》，门群译，北京：中信出版社，2018 年，第 101 页。

间长短无关，这表明使用时间长短不应作为有害使用的指标，即使在调整了每日屏幕时间使用量之后，该关联仍然存在。① 中国学者以国内大学生的睡眠状况为调研对象，也做了不少类似的研究，在知网以"大学生手机成瘾＋睡眠质量"为关键词，可以检索到46项直接相关结果。一项针对江苏省3所高校的大学生进行的线上问卷调查显示，12.55%的大学生存在睡眠质量问题，高强度的手机使用甚至能够预测个体一年以后的睡眠障碍。② 另外一项针对广州大学城10所高校的"大学生夜生活情况"网络调查数据显示，50.43%的受访学生表示经常在零点以后才入睡，其中九成以上的人在"玩电脑、玩手机"。腾讯教育曾做过为期两周的大学生睡眠调查，结果显示仅有3.2%的学生从不熬夜，而超过一半的学生因玩电子设备而熬夜（见图4-4）。③

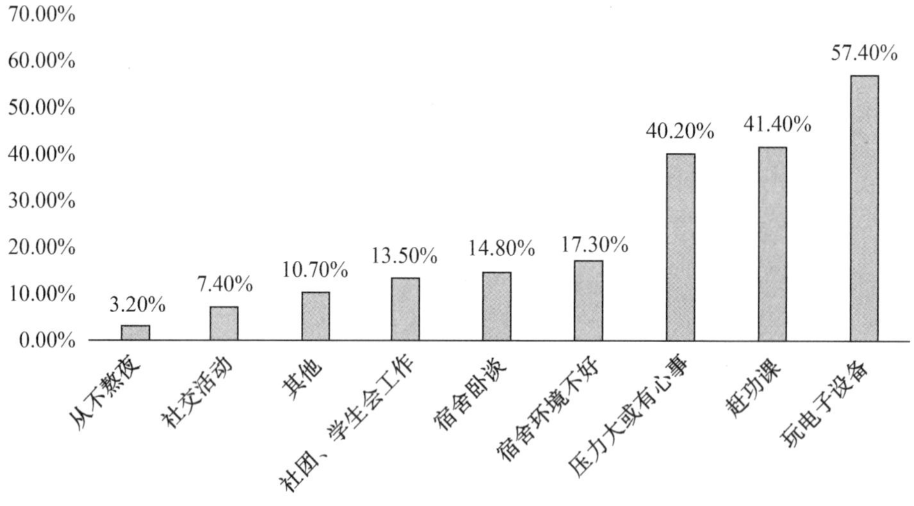

图4-4　大学生熬夜原因分析

（来源：腾讯教育-麦可思大学生睡眠情况调查2017年12月11～25日）

"晚上睡不着，白天醒不了。上课昏沉沉，下课来精神"，这是多少手机成瘾

① Sei Yon Sohn, Lauren Krasnoff, "The Association Between Smartphone Addiction and Sleep: A UK Cross-Sectional Study of Young Adults", *Frontiers in Psychiatry*, 2021, https://doi.org/10.3389/fpsyt.2021.629407.

② 参见王纪申、刘文理、李强：《手机成瘾与大学生睡眠质量：焦虑和反刍思维的作用》，《中国临床心理学杂志》2021年第5期。

③ 参见《大学生睡眠情况调查：超四成大学生零点后入睡》，2018年1月8日，http://edu.youth.cn/jyzx/jyxw/201801/t20180108_11255560.htm。

大学生的日常写照。睡眠不足，精力不济，记忆力变差，学习效率低，学业成绩下滑，易引发焦虑、抑郁等负面情绪。国外的相关研究发现，过度使用手机可能会导致个体抑郁或焦虑，进而引发睡眠问题。[①] 在焦虑情绪的笼罩下，个体易陷入对焦虑的消极反刍，尤其是在睡前倾向于对曾经的负性事件及可能产生的原因和后果进行消极、被动、反复的思考。反刍思维是一种反复思考关注自身消极情绪以及相应事件的认知反应方式。根据反应风格理论，反刍思维促使个体将注意力聚于自身的消极情绪和负面行为上，强化了消极因素的负面影响。[②] 在负性情绪的笼罩下，体会反复思考负性情绪及其原因，引起大脑过度活动进而影响睡眠。睡眠认知模型认为，侵入性思维（如反刍思维）会导致个体入睡或保持睡眠状态变得更加困难。过度情绪唤醒会干扰个体的睡眠过程，延长入睡时间，降低睡眠质量。[③] 过度使用手机—焦虑—反刍—延长手机使用时间—更加焦虑—强化反刍……手机成瘾的大学生在深夜面对着一块发光的屏幕睡意全无，“熬夜修仙”成为当代大学生的家常便饭。

2.手机成瘾的危害之二：社交焦虑与抑郁情绪

现有研究探讨了手机成瘾的诸多前置变量，结果表明，社交焦虑是导致手机成瘾的最直接的因素之一。[④] 社交焦虑是指个体在社交情境中由于害怕被别人注视，或者担心自己无法给他人留下积极印象而体验到的恐惧、不安和担忧，主要的表现特征有：在社交场合或必须与人接触时，出现焦虑和自主神经症状，如紧张、脸红、出汗、口干、心跳加速、头晕、恶心、双腿甚至是全身无力等。[⑤] 手机丰富的社交功能兼之回复的可选择性与可延时性，可以帮助社交焦虑个体编辑更得体、更合适的信息，也能打造更完美的人设，这些都能有效满足他们的人际交往需要。甚至有时候，手机本身就是一种避免社交焦虑的工具。一首《社

---

① Kadir Demirci, Mehmet Akgönül, Abdullah Akpinar, “Relationship of Smartphone Use Severity with Sleep Quality, Depression, and Anxiety in University Students”, *Journal of Behavioral Addictions*, 2015 (2), pp.85-92.

② S. Nolen-Hoeksema, “Responses to Depression and Their Effects on the Duration of Depressive Episodes”, *Journal of Abnormal Psychology*, 1991(4), pp.569-582.

③ 参见金一波、蓝芳、孙文静：《失眠的认知模型》，《中国心理卫生杂志》2011 年第 7 期。

④ Asli Enez Darcin, Samet Kose, Cemal Onur Noyan, et al., “Smartphone Addiction and Its Relationship with Social Anxiety and Loneliness”, *Behaviour & Information Technology*, 2016(7), pp.520-525.

⑤ Richard P. Mattick, J. Christopher Clarke, “Development and Validation of Measures of Social Phobia Scrutiny Fear and Social Interaction Anxiety”, *Behaviour Research and Therapy*, 1998(4), pp.455-470.

恐之歌》曾风靡网络，其中有一句“昨天上班他走入你那部电梯，你赶紧掏出没有信号的手机”，引发了大量网友的共鸣。在“知乎”上，有一个高达50多万的话题：社交恐惧症。打开话题后，你会发现这里是个树洞，几十万人写下手机解救自己“社恐”的经历：“走在路上，我会戴上耳机，形成完美的防护罩”；“参加饭局，为了不跟人交流，我全程低头看手机”；“开会茶歇，我会拿出手机假装打电话”……手机成瘾的本质是个体过度使用以及过于依赖手机。对于本身存在社交障碍的人而言，与其面对无法预测与控制的人际交往，他们更倾向于花更多时间在手机上，同时这也带来了更高的手机成瘾风险。研究表明，通过社交焦虑显著预测手机成瘾，社交焦虑越高的个体，为降低不安和恐惧感，会更频繁地使用手机，因而手机成瘾程度越重。①

社交焦虑不仅会引发行为问题，还可能导致个体出现更多的认知失败。认知失败（cognitive failure）是指基于认知原因个体在完成日常生活的简单任务时出现错误，而这些简单任务通常能够准确无误轻易地完成。② 例如，出门后忘记是否已经关灯、关火或锁门，忘记自己为何从一个房间到另一个房间，话到嘴边却想不起要说什么，看书时总是反复看同一段话……认知失败是由于个体受到内心干扰导致记忆容量低、注意疏忽、控制力弱而表现出的走神与遗忘。昂斯沃思（Unsworth）等指出，存在认知失败的个体更难抵制手机使用产生的分心效应，表现出更多的手机成瘾行为。③ 手机上无穷无尽的资讯，丰富多彩的娱乐，点击某个头像即可展开的社交对工作、学习的目标造成威胁，导致人们无法集中注意力，效率低下，内心失去秩序。积极心理学奠基人米哈里·契克森米哈赖在大量案例研究基础上，开创性地提出了“心流”的概念。④ “心流”（mental flow）是指我们在做某些事情时，那种全神贯注、投入忘我的状态。在这种状态下，你甚至感觉不到时间的存在，注意力高度集中，思维更加活跃。在事情完成之后，我们会有一种充满能量并且非常满足的感受。其实很多时候我们在做自己非常喜欢、有挑战并且擅长的事情时，就很容易体验到心流，比如爬山、游泳、

---

① 参见黄凤等：《社交焦虑对大学生手机成瘾的影响：认知失败和情绪调节自我效能感的作用》，《中国临床心理学杂志》2021年第1期。

② J. Craig Wallace, Steven J. Kass, Claudia J. Stanny, “The Cognitive Failures Questionnaire Revisited: Dimensions and Correlates”, *The Journal of General Psychology*, 2002(3), pp.238-256.

③ Nash Unsworth and Brittany D. McMillan, et al., “Everyday Attention Failures: An Individual Differences Investigation”, *Journal of Experimental Psychology: Learning, Memory, and Cognition*, 2012(6), pp.1765-1772.

④ 参见[美]米哈里·契克森米哈赖：《心流：最优体验心理学》，张定绮译，北京：中信出版社，2017年。

打球、玩游戏、阅读、演奏乐器以及从事喜欢的工作。当一个人完全沉浸于一项活动时，其工作效率往往处于巅峰。手机的铃声、震动、亮屏、呼吸灯等诱惑人的“钩子”，甚至有时手机并未有什么通知提示，有些人也会产生幻听。“挡不住的呼唤”在暗示我们可以多任务处理，在我们不断查看最新资讯和个人邮件时，就会陷入一种思维模式：“我能做的，不仅是当下的事。”

手机在打断人的思维过程使人无法进入心流状态的同时，也塑造了人能多任务处理的假象，人的注意力被抢夺，认知失败也随之产生。“媒介是一种‘使事情所以然’的动因，而不是‘使人知其然’的动因。”[①]媒介不只是告诉我们世界上发生的变化，实际上，它们自己就是导致这些变化的重要原因。

第四节　我国手机媒介管理与规制的现状

随着移动互联网对人们的生活、工作以及社会生产与发展的影响逐渐增大，近年来，我国用来规范手机媒介和移动网络的法律法规数量也在逐步上升。根据立法主体层次的高低，我们可以将手机媒介立法由高到低分为三层：最高层是全国人民代表大会及其常务委员会制定并通过的法律，具有最强的法律效力；第二层是国务院制定并通过的行政法规，具有相当大的约束力；第三层是电信、网络和广电主管部门制定的部门规章。同前两个层面相比，第三层面能够根据所管理范围出现的具体问题制定规章，具有行业性和针对性强的特点。[②]我国目前尚未出台一部明确的、系统的手机媒介规制法律。手机媒介是“三网融合”的产物，因此，我国政府对手机媒介的管理与规制散见于电信、广电及互联网的相关法律法规中。从纵向上看，三个领域立法部门制定的法律法规，加上最高人民法院的司法解释以及相关政策文件构成了我国当前手机媒介管理与规制的五大层面；从横向上看，每个层面中涉及的内容又可以归为四大方面。因此，我国当前手机媒介管理与规制形成了“五大层面＋四大方面”的规制局面（见图 4-5）。

① [加]马歇尔·麦克卢汉著，斯蒂芬尼·麦克卢汉、戴维·斯坦主编：《麦克卢汉如是说》，何道宽译，北京：中国人民大学出版社，2006 年，第 13 页。

② 参见张化冰《互联网内容规制的比较研究》（中国社会科学院博士学位论文，2011 年）中“互联网法制管理框架”中对立法主体分层。

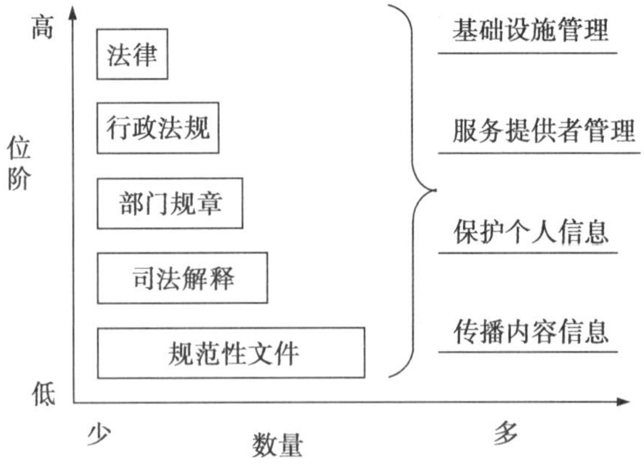

图 4-5 手机媒介管理与规制架构

一、五大层面构建的手机媒介法治框架

1.第一层面:全国人大制定的法律

作为一种网络连接终端,手机媒介与互联网有着千丝万缕的联系,因此对互联网规制的相关法律法规条文对手机媒介也同样适用。随着人们在网络上留下的个人电子痕迹越来越多,加强公民电子信息隐私安全保护越来越重要。2012 年 12 月 28 日,全国人大第三十次会议通过《关于加强网络信息保护的决定》,要求用户在办理网络接入服务时,须提供真实身份信息。这意味着我国开始正式实行"手机实名制",这对于打击电信犯罪有积极的推动意义,因而是手机媒介规制的重要参照法规。2015 年 6 月 24 日,备受关注的《网络安全法(草案)》出台,草案共七章六十八条,内容涉及网络产品和服务安全、运行安全、数据安全、信息安全等方面具体的制度设计,对保障网络信息依法有序自由流动、防止公民个人信息被窃取和非法使用、完善公民个人信息保护制度和规范网络信息传播活动具有重大意义。

2.第二层面:国务院制定的行政法规

手机媒介与电信产业直接相关,然而我国目前尚未出台《电信法》。当前电信领域的最高规章是 2000 年 9 月国务院颁布施行的《中华人民共和国电信条例》,属于行政法规。在之后的 15 年间,我国移动通信业取得了日新月异的发展,因此《电信条例》的部分条款已经不适用于层出不穷的当前情况。在内外环境剧烈变革下,2014 年 1 月,国务院对原电信条例进行了多处删改以适应电信业的发展要求。对比原条例可发现，国务院放开了网间互联协议和电信资费定价的限制，由原来实行以成本为基础的定价原则改为实行市场调节价，这无疑会促进电信业自由竞争，提高电信服务质量。

3.第三层面：国务院下属各部制定的部门规章

国务院下属的政府部门以制定部门规章的数量之多、涉及领域之广而构成当前我国手机媒介规制的主体。2007 年 12 月 20 日，国家广电总局、信息产业部通过《互联网视听节目服务管理规定》确定互联网（含移动互联网）视听节目的范围是“制作、编辑、集成并通过互联网向公众提供视音频节目，以及为他人提供上载传播视听节目服务的活动”。手机视听节目具体是指手机音乐、手机电视、手机视频等。文化部于 2011 年 2 月 11 日发布《互联网文化管理暂行规定》，明确了通过互联网生产、传播和流通的文化产品的涵盖范围，手机媒介内容的生产、制作、复制及传播等活动以及手机内容产品的在线浏览和下载观看均属于互联网文化范畴，受该规定的保护和约束。工信部 2011 年 12 月 7 日通过《规范互联网信息服务市场秩序若干规定》，要求电脑软件和手机应用提供商在对软件做出处理时，需要征得用户同意。这对于打击当前手机应用诱导用户下载、设置障碍拒绝卸载等违法行为提供了法律依据。这些部门规章致力于解决当下社会中因手机媒介的使用和传播而引发的实际问题，针对性较强，有利于监管部门的管理和操作。

4.第四层面：“两高”出台的司法解释

司法解释是司法机关对法律、法规（法令）的进一步明确界定或补充规定。为惩治利用互联网、移动通信终端传播淫秽色情信息等犯罪活动，2004 年 9 月最高人民法院和最高人民检察院（简称“两高”）通过了《关于办理利用互联网、移动通讯终端、声讯台制作、复制、出版、贩卖、传播淫秽电子信息刑事案件具体应用法律若干问题的解释》（简称《解释》）。随着终端的升级和内容传播方式的改变，淫秽电子信息的传播渠道也发生了变化，因而需要出台相应规定来对其进行管理和约束。2010 年 1 月，“两高”发布《解释》（二），进一步明确和规范了该类刑事案件依据的法律法规。2013 年 9 月，“两高”出台《关于办理利用信息网络实施诽谤等刑事案件适用法律若干问题的解释》，对何为泄漏个人电子信息、人肉搜索、非法网络公关等违法行为做了界定，并明确了处罚规定。“两高”出台的司法解释补充了我国当前新媒介管理与规制中的立法不足。

5.第五层面：规范性文件

规范性文件是由各级政府机关制发的用于约束和规范人们行为的文件，手机媒介管理与规制领域就存在不少规范性文件。手机用户在各类社交平台注册的账号虽数量巨大,但账号乱象频出。有的假冒国家党政机关散布虚假消息误导公众;有的假冒新闻媒体单位传播假消息;有的假冒企事业单位和社会组织欺骗大众;有的发布黄赌毒内容;等等。这些不规范、不恰当的行为往往混淆是非、误导舆论。为此,国家网信办发布一系列规范性文件规范各类账号的使用,2015 年 2 月 4 日发布的《互联网用户账号名称管理规定》第五条规定:“互联网信息服务提供者应当按照‘后台实名,前台自愿’的原则,要求互联网信息服务使用者通过真实身份信息认证后注册账号。”账号头像、个人简介等注册信息如涉及违法和不良信息的用户,互联网信息服务商有责任通知用户改正,否则有权暂停服务甚至注销其登记。

纵观我国电信领域法律法规的发展历程,大致可以分为三个阶段。第一阶段(1994～2000 年),传统电信立法阶段,这是我国移动通信建设的早期阶段,立法主要保护网络系统安全;第二阶段(2000～2012 年),网络空间法律体系初步建立的阶段,电信立法散见于相关法律条文,初步构建了覆盖信息网络基础建设、信息应用安全管理以及公民信息权利保护的法律体系;第三个阶段(2012 年至今),虽然互联网络法律体系基本形成并获得快速发展,但电信立法依然滞后。伴随着互联网走向广泛应用,并进入与电信网、广电网深度融合的新阶段,全局性、根本性的电信立法开始启动,同时国家也加快了出台手机媒介相关法律法规和司法解释的步伐。

二、四大方面涵盖手机媒介管理范围

我国当前从五大层面制定的互联网和移动通信相关法律法规,涵盖了基础设施和基础资源、信息服务提供者、信息安全和用户个人信息保护。

1.对基础设施与基础资源方面的管理

网络基础设施建设对于大幅提高网络速率、降低网络资费和提升网络服务水平有重要意义,而基础资源的合理规划、科学分配和有效管理有助于互联网和移动通信业实现有序竞争。2000 年 9 月 20 日,国务院发布的《电信条例》规定了国家对电信资源的管理和对电信基础设施建设的要求,条例第二十六条规定:“国家对电信资源统一规划、集中管理、合理分配,实行有偿使用制度。”为提高电信网码号资源的利用率,保障电信业公平竞争与平稳运营,2003 年 1 月 29 日,信息产业部公布了《互联网络域名管理办法》,规定“中文域名是中国互联网域名体系的重要组成部分。国家鼓励和支持中文域名系统的技术研究和推广应用”。域名是一种互联网基础资源，是进行网络访问的重要入口。随着互联网的发展，中文域名在推广过程中形成十余种的域名后缀，给消费者、企业和政府监管造成了困扰。鉴于此，2006 年 2 月 24 日，信息产业部发布公告，规定我国互联网络域名体系可在原有顶级域名“CN”之外暂设“中国”“公司”和“网络”三个中文顶级域名。两个行政法规与一个部门规章，为我国电信基础设施建设和基础资源管理打下了基础。

2.对服务提供者的管理

随着互联网和移动互联网的发展，国家对网络信息服务提供者的管理也在逐步加强，陆续出台了新法规以规范他们的行为。2000 年 9 月，国务院发布的《互联网信息服务管理办法》要求服务提供者不但要向用户保证提供良好的服务，还应保证所提供内容的合法性，这首次确立了服务提供者对内容负有监管责任的原则。信息产业部要求各级通信管理局对境内应用商店的基本情况进行详细梳理，督促应用商店审核开发者信息、完善用户举报投诉等管理制度，对发现的具有手机通信窃听、个人隐私窃取、恶意吸费和诱骗欺诈等明显侵犯用户权益的恶意程序，通知应用商店对其进行下架处理，对拒不执行的进行公开曝光。此外，手机预装应用因不能自由卸载存在诸多弊病而屡遭投诉。2015 年 11 月 18 日，工信部发布了管理预装软件的征求意见稿，要求智能手机生产商确保除基本功能之外的应用可以自由卸载，且卸载后不影响手机的正常使用。这项规定为解决饱受诟病的预装软件问题提供了操作依据。

3.对个人信息的保护

随着互联网的进一步普及，人们与网络发生了更多更紧密的联系，电子邮件、社交网络逐渐取代传统信件成为人们日常联络的方式，而非法窃取公民个人信息的犯罪案件也呈急剧上升趋势。在某些需要公民登记身份信息的行业中，部分从业人员缺乏应有的职业道德与法律意识，将公民个人信息转售他人，这有可能给公民人身安全和财产安全带来危害。为满足个人信息保护的现实需求，近年来我国加快了个人信息保护的立法实践。2012 年 12 月 28 日出台的《关于加强网络信息保护的决定》是我国公民个人信息保护立法进程的重大突破，虽然只有 12 项条款，但意义深远。该决定严厉禁止任何组织或个人买卖和非法交易个人信息，将“个人信息保护”从各领域法律和各部门规章中模糊、零散的规定首次提升到单独的、综合的规范层面。2013 年 10 月 25 日，全国人大首次修订的《消费者权益保护法》对信息的收集、使用、保密、发现及可能出现的泄漏丢失等情况作了更严密的界定，要求企事业单位在收集个人信息时要明确告知被收集人。“告知与许可”是世界各地实行隐私保护的共识性政策，然而，正如维克托·迈尔-舍恩伯格所言，“大数据的价值不再单纯来源于它的基本用途，而更多来源于它的二次利用……大数据时代，很多数据在收集的时候并无意用作其他用途，而最终却产生了很多创新性的用途”[①]，这给当下隐私政策中以个人为中心的传统保护方法提出了挑战。

4.对传播内容的管理

我国当前的法律法规主要针对垃圾短信、网络谣言和不实新闻进行治理。

首先，对垃圾短信的治理。在手机高速上网普及前，语音通话和短信是手机两大应用服务，短信因资费价格低成为信息沟通的重要工具。在无线网络普及和智能手机进一步渗透的当下，即时通信应用取代短信成为手机用户日常联系的工具。人际沟通性短信使用频率大幅下降，商业性促销短信、广告短信以及诈骗短信则充斥着手机并给用户带来困扰，短信成为各种不良信息的传播渠道。2015 年 5 月 6 日工信部通过的《通信短信息服务管理规定》对商业性短信息的发送进行了明确规范：只有用户主动订阅，服务提供者才能发送，完全排除“默认即同意”的潜规则，且邀请用户订阅有且仅有一次机会。这种严格的限制无疑将有助于缩减“垃圾短信”的规模。

其次，对网络谣言的治理。网络谣言以其覆盖面广、传播速度快和影响力大，因而对网络秩序乃至现实生活中的社会安定发展和人们的正常生活造成了破坏。2013 年 9 月 6 日，最高人民法院、最高人民检察院发布司法解释《关于办理利用信息网络实施诽谤等刑事案件适用法律若干问题的解释》，对包括利用互联网或手机社交平台传播网络谣言等违法犯罪行为作出明确细化、量化规定，清晰界定了在信息网络发言的法律边界。该解释第二条规定，“利用信息网络诽谤他人，同一诽谤信息实际被点击、浏览次数达到 5000 次以上，或者被转发次数达到 500 次以上的”，应被认定符合《刑法》第二百四十六条第一款规定的“情节严重”，并应以诽谤罪论处。该司法解释的出台，标志着我国打击网络谣言进入了规范化和法治化时期。第十二届全国人大常务委员会通过的《刑法修正案(九)》规定，在信息网络上编造和传播灾情、险情等严重扰乱公共秩序的行为的，“处三年以下有期徒刑、拘役或者管制；造成严重后果的，处三年以上七年以下有期徒刑”，这为网络造谣、传谣行为设立了法律高压线，警示网民在网

① [英]维克托·迈尔-舍恩伯格、肯尼思·库克耶：《大数据时代》，盛杨燕、周涛译，杭州：浙江人民出版社，2013 年，第 197 页。

络上发布或转发消息时要谨慎考证,不要轻易转发不知真伪的信息。

最后,对不实新闻的治理。社交网络和即时通信工具的兴起,使微博、微信成为人们获取新闻信息的重要渠道,也成为虚假不实信息传播的通道。自2014年以来,国家网信办关闭了一批冒用党政机关或主流媒体名义发布不实新闻的微信和微博公众号。2015年2月4日,网信办发布《互联网用户账号名称管理规定》对机构或个人在互联网信息服务中注册或使用的账号名称(包括头像和简介等注册信息)进行规范,要求互联网信息服务使用者通过真实身份信息认证后注册账号,充分尊重用户在严守"七条底线"①和"九不准"②基础上选择的个性化名称的权利。对违反账号注册规范要求的,互联网信息服务提供者应起到把关作用,《互联网用户账号名称管理规定》第八条规定:"对冒用、关联机构或社会名人注册账号名称的,互联网信息服务提供者应注销其账号,并向互联网信息内容主管部门报告。"这说明我国已经着手重点解决账号乱象问题,提升网民、互联网信息提供者和监管部门的责任意识及监管意识,力图营造干净、文明的网络空间环境。

三、手机媒介的行业自律

从人与媒介的关系来说,手机是一种私密性极高的人际交流工具,人们可以24小时近身携带,在卧室、睡床等极具私人性的空间使用;从媒介与他人的关系来看,手机是一种隐蔽性强的记录工具,人们可以偷拍、偷录他人的照片或者声音,并通过匿名的方式进行发布和传播。手机媒介的私密性和隐蔽性特征一方面增加了通过外在他律手段进行监管的难度,当违法违规行为发生后,收集证据和诉诸法律都会耗时费力;另一方面,法律法规的制定总是滞后于技术的发展,尤其是对作为个人私密媒体使用的管理和规制上,总有力所不逮之处。正如罗斯扎克所言:"法律试图跟上技术的发展,而结果总是技术走在前头……信息传递技术的发展规模如此大又如此活跃,法律无力也不宜对之加以严密的规范。"③如果将法律法规等公权力过于严厉和琐细地介入手机媒介领域,难免会侵犯用户的隐私,阻碍移动互联网内容产业的发展。

---

① "七条底线",是指国家网信办提出网民在网络社会中应遵循:法律法规底线、社会主义制度底线、国家利益底线、公民合法权益底线、社会公共秩序底线、道德风尚底线和信息真实性底线。

② "九不准",是指不准制作、复制、发布和传播违反宪法基本原则、危害国家安全、损害国家荣誉、煽动民族仇恨、宣扬封建迷信、散布谣言、传播淫秽暴力、侮辱诽谤他人、法律法规禁止的九种内容。

③ [美]西奥多·罗斯扎克:《信息崇拜——计算机神话与真正的思维艺术》,苗华健、陈体仁译,北京:中国对外翻译出版公司,1994年,第168页。

对快速发展的手机媒介的管理与规制中，“软性”行业自律和“硬性”法律法规是缺一不可的两种规约方式。行业自律的本质是从业者根据一定的社会伦理和职业道德来规范自身的行为，具体表现为从业者默认的规则或者签署的公约。我国手机媒介行业从业者成立了从国家到地方的行业组织和产业联盟，通过召开行业大会和行业公约不断推进自律建设。

1.手机媒介自律会议

中国移动互联网大会(CMIC)是在工业和信息化部、国家新闻出版广电总局(现为国家广播电视总局)、文化部(现为文化和旅游部)等相关部委司局指导下成立的，旨在加强移动互联网产业内部交流合作、推动行业自律、促进业界共赢繁荣，是国内手机媒介领域最具权威性的高端盛会之一。自 2012 年成立至今已成功举办四届年度大会，致力于实现政府、协会、企业和用户之间的对接和整合。四届大会的主题分别是：“移动网络承载文化梦想”“移动放飞中国梦”“互联万物，跨界未来”和“加法连接未来”。每一年主题的确立都与当年移动互联网发展态势息息相关，每届主题都涉及移动互联网的监管和手机媒介内容产业的管理。例如，在第二届中国移动互联网大会上，中国软件协会游戏软件分会会长指出，移动游戏行业从业者要着力提高产品的质量和内涵，同时加强行业自律。除了举办年度大会之外，中国移动互联网大会还常年举办行业系列沙龙活动，积极与国外相关机构和论坛交流，推动本土企业参与国际移动互联网研讨会，以共同寻找移动互联网健康、可持续发展的自律之路，为我国手机媒介内容生产和移动互联网产业的自律发展做出了不少探索性的努力。

2.手机媒介自律公约

随着手机媒介功能的完善和业务种类的增加，移动互联网从业者和研究者在相关部门的支持下成立了不少全国性行业组织和地方性行业协会，共同探讨和规范手机媒介出现的新问题和新情况，并通过签署自律公约对同行业从业者提出具体自我规范要求。

(1)《手机媒体自律公约》

为推动手机媒介行业健康发展，加强行业人员的自律意识，在人民网的倡议下，18 家手机媒体签订了自律公约。这是我国第一个手机媒介行业的自律公约。公约第一条即确立了手机媒介行业爱国、守法、公平、诚信的原则，为我国手机行业自律机制奠定了整体基调。手机媒介是渗透率高、传播范围广的信息收发终端，因而成为培育社会主义核心价值观、弘扬先进思想和先进文化的新的移动阵地；遵守国家各部门制定的相关法律法规是手机媒介行业发展的第一要义;公平原则强调行业内开展经营活动要公平竞争;诚信原则要求手机媒介企业尊重知识产权,保护正版内容与应用。这四项原则要求手机用户、手机内容提供者以及电信运营商等多个主体提高媒介素养,共同营造健康绿色文明的手机信息环境。

公约提出全行业从业者要加强沟通和协作,并对我国手机媒介行业的建设、发展和管理提出政策和立法建议。行业自律公约的习惯效力和规范约束作用可以弥补手机媒体立法的不足,其运行效果在得到不断检验后将有可能上升为法律规则,实现手机媒介公约与立法规定之间的融通。此外,健全监督机制是行业组织自律公约的重点。社会监督虽不具有国家监督的公权力的强制性,但其在监督主体、行为客体与监督的内容、范围和影响上所具有的广泛性和普遍性,以及监督方式和途径的灵活性与多样性,使其成为行业规范和法律监督中不可缺少的重要组成部分。公民、社会团体以及媒体舆论的监督对手机媒介行业中存在的恶性竞争和非法内容进行揭发的同时,也可以有效节约政府法律监管的运作成本。

(2)《勇担行业责任,主导绿色健康信息充实手机媒体空间,驱逐手机媒体淫秽色情及低俗信息,文明服务公众》

2010 年 2 月 11 日,手机媒体新闻传播专业委员会代表手机媒体行业发表《勇担行业责任,主导绿色健康信息充实手机媒体空间,驱逐手机媒体淫秽色情及低俗信息,文明服务公众》行业自律公约,倡议手机媒体从业者积极传播绿色健康信息,用优秀的内容吸引受众,抵制、驱逐淫秽色情、低俗和恶俗信息。值得一提的是,为了从源头上断绝不法和违规手机内容的传播和服务的提供,公约倡议手机媒体行业组织与版权机构合作确认信息来源,对于来源无法确认或者有违规现象的内容,基础电信运营商应该拒绝为其提供办理手机业务的服务通道,这就确定了基础电信运营商对业务内容的把关作用。但是,如果电信运营商与内容和服务提供商之间存在利益分成关系,那么这个倡议的意义就被弱化了。考虑到这一点,公约在此条倡议之后接着提出,手机行业内拥有合法版权的内容和服务信息来源要定期向社会公示,以便接受公众的自主选择与主动接受全社会监督。这无疑为阻挡淫秽色情及其他不良信息进入手机媒介设置了第二重保险。

(3)《中国手机媒体移动互联网信息安全和版权自律行业公约》

在 2014 年举办的中国手机移动互联产业联盟与开放聚合大会暨移动信息安全·版权行业自律活动年上,手机媒体委员会副主席魏作清代表行业发布了

《中国手机媒体移动互联网信息安全和版权自律行业公约》。随着手机终端技术的进步和移动网络覆盖率的提高，人们可以使用手机随时随地听音乐、看影视剧以及玩游戏，手机因而成为人们乐于随身携带的休闲娱乐工具。但与此同时，手机媒介也沦为音乐、视频、游戏客户端以及各类 App 盗版的重灾区，而通过法律途径维权面临取证难、解决周期长等问题。如果能加强行业从业者尊重和保护知识产权的自律意识，通过自我要求和自我规范减少甚至杜绝盗版、盗播，这将会有效保护正版及维护相关权益人的合法利益。

针对手机内容传播快速的特点，该公约在规范移动客户端和 App 盗版的同时，提出建立移动互联网快捷、便利的作品授权使用新机制，为认证版权提供了高效通道。当前手机软件著作人向版权保护中心软件登记部提出申请后的 1～3 个月才能得到批复，在应用商店监管不严的情况下，同类型的盗版软件研发成本低、上线快，在正版软件等待审核的时间内有可能已经盈利。当正版软件审核结束后，用户的兴趣和注意力有可能已经转移。可见，审核手续烦琐和周期冗长在客观上也助长了盗版的横行，因此该公约所提出的研究新的授权机制的建议无疑具有积极意义。

(4)《中国移动游戏行业自律公约》

2013 年 11 月 27 日，由文化部指导，移动游戏开发商、运营商、基础电信运营商、移动终端制造商和行业研究机构等多方发起的“移动游戏发展联盟”公布了《中国移动游戏行业自律公约》。该《公约》从遵守法律法规、完善竞争规则、开展交流协作和树立行业形象四方面要求从业者承担起企业自律的责任，共同努力净化网络环境；规定开发者不得开发含色情、暴力、赌博等内容的游戏产品，健全内部自查机制，积极配合管理部门对违规游戏予以封堵。该《公约》对于解决当下移动游戏存在的问题具有一定的意义，但是缺乏可执行性，大多数条款只是一种宏观上的倡议，并不具有实际的针对性和可操作性。例如，在竞争规则方面，《公约》规定：“不使用不正当竞争手段排挤竞争对手，保障各类人合法权益。”但是对于何为“不正当竞争手段”以及判定主体并未做说明，对于“各类人”包括哪些人也没有明示。这样“保障权益”就会形同虚设，而加强行业协作和履行社会责任的条款规定更像是空喊口号，对于解决现实问题并没有切实的帮助。

第五节　我国手机媒介规制的不足与域外借鉴

我国目前已经建立起了较为完善的手机管理与规制框架，各级政府部门也在密集地出台了相关的法律法规，手机媒介行业在加强协作方面也在不断作出努力。但不可否认的是，在手机媒介的监管方面，从政府的他律、行业的自律到用户的监督都还存在着不少问题。借鉴其他国家在手机立法、政策制定以及具体实施方面的先进经验，对于提高我国手机规制的针对性、科学性和有效性具有积极意义。

一、管理机构的设置

手机是可以收发短信、接打电话的通信设备，也是可以阅读电子报、收听广播和观看电视的多媒体工具，同时还是可以联网搜索的信息终端。手机媒介产业是由电信业、计算机业、新闻出版业以及广电传媒业相互交叉而成的新的媒体形态和产业形态。作为新型融合媒体，手机的出现以及围绕手机形成的新行业给既存的媒介管理机构带来了新的挑战。

我国尚无独立的手机媒介监管机构，目前对手机的管理根据信息传播的路径实行相关部门多头监管的管理体制。这些部门既是宏观政策的制定者，也是微观监管的执行者，手机媒介管理采取多主体政监合一的规制模式。这种模式的优点在于具备较高的权威性和足够的强制力，且监管行为也易被公众和被规制企业接受。但其缺点也是显而易见的，各主体依据不同的规范和标准，在监管过程中难免会因趋利避害而造成一些问题。从实践来看，这些问题具体表现在以下三个方面：

第一，对难以处理的问题相互推诿，形成“都不管”的监管真空。例如，在对垃圾短信的处理问题上，电信部门认为其仅负责提供信息传输的管道，短信内容的监管并不在其责任范围内。短信属于意识形态范畴，理应有宣传部门和文化部门监管，但是短信同时又归工信部管理，这就造成两个部门无法直接介入短信的内容管理，最终形成了电信部门、宣传部门和文化部门对短信“都不管”的监管真空，缺乏有效监管使短信成为滋生不良信息传播的温床。

第二，对有利可图的方面进行利益博弈，形成“各管各”的排斥监管。我们以手机报的推广为例进行说明，手机报是传统报纸内容和手机媒介结合的新型媒体形态，传统报纸媒体是内容提供商拥有对手机报内容的终审权，电信运营商掌握着手机报的传输渠道，为了避免被“管道化”而极力削弱内容提供商的权力和地位。内容提供商和电信运营商对手机报终审权的争夺，折射出新闻出版部门与电信监管部门之间的利益纷争。国家新闻出版广播电视总局鼓励传统报业机构积极探索手机报和电子报等多种数字出版形式，但电信部门发行自有手机报并将其作为电信增值业务，采取不公平竞争方式推广给用户，严重挤压了传统报纸手机报的市场。手机报分属传统媒体与电信部门监管，虽处“三网融合”时代，却依然相互分立，这无疑会阻碍手机报产业的发展和融合媒体商业模式的创新。

第三，对安排的专项任务进行短期突击，形成“都来管”的多头监管。手机网络是手机与移动互联网融合的产物，对其进行的规制和监管涉及部门众多，利益纠葛更为复杂，这也是导致手机色情网站及其他违规手机网站屡禁不止的重要原因之一。相关部门按照各自部门的规章制度，从不同层面对手机网络进行交叉管理，造成责任边界模糊不清。例如，近年来，国务院新闻办公室、工信部、文化和旅游部、公安部和国家新闻出版署、国家广播电视总局等部门在一段时期内联合开展对手机色情网站的打击和治理专项活动，虽然在短期内效果明显，但是这种突击式治理需要多部门同时发力并进行大量协调，因而并不是持久和稳定的监管之道。专项活动结束后违法违规内容依然会死灰复燃，并不能形成长效监管机制，进而从根本上解决问题。

多主体政监合一而缺乏第三方独立机构监管的模式给手机媒介造成很多无法解决的问题，不仅阻碍了移动互联网产业的发展，而且客观上纵容了违规违法内容的传播。美国联邦通讯委员会成员麦克·卡坡斯在2002年APEC第五次电信部长会议上发言称，一个有效的电信监管机构需要具备独立的地位、明晰的权责、强力的执行和优秀的员工。[①] 从上文提到的问题来看，我国电信监管机构在这几方面都还有待提高。在考虑我国国情的基础上，借鉴国外的成功经验不失为解决手机媒体监管问题的有益尝试。

综合以往的研究成果可知，目前国际上有两种较为典型的电信监管机构设置：以英美为代表的融合监管模式和以德法为代表的独立监管模式。融合监管模式是指将原本相互分立的电信监管部门和广电监管部门整合成一个综合的监管机构，统一监管电信与广电业务。采用这种监管模式的国家有美国、新加

① 参见张立：《电信监管改革：问题、成因与未来的任务》，《世界电信》2005年第8期。

坡、英国和日本等。虽然这些国家设立了统一的监管机构，但是内部组织架构的设计却有所不同，美国和新加坡从水平方向上对不同行业进行监管，而英国和日本从垂直方向上对网络和内容进行监管。

美国电信监管机构联邦通信委员会（Federal Communication Commission，FCC）是对无线电广播、电视和电信进行管理的机构，它对国会负责，具有相对独立性。FCC 共有 5 名委员，他们多具备深厚的法律知识功底，且被禁止与 FCC 职权相关的产业产生任何经济利益关系。为提高规制的有效性，FCC 设立了庞大的组织机构，根据不同行业特征和监管分工设立不同部门。[①] 这些监管部门虽监管不同的网络和服务，但均归属于 FCC 这个大的监管机构，从而有效降低了沟通和协调的成本。不仅如此，FCC 在监管范围内还拥有制定政策法规、实施监督和执行裁决的权力，其立法可自行发起，也可用于回应国会和法院甚至于私人企业的建议，确保其实行监管时能够做到有法可依。此外，FCC 将经过法定程序制定的法令发布于联邦公报和 FCC 网站，这一方面促进了法律法规的宣传，另一方面也使执法更加透明化。

技术的发展使电信、广电和计算机领域从内容到终端的融合进一步加剧，为了适应这种变化并积极应对新趋势带来的问题，英国政府认为有必要对互联网及通信行业实行统一监管。2003 年 7 月，英国议会通过的《通信法草案》规定，将电信管理局、无线电通信管理局、播放标准委员会、独立电视委员会和无线电管理局五个机构整合成统一的通信管理局（OFCOM），以此解决由于政出多门、多重监管带来的协调难题，有效节省了时间和资源。OFCOM 是负责电信、电视和无线电的统一监管机构，实行垂直监管，不再对电信和广电分开监管，打破了信息产业各领域中长期存在的行业壁垒。OFCOM 属于“公共事业”，既不是政府部门的组成部分，也不是民间机构。作为一个自主性公共体，OFCOM 在内部组织和日常运作上具有高度自主权，“行使多部法律所赋予的广泛执行权力，其职权包括政策制定、行动监管以及争议裁决等方面”[②]，政府无权干涉其监管工作，这就获得了高透明度和独立性，也因此获得较好的延续性。

独立监管与融合监管最大的不同在于是否设立统一监管机构。独立监管采取从垂直方向上将内容和网络分开监管或从水平方向上将电信与广电分开监管的模式。在内容监管方面，德国监管机构对传统媒体如广播、电视、报刊和

---

① 参见张文阁、徐帆：《从三网分立到三网融合：国外监管模式可资借鉴》，《世界电信》2010 年第 5 期。

② 刘孔中、王红霞：《电信监管机构建制的类型化研究——兼论中国电信监管机构改革的理想与路径》，《经济法论丛》2009 年第 2 期。

书籍的内容践行严格监管原则，而对互联网和手机等新兴媒体的监管相对较为宽松，其目的是更好地推动新兴产业的发展。在网络监管上，监管机构对有线服务和电信服务实行分别监管，“不同地区有线运营商由所属地区的监管机构负责，而电信运营商则由全国统一的监管机构监督管理”①。内容与网络的分开监管可以避免内容提供商与管道运营商之间的某些矛盾，有利于“三网融合”的顺利推进。韩国电信监管情况与我国相似，监管部门与广电监管部门因利益博弈互不相让，阻碍了“三网融合”业务的推进。可见，分业监管无法解决电信和广电在媒体融合时代遇到的新问题，只有建立独立的第三方监管机构才能更好地应对技术融合的挑战。

综合上述国家的经验和教训，我们可以归纳出成功的电信监管机构的特征：拥有独立的地位、具有较好的融合性和拥有较高的权威。因此，我国电信监管机构的设置可以向着这个方向推进。首先，独立性是有效监管的基石。监管机构只有在独立于经营者和利益团体的前提下才能更加客观、公正地制定监管政策和规范标准，政府部门也应尽量减少对监管机构的干预和介入，以保证其在组织形态、人事关系、预算来源以及职权配置等方面的相对独立性。其次，融合性是信息产业发展趋势的要求。新媒体产业的高度融合性要求电信与广电放开准入标准，彻底打破信息数据自由流通可能存在的壁垒，而这需要监管机构能够统一规划、协调政策和综合监管。最后，权威性是监管政策顺利贯彻的保障。提高监管机构的法律层级和执行权威并加强能力建设，可以赋予监管机构在面对责任推诿和部门纠纷时的震慑力，有助于监管机构出台或修订手机媒介发展的宏观政策和微观规定。这三大特征体现了“政监分离”的监管思想，只有逐渐摆脱产业政策的制定者和监管执行者合一的身份，才能解决媒体融合带来的问题；只有与时俱进地更新监管手段与监管理念，才能更好地规制新媒体内容传播，促进新媒体的健康、良性和可持续发展。

二、立法的完善

1.我国手机媒介立法中存在的问题

目前，我国手机媒介立法中存在的问题可以用四个字来概括：无、低、多、迟。“无”，指现行法律法规未有涉及但实际存在的手机媒介违法违规问题，立法存在空白；“低”，是指现行法规中尚未有经过全国人大审议表决的真正法律，

① 张文阁、徐帆：《从三网分立到三网融合：国外监管模式可资借鉴》，《世界电信》2010年第5期。

立法位阶低；“多”，是指相关监管部门制定不同规范和标准的规章制度、条例与办法等，立法混乱且相互抵触的情形时有发生；“迟”，是指法规的制定速度滞后于技术发展所带来的问题的速度，可操作性差。由于这些问题的存在，监管机构对手机媒介进行管理和规制时面临无法可依和执法机构权威性差等难题。我们有必要在对现有法律法规存在的问题进行梳理的基础上，借鉴国外成功经验，完善我国手机媒介的立法。

(1)现行法律法规尚无出台针对未成年人使用手机媒介的规定

未成年人乐于接受先进的科学技术和新的生活方式，他们初次接触手机和将其作为日常必需品的年龄越来越小。我国现行法律没有对未成年人是否可以购买手机媒介做出明确规定，对他们使用手机也缺乏限制和正确引导，近些年因未成年人使用手机引发的问题越来越突出。

由于我国手机使用实行机卡分离的方式，消费者只有从经销商处购得手机终端，再从运营商那里办理购卡登记入网手续，才能正常使用手机的通信功能和网络功能。经销商销售手机无须验证消费者的身份信息，只要自愿购买即产生交易行为。近年来，未成年人未经家长同意私自购买手机引起的纠纷不时见诸报端。家长认为手机经销商不应将手机销售给没有家长陪同的未成年人，而经销商则认为并没有法律明确禁止将手机卖给未成年人。消费者协会或者工商部门的处理办法往往是“各打五十大板”，家长未尽到监护义务，应承担一定责任。在对类似案件的处理中，监管部门对经销商的处罚依据往往是“购买手机超出了未成年人的消费能力”。这个“消费能力”的界定过于模糊，如果未成年人购买的是超低价的旧手机就可以视为有效行为吗？如果未成年人购买手机未被及时发现，由不恰当使用带来的种种问题就不是简单的退货所能解决的了。

我们再来看手机入网登记存在的漏洞。我国从 2013 年 9 月 1 日起正式施行使用真实身份信息办理固定电话、移动电话(含无线上网卡)等入网手续，但并未对未成年人办理入网手续作出规定。根据“发展新增用户，挽留旧有用户”的考核标准，在没有违反法律规定的前提下，电信运营商也不会对年龄作出额外限制。如果经销商将手机私自出售给未成年人属于违规行为，那么运营商为未成年人办理登记入网手续是不是也属于违规行为？显然这种“信息实名，年龄不限”的规定存在不合理之处。如果不从年龄上进行限制，未成年人从购机到入网登记就可以一路绿灯，最后顺利使用与成年人无异的手机，从而轻易接触到淫秽、色情、暴力及恐怖等不良信息。虽然我国在近几年持续打击手机淫秽色情网站，但都属于事后监管，效果并不理想。在利益的驱使下，依然有大量手机网站利用技术和境外接入的方式躲避监管，向境内传播不良内容。保护未成年人免受手机不良信息的影响，如果能从购机和入网等源头上制定法律法规限制其购买行为和内容获取范围，就会为监管部门对经销商和运营商的规范管理提供法律依据。

(2)人大审议通过的法律少，立法位阶低，法律效力差

目前我国手机媒介立法层次低、监管主体多，虽未出台专门针对手机媒介监管的法律，但相关的行政法规与部门规章众多。由于手机媒介是电信网、互联网及广电网“三网融合”的典型终端，由手机媒介引发的法律问题也只能从电信网、互联网及传统媒体的法律法规中寻找适用条款，这无疑为手机媒介监管增加了难度。

我国电信行业迟迟未能出台全国人大审议通过的法律文件，即使是国务院制定的约束力低于法律的行政法规也不多。尽管2000年9月20日国务院通过的《电信条例》被业内视为“小电信法”，但其依然不是真正意义上的法律，权威性差。虽然国务院下属的各部门颁布了诸多行政规章以及政策性规范类文件和通告，但也是原则性规定居多，缺乏能够真正深入现实问题中的监管依据，对于新产业形态和业务模式有可能引发的问题更是未有预见。进入移动互联网时代后，手机媒介引发的互联网犯罪问题日趋增多，但缺乏可适用法律进行规范。广电领域制定的法律法规针对传统广播、电视和电影内容的生产和播出，对于手机广播、手机电视和手机视频等新事物鲜有涉及。

从以上的立法情况来看，当前手机媒介立法层级低，可依据的法律少而规章多、约束力弱，执法部门缺乏权威性而导致监管效果差，这使得有些违法违规问题非但得不到遏制，反而有愈演愈烈之势。例如，自2008年开始，工信部在6年的时间内先后推出6次垃圾短信治理专项行动，虽付出了大量的时间和人力，但依然没有遏制垃圾短信泛滥的趋势。据有关调查，一家小型广告短信群发企业月发1000万条短信，每月获利不少于20万元，而移动公司从中直接获利30万元左右。当前垃圾短信总量的2/3出自三大运营商。[①] 工信部2015年6月30日起施行的《通信短信息服务管理办法》对商业性短信息管理提出明确规定，禁止短信服务提供者和内容提供者未经用户同意而发送商业短信，要求

① 参见《三大运营商被指发垃圾短信获利　给群发企业返利》，2013年10月23日，http://news.cntv.cn/2013/10/23/ARTI1382479542760813.shtml。

电信运营商不准为商业短信发送主体提供电信资源。然而，如有违反该规定的内容提供商和电信运营商仅会被处以 1 万元以上 3 万元以下罚款。可见，相对于垃圾短信的获利而言违法成本是何其低。不得不说立法层级低、法律位阶低导致的监管缺乏权威，是工信部疲于奔命地治理垃圾短却事倍功微的重要原因所在。

(3)多监管主体制定多项部门规章，条块分割，可操作性差

当前我国监管部门对手机媒介采取“多头管理，齐抓共管”的模式，形成了条块分割的法律框架。当各主管部门的业务领域存在交叉时，立法就会出现重叠；当业务领域有明显界限时，就会出现监管真空。法律政策之间缺乏系统性和协调性，例如，在对互联网的管理方面，国家广播电视总局和工信部联合出台的部门规章与国务院出台的行政法规存在交叉，但对擅自从事互联网出版活动的处罚金额的规定有所不同，前者规定罚款上限为 5 万元，而后者规定罚款上限为 100 万元。同一种违法违规行为，不同的处罚主体和处罚规定之间缺乏协调性，造成了司法实践中法律依据的混乱。

从全国人大代表审议通过的法律文件到国务院出台的行政法规再到各部门颁布的规章制度，虽然从强制性和约束力上逐级降低，但是从实践上来说，立法关注的问题应该从宏观趋向具体。然而，当前法律法规的“通病”都是往往只从宏观层面上对“可为”和“不可为”作出规定，可操作性较差。例如，2000 年颁布的《关于维护互联网安全的决定》中有“构成犯罪的，依照刑法有关规定追究刑事责任”；2011 年公布的《互联网信息服务管理办法》也有规定“电信管理机构和其他有关主管部门及其工作人员，玩忽职守、滥用职权、徇私舞弊，疏于对互联网信息服务的监督管理，造成严重后果，构成犯罪的，依法追究刑事责任”；而 2017 年公布的《互联网新闻信息服务管理规定》中也有类似的表达。而对于何种后果可视为严重，何种程度构成犯罪，监管主体是谁，通过何种方式追究违法违规主体的刑事责任以及如何量刑等方面都没有具体规定。司法机关在实践中所依据的法律可操作性差，这也在无形中也增强了其自由裁量权用以方便暗箱操作，从而易形成监管的灰色地带。

(4)法律法规滞后于技术的发展，与现实脱节，缺乏前瞻性和可操作性

《电信法》早在 1980 年就开始起草，虽数易其稿，并多次列入国家立法计划，但草案被送上全国人大会议审议的速度总是落后于电信技术和移动通信产业的发展速度，越来越复杂的技术变革带来的媒体融合增加了电信立法的难度。例如，在手机媒介连接网络而获取的服务中，哪些属于基础电信业务？类

似于手机彩信的微信公众号文章应该如何界定？手机 QQ 实时语音通话和视频通话该如何定义？随着数字技术、信息技术和互联网技术进步的加快，新媒介产品更新换代的周期也在相应地缩短。完备的功能和快速的数据处理使智能手机正在取代电脑及传统媒体成为人们休闲娱乐、社交联系和获取信息的重要工具。然而，“科技进步是飞速的，而法律的发展却很缓慢。科技进步是基于突破创新的，而法律发展是基于历史沿革的”[①]。由于现实立法的相对滞后，手机媒介引发的不少法律问题形成了一种“技术在前面跑，司法在后面追”的监管局面。

现行《电信条例》是国务院 2000 年出台的行政法规，当时的立法指导思想以管制为原则，强调电信行政主管部门的行政管理权，忽视市场参与主体的经营自主权和消费者的权益。仅仅过了十几年，电信业的发展就早已今非昔比，然而 2015 年 3 月 25 日修订的《电信条例》依然没有太大的突破，至于其中规定的电信资费定价实行以市场调节取代“以成本为基础”的原则，也只是顺应市场化定价的大势而为。对新兴的云计算和物联网产业的监管未有涉及，这在制度体系上很难对电信市场进行行之有效的监管。《电信条例》第六十二条规定“使用电信网络传输信息的内容及其后果由电信用户负责”，说明由增值业务引发的法律问题将由服务提供商和手机用户承担，而电信运营商不用承担责任，这容易导致因增值业务市场的无序竞争而引起的混乱，不利于电信产业的良性发展。这样一部在电信业规制中占有重要地位的行政法规，却没有涉及电信产业面临的众多现实而具体的问题。此外，内容提供商、服务提供商、电信运营商以及用户的权益也得不到应有的保障，这严重阻碍了我国手机媒介产业的发展。

我国目前尚无一部针对电信领域消费者权益保护的专门法律，仅有一些相关规定散见于《消费者权益保护法》和《民法典》等法律文件中，内容简单，可操作性差，无法适应电信业迅速发展的要求。例如，消费者在安装手机应用时被要求报告地理位置并分享通信录的“霸王条款”是否违背了《消费者权益保护法》中规定的“消费者享有公平交易的权利?”在大数据时代，单个用户的个人信息包括的手机联系人和地理位置可能价值不大，但是汇聚数量众多的用户个人信息就能产生意想不到的经济价值，对应用开发商而言，能够获取用户信息在一定程度上也影响着其更新应用和精准推广。

---

① [美]迈克尔·塞勒:《移动浪潮:移动智能如何改变世界》，邹韬译，北京:中信出版社，2013 年，第 139 页。

2.加强立法监管

针对以上提到的种种不足，我国的手机媒介立法只有进一步增强针对性、科学性和有效性，监管部门才能在管理与规制过程中发挥更加切实的作用。

(1)立足既有法律法规，构建完善规制体系

手机媒介尤其是智能手机是互联网延伸出的、小型的计算机终端，"互联网没有也不可能改变现实社会基本制度以及受到这个制度保护的基本社会关系。虚拟世界的关系无非是现实世界的社会关系的延伸，仍然要受现实世界中现行法律的规范和调整"[①]。因而，手机媒介的立法应立足于现行的互联网立法、传统媒体立法以及电信立法，承认既有相关法律法规适用于手机媒介法律空间。众所周知，一部法律从全国人大代表的议案到起草，从讨论到审议再到最后通过，要经历繁杂的程序和漫长的过程，如果能充分利用既有的法律规制资源，不仅可以有效节约立法成本，还可以促进传统媒体与网络和手机等新媒体的融合。对于通过现有法律条款就可以顺利解决的由手机媒介引发的纠纷和争端，无须再另外设立新法律；现有法律界定模糊的，可以通过各级司法解释来进一步明确和补充。

虽然我国目前对于未成年人购买和使用手机没有明确的法律规制，但是可以将与未成年人保护相关的法律与专门法结合起来构建法律体系。例如，将《未成年人保护法》《预防未成年人犯罪法》等未成年人保护的专门法与《互联网信息服务管理法》《电信管理条例》等网络、电信领域的法律法规相结合来完善法律规制体系。在未成年人使用互联网的法律规制方面，韩国专门立法与传统立法相结合的经验值得借鉴。韩国《未成年人保护法》《国家安全法》中均有涉及对网络媒体内容的规制，韩国于 2001 年 1 月通过的《促进利用信息和通讯网络法》规定，"由国家信息通信部来推广和发展过滤软件，对未成年人有害的网络内容划分等级"[②]，并确立了《未成年人保护法》对互联网具有完全的法律效力。这对我国在未成年人手机媒体立法方面有重要的借鉴意义。

不少国家对于未成年人使用手机有禁止性的规定。芬兰立法禁止电信运营商直接向青少年推销手机入网等移动通信服务，如违反这一禁令将会被处以最高 10 万欧元的罚款。[③] 手机是一种特殊的消费品，经营者在售出尤其是出售给未成年人时应该慎重。因此，建议我国应在《消费者权益保护法》的"经营者

---

① 魏永征：《新闻传播法教程》，北京：中国人民大学出版社，2002 年，第 251 页。

② 孙玉荣：《科技法学》，北京：北京工业大学出版社，2013 年，第 190 页。

③ 参见岳利军：《中学校园"手机热"中的冷思考》，《江西教育》2007 年第 7 期。

的义务”一章中补充进特殊消费品经营者应该验证消费者身份和年龄，未成年人应在家长陪同下才能购买手机的相关内容。此外，工信部应出台法规禁止运营商为没有家长陪同的未成年人开通手机服务。在办理入网登记手续时，应在未成年人手机中强制安装过滤不良内容的应用，以保护未成年人免受不良内容的戕害。

(2)尽快颁布高位阶《电信法》，解决顶层设计，统一监管标准

信息化、网络化进程的稳步推进使中国已成为网络大国和电信大国，但是我国距离电信强国还有一定差距。《电信法》虽受万众瞩目，社会各界千呼万唤却依然未能顺利出台。移动互联网不是“法外之地”，为使消费者能够在规范透明的标准下维护自身权益，帮助国内电信企业积极参与到国际市场的竞争中去，使我国电信业得到持续健康发展，《电信法》的正式出台就不能一拖再拖。虽然我国目前出现的电信监管问题绝非是一部法律就能全部解决的，但是进行公平、公正和公开的电信监管需要借助一部具有确切标准的法律，以解决顶层设计问题。

进入新世纪，针对通信技术的迅速发展和电信、广电及互联网业务的相互融合，欧洲各国对电信业的立法规制提出新的要求。2003 年 7 月，英国议会通过的《通信法》草案取代了 1984 年的《电信法》成为电信规制的根本性法律文件，英国成为当时所有电信发达国家中专门针对通信业制定最新法规的国家。该部法律最大的变革是改变了多头管理的分权管理体制，在保护消费者合法权益的同时尽力减轻电信产业的负担，促进英国电信企业的创新和竞争，有效提高了电信业的服务水平。①《通信法》的立法原则是倡导在适当条件下推行行业自律，这对我国制定《电信法》有重要的借鉴意义。

我国信息产业部电信研究院科技委副主任委员雷震洲表示，电信立法涉及面广，首先要协调和权衡四种关系：“电信监管部门和相关主管部门之间的关系、电信监管部门与电信企业之间的关系、电信企业之间的关系以及电信企业与用户之间的关系。”②既要统一监管，又要各部门通力配合；既要保证消费者获得优质服务，又要推动企业的创新、竞争与发展。其次，要提高电信监管机构的法律地位，将独立监管机构的基本性质、权责范围、组织结构和监管程序在法律上作出明文规定，“独立电信监管机构的职权范围和管制程序是由法律明确授

① 参见曾剑秋、钟伏初：《从〈电信法〉到〈通信法〉——英国电信立法给中国的启示》，《当代通信》2006 年 Z2 期。

② 张鹏：《〈电信法〉再入人大立法规划》，《通信世界》2008 年 11 月 10 日。

权和规定的，并随着市场竞争程度的提高而获得加强”[1]。借鉴英国、美国等国家的立法经验，我国监管机构为确保独立地位，应由国家财政承担一部分经费，电信运营商就码号、频率等公共资源的使用也应向监管机构缴纳一定费用，以保证监管机构的财政自主，实现专业性和强制化监管，避免再次沦为一般性的行政管理机构。最后，明确电信监管范围。作为电信业监管的基本法律，《电信法》应顺应发展趋势，对传统监管的强度和范围进行相应调整。进一步开放电信和广电市场的相互准入，降低电信增值业务门槛，加大对运营商人为阻碍互联互通行为的惩罚力度，打击无序竞争并加强用户权益保护上的监管。

(3)加强手机媒介立法的融合性和前瞻性，为融合监管提供法律依据

在云计算、大数据和移动互联网迅速发展环境下，现代移动通信的立法机关不仅要充分了解信息技术和移动通信技术，总结信息通信业的自身发展规律，还应从媒介统合的整体性视角出发，统筹与协调移动通信法治监管系统与其他媒介融合的关系，进而探索出一条科学、合理的移动通信法制化发展道路。手机媒介跨行业的融合特征也充分表现在其相关产业形态中，手机报、手机电视、手机音乐和手机游戏等新媒体产业的蓬勃发展，这就要求广电业、新闻出版业以及电信业等监管部门协调合作、实行融合监管；立法部门尽快出台具有融合性和前瞻性的法律法规，使监管部门在对手机媒体的规制实践中有法可依，从立法的高度为“三网融合”提供保障。

美国是世界上较早为促进媒介融合而立法的国家。美国国会于 1996 年 2 月通过了《电信法》，这是一部规范电信、有线电视及广播电视的法案，放宽了限制电话公司、有线电视系统和广播公司提供相似服务的规定，部分允许广电业与其他产业重组兼并，是指导美国有线电视产业、移动通信产业融合发展的基本法规。[2]《电信法》本质上是一部融合性法律，将之前多项法律法规中有关传统广播、有线及卫星电视、电信和互联网规制内容整合为一体，解除了手机媒介产业跨行业发展限制和市场进入壁垒，在充分竞争中促进相关产业良性健康发展。

借鉴美国的经验，我国立法机关应整合现有电信、广播电视及互联网领域与手机媒介相关的法律法规，由多部委联合制定一部融合性的手机媒介法律规范，力图消解有复杂利益纠纷的手机报和手机视频等产业领域的矛盾，修正为

---

① 张松涛、陈秀玉：《国外电信业监督的发展趋势》，《经济要参》2001 年第 77 期。

② 参见[美]肯尼斯 C. 克里奇：《电子媒体的法律与管制》，王大为、于晗、李玲飞、金雪涛译，北京：人民邮电出版社，2009 年，第 75～76 页。

维护本部门利益而人为地设立行业进入壁垒的规章制度，促进产业之间的融合。这就要求手机媒介立法机构在立法过程中要吸收或委托法学专家起草法律稿，讨论法律方案，尽可能地避免法理与立法技术方面的失误，减少立法工作的虚耗①。加强立法者与手机技术专家之间的充分沟通，有利于制定出具有可操作性且真正能发挥实效的手机媒介法律。参考技术专家的意见一方面可以对手机媒介融合的技术标准提供可行的建议，另一方面能够对新技术可能产生的不良问题提前预判，也就可以提前制定预防措施。手机媒介立法应"摆脱'成熟一个制定一个''立法宜粗不宜细'的传统立法观念的束缚，处理好立法超前性与现实性的关系"②，加强电信立法的前瞻性和技术性，为我国手机媒介市场的开放和融合监管提供适用的法律法规。

(4)针对实践中出现的新问题出台专门法进行规范，填补立法空白

手机媒介是一种多功能媒体终端，它在给人们带来便利的同时也引发多种多样的犯罪问题，有些可以依据现有法律法规进行规制，无须另立新法。但有些问题是在手机媒介产生之后才出现的，如垃圾短信和骚扰电话等；有些问题因为手机媒介使用形态和传播方式而被放大，如偷拍偷录行为和侵犯知识产权行为等。这些不当行为在现有法律条文中要么没有相关规定，要么界定模糊，不具备可操作性，因而需要立法机构针对实践中出现的新情况、新问题出台专门法进行规范，以提高法律规制的效力。

例如，20 世纪 80 年代，传统的"隐私止于门前"的隐私保护理念受到微型照相机和监控摄像头普及的挑战，尽管人们在公共场合小心翼翼，也难免会在无意间的放松时刻被偷拍下来。1999 年，美国加利福尼亚州通过刑法打击偷拍行为，加州法律认定："偷看浴室、更衣室、试衣间、化妆间、晒阳间以及其他使用者合理期待得到隐私的地方的里面，其意图是侵犯里面的人的隐私，是违法行为。"③有学者提出，法律应尊重和保护个人在公共空间或"非私密"空间中的隐私，将"公共场合中的隐私"④纳入隐私保护体系中，这在计算机和手机媒介普及的今天尤为重要，个人对隐私的合理期待也适用于利用手机在公共场合偷拍所引起的纠纷中。

---

① 参见郭道晖：《法的时代呼唤》，北京：中国法制出版社，1998 年，第 462 页。

② 夏源：《新媒体政府规制研究》，浙江大学博士学位论文，2012 年，第 128 页。

③ [英]约书亚·罗森伯格：《隐私与传媒》，马特、王素艳、黄宇、刘蓉译，北京：中国法制出版社，2012 年，第 240 页。

④ [美]特雷尔·拜纳姆、[英]西蒙·罗杰森：《计算机伦理与专业责任》，北京：北京大学出版社，2010 年，第 4 页。

现在,只要拥有一部智能手机就能随时随地拍照,并能立即上传到网络,手机滥拍成为当下个人隐私安全的极大威胁。我国目前尚无专门法律条文涉及对手机偷拍行为的界定和定罪量刑。手机偷拍是指自以为被偷拍人不知情的情况下,用手机拍摄照片、录像或者进行录音的行为。[①] 用于侦查破案或者民事取证中的手机偷拍在不违反法律规定和损害他人利益的前提下,可视为合法行为。但是,偷拍公民性行为或者其他淫秽材料,并以营利为目的进行传播的行为,属于《刑法》第三百六十三条界定的"以牟利为目的,制作、复制、出版、贩卖、传播淫秽物品"的行为,应该处以刑事处罚;不以营利为目的,应按照《刑法》第三百六十四条"传播淫秽物品罪"处以刑事处罚。但是,对于为了满足偷窥欲而进行的手机偷拍行为,仅有《治安管理处罚法》第六十三条第一款规定对"偷窥、偷拍、窃听、散布他人隐私的行为处以五日以下拘留或者五百元以下罚款,情节严重的,处五日以上十日以下拘留,可以并处五百元以下罚款"。我国法律对公民的隐私权没有设立专门的法律进行保护,对公民隐私权的忽视加剧了手机偷拍行为的泛滥。有些偷拍者将偷拍图像传播到网络上,吸引全民参与到"网络公审"中,严重损害了公民的隐私权,影响了公民的正常生活,造成了恶劣的社会影响。手机偷拍行为对公民隐私侵犯造成的危害显而易见,我国必须出台专门法保护公民在公共场合的隐私权。

三、自律机制的建立

心理学家弗洛伊德将人在面对生活中的苦乐时秉持的原则分为现实原则与享乐原则。为了获得长期利益,搁置眼前苦乐的人秉持的是现实原则,而注重及时行乐的人秉持的是享乐原则。坚持享乐原则的人,有不断表达冲动和激情的欲望。[②] 在移动互联网时代,手机媒介成为连接虚拟与现实的工具,人们可以选择用匿名的方式与陌生人社交,这种匿名性、隐蔽性和瞬时性交流弱化了现实社会中传统道德的规范作用,坚持享乐原则的人往往更易受个人欲望的支配而做出违背现实社会道德规范的行为,有的行为甚至触犯了法律。然而,网络的匿名性、主体的大众化和使用的隐蔽性使得有些手机媒介违法行为很难受到应有惩处。尼葛洛庞帝曾经把社会现行法律比作是"垂死挣扎的鱼",他指出:"我觉得我们的法律就仿佛在甲板上吧嗒吧嗒挣扎的鱼一样。这些垂死挣

① 参见郑梦望:《关于偷拍偷录行为的法律思考》,《湖南社会科学》2003 年第 3 期。

② 参见[美]安德鲁 J.杜伯林:《自律》,罗全喜、叶凯译,北京:机械工业出版社,2005 年,第 23~24 页。

扎的鱼拼命喘着气，因为数字世界是一个截然不同的地方。大多数的法律都是为了原子的世界，而不是比特的世界而制定的。”①尽管法律对数字媒介的监管存在诸多难题，但如果放任手机媒介引发的道德危机而不顾，最终会危及现实社会道德体系的维持。“数字化生存不只是技术问题，更蕴含着复杂的伦理文化问题。人们不仅需要以高度发达的信息技术维系数字化生存，而且必须为数字化生存构建合理的伦理文化空间。否则，数字化生存将会发生危机。”②因此，建立完善的自律机制对于身处移动互联网时代的我们而言很有必要。

借鉴传统媒体和互联网媒体的自律机制，我国政府和行业协会也已经通过建立自律组织、出台自律公约等方式对手机媒介进行管理。如前文所言，我国在手机媒介自律方面也进行了一些积极的探索，如成立行业协会、不定期召开规格较高的研讨会以及签署新媒体自律公约等。但是，目前我国手机媒介自律机构权威性低、缺乏约束力和公约内容空泛等因素造成规范效果差，因而未能建立起真正意义上的手机媒介自律体系。此外，部分手机媒介从业者唯利是图、职业道德欠缺以及手机用户媒介素养低、自律意识淡薄也阻碍了自律机制的完善。

针对以上问题，借鉴国外新媒介自律的先进经验，本书认为，构建我国手机媒介自律体系可以从以下四个方面着手：

首先，从自律机构的层面来说，我们要提高行业协会自律机构的权威性。人们对规则制定者和执行者的不信任是造成自律机构权威性低的原因之一，而吸收行业外的力量加入自律机构中有利于保持机构的相对独立性，减轻人们对自律机构成员相互包庇的质疑。英国的报业投诉委员会（The Press Complaints Commission，PCC）专门接受和处理公众对境内任何一家报刊内容的投诉，成员中除少数报刊编辑外，其余大多数来自报业以外的社会知名人士和学者，他们对投诉的最终裁决具有很高的权威，至今尚无一家报刊不接受其裁决。③ 在机构的相对独立性和权威性方面，我国网络媒介协会中也有成功的典范。北京网络新闻信息评议会的架构就对我国手机媒介行业协会的建立具有很大的参考价值。评议会成员总数 150 人左右，其中政府管理部门代表约 20 人，行业代表约 20 人，专家学者约 30 人，网民代表约 80 人，协会对评议员的

① ［美］尼古拉・尼葛洛庞帝：《数字化生存》，胡泳、范海燕译，海口：海南出版社，1997 年，第 278 页。

② 李纲、王旭辉：《网络文化》，北京：人民邮电出版社，2005 年，第 2 页。

③ 参见顾理平：《加强新闻报道中的媒体自律》，《中国广播电视学刊》2006 年第 2 期。

“教育水平、年龄、网龄、职业分工、互联网应用水平、分析能力和表达能力”[①]都有明确要求，并就违规行为达成了七种处罚措施：提示改正、口头批判、书面批评、提请政府部门罚款、责成公开道歉、同业谴责和提请政府部门依法查处。多元化的人员结构和细分化的惩处规定有效提高了自律机构的公信力和权威性，有利于规范和约束我们的网络媒体行为。我国手机媒介行业也应该成立这样一个有权威的自律机构，从人员结构上避免监管者、执行者与违规者的身份合一，全面、公正地对业内违规行为作出合理处罚。政府部门也应予以积极支持，这样一来可以提高自律机构的公信度和执行力，弥补立法不足；二来可以有效降低手机媒介失范行为的治理成本。

其次，从自律公约的层面来说，我们要增强公约的针对性和可操作性，避免“假大空”的口号式规范和过多宪章式的立场表述。英国报业投诉委员会制定的《编辑职业守则》厘清了隐私保护的边界，并在20年间不断进行了30余次修改。[②] 虽然该守则仅为自律性、倡议式规范而缺乏法律强制力，但可操作性强，对隐私的保护内容能够做到与时俱进。反观国内新媒体行业的自律公约，宏观倡议多、具体规定少；内容雷同、缺乏针对性。不少公约在会议和签署的热闹归于沉寂后就被束之高阁、抛诸脑后。这种种问题造成手机媒介企业在实践中缺乏自律依据。对此，张久珍提出网络信息传播自律规范建设的六大原则：继承传统、权利与义务并重、可操作性、系统性、合理性和创新性，其中，可操作性是自律规范实施管理效果的关键。[③] 可操作性体现在违规行为界定清晰和处罚标准细致量化两方面，界定清晰、处罚明确的公约不仅有利于自律机构提高执行力，也有利于从业者时时警醒，对于不该做的行为了然于胸，真正起到推进行业自律的作用。此外，公约的合理性与创新性也与可操作性息息相关，不合理的、自相矛盾的规范不仅不会有人自愿遵守，反而会导致自律机制的崩溃；创新性则要求自律机构对规范在实践中出现的问题和存在的缺陷保持清醒的认识，并通过不断修正以维系手机媒介发展的有序性。

再次，从行业自身层面来看，从业人员的职业精神和道德建设需要用业界伦理加以强化。以点击率论输赢的网络媒体为了吸引用户的注意力，不惜传播“色、腥、性”内容，一味追求经济利益而忽视了本应肩负的社会责任。美国新闻业很早就认识到从业人员职业道德建设的重要性。1908年，时任美国密苏里大

① 陈华：《北京网络新闻信息评议会的实践与思考》，《新闻战线》2007年第8期。

② 参见温济聪：《市场新闻业与媒体自律的博弈》，《重庆工商大学学报》2012年第2期。

③ 参见张久珍：《网络信息传播的自律机制研究》，北京：北京图书馆出版社，2005年，第150～153页。

学新闻学院第一任院长的沃尔特·威廉斯主持制定了《记者守则》，首次全面、系统地提出新闻职业道德准则，该守则后来被许多国家新闻行业奉为从业规范的重要参考。1923年，美国报纸编辑人协会执行的《新闻准则》提出“责任、新闻自由、独立性、真诚真实、公正不偏、公平从事、庄重”[①]七条原则，在国际新闻界广为流传。美国通过新闻评议会不定期对新闻内容进行评价，除了在媒体内部设置督察员与道德顾问实施新闻自律之外，美国还通过在新闻学院中开设与新闻道德相关的课程使学生在学校就树立起对新闻事业的敬畏之心。手机媒介的主要产业形态与传统媒体和网络媒体都有着千丝万缕的联系，因此，在制定手机媒介行业道德守则时要强化融合思维，借鉴传统媒体道德准则对内容生产的要求和互联网职业道德准则中对内容传播的要求，制定符合手机媒介特征的从业人员职业道德守则。

最后，从用户层面来看，我们要提高用户媒介素养和强化监督意识。在手机媒介传播过程中，数量最多、表现最活跃但稳定性最差的传播主体是手机用户。全世界的手机用户每天发送海量信息，当手机媒介已成为人们须臾不可离的传播工具时，当互联网的连接性使信息得到无国界的传播时，其可匿名性也赋予每个人言论自由的新高度，这要求我们更应该自觉用道德规范约束自己，提高媒介素养。在计算机领域，一些网络组织为用户制定了一系列行为规范，其中较为著名的有美国计算机伦理学会制定的“计算机伦理十诫”(The Ten Commandments for Computer Ethics)，要求每一个计算机用户在进行网络传播时要为其行为负责。[②] 我国倡导用户在网络上遵循爱国、守法、文明和诚信的四大原则。在这四大原则的基础上，参照“计算机伦理十诫”，本书尝试提出“手机媒介伦理十诫”：(1)不出于非正当目的偷拍、偷录他人活动；(2)不窃听他人谈话；(3)不制作、散播谣言；(4)不应未经同意向他人手机中安装定位软件；(5)不应用手机偷窃他人的智力劳动成果；(6)不应窥探他人手机中的通讯录、照片和文件等其他信息；(7)不应使用盗版应用；(8)不应在公共场合尤其是需要保持安静的场所使用发出声音的手机功能；(9)不应用手机进行诈骗；(10)应以审慎的态度使用手机。当手机网络成为人们日常生活环境中不可分割的一部分时，网络道德和网络法律同样担负着调节上网行为的重任，在法律鞭长莫及的问题上，道德和自律对于约束人的行为应该发挥更大的作用，强化每个人

---

① 顾理平：《新闻传播法学》，南京：江苏教育出版社，2012年，第52页。

② 参见[美]马克·梅柯、吉姆·布莱特普特：《信息安全：原理与实践》，贺民、李波、李鹏飞译，北京：清华大学出版社，2008年，第114页。

的道德责任是手机媒介自律的必由之路。网络弱化甚至取消了传统意义上的专业“把关人”，而将这份责任交付给了每个人，因而广大用户除了自觉用道德规范给自己的网络言行“把关”之外，还应该积极监督手机媒介企业的违规行为，“合格的公民也应该是公民中具有批判精神的一群人，作为否定性的文化批判公众与肯定性的文化消费公众相对”[①]。通过自律机构提供的反馈渠道，如拨打热线电话、发送电子邮件等方式对手机媒介传播中的违规现象进行投诉，这样可以大大提高企业和自律机构发现问题和解决问题的效率。用户的监督和自我管理，是配合手机媒介自律建设的重要一环。

本章小结

手机媒介无论从终端的使用还是从内容的传播都存在一系列失范表现，诸如出于不正当目的用手机偷拍偷录、传播不良内容，甚至有人用手机进行电信诈骗或通过陌生交友应用实施犯罪等，因而亟须电信、广电及互联网相关主管部门进行管理与规制。

虽然我国目前已经从三大领域、四大方向和五大层面上建立起了手机媒介规制的基本法治框架，但是监管机构、企业和用户在具体的操作中依然存在很多问题。监管机构缺乏独立性，多个部门实施“多头监管、齐抓共管”制度，难免会在规制过程中因趋利避害而造成一系列问题：对未涉及、难处理的问题推卸责任，形成“都不管”的监管真空；对有利可图的领域进行利益博弈，形成“各管各”的排斥监管；对要求强制执行的专项任务进行短期突击，形成“都来管”的重复监管。通过分析借鉴国外电信监管的成功经验，我国电信监管机构的设置应具备独立性、融合性和权威性，才能更好地对手机媒介实施管理与规制。

目前我国手机媒介立法也存在诸多不足。监管机构对于实际生活中频繁出现但现行法律法规未有涉及的手机媒介违法违规行为的处理无法可依；当前国务院出台的行政法规与相关管理部门制定的规章制度众多，但是全国人大尚未出台专门针对手机媒介的法律，从而使得立法位阶低；监管部门众多，制定了不同规范和标准的规章制度以及条例办法，对同一法律问题的处罚规定和惩处程度也存在差别，立法混乱且相互抵触；技术的进步日新月异，使手机媒介立法

① 王健：《受众的再现》，桂林：广西师范大学出版社，2015 年，第 225 页。

存在滞后性，导致法律真空的出现。针对立法不足的四个方面，我国立法机关应立足现有法律法规，对现有法律界定模糊的，可以出台司法解释进一步补充说明；尽快颁布具有强法律效力的《电信法》，通过统一标准的高位阶法律解决顶层设计问题；从媒介统合的整体性视角出发，出台具有融合性和前瞻性的法律法规，从立法的高度为“三网融合”奠定基础。

手机媒介主体的匿名性、使用的隐蔽性以及信息传播的瞬时性弱化了现实社会中传统道德规范形成的“他律”制约，手机媒介的私密性和融合性又加大了法律监管的难度。因而，无论是手机媒介从业者还是用户自身，都应该树立起自律意识，自觉规范自己在媒介使用时的言行。手机媒介企业应该联合成立独立的行业协会，提高自律机构的公信度和执行力，从而有效降低治理手机媒介失范行为的法律成本和时间成本。行业协会制定的自律公约应增强针对性和可操作性，界定清晰、处罚明确的公约不仅有利于自律机构提高执行力，也有利于从业者时时警醒，强化从业人员的职业精神，提升他们的道德水平。对于数量最多、表现最活跃但稳定性最差的手机用户而言，应以“手机媒介伦理十诫”为准则，自觉约束自己的媒介行为，同时也应提高监督意识，通过各种反馈渠道举报手机媒介企业的违法违规行为，这有助于提高企业发现问题和解决问题的效率。总之，手机用户的自我管理和监督是手机媒介自律建设的重要组成部分。

结 语

2021 年 9 月 15 日，中国互联网络信息中心发布了第 48 次《中国互联网络发展状况统计报告》。该报告显示，截至 2021 年 6 月，我国网民规模达到 10.11 亿，其中手机网民达 10.07 亿，占网民总数的 99.6%，手机媒介成为促进网民规模增长的主要因素。手机媒介已经成为现代社会媒介融合的典范，它以润物无声的姿态潜移默化地改变着人们日常生活的方方面面。麦克卢汉说过，一种文化的主导媒介和技术的知识“决定着该文化总体结构的动因的塑造力量，以及该文化的模式，包括其心理模式和社会模式”①。本书即从文化、社会、经济和政治的视野对手机这一当前的主导媒介进行全面而系统的探索。

研究发现，人们在使用和改进手机媒介以便能享受更多便利的同时，也被手机媒介所塑造和改变着。手机媒介与人类自身在共同演变着：手机媒介向着人性化、智能化的方向发展，而人则呈现出媒介化、机器化的特性，成为手机媒介的延伸。手机媒介不仅对人之为人的独立性和唯一性提出挑战，也以或激烈或缓慢的方式对既有文化体制、社会秩序和经济形态产生了冲击，塑造了全新的社会生活形态。本书从历时性维度把手机媒介置于语音通话塑造的口语文化、短信服务塑造的印刷文化以及视像应用塑造的电子文化的坐标中加以分析，从共时性维度将手机媒介置于传播、社交、产业与规制的结构中进行考察，现将主要观点总结如下。

手机媒介使用的隐蔽性、信息的可分享性及传播的去中心化等特性有可能使普通的人际交往演变为受人关注、引起争议的公众事件。在移动互联网普及和媒介融合的时代，社会权力的工具和手段发生了变化。手机用户往往在自觉或不自觉中被卷入他人的私人空间，即使是陌生人也能瞬间产生连接，这种“卷

---

① [加]罗伯特·洛根：《理解新媒介——延伸麦克卢汉》，何道宽译，上海：复旦大学出版社，2012 年，第 313 页。

人”与“连接”的互动使人际传播呈现为大众化的发展趋势。手机媒介的普及使信息来源呈现多样化和多渠道化的特征，每个手机用户都同时是潜在的信息生产者、传播者和消费者，大众传播呈现为人际化趋势，多样化的价值观因此得到传播，这也会对主流文化和主流价值观形成一定的冲击。

作为当前最主要的人际沟通工具，手机媒介是现代社会变迁的产物。手机媒介超越时空限制，使人们处于“永远在线”的连接状态中，使人与人之间能够及时传递消息、表达情感。尽管手机媒介可以提供语音、文字、图片以及视频等丰富的社交方式，然而人们一旦沉迷于媒介社交而忽视甚至拒绝面对面社交，主体意识就会消解在手机媒介营造的移动的、半虚拟的情境中，最终造成对自我的否定或产生多重自我的幻觉。技术的发展未能增加我们对真实的人的期待，却将远方的他者理想化，手机媒介因此建构了一种新型的“舍近求远”的人际关系。如果任由这种屏幕式远程社交发展，将有可能对人在现实生活中的社交能力产生消极的影响。如何让手机发挥其应有的社交功能而不损害人的正常社交生活？首先在当下的媒介环境中，完全戒除手机社交几乎是不可能的。我们可以转变思维方式，改“堵”为“疏”，将社交泛在化于人生活的方方面面，使其不仅是维系关系和增进情感的活动，更是习以为常的生活方式和自然而然的生活状态。这种手机泛在化社交要求用户将人际关系中的强关系融合进弱关系与随机关系中，当需要他人陪伴或者合作去完成日常生活中某项活动时，使用这类应用就可以找到志同道合的人。人们不是简单随机地建立联系，而是增加他们与具有某一特征的群体互动的可能，这样就减少了完全陌生社交的囚徒困境所带来的道德和社会问题，有助于产生真正有效的社会资本。

手机媒介在塑造数字文化、提升用户参与度和社交互动方面具有得天独厚的条件，在“三网融合”和“泛娱乐”战略的推动下，基于手机媒介的信息产业、传媒产业和娱乐产业等内容产业蓬勃发展，成为国家文化产业新的经济增长点。手机游戏、手机音乐、手机视频、手机动漫和手机阅读等内容产品和服务“百花齐放”，用户规模的提高使市场日趋激烈，这就要求手机内容产业从单纯依赖数量、规模扩张的粗放型增长方式向更多依靠质量、效益提高的集约型发展方式转变，只有创新文化表现形式和提升文化表达水平，才能适应新的内容组织和传播模式。手机内容产业在发展中遇到的恶意收费、人才瓶颈、抄袭盗版、利益分配不均等问题需要政府、社会、学校及产业链各参与企业的共同努力，只有这样才能使手机内容产业实现健康、可持续发展。

手机媒介在信息传播、社交联络及产业经济方面确实发挥着越来越重要的作用，但是不容忽视的是，手机媒介在使用和传播中也出现难以解决的问题，如垃圾短信泛滥、谣言刷屏、电信诈骗层出不穷、不良信息屡禁不止等。以手机媒介为代表的融合媒介面临的新问题亟须政府电信、互联网以及媒介主管部门进行恰当的管理与规制。当前，我国手机媒介已形成从法律、行政法规、部门规章、司法解释及规范性文件五个层面构建手机媒介法制框架，以及对基础设施与基础资源方面的管理、对服务提供者的管理、对个人信息的保护和对传播内容的规范四个方面的管理体系。对于当前手机媒介在管理机构、立法及行业自律方面存在的问题，本书借鉴了国外先进经验，结合我国实际国情进行比较、分析，并提出相应的对策建议。

本书试图将手机置于媒介融合、无社交不生活、内容生产与消费的现代社会中，结合传播学、社会学、文化产业学、规制理论对其进行全面而系统的研究。正如奇·林(Rich Ling)所说："移动电话绝不仅仅是一项技术的革新或社会的时尚。人们对移动电话的接受和使用以及对这个设备的态度的研究，将为我们揭示出一幅更为深远的社会图景。"[①]虽然笔者努力呈现手机媒介在传播和演进中所体现的深层文化蕴涵，但是行文结束，依然有不少问题值得投入更多时间和精力进行深度体察。手机媒介本身处于不断变化中，兼之研究资料日益更新，因而本书所有的分析并不敢妄言获得某种结论性知识，只能说为手机媒介在当下的发展提供了一些有益的建议。"虽然我们只能看到前边不远的小段距离，但是我们知道那里有诸多尚待完成的工作"[②]，书中所涉及的手机媒介与大众传播人际化问题、手机媒介在泛在化社交中的作用、手机媒介与其他内容产业融合的可能性、手机媒介自律机制的建立等问题，都可以作为独立的议题进一步对其加以深度研究，这也是笔者今后继续努力的方向。

① [挪]奇·林：《M时代——手机与你》，林振辉、郑慧敏译，北京：人民邮电出版社，2008年，第3页。

② Alan Turing, "Computing Machinery and Intelligence", *Mind: A Quarterly Review of Psychology and Philosophy*, 1950(59), p.460.

参考文献

一、中文著作

陈力丹:《传播学是什么》,北京:北京大学出版社,2007 年。

陈少峰、张立波:《文化产业商业模式》,北京:北京大学出版社,2011 年。

程洁:《网络传播学》,苏州:苏州大学出版社,2013 年。

方志远:《商业模式创新战略》,北京:清华大学出版社,2014 年。

郭道晖:《法的时代呼唤》,北京:中国法制出版社,1998 年。

郭庆光:《传播学教程》,北京:中国人民大学出版社,1999 年。

胡春阳:《寂静的喧嚣　永恒的联系:手机传播与人际关系》,上海:上海三联书店,2012 年。

胡惠林:《文化产业学》,北京:高等教育出版社,2006 年。

胡泳:《众声喧哗:网络时代的个人表达与公共讨论》,桂林:广西师范大学出版社,2008 年。

胡钰:《大众传播效果:问题与对策》,北京:新华出版社,2000 年。

黄河:《手机媒体商业模式研究》,北京:中国传媒大学出版社,2011 年。

坚鹏:《新金融模式:移动互联网时代下的金融革命》,北京:经济管理出版社,2014 年。

匡文波、谢新洲:《手机媒体:新媒体中的新革命》,北京:华夏出版社,2010 年。

匡文波:《颠覆传媒:手机,新时代的电脑与器官》,北京:华夏出版社,2013 年。

雷源:《移动互联网改变商业未来》,北京:人民邮电出版社,2010 年。

李纲、王旭辉:《网络文化》,北京:人民邮电出版社,2005 年。

李益:《数字化媒介语境下的传媒审美文化》,北京:北京联合出版公司,

2014 年。

李源编著:《墨菲定律》,北京:中国华侨出版社,2014 年。

刘德寰、刘向清:《正在发生的未来:手机人的族群与趋势》,北京:机械工业出版社,2012 年。

刘建明:《社会舆论原理》,北京:华夏出版社,2002 年。

刘静、陈红艳:《数字媒介传播概论》,北京:清华大学出版社,2014 年。

刘丽云:《中国"嵌入型"文化产业集群发展研究》,北京:社会科学文献出版社,2014 年。

倪桓:《手机短信传播心理探析》,北京:中国传媒大学出版社,2009 年。

秦艳华、路英勇:《全媒体时代的手机媒介研究》,北京:北京大学出版社,2013 年。

邱林川:《信息时代的世界工厂:新工人阶级的网络社会》,桂林:广西师范大学出版社,2013 年。

邵培仁、海阔:《大众传媒通论》,杭州:浙江大学出版社,2005 年。

邵鹏:《媒介融合语境下的新闻生产》,杭州:浙江工商大学出版社,2013 年。

涂子沛:《大数据》,桂林:广西师范大学出版社,2014 年。

王健:《受众的再现》,桂林:广西师范大学出版社,2015 年。

王萍:《中国当代社会手机文化研究》,北京:华夏出版社,2008 年。

王育济、齐勇锋、侯样祥、韩英主编:《中国文化产业学术年鉴·2008 年卷》下册,北京:文化艺术出版社,2009 年。

吴起:《手机游戏产业与产品》,北京:北京邮电大学出版社,2010 年。

游闵键主编:《文化创意产业知识产权案例律师点睛》,上海:学林出版社,2014 年。

曾航、刘羽、陶旭骏:《移动的帝国:日本移动互联网兴衰启示录》,杭州:浙江大学出版社,2014 年。

张国良:《新闻媒介与社会》,上海:上海人民出版社,2001 年。

周笑冰:《消费文化及其当代重构》,北京:人民出版社,2010 年。

二、译著

[美]威尔伯·施拉姆、威廉·波特:《传播学概论》,陈亮、周立方、李启译,北京:新华出版社,1984 年。

[美]丹尼尔·贝尔:《后工业社会》,彭强编译,北京:科学普及出版社,

1985年。

[英]丹尼斯·麦奎尔、[瑞典]斯文·温德尔:《大众传播模式论》,祝建华、武伟译,上海:上海译文出版社,1987年。

[法]爱米尔·杜尔凯姆:《自杀论》,钟旭辉、马磊、林庆新译,杭州:浙江人民出版社,1988年。

[美]丹尼尔·贝尔:《资本主义文化矛盾》,赵一凡等译,北京:生活·读书·新知三联书店,1989年。

[美]迈克尔·E.罗洛夫:《人际传播:社会交换论》,王江龙译,上海:上海译文出版社,1991年。

[美]梅尔文·德弗勒、桑德拉·鲍尔-洛基奇:《大众传播学理论》,杜力平译,台北:五南图书出版公司,1991年。

[苏]弗·普罗宁可夫、伊·拉达诺夫:《日本人》,赵永穆、朱文佩译,北京:中国广播电视出版社,1991年。

[美]西奥多·罗斯扎克:《信息崇拜——计算机神话与真正的思维艺术》,苗华健、陈体仁译,北京:中国对外翻译出版公司,1994年。

[美]尼古拉·尼葛洛庞帝:《数字化生存》,胡泳、范海燕译,海口:海南出版社,1997年。

[德]霍克海默:《霍克海默集》,曹卫东编选,渠东、付德根等译,上海:上海远东出版社,1997年。

[美]詹明信:《晚期资本主义的文化逻辑》,陈清侨等译,北京:生活·读书·新知三联书店,1997年。

[英]安东尼·吉登斯:《现代性的后果》,田禾译,南京:译林出版社,2000年。

[英]迈克·费瑟斯通:《消费文化与后现代主义》,刘精明译,南京:译林出版社,2000年。

[美]罗杰·菲德勒:《媒介形态变化:认识新媒介》,明安香译,北京:华夏出版社,2000年。

[德]盖奥尔格·西美尔:《社会学:关于社会化形式的研究》,林荣远译,北京:华夏出版社,2002年。

[法]居伊·德波:《景象的社会》,肖伟胜译,陶东风、金元浦、高丙中主编:《文化研究》第3辑,天津:天津社会科学院出版社,2002年。

[美]约书亚·梅罗维茨:《消失的地域:电子媒介对社会行为的影响》,肖志

军译，北京：清华大学出版社，2002 年。

[美]B.约瑟夫·派恩、詹姆斯·H.吉尔摩：《体验经济》，夏亚良、鲁炜译，北京：机械工业出版社，2002 年。

[日]榎本博明：《e 时代人际关系》，高丕娟译，北京：科学出版社，2004 年。

[法]帕斯卡尔：《思想录》，李斯译，北京：北京出版社，2004 年。

[美]保罗·莱文森：《手机：挡不住的呼唤》，何道宽译，北京：中国人民大学出版社，2004 年。

[美]马克·波斯特：《第二媒介时代》，范静哗译，南京：南京大学出版社，2005 年。

[美]约翰·帕夫利克：《新媒体技术：文化和商业前景》，周勇、张平锋、景刚译，北京：清华大学出版社，2005 年。

[英]丹尼斯·麦奎尔：《受众分析》，刘燕南译，北京：中国人民大学出版社，2006 年。

[英]大卫·赫斯蒙德夫：《文化产业》，张菲娜译，北京：中国人民大学出版社，2007 年。

[美]理查德·韦斯特、林恩·H.特纳：《传播理论导引：分析与应用》，刘海龙译，北京：中国人民大学出版社，2007 年。

[德]阿诺德·盖伦：《技术时代的人类心灵：工业社会的社会心理问题》，何兆武、何冰译，上海：上海科技教育出版社，2008 年。

[德]汉娜·阿伦特编：《启迪：本雅明文选》，张旭东、王斑译，北京：生活·读书·新知三联书店，2008 年。

[法]让-埃诺尔·卡普费雷：《谣言：世界最古老的传媒》，郑若麟译，上海：上海人民出版社，2008 年。

[美]安德鲁 J.杜柏林：《自律》，罗全喜、叶凯译，北京：机械工业出版社，2008 年。

[美]赫伯特·马尔库塞：《单向度的人：发达工业社会意识形态研究》，刘继译，上海：上海译文出版社，2008 年。

[美]马克·梅柯、吉姆·布莱特普特：《信息安全：原理与实践》，贺民、李波、李鹏飞译，北京：清华大学出版社，2008 年。

[美]欧文·戈夫曼：《日常生活中的自我呈现》，冯钢译，北京：北京大学出版社，2008 年。

[挪]奇·林：《M 时代——手机与你》，林振辉、郑慧敏译，北京：人民邮电出

版社，2008 年。

[英]查尔斯·兰德利：《创意城市》，杨幼兰译，北京：清华大学出版社，2009 年。

[美]尼尔·波兹曼：《娱乐至死》，章艳译，桂林：广西师范大学出版社，2009 年。

[美]凡勃伦：《有闲阶级论》，蔡受百译，北京：商务印书馆，2009 年。

[美]托马斯·德·曾戈提塔：《中介化》，王珊珊译，上海：上海译文出版社，2009 年。

[美]肯尼斯·C.克里奇：《电子媒体的法律与管制》，王大为等译，北京：人民邮电出版社，2009 年。

[美]约翰·卡乔波、威廉·帕特里克：《孤独是可耻的：你我都需要社会联系》，焦梦津译，北京：中国人民大学出版社，2009 年。

[美]丹·吉摩尔：《草根媒体》，陈建勋译，南京：南京大学出版社，2010 年。

[美]卡斯·R.桑斯坦：《谣言》，张楠迪扬译，北京：中信出版社，2010 年。

[美]谢尔·以色列：《微博力》，任文科译，北京：中国人民大学出版社，2010 年。

[英]斯科特·拉什、西莉亚·卢瑞：《全球文化工业：物的媒介化》，要新乐译，北京：社会科学文献出版社，2010 年。

[俄]彼得·科斯洛夫斯基：《后现代文化：技术发展的社会文化后果》，毛怡红译，北京：中央编译出版社，2011 年。

[澳]格雷姆·特纳：《普通人与媒介：民众化转向》，许静译，北京：北京大学出版社，2011 年。

[加]马歇尔·麦克卢汉：《理解媒介》，何道宽译，南京：译林出版社，2011 年。

[美]保罗·莱文森：《新新媒介》，何道宽译，上海：复旦大学出版社，2012 年。

[美]保罗·F.拉扎斯菲尔德、伯纳德·贝雷尔森、黑兹尔·高德特：《人民的选择》，唐茜译，北京：中国人民大学出版社，2012 年。

[美]彼得·M.布劳：《社会生活中的交换与权力》，李国武译，北京：商务印书馆，2012 年。

[加]罗伯特·洛根：《理解新媒介：延伸麦克卢汉》，何道宽译，上海：复旦大学出版社，2012 年。

[美]亨利·詹金斯:《融合文化——新媒体和旧媒体的冲突地带》,杜永明译,北京:商务印书馆,2012 年。

[美]简·麦戈尼格尔:《游戏改变世界》,闾佳译,杭州:浙江人民出版社,2012 年。

[美]凯文·凯利:《技术元素》,张行舟、余倩等译,北京:电子工业出版社,2012 年。

[美]詹姆斯·罗尔:《媒介、传播、文化:一个全球性的途径》,董洪川译,北京:商务印书馆,2012 年。

[日]池田信夫:《失去的二十年》,胡文静译,北京:机械工业出版社,2012 年。

[英]约翰·B.汤普森:《意识形态与现代文化》,高铦等译,南京:译林出版社,2012 年。

[加]哈罗德·伊尼斯:《传播的偏向》,何道宽译,北京:中国传媒大学出版社,2013 年。

[美]道格拉斯·凯尔纳:《媒体文化:介于现代与后现代之间的文化研究、认同性与政治》,丁宁译,北京:商务印书馆,2013 年。

[美]哈罗德·拉斯韦尔:《社会传播的结构与功能》,何道宽译,中国传媒大学出版社,2013 年。

[美]迈克尔·塞勒:《移动浪潮:移动智能如何改变世界》,邹韬译,北京:中信出版社,2013 年。

[英]维克托·迈尔-舍恩伯格、肯尼思·库克耶:《大数据时代》,盛杨燕、周涛译,杭州:浙江人民出版社,2013 年。

[英]基思·威利茨:《数字经济大趋势》,徐俊杰、裴文斌译,北京:人民邮电出版社,2013 年。

[英]尼克·库尔德利:《媒介、社会与世界:社会理论与数字媒介实践》,何道宽译,上海:复旦大学出版社,2014 年。

[澳] 约瑟夫·P.福加斯:《孤独的人是可耻的:人际交往的艺术》,张保生等译,北京:中国人民大学出版社,2014 年。

[荷]约翰·赫伊津哈:《游戏的人》,傅存良译,北京:北京大学出版社,2014 年。

[美]凯文·韦巴赫、丹·亨特:《游戏化思维:改变未来商业的新力量》,周逵、王晓丹译,杭州:浙江人民出版社,2014 年。

[美]马克·波斯特:《信息方式:后结构主义与社会语境》,范静哗译,北京:商务印书馆,2014 年。

[美]乔治·赫伯特·米德:《心灵、自我和社会》,霍桂桓译,北京:北京联合出版公司,2014 年。

[美]雪莉·特克尔:《群体性孤独》,周逵、刘菁荆译,杭州:浙江人民出版社,2014 年。

[美]克莱·舍基:《未来是湿的》,胡泳译,北京:中国人民大学出版社,2015 年。

三、期刊、学位论文

蔡雯、王学文:《角度·视野·轨迹:试析有关"媒介融合"的研究》,《国际新闻界》2009 年第 11 期。

蔡雯:《新闻传播的变化融合了什么》,《中国记者》2005 年第 9 期。

曾海芳:《美国报业的数字化发展研究》,上海大学博士学位论文,2011 年。

陈华:《北京网络新闻信息评议会的实践与思考》,《新闻战线》2007 年第 8 期。

陈志强、夏虹:《"三网融合"背景下对媒介融合的思考》,《今传媒》2012 年第 3 期。

单颖文:《融媒环境下手机"媒介生态位"探析》,《新闻大学》2011 年第 1 期。

邓倩、赖姝玲:《媒介融合视阈下的 3G 电视》,《新闻界》2009 年第 5 期。

丁柏铨:《媒介融合:概念、动因及利弊》,《南京社会科学》2011 年第 11 期。

董海军、马忠鹏:《青年的屏幕媒介:从电视、电脑到智能手机》,《中国青年研究》2014 年第 4 期。

范红、曲元:《手机短信的大众传播功能和效果》,《清华大学学报》(哲学社会科学版)2004 年第 6 期。

高雪:《中国手机媒体规制研究》,湖南大学硕士学位论文,2011 年。

郜键:《青年人际交往的新景观——谈手机短信在人际沟通中的矛盾性》,《当代青年研究》2003 年第 1 期。

胡春阳:《如何理解手机传播的多重二元冲突》,《同济大学学报》(社会科学版)2011 年第 5 期。

金萍华、芮必峰:《"身体在场":网络交往研究的新视角》,《新闻与传播研究》2011 年第 5 期。

匡文波:《论手机媒体的盈利模式》,《国际新闻界》2007 年第 6 期。

雷晓娟:《浅析手机媒介影响下的人际关系》,《东南传播》2013 年第 1 期。

李凤亮、宗祖盼:《中国文化产业发展:趋势与对策》,《同济大学学报》(社会科学版)2015 年第 1 期。

李勇:《新媒介文化的形态及特征论略》,《新闻界》2011 年第 5 期。

李玉婷:《规制融合的美欧模式及经验借鉴》,湖南师范大学硕士学位论文,2014 年。

李沅倚:《新媒介依存症:从"电视人"到"网络人""手机人"》,《重庆邮电大学学报》(社会科学版)2013 年第 4 期。

李桢:《手机媒介文化与社会区隔的双重塑造》,西北大学硕士学位论文,2010 年。

廖小丽:《浅析手机引发的媒介消费变革》,《新闻爱好者》2011 年第 15 期。

刘君:《信息传播与公共服务——基于手机媒介的分析框架》,《东南学术》2007 年第 4 期。

刘孔中、王红霞:《电信监管机构建制的类型化研究》,《经济法论丛》2009 年下卷。

刘先根:《系统论视域下的移动新媒体监管模式》,《新闻战线》2012 年第 12 期。

卢维林:《基于媒介发展史角度的手机媒体探析》,《东南传播》2011 年第 2 期。

彭逸林、尹梦颖:《试析手机视频的生存空间》,《当代传播》2011 年第 4 期。

齐立森:《手机动漫的媒介形态及其产业问题分析》,《新闻知识》2012 年第 2 期。

乔亚兰:《移动电话与社会互动研究》,武汉大学博士学位论文,2011 年。

申琦:《手机信息传播法律与管理问题研究》,厦门大学博士学位论文,2009 年。

苏会军:《信息时代手机媒体受众需求探析》,《今传媒》2013 年第 5 期。

孙志逾:《媒介·文化·产业:三维视野中的手机短信研究》,山东大学硕士学位论文,2011 年。

汤景泰:《全媒体时代的手机媒体融合及其困境探析》,《西南民族大学学报》(人文社会科学版)2011 年第 5 期。

田毅鹏:《转型期中国社会原子化动向及其对社会工作的挑战》,《社会科学》2009 年第 7 期。

王勇:《媒介融合背景下我国广电全媒体发展研究》,武汉大学博士学位论文,2013 年。

卫晓君、郭连江:《手机媒介传播的效应分析》,《新闻知识》2009 年第 3 期。

魏丽宏:《关于我国手机传媒产业发展的研究》,中国社会科学院博士学位论文,2012 年。

温济聪:《市场新闻业与媒体自律的博弈》,《重庆工商大学学报》2012 年第 2 期。

吴闻莺:《手机报:优长、瓶颈及其前景展望》,《西南民族大学学报》(人文社科版)2006 年第 7 期。

武文颖:《手机报的新媒介文化特征解读》,《文化学刊》2009 年第 2 期。

夏光富、黄沙:《论手机文化及其构成》,《编辑之友》2015 年第 5 期。

夏源:《新媒体政府规制研究》,浙江大学博士学位论文,2012 年。

向淑君:《敞开与遮蔽:新媒介时代的隐私问题研究》,武汉大学博士学位论文,2009 年。

肖叶飞、刘祥平:《媒介融合与规制融合》,《现代传播》2015 年第 3 期。

徐沁:《泛媒体时代的生存法则——论媒介融合》,浙江大学博士学位论文,2008 年。

徐洋:《3G 手机涉黄信息的传播特点及应对策略》,《东南传播》2010 年第 10 期。

闫隽:《试论手机人际传播的特征》,《河南社会科学》2003 年第 2 期。

严利华:《新媒介与中国公民参与》,武汉大学博士学位论文,2010 年。

于杨、李静霞:《论手机媒介素养的涵义和特点》,《现代传播》2015 年第 2 期。

袁潇:《当代青年手机亚文化的表意实践及其影响》,《传媒观察》2013 年第 3 期。

张菲倚、成文文:《媒介对人交流方式的异化——以手机为例》,《新闻传播》2013 年第 2 期。

张冠文:《互联网交往形态的演化》,山东大学博士学位论文,2013 年。

张化冰:《互联网内容规制的比较研究》,中国社会科学院博士学位论文,2011 年。

张立伟:《媒介融合:犹如带橡皮的铅笔》,《新闻记者》2010 年第 8 期。

张新福、童贞理:《3G 向 4G 过渡策略探讨》,《重庆大学学报》(自然科学版)2003 年第 9 期。

张梓轩:《"移动短视频社交应用"的兴起及趋势》,《中国记者》2014 年第 2 期。

赵爽英、尧望:《表情·情绪·情节:网络表情符号的发展与演变》,《新闻界》2013 年第 20 期。

赵维森:《视觉文化时代人类阅读行为之嬗变》,《学术论坛》2003 年第 3 期。

郑梦望:《关于偷拍偷录行为的法律思考》,《湖南社会科学》2003 年第 3 期。

郑燕:《人是媒介的尺度》,山东大学博士学位论文,2014 年。

四、外文论著

Alan Turing, "Computing Machinery and Intelligence", *Mind: A Quarterly Review of Psychology and Philosophy*, 1950(59), p.460.

Alfred Kroeber, Clyde Kluckhohn, *Culture: A Critical Review of Concepts and Definition*, New York: Vintage Books, 1963.

Andrea C. Nakaya, *How Do Cell Phones Affect Society*? Reference Point Press, 2015.

Barry Brown, Nicola Green and Richard Harper (eds.), *Wireless World: Social and Interactional Aspects of the Mobile Age*, Springer, 2002.

Bing Zhang, "Understanding the Impact of Convergence on Broadband Industry Regulation: A Case Study of the United States", *Telematics and Informatics*, 2002(19), pp.37-59.

C. R. Wright, "Functional Analysis and Mass Communication", *Public Opinion Quarterly*, 1960(4), pp.605-620.

Cristina Jenaro, Noelia Flores, "Problematic Internet and Cell-phone Use: Psychological, Behavioral, and Health Correlates", *Addiction Research & Theory*, 2007(3), pp.309-320.

Daisuke Okabe, Mizuko Ito, *Keitai in Public Transportation*, *Personal Portable and Pedestrian*, *Mobile Phones in Japanese Life*, The MIT Press, 2005.

Erving Goffman, *Frame Analysis: An Essay on the Organization of Experience*, Northeastern University Press, 1986.

Gordon W. Allport, Leo Postman, "An Analysis of Rumor", *Public Opinion Quarterly*, 1946(4), pp.501-517.

Gregory Sandstorm, "Laws of Media—The Four Effects: A McLuhan

Contribution to Social Epistemology", *Social Epistemology Review and Reply Collective*, 2012(1), pp.1-6.

Jack M. Holtzman, David J. Goodman (eds.), *Wireless and Mobile Communication*, Kluwer Academic Publishers, 1994.

Jonathan L. Zittrain, *The Future of the Internet*, London: Penguin, 2009.

José María Gómez Hidalgo, Guillermo Cajigas Bringas, Enrique Puertas Sánz, *Content Based SMS Spam*, Proceedings of the 2006 ACM Symposium on Document Engineering, 2006.

Kenichi Ishii, "Implications of Mobility: The Uses of Personal Communication Media in Everyday Life", *Journal of Communication*, 2006(2), pp.346-365.

Leonard M. Ah Kun, Gary Marsden, *Co-Present Photo Sharing on Mobile Devices*, Mobile HCT 07, Singapore, 2007.

Louis Leung, Ran Wei, "Who Are the Mobile Phone Have-Nots? Influences and Consequence", *New Media & Society*, 1999(1), pp.209-226.

Maneesh Prasad, *Location based Services*, GIS Development, 2002.

Manu Castells, *The Internet Galaxy: Reflections on the Internet, Business and Society*, Oxford University Press, 2001.

Mark S. Granovetter, "The Strength of Weak Ties", *American Journal of Sociology*, 1973(6), pp.1360-1380.

Mats Lindgren, Jörgen Jedbratt and Erika Svensson, *Beyond Mobile: People, Communications and Marketing in a Mobilized World*, Palgrave, 2002.

Mobile Content Forum, *White Book of Mobile Phone in 2011*, Impress Group Company, 2010.

Muller Miltion, *Networks and States: The Global Politics of Internet Governance*, Cambridge: The MIT Press, 2010.

Nicholas Negroponte, *Being Digital*, Vintage, 1996.

Raymond Vernon, "Internatiional Investment and International Trade in the Product Cycle", *The Quartely Journal of Economics*, 1966(2), pp.190-207.

Richard A. Easterlin, *Does Economic Growth Improve the Human A Lot? Some Empirical Evidence*, Nations and Households in Economics Growth, 1974.

Roger Silverstone, "Regulation, Media Literacy and Media Civics", in Amy Mahan, Robin Mansell and Rohan Samarajiva (eds.), *Networking Knowledge for Information Societies*: *Institutions & Interventions*, Delft University Press, 2002.

Ruth Rettie, "Mobile Phone Communication: Extending Goffman to Mediated Interaction", *Sociology*, 2009(3), pp.421-438.

Thomas L. Friedman, *The Lexus and the Olive Tree*, London: Harper Collins, 2000.

后　记

本书是在我的博士论文基础上修改完善而成的。因距2016年获得博士学位已过了5年，其间手机媒介不论是硬件设备、软件应用，还是用户规模、产业融合，抑或是由其引发的问题与规制，都发生了很多新的变化。因此，本书在原博士论文基础之上进行了较大幅度的修改，主要就近年来出现的新情况补充了新观点、新数据、新案例。

本书的目的在于探讨与手机媒介相伴生的一系列复杂而又极具吸引力的问题，尽管某些问题并没有确定、统一的答案，但提出问题有时比给出答案更重要。如果本书能引发读者关于手机媒介的些许思考，那将是对我最大的鼓励。从学位论文撰写到本书出版将近十年的时间里，我深得多位师长孜孜不倦的教诲。首先要感谢我的导师刘晓静教授，刘老师的研究方向主要是传统音乐资源的发掘和保护，虽然我的论文选题跟刘老师的研究方向不太一致，但是老师依然鼓励我去做自己感兴趣的题目。刘老师一再强调要端正学术态度，她严谨的治学理念为我之后的研究奠定了坚实的基础。感谢我的合作导师王育济教授，王老师学识广博，对文化产业的本质属性及发展前景都有独到的见解。在论文开题时，我对研究的缘起与研究对象的表述尚不清晰，正是王老师深入浅出的指点使我模糊的认识逐渐明朗起来。

感谢日本国立山口大学教育学部的南部英彦老师和东亚研究科的葛崎伟教授。因为我的博士论文主要研究手机媒介内容产业，而日本在这一方面处于领先地位，因而想要将这个题目做好，去日本做一些实地调研和观察很有必要。我将这个想法告诉了曾经来山大访学的南部英彦老师，没想到南部老师立即将我的信息转给东亚研究科的葛崎伟教授。葛老师的研究方向是计算机新媒介，他对我的题目比较感兴趣，于是马上打来电话询问更多的信息，并表示愿意接收我作为山口大学的交流生。2014年9月到2015年5月，在日本的8个月时间里，我收集了大量的第一手资料。在与不同国家同学的交流和学习中，我的视野变得更加开阔。

感谢南昌大学新闻与传播学院的陈信凌院长、周云倩副院长以及广播电视学系王倩主任，各位领导的关心和支持促成这本著作的面世。南昌大学新闻与传播学院历史悠久、内涵深厚、传统优良，近年来在陈院长的带领之下，学院在人才培养、科学研究、社会服务以及一流学科建设等方面都取得了较大的发展。我有幸成为这个大家庭的一员，也感受到了这个集体的温暖。

最后，我还要感谢山东大学出版社的王桂琴老师，她为拙作的出版付出了大量的心血。十年之前，我曾到山大出版社实习，正是在王老师的指导之下，我才第一次对整个出版流程有了一些了解。也正是有了这样的了解，我才真正感佩编辑老师们的认真、细致与耐心。我的第一本著作能在山东大学出版社出版，是我莫大的荣幸！

作 者

2021 年 11 月